요괴 나라 대만

300년 섬나라의 기이한 판타지

妖怪臺灣: 三百年山海述異記(怪譚奇夢卷)
© Ho Ching-Yao, 2020

怪 譚 奇 夢 卷
요괴 나라 대만
300년 산과 바다의 괴담 기록

허징야오 何敬堯 **지음** | **장지야** 張季雅 **그림** | **김영문 옮김**

괴담기몽권

글항아리

일러두기

1. 이 책은 대만 작가 허징야오何敬堯의 『요괴 나라 대만: 300년 산과 바다의 괴담 기록妖怪臺灣: 三百年山海逃異記』(괴담기몽권怪譚奇夢卷)를 완역한 한국어판이다.

2. 이 책에 나오는 대만 고유명사 중에서 지명은 한국 한자음으로, 현대 인명은 현대 대만 국어國語 표준음 한국어 표기방식으로 표기했다. 이는 '민남어閩南語' 중심의 대만臺灣 지명 발음이 한국 한자 발음과 유사하다는 특징을 감안했기 때문이다. 가령 '臺北대북'을 베이징어로 발음하면 '타이베이'이지만, 대만어로 발음하면 '다이박'이고, '玉山옥산'을 베이징어로 발음하면 '위산'이지만 대만어로는 '옥산'이다.

3. 또 이 책에는 대만 원주민 언어에서 유래된 다양한 고유명사가 포함되어 있다. 그중 어떤 것은 한자로 음역音譯하지 않고 영어 알파벳으로만 표기되어 있다. 옮긴이의 입장에서는 저자의 이런 표기 방식을 존중하여, 알파벳 표기를 그대로 남겨두었다. 대체로 알파벳 음가대로 읽을 수도 있겠지만 그 또한 대만 원주민의 고유 발음과는 차이가 있을 수밖에 없으므로 저자의 입장을 존중하는 편이 더 온당한 것으로 판단했다.

『대만부지臺灣府志』

깊은 산 속에는	深山之中
인적이 드물다	人跡罕至
그 사이에 사람 몸에 짐승 얼굴	其間人形獸面
까마귀 주둥이 새 부리	鳥喙鳥嘴
사슴 돼지 원숭이 노루가	鹿豕猴獐
잠복하여 알도 낳고 새끼도 기른다	涵淹卵育
가지각색 도깨비들	魑魅魍魎
산요山妖와 수괴水怪도	山妖水怪
그곳에서 출몰한다	亦出沒焉

차례

기이한 장소 奇地之章

원주민 세계

권3 **일본 통치 시대(1895~1945)**

한인, 일본인, 서양인이 남긴 기이한 기록

기이한 사람奇人之章

기이한 사건奇事之章

기이한 사물奇物之章

기이한 장소奇地之章

타얄족 泰雅族

초우족 鄒族(Cou)

사키자야족 撒奇萊雅族(Sakizaya)

파이완족 排灣族(Paiwan)

부눈족 布農族(Bunun)

화려도華麗島의 요괴 세계

화려도(대만의 별칭)의 산과 바다에는 없는 것이 없는지라 괴상한 이
야기와 기이한 전설을 수시로 들을 수 있다. 자고이래로 대만섬에는 수많
은 귀신 이야기가 전해오고 있다. 이처럼 황당무계한 이야기에는 기실 천
지자연이나 사회 문화에 대한 대만 원주민이나 과객의 관점이 포함되어
있으며, 그것은 현지 민속의 일부분으로 살아 있다.

대만 역사에 전해온 적이 있는 요괴 이야기를 한층 더 깊이 이해하기
위해서 나는 일찍이 『요괴 나라 대만妖怪臺灣』 시리즈를 편찬하여 그 첫 번
째 책인 『요귀신유권妖鬼神遊卷』을 이미 2017년에 출판한 적이 있다. 이 책
에서는 대만 문헌에 실린 요괴와 귀신 관련 단락을 뽑았는데, 그 문헌은
17세기에서 일본 통치 시대* 사이에 출간된 자료다.

---

* 〔역주〕일본 통치 시대: 우리나라에서는 흔히 일제강점기라고 부르는 시대를 대만에서는
'일치日治 시대' '일치 시기' '일본 시대'라고 쓴다. 여기에서는 이런 몇 가지 용어를 절충하여
일본 통치 시대로 번역한다.

이 밖에도 개인적인 흥미에 따라 나는 근래 몇 년 동안 대만 각지를 여행하면서 요괴, 귀신, 기문奇聞과 관련된 장소를 탐방하거나 각 지역의 노인들에게 현지의 기이한 이야기를 수소문하곤 했다. 2019년에는 여러 해동안의 탐방 여정을 『요괴 나라 대만 지도: 온 섬을 돌며 요괴를 찾아다닌 기록妖怪臺灣地圖: 環島搜妖探奇錄』이라는 책에 담았다. 나는 이 책에서 대만 각지의 역사와 민속 문화에 포함된 요괴의 그림자를 소개했을 뿐만 아니라 부록에 실제 탐방 사진을 많이 실어서 독자들이 사진을 통해 자신에게 필요한 정보를 얻을 수 있게 했다. 또 나는 독자들이 더욱 입체적이고 재미있는 이 책의 형식을 통해 현대에까지 전해온 대만 요괴 이야기의 발자취를 간략하게나마 살펴볼 수 있기를 기대한다.

그리고 마침내 2020년에 이 책 『요괴 나라 대만』 2권인 『괴담기몽권怪譚奇夢卷』을 출간하여 독자들에게 계속해서 대만에 오랫동안 전해온 신기한 전설을 소개하고자 한다. 이 책은 『요괴 나라 대만』 1권의 요괴 세계를 보충하고 있으므로 대만의 환상 문화를 더욱 깊이 인식할 수 있을 것이다.

나는 시종일관 요괴가 결코 무서운 일면만 갖고 있는 것이 아니라, 기이하고 환상적인 관점으로 살펴보면 사람들에게 무궁무진한 상상력과 호기심을 제공할 수 있다고 여겨왔다.

물론 요괴는 자체적으로도 향토 문화의 지극히 중요한 고리다. 이 때문에 요괴 전설의 맥락을 잘 이해하면 틀림없이 대만의 역사와 민속을 더욱 깊이 체득할 수 있을 것이다.

내가 적극적으로 요괴 문화를 널리 보급하려는 가장 중요한 목표는 '요괴'라는 창구를 통해 옛날부터 지금까지 대만섬에 투영되어 온 빛과 어둠을 더욱 깊이 있게 인식하게 하려는 것이다.

이 책 『요괴 나라 대만』 2권의 삽화는 영광스럽게도 만화가 장지야張季雅 선생이 맡아서 대만의 기이한 소문과 전설을 기묘한 필치로 생생하게 그려주었다. 진실로 심심한 사의를 표한다. 상상력으로 충만한 장 선생의 그림 덕분에 불가사의한 화려도華麗島(대만)의 풍광이 흥미진진하게 우리 눈앞에 펼쳐질 수 있게 되었다.

◯ 이 책에 뽑아 실은 괴담

대만의 고서에는 신기하고 괴이한 이야기가 무수하게 실려 있다.

예를 들어 청나라 시대의 대만 지방지와 시문집에는 '사슴을 삼킨 거대한 뱀' '도깨비가 된 늙은 원숭이' '뱀 머리 요괴'와 같은 기이한 전설이 흔하게 기록되어 있다. 일본 통치 시대에 이르러 대만 민속에 관한 연구가 성행하면서 많은 연구자가 현지의 신앙과 민간 고사를 조사하기 시작하는 동시에 대만에 전해온 요괴 이야기를 수집했다.

옛날의 대만 문학과 역사 자료에 실린 기괴한 이야기는 모두 매우 특색 있는 모습을 보인다. 이 때문에 나는 『요괴 나라 대만』 시리즈에 이런 특색 있는 이야기를 중점적으로 뽑아 실었다. 이 책에 실은 글도 모두 '요괴'에 관한 것이다. 초보적으로나마 나는 '요괴'를 요妖, 귀鬼, 신神, 괴怪 네 유형으로 대략 분류할 수 있다고 생각한다.

① 요妖: 요정妖精, 정괴精怪. 통상적으로 사물에는 영靈이 있고, 마성魔

性이 있는 사물은 변화한다. 비교적 구체적인 형상을 갖고 있다.

② 귀鬼: 귀매鬼魅, 귀괴鬼怪. 형상이 모호하다. 사람이 죽어서 귀鬼가 되기도 하고, 혹은 귀鬼 자체를 명명하는 말인 경우도 있다.

③ 신神: 신괴神怪, 음신陰神, 정령精靈, 음령陰靈. 사람들이 숭배하고 신앙한다.

④ 괴怪: 괴사怪事, 기담奇譚. 괴기스럽고 불가사의한 이야기를 가리킨다.

『요귀신유권』에 수록한 이야기는 앞의 세 가지 유형이다. 이번 『괴담기몽권』에 수록한 내용은 위의 유형 중 마지막 '괴怪'에 관한 것으로, '괴사怪事'와 '기담奇譚' 유형의 이야기다.

이 '괴怪'의 유형을 나는 다시 '기이한 사람[奇人]' '기이한 사건[奇事]' '기이한 사물[奇物]' '기이한 장소[奇地]' 네 가지 항목으로 나눴다. 이로써 더욱 다원적인 타이완 요괴 문화가 전개될 수 있기를 희망한다.

왜 '요妖' '귀鬼' '신神'과 관련된 기이한 이야기 외에 다시 '괴怪'와 관련된 이야기를 분류했을까? 그것은 대만 시골의 전설에 늘 분류하기 어려운 유형이 출현하기 때문이다.

예를 들어 요사한 메뚜기[蝗蟲] 전설이 그것이다. 주지하다시피 메뚜기가 무리를 지어 나타나면 심각한 충해蟲害가 발생하여 농업에 심각한 피해를 끼친다. 대만 농민에게 있어서 이런 메뚜기는 불길한 존재이기에 여기에서 괴이한 전설이 파생된다. 이에 대만 민간에서는 메뚜기를 인간 혼령의 화신으로 인식한다.

일본 통치 시대 초기, 대만 동북부에 메뚜기 피해가 발생하여 현지 백성은 이것이 모두 일본군에게 살해된 청나라 군사들의 망령에 의한 해코지라고 여겼다. 왜냐하면 메뚜기는 '고혼孤魂'의 악령이거나 '악마'의 변신이거나* '제사를 받지 못하는 혼령'의 변체이기** 때문이다. 이는 사람들이 농작물을 파괴하는 메뚜기가 기실은 '고혼'이나 '악마'의 화신임을 믿는다는 이야기다. 또한 충해를 야기하는 동아시아 메뚜기의 면상은 푸르딩딩한 색깔에 어금니가 튀어나온 모습을 하고 있기 때문에 대남臺南 사람들은 그런 메뚜기를 '귀자명鬼子螟'이라고 부른다.

내 입장에서는 대만의 메뚜기 전설에 '요괴의 감각'이 강하게 들어 있는 것으로 느껴진다. 그러나 이것을 어떤 유형으로 분류해야 할까? 메뚜기는 망령의 화신이기에 아마도 '귀鬼'이거나 망령이 몸에 붙은 곤충이 아닌가? 그러나 메뚜기는 현실에 존재하는 곤충이므로 언뜻 보면 '정괴精怪'나 '요괴'로 볼 수도 있다. 하지만 메뚜기를 '요妖'나 '귀鬼'의 범주에 넣으면 아마도 현대 대만인들은 매우 곤혹스럽게 생각할 것이다. 왜냐하면 수많은 사람의 눈에는 '메뚜기'가 현실에 구체적으로 존재하는 곤충인데 왜 억지로 그것을 사악한 요괴나 허무맹랑한 귀신으로 간주하느냐고 생각하기 때문이다.

메뚜기에 관한 기이한 전설 외에도 자세히 분류할 수 없는 다양한 민간 괴담이 있다. 예를 들어 오래전부터 대만해협에 전해오는 '낙제落漈' 전설이 그것이다. 여기서는 '제漈(해수가 낮아져 바다의 깊은 바닥이 드러

---

* 〔원주〕『대만 관습 기사臺灣慣習記事』 제1권 제11호(대만 관습 연구회, 1901년 11월 23일), 「수필隨筆」 참조.
** 〔원주〕『대만 관습 기사』 제2권 제4호(대만 관습 연구회 1902년 4월 23일), 「대만의 미신臺灣之迷信」 참조.

난 곳)' 속으로 빠져 들어간 사람은 구사일생으로 겨우 살아나거나 무서운 섬으로 표류한다고 한다. '낙제'는 괴이한 현상으로 이와 관련된 전설은 사람을 흡인하는 강한 힘을 갖고 있으므로 판타지에 대한 상상력을 일깨울 수 있다.

이에 나는 이처럼 분류하기 어렵거나 경계가 모호한 괴담 전설을 잠시 '괴怪'라는 유형에 넣었다. 나의 선별 기준은 매우 느슨하여 심지어 '기이한 인물에 관한 일화奇人軼事'도 더러 이 책에 뽑아 넣었다. 예를 들면 협객의 풍모가 강한 진삼저陳三姐 전설이 그것이다.

나는 이와 같은 선택 기준이 적합한지의 여부에 대해 확실한 입장을 갖고 있지 못함을 이 자리에서 솔직하게 고백한다. 그러나 '다다익선多多益善'의 원칙을 고수하려고 했기에, 대만의 역사, 민속 그리고 '기이함'과 관련된 전설이라면 모두 기록하여 독자들로 하여금 대만섬의 또 다른 풍경을 관람할 수 있도록 했다.

지금까지도 나는 아직 '요妖' '귀鬼' '신神' '괴怪' 네 가지로 나눈 분류 방법이 타당한지 확정할 수 없다. 목전의 대만 요괴학은 발전 과정에 있으므로 현재는 각종 유형의 전설을 전부 수집하여 장래의 각종 가능성을 놓치거나 소홀히 하지 않으려는 목표가 있다. 소재가 방대해야 그중에서 거친 부분을 제거하고 정밀한 부분을 남겨서 보다 진전된 분류를 할 수 있을 것이다.

따라서 이 『요괴 나라 대만』 시리즈가 장차 대만의 요괴학에 타산지석이 될 수 있기를 희망하고 많은 연구자가 요괴와 귀신 문화에 대해 더 깊이 있는 고찰을 진행할 수 있기를 바란다.

요괴는 어디에서 왔나?

도대체 요괴는 어디에서 왔나?

나는 요괴가 향토 공간과 역사 맥락 속에서 탄생하고, 또 그것은 천지 자연에 대한 인류의 관찰과 상상의 소산이며, 때때로 인류가 생활의 지혜 와 도덕적 교훈을 전달하는 실용 도구라고 생각한다.

가장 보편적인 상황은 먼저 모종의 '괴이한 존재' '인간이 아닌 존재' '해석할 수 없는 괴물이나 이상한 현상'이 나타난다. 그 이후 사람들은 이 러한 이상한 '사물 혹은 상황'을 해석하기 위해 '요괴' '귀鬼' '정괴精怪' 등 등의 명칭을 부여한다.

사람들은 요괴가 근거 없이 날조한 환상이라 여기지만 사실 요괴 이야 기에는 그 맥락을 추적해볼 수 있는 실마리가 포함되어 있다. 예를 들어 대동臺東의 가장 유명한 전설로 잉 어 정령鯉魚精과 고양이 정령貓精의 끊임없는 싸움 이야기가 있다. 전설 에 따르면 잉어산鯉魚山은 바로 잉어 정령의 화신인데, 그 잉어의 눈에 해당하는 부분을 누군가 파내어 갔 다고 한다. 지금도 잉어산 절벽, 잉 어의 눈 부분이 텅 빈 채 거대한 동 굴로 남아 있음을 분명하게 볼 수 있다. 이 밖에도 잉어산 전설의 몇 몇 또 다른 버전에는 원주민이 일찍

● 『대만 옛날이야기臺灣むかし話』 제2집, 지 산암芝山巖의 석마石馬를 그린 삽화.

이 이곳에 거주했지만, 나중에 잉어의 눈이 사라진 뒤 산의 영기가 상실되자, 다른 곳으로 이주했다고도 한다. 대동의 잉어 정령 전설에는 아마도 옛날 선주민들의 이주 과정이 반영되어 있는 듯하다.

때로는 요괴나 괴물 전설이 정치와 연관되기도 한다. 청나라 때 편찬된 대만의 지방지에는 더러 '재상災祥' 편이 마련되어 있고, 여기에 대만 각지에서 발생한 기괴한 사건이 실려 있다. 이러한 기괴한 사건들은 항상 정치적 사변이나 민란에 대한 관방의 견강부회한 해석의 '보조 증거'로 활용되어 왔다. 예컨대 1683년에 괴상한 악어가 펑호도 해안으로 올라와 오래지 않아 죽은 일이 있는데, 청나라 관방에서는 이 일을 정성공 왕조가 멸망할 조짐으로 여겼다. 관리들은 기이한 일을 정치와 관련지어 해석하곤 했다. 그들은 여전히 '천인감응天人感應' 학설을 계속 견지하면서 하늘의 운행과 세상의 변고가 밀접하게 연관되어 있다고 설명하려 했다.

이 밖에도 대만 요괴에게는 매우 특수한 면모가 포함되어 있다. 즉 대만 요괴 이야기에는 흔히 직접적 혹은 간접적으로 상이한 부족들의 투쟁 역사가 반영되어 있다.

예를 들어 대북臺北의 팟시란八芝蘭(Pattsiran)에는 '석마石馬' 전설이 있다. 아주 오래전에 팟시란의 장주인漳州人과 맹갑艋舺의 천주인泉州人 사이에 항상 충돌이 발생했는데, 이것이 바로 '장천계투漳泉械鬥'다. 전설에서는 장주인들이 믿는 '개장성왕開漳聖王'이 항상 석마石馬를 타고 진두에 섰다고 한다. 나중에 무슨 이유인지도 모르게 석마가 고삐를 풀고 농장의 곡식을 훔쳐 먹으며 그 지방을 어지럽히는 괴물이 되었고, 사람들은 석마를 통제하기 위해 석마의 복부에 구멍을 뚫었다고 한다.

요괴 전설은 향토 역사와 민속 문화의 오랜 축적물이다. 요괴가 탄생하는 까닭도 언제나 인류의 심리 상태와 밀접하게 연관되어 있다. 대만의 요괴 문화에는 독특한 점이 많다. 이러한 전설이나 생각이 일찍이 중국과 일본 문화에서 큰 영향을 받았지만, 시간의 장구한 흐름에 따라 대만 요괴도 끊임없이 변화했고 또 점차 발전하여 자신만의 특색을 갖게 되었다.

요괴는 어디로 가는가?

근래에 대만 요괴가 점점 붐을 일으키면서 그림, 문학, 영화, 음악, 게임 등등의 영역에 마환魔幻 스타일이 자주 눈에 띄고 있다. 이러한 현상은 기쁜 일이기는 하지만 동시에 매우 근심스러운 일이기도 하다.

요괴의 가장 중요한 기초는 역사, 민속, 현지 문화다. 그러나 애석하게도 대만은 기억이 단절된 섬이기에 많은 사람이 대만의 문학, 역사, 민속에 대해 아무 관심도 보이지 않고 있다. 이 때문에 대만 요괴 문화의 발전은 기실 매우 허약하고도 붕괴하기 쉬운 기초 위에 서 있다.

따라서 대만 요괴 문화를 널리 보급하는 동시에 어떻게 더 많은 사람이 대만 문화의 가치를 인정하게 하느냐는 매우 중요한 과제다.

시간은 끊임없이 흘러가고 기억도 한 방울 한 방울 부단히 사라진다. 신경 쓰지 않는 사이에 어쩌면 고귀한 문학과 역사 이야기가 남모르게 사라질 가능성이 있다.

예를 들어 나는 1959년에 상영된 대만어 영화 「사낭군蛇郎君」에 흥미를 느끼고 끊임없이 유관 자료를 탐색해왔다. 이 영화는 대만의 유명한 민담 「사낭군」 전설에서 제재를 취했다. 그것은 요정과 여자의 연애 이야기다. 흥미로운 점은 영화감독이 이 영화에 당시 유행한 '아라비아 스타일'을

도입했다는 것이다. 즉 의상이나 장
면 설계에 모두『아라비안나이트』와
같은 이국적인 정취가 물씬 풍기게
했다. 현재 영화의 예고편이 '국가영
화센터國家電影中心'에 소장되어 있고,
중앙연구원 디지털문화센터中央研究院
數位文化中心의 웹사이트 '개방박물관
開放博物館'에서 감상할 수 있다. 영화
예고편의 스타일이 매우 특이했기
에, 나는 호기심이 강하게 일어 관련
당국에 전체 영화를 볼 수 있는지 문
의했다.

● 대만어 영화「사냥군」의 신문 광고(공
공자료 도서관 디지털 소장 서비스망公共資
訊圖書館數位典藏服務網)

그러나 애석하게도 국가영화센터
에서는 당초에 이 자료를 수집할 때
시간이 한발 늦어서 완전한 필름은 이미 소장자 후손에 의해 폐기된 상태
였고, 겨우 예고편만 남아 있었다고 설명했다.

역사의 긴 물결 속에서 우리는 아마도 수많은 고귀한 기억을 망각하거
나 상실할 것이다. 이것은 참으로 견디기 힘든 사실이다.

이런 연유로 나는 역사 문헌 속에서 요괴 자취를 탐색하는 일 외에도
대만 각지를 현지 조사하여 향토 속에 남아 있는 요괴의 모습을 직접 확
인하고 그것을 기록으로 남겨놓으려 했다. 현재 이루어진 그 초보적인 성
과가 바로『요괴 나라 대만 지도妖怪臺灣地圖』다.

나는 시종일관 '과거'를 이해해야만 '현재'가 어디에 서 있는지 알 수

있고, 또 여기에서 한 걸음 더 나아가 '미래'의 방향을 알 수 있다고 인식해왔다. 문학과 역사 자료를 탐색하는 과정에서 '요괴'가 지극히 유익한 관점을 제시해줄 수 있다고 생각했다. 왜냐하면 요괴는 매력적이고 통속적인 초능력으로 대중의 흥미를 불러일으킬 수 있기 때문이다.

요괴는 매우 흥미롭고 강대무비하기에 앞으로 이 요괴가 할 수 있는 일은 사람들의 상상을 초월한다. 나는 대만 요괴가 어떤 방향으로 가고 있는지 또, 어떤 곳에 머물고 있는지 끊임없이 고민했지만, 최근에는 비로소 나의 고민이 기우일 뿐이고 심지어 나 자신의 능력도 헤아리지 못한 채, 주제넘게 억측만 하고 있음을 인식하기 시작했다.

자고이래로 요괴는 자신만의 방향으로 전진해왔다. 그 방향은 통제도 받지 않고 예측하기도 어렵다. 그것은 천변만화하며 인류의 지식 위를 날아다니므로 그 진면목을 꿰뚫어 본 사람은 여태껏 아무도 없었다. 요괴는 우리가 철저하게 이해할 수 없는 영원한 신비의 세계다.

아무도 요괴의 미래를 예측할 수 없다. 그것이 우리가 요괴를 좋아하는 이유의 하나다.

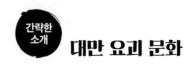

대만 요괴 문화

1) 대만의 '요괴'

근래 대만에서 요괴 문화 풍조가 일어나고는 있지만 기실 우리는 아직 '요괴'의 개념을 명확하게 정리하지 못하고 있으며, 또 '요괴'라는 어휘가 대만의 현대적 상황에서 어떤 정의를 가질 수 있는지 확실하게 알지 못한다.

대만인들이 사용하는 '요괴'라는 어휘는 본래 중국어의 맥락을 갖고 있다. 그러나 또 일본이 대만을 식민지로 지배하던 시기와 제2차 세계대전 이후 일본의 대중문화가 대만으로 진입하던 과정에 일본어 한자 어휘 '요괴'의 개념도 요괴에 대한 대만인의 인식에 깊은 영향을 끼쳤음을 소홀히 취급할 수 없다.

과거를 회상해보면 청나라 시기에 대만에서는 문인이나 관리들이 책을 통해 '요괴'라는 어휘를 썼지만 그 사례가 매우 드물고, 오히려 '요妖'와

'괴怪'를 각각 단독으로 쓴 경우가 많았다.* 아래에 청나라 시기 대만 관련 저작에 보이는 '요괴'라는 어휘 몇 가지를 예로 들어보겠다.

① 강희康熙 연간의 『대만부지臺灣府志』에 실린 「읍려단 축문邑厲壇祝文」. 관리가 제사를 받지 못하는 귀신에게 올리는 축문이다: "이들 고혼은 죽어서 의지할 데가 없어 혼백이 흩어지지 못하고 음산한 혼령陰靈으로 뭉쳤습니다. 더러는 초목에 의지한 채 '요괴'가 되어 별빛과 달빛 아래에서 슬프게 울부짖고, 바람과 빗속에서 신음하고 있습니다."

② 19세기 문인 오자광吳子光의 글 「정사기략鄭事紀略」: "첩자가 이렇게 말했다. '이 섬에는 길이 수십 장長에 달하는 고래가 파도 사이에서 높이 뛰어올라 금빛을 번쩍이며 기氣를 빨아들이고 우레같은 소리를 냅니다. 폭풍에 파도가 솟구치며 창과 철마 소리가 은은히 끊이지 않고 들려오는 가운데, 배들은 남김없이 부서져 바다 속으로 침몰하고 사람은 모두 죽었는데 밤새도록 곡소리가 하늘을 진동했습니다. 닭이 울고 폭풍이 잦아들자 물고기조차 보이지 않았습니다. 사람들이 서로 떠들기를 '요괴'의 짓이라고 했습니다. 이날 저녁에 정성공鄭成功이 태어나자, 사람들이 기이하게 여겼습니다.'"

③ 19세기 대만에 전해진 장씨張氏의 『사언잡자四言雜字』 필사본**: "생

---

* 〔원주〕『대만부지臺灣府志』: "깊은 산 속에는 인적이 드물고, 그 사이에 사람 몸에 짐승의 얼굴, 까마귀 주둥이와 새 부리, 사슴·돼지·원숭이·노루가 잠복하여 알도 낳고 새끼도 기른다. 가지각색 도깨비들 그리고 산요山妖와 수괴水怪도 그곳에서 때때로 출몰한다深山之中, 人跡罕至, 其間人形獸面, 鳥喙鳥嘴, 鹿豕猴獐, 涵淹卵育, 魑魅魍魎, 山妖水怪, 亦時出沒焉.

** 〔원주〕황진난黃震南, 『취서포, 상학교: 대만 전통 계몽 교재取書包, 上學校: 臺灣傳統啓蒙教材』(獨立作家出判, 2014). 황진난은 대만의 유명한 장서가다. 그는 자신이 수집한 각종 판본의

● 일본 통치 시대에 인쇄된『사언잡자』. 비성당상회斐成堂商會에서 출판했다. 이 책의 몇몇 글자는 19세기의 필사본과 조금 다르다.

번生番(미개한 원주민)인 가리假佴는 동산東山의 일파다. 옷을 입지 않으며 모습이 원시적이고 괴이하다. 나가서 잡아들여 보니 그 형상이 '요괴'와 비슷했다."

청나라 시기의 대만 문인들은 '요괴'라는 말을 쓴 경우가 드물지만 일본 통치 시대의 일본인들은 '요괴'라는 어휘를 빈번하게 사용하며 대만 문화를 관찰하기 시작했다.

예컨대 일본인이 대만 원주민 문화를 연구한 초보적인 성과물『원주민 부족 조사 보고서蕃族調査報告書』에는 한자어 '요괴'라는 말로 원주민들이 무서워하는 귀신이나 혼령을 호칭했다. 우리는 이 문헌을 읽을 때 이 어휘가 일본인들의 주관적인 호칭에 불과함을 알아야 한다. 당시의 원주민 문화에 '요괴'라는 개념이 있었는지에 대해서는 아직 더 많은 논의가 필요하다.***

『사언잡자』를 비교한 뒤 장씨의『사언잡자』가 1812년에서 1875년 사이에 완성되었고, 장씨는 아마도 대중臺中과 묘율苗栗 일대에 거주한 객가족客家族이었을 것으로 추측했다.
*** 〔원주〕이와 관련된 연구로는『대만 민속학 청년 논집臺灣民俗學青年論集』권2(豐饒文化, 2018)에 수록된 다음 두 편의 논문을 참고할 만하다. 린루쥔林和君의「대만의 여러 부족 민속 전설 및 의례 풍속 신앙 비교 분석: 민남 마신자와 아미족 'Salau' 사례를 중심으로臺灣泛族群民俗傳說暨儀俗信仰比較析論: 以閩南魔神仔與阿美族'Salau'爲例」. 판위팅范玉廷의「'범령范靈'에서

그러나 긍정할 만한 한 가지는 일본 통치 시대에 일본인들이 항상 관습 조사 보고서나 신문잡지에 '요괴'라는 어휘를 써서 대만에서 일어나는 '괴이한 현상' 및 '괴이한 생물'을 지칭하기 시작했다는 점이다.

여기에서 우리는 일본에서 쓰는 한자어 '요괴'가 중국어의 '요괴' 개념과 다르다는 사실을 분명하게 알아야 한다.

일본에서도 근대 이전에는 이 '요괴'라는 어휘가 대부분 '기이하다. 괴이하다'는 뜻을 가리켰다. 그런데 나중에 철학자 이노우에 엔료井上円了(1858~1919)****가 '요괴학' 이론을 제기하면서 과학적인 방식으로 미신을 타파하려고 했다. 그런데 그가 말하는 '요괴'라는 어휘에도 기실 '괴이한 현상'이 포함되어 있다. 그는 결코 요괴를 단독으로 '괴이하게 형상화된 괴물'로 지칭하지 않았다. 그 뒤 민속학자 야나기타 구니오柳田國男(1875~1962)의 학설에 이르러서야 '요괴'를 현재 우리가 보편적으로 인식하고 있는 개념 즉 '요괴는 괴이한 생물이다'라는 정의를 쓰기 시작했다.

일본 통치 시대 대만의 문헌에서 발견되는 '요괴'라는 어휘에도 기실은 '괴이한 현상'과 '괴이한 생물'이라는 두 가지 개념이 모두 포함되어 있다. 예를 들어 쩡징라이曾景來(1902~1977)는 『대만 종교와 미신 폐습臺灣宗教と迷信陋習』이라는 저서에서 이른 시기에 이노우에 엔료의 '요괴학'이라는 개

'요괴'에 이르는 영괴靈怪 관념 전환: 대만 원주민의 초자연적 존재에 대한 일본인의 해석을 초보적으로 탐색하다從'泛靈'到'妖怪'的靈怪對轉: 日人對臺灣原住民的超自然存在之詮釋初探」

**** 〔원주〕이노우에 엔료井上円了: 일본의 저명한 철학자 겸 교육자다. 과학적인 시각으로 요괴 현상을 연구했다. 1911년 1월 대만으로 와서 순회강연을 다녔는데 그 발자취가 의란宜蘭과 가의嘉義 등지에 남아 있다. 『대만 일일신보臺灣日日新報』의 보도에 따르면 그가 의란에서 요괴 학설에 대해 강연할 때 청중이 500명에 달했다고 한다. 1918년 3월『대만 일일신보』에도 요괴 연구에 관한 이노우에의 연재물「요괴의 정체妖怪の正體」가 게재되어 있다.

넘을 이용하여 대만의 요괴 문화를 다뤘다. 이 책에 다음과 같은 대목이 있다. "요괴는 일종의 변화막측한 그 무엇이며, 평상시에는 보기 드문 진기한 현상으로 심지어 사람을 두렵게까지 한다." '요괴'에 대한 이 책의 해석은 분명히 '괴이한 현상'에 편향되어 있다. 또한 작가 쩡징라이는 이노우에 엔료의 미신 타파 이론을 계승했다.

혹은 『원주민 부족 조사 보고서』에서도 일본인들은 초우족鄒族 성지 탑산塔山에 관한 이야기를 기록하면서 탑산이 일종의 '요괴산'이라고 언급했다. 그러나 이 이야기가 진술하는 내용은 사망한 인간의 영혼이 탑산에 거주한다는 것일 뿐, 우리가 현재 인식하고 있는 요괴 즉 '괴이하고 공포스러운 생물'의 존재는 전혀 출현하지 않는다. 그 원인은 일본인들이 이 이야기를 기록할 때 쓴 한자어 '요괴'가 사실 '불가사의하고 괴이한 일이나 현상'을 가리키기 때문이다. 허무한 영혼이 현실 세계의 탑산에 거주할 수 있다는 것은 괴이한 일일 뿐 아니라 그런 유령이 일종의 괴물로도 인식될 수 있으므로 일본인들은 그 산을 '요괴산'이라고 불렀다.*

『대만 일일신보』에 일찍이 다음과 같은 보도 기사가 실렸다. "관광하러 온 사람들의 말에 근거하여, 저들의 격한 감정을 살펴본다. 총독 관저를 관광한 사람들은 시내 가옥 건축의 웅장하고 화려함, 토지의 평탄하고 광대함, 인민의 부유함, 물산의 풍부함, 자동차의 신속함, 여러 기계의 정교함, 축음기와 활동사진의 불가사의함, 일본인의 요괴 변화 등을 헤아릴

---

* 〔원주〕 1934년에 출판된 『지나, 조선, 대만: 신화와 전설支那, 朝鮮, 臺灣: 神話と傳說』에도 이 이야기가 수록되어 있다. 이 책에 쓰인 '妖怪'의 일본어 독음은 '오바케おばけ'다. '오바케おばけ'는 '화물化物(바케모노ばけもの)과 뜻이 비슷한데, 괴이한 성질을 지닌 모든 사물을 가리킨다.

수 없다고 했으며, 듣는 사람들도 혀를 내둘렀다."* 이 글에 쓰인 '요괴'라는 말은 결코 '괴이한 생물'을 가리키는 것이 아니고, 일본인이 사용하는 도구가 '괴이하고 불가사의하다는 사실'을 보여준다는 뜻이다.

물론 일본 통치 시대의 책에 나오는 '요괴'라는 어휘에도 때로는 '괴이한 생물, 괴물, 귀신'이라는 개념이 포함되어 있다. 예를 들면 『생번 전설집生蕃傳說集』에 실린 「요괴의 손妖怪の手」 「요괴의 구혼妖怪の求婚」 등의 이야기가 그러하다.

일본 통치 시대 초기에 당시 대만 신문에서도 '요괴えうくわい'라는 어휘를 사용했다. 예를 들어 「요괴굴[1]妖怪窟[其一]」** 「요괴는 정부보다妖怪は情夫より」*** 「요괴인가 장난인가妖怪か·惡戲か」****와 같은 글이 그러하다.

妖怪の如きは一種の變化であり、平常ならざる珍奇の現象である。こころが人に新奇を好む情あるが爲めに、妖怪の恐るべきこあり、變態のやうであるが、これは人心の共通であるらしい。普通のら聽きたくもないが、怪談になるこ仲々さうでない。爲めに怪談な

● 쩡징라이가 쓴 『대만 종교와 미신 폐습』 일부로, '요괴'를 언급하고 있다.

---

* 〔원주〕「산으로 돌아간 뒤의 트루쿠 부족歸山後太魯閣蕃」, 『대만 일일신보』 1905년 12월 2일. 이 기사는 당시 총독부가 트루쿠 부락 원주민 대표를 초청하여 총독 관저를 관광하게 한 일을 묘사했다.

** 〔원주〕『대만 일일신보』 1899년 1월 8일.

*** 〔원주〕『대만 일일신보』 1899년 4월 5일.

**** 〔원주〕『대만 일일신보』 1910년 11월 26일.

일본 통치 시대에 일본인들이 '요괴'라는 어휘를 사용한 사례 외에 한족 문인들도 글을 쓸 때 이 어휘를 사용했다.

예를 들어 위청덕魏淸德이 『대만 일일신보』에 발표한 글에 다음 내용이 있다. "이사운림씨異史雲林氏는 이렇게 말했다. '나무와 돌이 요괴로 변한다고 했는데, 미개한 사람들에게는 왕왕 이처럼 기괴한 미신이 있다.'"* 이 글에 쓰인 '요괴'라는 말은 주로 한문 전통에 나오는 '요괴'의 뜻을 포함하고 있다. 이 밖에도 도묵희루塗墨戲樓 필명을 쓰는 필자는 『대만 일일신보』의 「돈광시頓狂詩」 코너에 한문시 「요괴妖怪」**를 발표하여 대도정大稻埕 조동후가朝東後街의 한 과부 집에서 발생한 요괴의 해코지를 설명했다.

이와 동시에 일본 통치 시대의 한족 문인들이 일본어 한자 어휘 '요괴'의 영향을 받았다고 설명할 수 있는 사례도 있다. 예컨대 나수혜羅秀惠가 『대만 일일신보』에 소개한 정성공 관련 글에 다음 내용이 있다. "그것이 대만에서는 앵가석 요괴 퇴치와 같은 사례다."*** 이 글에서 언급한 '요괴

---

* 〔원주〕「노문통문지'에 실린 왕부지의 신령함을 읽고讀'鶯門通信誌'王不池靈赫」『대만 일일신보』(1910년 5월 31일). 이 글에서는 진승창陳承昌의 며느리 왕부지王不池가 사후에 영험함을 드러내자 미신에 빠진 남녀가 다투어 관棺을 두드리며 복을 비는 상황을 서술하고 있다. 이 때문에 이 글을 쓴 위덕청이 "나무와 돌이 요괴로 변한다고 했는데, 미개한 사람들에게는 왕왕 이처럼 기괴한 미신이 있다"라고 감탄하고 있다. 나무와 돌이 괴물로 변할 수 있다는 것은 『국어國語』에 나오는 다음 전고典故에 근거하고 있다. "나무와 돌의 기괴한 것을 기夔와 망량罔兩이라고 한다木石之怪曰夔罔兩."

** 〔원주〕『대만 일일신보』 1915년 4월 8일.

*** 〔원주〕초록蕉鹿(羅秀惠), 「정성공의 해신 토벌鄭成功之海神討伐」『대만 일일신보』(1906년 5월 1일). 이 글에서는 정성공의 전설을 묘사하고 있다. "그것이 대만에서는 앵가석 요괴 퇴치와 같은 사례다(그곳에 앵가鶯哥라는 괴물이 해코지를 하여 토인들이 피해를 당하곤 했다. 정성공이 우연히 그곳을 지날 때 많은 병사들이 괴물에게 잡아 먹히자 계책을 마련하여 창으로 찔러 죽였다. 그 뒤로는 괴물이 마침내 근절되었다). 대남臺南의 한족 문인 나수혜의 글에 나오는 '요괴 퇴치'라는 말은 기실 일본어에서 통상적으로 쓰는 어투다.

퇴치'라는 말은 기실 일본어에서 통상적으로 쓰는 어투다.

이 밖에도 일본의 교육을 받은 학생들도 일본의 요괴 관념을 받아들였다. 예컨대 철도강습소鐵道講習所* 1학년 갑조甲組의 학생 추邱 아무개는 『여행과 운수旅と運輸』라는 정기간행물에 자신의 여행 경험을 발표하면서 어머니가 자신에게 해준 이야기 즉 앵가산鶯歌山 위의 거대한 암석이 바로 '요괴'라는 이야기를 언급했다.**

이상에 소개한 사례 외에도 일본 통치 시대의 문헌 자료에 '요괴'라는 어휘를 사용한 사례는 많다.***

제2차 세계대전 뒤에도 '요괴'라는 어휘는 여전히 대만에서 발전을 이어갔다. 일본 교육을 받은 대만 학자들은 일본어 한자어 '요괴'의 사용을 답습했고, 당연하게도 요사하고 기이한 사물을 '요괴'라고 칭하게 되었다.

예를 들어 일본 통치 시대를 거친 학자 장샤오메이江肖梅 선생은 제2차 세계대전 뒤에도 지속적으로 대만의 민간 전설을 정리했고, 심지어 일본 통치 시대에 일본어로 쓴 대만 민간 이야기를 중국어로 번역했다. 그는

---

* 〔원주〕대만철도협회강습소臺灣鐵道協會講習所: 이 협회 회원과 일반 철도 직원 그리고 그 자제들에게 야간 교육 과정을 제공했다.

** 〔원주〕『여행과 운수』「제목: 여행의 추억題: 旅の思ひ出」, 추푸수이邱傳水, 1938년 3월 2일.

*** 〔원주〕다음과 같은 몇 가지 사례를 들 수 있다. 「남부의 잡다한 일: 귀신도 사람과 같다南部瑣事: 鬼亦猶人」(『대만 일일신보』 1908년 8월 6일), 「아연으로 철을 두드리다: 산 위의 요괴亞鉛敲鐵: 山上妖怪」(『대만 일일신보』 1911년 6월 14일), 「요괴가 출현한다는 소문에 인산인해를 이루다: 가의시 북문 밖의 소란妖怪出現の噂に人山を築く: 嘉義市北門外の騒ぎ」(『대만 일일신보』 1931년 1월 27일), 「잘못 전해진 요괴誤傳妖怪」(『대만 일일신보』 1932년 10월 7일), 「납청과 팔괘체拉青と八卦篩」(『민속 대만民俗臺灣』 1942년 1월 5일, 뤼허뤄呂赫若).

1955년에 출판된 『대만 민간 고사臺灣民間故事 3』에 「묘산과 잉어산貓山和鯉魚山」이라는 글을 싣고 잉어산의 기괴한 전설을 묘사했다. "그러나 이 잉어는 보통 물고기가 아니라 요괴였기에 쉽게 잡을 수 없었다." 그리고 이 글 끝에 다음과 같은 주석을 달았다. "요괴는 기괴한 귀물鬼物이다."

장샤오메이의 이 글은 기실 일본 통치 시대의 서적 『대만 옛날이야기臺灣むかし話』 제2집에 실은 「묘산과 잉어산貓山と鯉魚山」의 원문을 중국어로 번역한 것이다. 일본어 전체 원문에서는 '요괴'라는 어휘를 전혀 쓰지 않고 이 잉어의 정령을 '화물化物(ばけもの)'이라고 칭했다.*

나중에 장샤오메이가 이 글의 일부를 번역할 때 '화물'을 '요괴'라고 쓴 이유는 두 가지로 추정된다. 첫째, 장샤오메이는 일본어 한자어 '요괴'로 잉어 정령의 존재를 이해하려 했다. 둘째, 본래 한문 소양을 갖춘 장샤오메이가 한자 자체에 포함되어 있는 '요괴'라는 어휘로 잉어 정령의 존재를 이해하려 했다.

이 밖에도 현대교육출판사에서 1970년대부터 1980년대까지 『대만 민간 고사집臺灣民間故事集』을 다량 출판했는데, 이 속에 포함된 원주민 이야기는 대개 일본 통치 시대 서적 『생번 전설집』에서 번역한 것이고, 원문에 나오는 '요괴'라는 어휘를 번역문에도 그대로 남겨놓았다.

이상의 사례를 통해 우리는 일본어 한자 어휘 '요괴'의 전승이 일본 식

---

* 〔원주〕화물化物(바케모노ばけもの): 근대 이전에 일본인들은 '요사하고 괴이한 사물'을 보통 '化物'이라고 불렀는데, 이것은 에도江戶 시대의 보편적인 용어였다. 일본의 역사를 거칠게 정리해보면 괴이한 사물에 대한 일본인의 호칭은 각 시기마다 상이했다. 예를 들어 헤이안平安 시대에는 '물괴物怪(모노노케もののけ)'라 했고, 에도 시대에는 관용적으로 '화물化物(바케모노ばけもの)'라고 했다. 요괴학이 발달한 이후에는 점점 '요카이妖怪'라는 어휘를 보편적으로 사용해왔다.

민지 종료로 단절된 것이 아니라 오히려 제2차 세계대전 이후에도 계속 이어진 것으로 대담하게 추측해볼 수 있다. 물론 이런 추측은 일본 통치 시대 한문 어휘에 '요괴'라는 단어가 존재하지 않았다고 말하려는 것이 결코 아니다. 당시의 한문 필자들은 여전히 한문 전통에 포함된 '요괴'의 뜻을 사용하면서, 때때로 일본어의 영향을 받기도 했다.

이에 우리는 일본 통치 시대 대만인들이 '요괴'라는 어휘를 사용할 때 한문 어휘의 본뜻을 포함하는 동시에 일본어 '요괴'의 개념을 융합했다고 인식해야 한다. 제2차 세계대전 이후에도 이런 상황은 계속되었으며, 아동 독서물*의 영향력에 따라 더 많은 사람이 '요괴'라는 어휘의 현대적 의미를 이해하게 되었다. 이 밖에 제2차 세계대전 이후 대만 신문에도 '요괴'라는 어휘를 사용한 글이 실리곤 했으므로** 이 '요괴'라는 어휘가 시간이 지날수록 더욱 통속적으로 변했다고 할 수 있다.

1980년대 이후에는 일본 만화가 대거 대만으로 진입했다. 그 속에는 일본 만화의 대가 미즈키 시게루水木茂(1922~2015)***의 작품이 포함되어 있다. 그의 요괴 만화는 대만에서 엄청난 환영을 받았다. 이때에 이르러 '요

---

* 〔원주〕 제2차 세계대전 이후 출판된 대만 민간 이야기 책은 거의 모두 아동 통속 독서물이므로 요괴에 관한 전설도 당연히 이들 책에 편입되었다.

** 〔원주〕 예를 들면 「기이하도다! 물구덩이에서 요괴를 발견하다니奇哉! 水裡坑發現妖怪」(『민성일보民聲日報』 1948년 4월 28일), 「인간 세상에서 악연을 맺다: 여덟 집에서 요괴 심판장을 열다人間結下惡緣: 八家將開堂審妖怪」(『민성일보』 1953년 8월 23일), 「현천상제가 나서서 풍파를 순시하다玄天上帝出巡風波」(『민성일보』 1965년 10월 8일) 등이 그것이다.

*** 〔원주〕 미즈키 시게루水木茂: 일본 만화가로 요괴 만화를 그려서 명성을 얻었다. 그의 명작으로는 『기타로鬼太郎』 시리즈가 있다. 요괴 연구 영역에서는 야나기타 구니오柳田國男가 앞 시대를 계승하여 미래를 열어준 공적을 남겼으나, 일본 요괴 문화를 널리 보급한 일로 말하자면 미즈키 시게루의 공헌을 소홀히 취급할 수 없다. 미즈키 시게루는 재미있는 통속 만화를 창작하여 '요괴'라는 말을 일본 전역으로 퍼져나가게 했다.

괴'라는 어휘가 사람들에게 더욱 많이 알려졌음은 미루어 짐작할 만하다. 그 뒤 일본 요괴 만화『신령한 교사 신미: 지옥선생 누베』靈異教師神眉: 地獄先生 ぬーべー』와『이누야샤犬夜叉』등의 작품도 대만에서 큰 인기를 끌었다.

과연 일본 요괴 문화가 끼친 영향은 무엇일까? 가장 중요한 영향은 일본 통치 시대부터 시작하여 일본인들이 일본어 한자 어휘 '요괴'를 대만으로 가져왔고 그 뒤 대만인들이 이것을 익숙하게 사용하기 시작했다는 점에 있다고 생각한다.

비록 청나라 시대 대만 문인들이 '요괴'라는 어휘를 사용하기는 했지만 그 빈도는 매우 드물었다. 여기에서도 '요괴'가 대만 한족 전통문화에서 늘 사용하던 어휘와 개념이 결코 아니었음을 알 수 있다. 일본 통치 시대에 이르러 일본인들의 '요괴' 사용 습관이 영향을 끼치기 시작했고, 이러한 영향력이 전후戰後에도 지속되었으며, 또 일본의 대중 오락 문화도 대거 진입하기 시작했다. 이로써 '요괴'라는 말이 마침내 대만에서 모든 사람이 상용하는 어휘가 되었다.

현재 통용되는 '요괴'라는 어휘는 일본 문화와 다방면으로 관련을 맺고 있다. 이 때문에 학자들은 대만 요괴 문화가 "현지 문화가 아니고, 전통적인 것이 아니며, 과도적인 일본 문화"라고 인식한다. 심지어 '요괴'라는 어휘가 대만 민속 연구 과정에 출현해서는 안 된다며 의심을 품는다.

나는 학자들의 의심이 매우 일리가 있고, 대만 전통 민속 문화에는 '요괴'라는 용어가 매우 드물다는 사실을 인정한다. 대만 민속 언어에서 요사하고 기이한 사물의 존재를 부를 때 사용한 어휘는 사실 '귀鬼' '정精' '괴怪' 등이다.

비록 '요괴'가 대만 민속 언어는 아니지만, '전통적이 아니라는' 이유만으로 '요괴' 사용을 배제한다면 너무 엄격한 잣대라고 생각한다. 기실 대만 문인들이 일본어 한자 어휘 '요괴'의 영향을 받은 사실은 일본 통치 시대부터 그 흔적을 찾을 수 있다. 그리고 현대에 이르러 '요괴'라는 어휘는 이미 대만의 대중이 익숙하게 쓰는 용어가 되었다.

이 때문에 나는 대만에서 '요괴'라는 어휘가 오랫동안 존재해온 사실을 단호하게 부정해서는 안 되며, 대만 상황에서 '요괴'라는 어휘가 결국 어떻게 '현지화'의 정의를 갖출 수 있을지 고민해야 한다고 생각한다. 일본어 한자 어휘 '요괴'가 대만에 깊은 영향을 끼쳤다 해도, 결국 귤이 회수淮水를 건너면 탱자가 되는 것처럼 동일한 사물이라도 상이한 지역에서는 발전을 달리하며, 풍토와 환경이 같지 않으면 반드시 그에 걸맞은 변화가 생기기 마련이다.

이 때문에 나는 현 단계에서 사용하는 '요괴'라는 키워드로 대만의 요괴 문화를 고찰하는 것은 매우 흥미로운 관점의 하나가 될 수 있다고 생각한다.

그럼에도 대만의 '요괴학'은 여전히 다양한 도전에 직면해 있다. 예컨대 대만의 '요괴'를 어떻게 정의해야 할까? 어떻게 대만 원주민의 요괴 문화를 이해해야 할까? 등의 문제가 나는 매우 곤혹스럽다.

대만 요괴는 여전히 겹겹의 안개 속에 몸을 감추고 있다.

2) 대만의 요괴 그림에 대한 간략한 진술

일본의 요괴 그림은 전통이 유구하다. 무로마치室町 시대의 『백귀야행회권百鬼夜行繪卷』이나 에도 시대의 우키요에浮世繪에 포함된 유령을 막론하

서언 화려도華麗島의 요괴 세계 35

고 일본의 요괴 그림들은 모두 사람들에게 놀라움을 금치 못하게 한다. 그 예술은 시종일관 흠모하는 대상이다. 하지만 요괴 예술 창작은 결코 다른 나라에만 있는 것이 아니며, 근래에는 많은 대만 화가도 요괴 문화에 빠져들어 대만 현지의 요괴를 자신의 창작 주제로 삼고 예술 실험을 시도하고 있다.

아마도 대만 요괴 그림이 근년에야 생겨난 예술 풍조라고 잘못 생각하는 사람도 있는 듯하다. 그다지 정확한 인식은 아니다. 대만 요괴 그림의 기원을 거슬러 올라가보면 그 역사가 이미 100년 이상임을 알 수 있다.

가장 이른 대만의 요괴 그림은 민간 예술에서 출현했는데 종교와 깊이 관련되어 있다. 예를 들어 지전紙錢의 종류에는 '외방지外方紙'라고 불리는 특수한 것이 있고 이것으로 살기煞氣를 막을 수 있다. '외방'은 바로 외래의 흉악한 귀신이나 살기를 가리킨다. 외방지의 특별한 점은 바로 지전의 표면에 특수한 판화 그림을 인쇄한다는 사실이다. 금지金紙에서 흔히 볼 수 있는 신명이나 삼선三仙 도안과 달리 외방지의 판화는 흔히 귀괴鬼怪, 신괴神怪, 정괴精怪, 요살妖煞 등과 같은 도형을 그린다.

나는 일찍이 금은지金銀紙 수집가 장이밍張益銘 선생이 공유해준 청나라 판화 백호도와 일본 통치 시대 화가 아사이 스스무淺井邏가 발행한 『대만 토속 자료臺灣土俗資料』의 오귀五鬼, 백호, 흑호 등의 그림을 본 적이 있다. 몇 가지 그림은 여전히 오늘날에도 외방지에 인쇄되므로 대만 외방지 요괴 그림의 역사가 유구함을 알 수 있다.

기괴한 대상에 대한 대만 민간의 상상은 '외방지' 판화 예술에서 그 일단을 엿볼 수 있고, 이외에 또 다른 귀신의 형상은 '십전도十殿圖'의 지옥 그림에서도 살펴볼 수 있다.

● 오늘날 대만의 마을에서 볼 수 있는 '백호白虎' 지전.

십전도는 '십전염왕도十殿閣王圖'라고도 부르는데, 사람이 명계冥界의 십전十殿으로 들어가서 심판받는 광경을 묘사한 그림이다. 이것은 대만에서 흔히 볼 수 있는 민속화다. 십전도는 세상에 경종을 울리는 역할을 제외하고도 망자를 위해 복을 비는 역할도 있다. 이런 지옥 그림은 책으로 인쇄하거나 걸개그림으로 만들어 장례 법회 현장에 걸어두기도 하며 때로는 사당에 이런 그림을 걸기도 한다.

'십전도' 그림에서 염왕의 부하 노릇을 하는 귀차鬼差나 귀졸鬼卒은 귀신, 음신陰神, 귀괴鬼怪에 가깝다. 예컨대 국보급 화가 천잉파이陳穎派(1933~)와 그의 가족은 대중시臺中市 성황묘城隍廟에 십전염라도十殿閣邏圖를 그려서 명계 십전에서 염왕이 심판하는 과정을 묘사했다. 그것은 푸르딩딩한 얼굴에 어금니가 튀어나온 저승사자가 염왕의 판결에 근거하여 각 전殿 특유의 형벌을 집행하는 그림이다.

이 밖에도 대갑진란궁大甲鎮瀾宮에는 청나라 수륙법회水陸法會에서 쓰던 '형벌 집행 걸개 그림 두루마리典刑掛輔'가 보관되어 있으며, 여기에도 귀차鬼差(일종의 저승사자)의 모습이 그려져 있다. 그림 속의 귀차는 머리가 뿔처럼 뾰족하고 얼굴은 가공할 정도로 흉악한데 바야흐로 각종 잔혹한 형벌을 집행하고 있다.

요괴 그림은 종교용으로 그린 것 말고도 또 다른 전통이 있는데, 그것은 바로 일본 통치 시대 대만 서적의 삽화 예술이다. 당시에 일본인들은 대만 민담집을 다양하게 출판하면서 책 속에 요괴 모양의 삽화를 그려 넣기도 했다. 예를 들면 1915년에 출판한 『대만 옛날이야기臺灣昔噺』에 실린 「호고파虎姑婆」 이야기에는 미야모토 만스케宮本萬輔가 그린 공포의 호랑이 정령이 삽입되어 있다.

대만 원주민에게는 늘 혼령이 해코지를 하거나 괴물이 출몰하는 전설이 남아 있다. 일본 통치 시대에 채집된 대만 원주민 전설을 이해하려면 사야마 유키치佐山融吉(?~?)와 오니시 요시히사大西吉壽(1893~?)가 편찬한 고전적인 서적『생번 전설집生蕃傳說集』을 참고할 만하다. 이 책의 장정과 삽화는 시오쓰키 도호鹽月桃甫(1886~1954)가 담당했다. 시오쓰키 도호는 미술 교육가로 대만미술전람회 창립 멤버의 하나다. 그는 그림을 그릴 때 항상 원주민 도상圖像에서 제재를 취했다. 이 때문에 그가 장정과 디자인을 담당한『생번 전설집』의 예술적 가치는 결코 낮게 평가할 수 없다. 그는 표지와 내지에 다양한 채색 삽화를 그려 넣었다. 이 그림들은 대만 원주민 전설에 관한 최초의 삽화 출판물이다.

비록『생번 전설집』에 요괴 관련 이야기가 다양하게 수록되어 있지만 시오쓰키 도호가 그린 삽화가 모두 요괴와 직접 연관된 주제인 것은 아니다. '괴물'이라는 시각으로 점검해보면 이 책에 포함된 한 폭의 삽화「데보랑 부부テボラン夫婦」에 매우 괴이한 '인면조人面鳥' 형상이 등장한다. 이 삽화는 부눈족布農族(Bunun) 칸타반사干卓萬社(Kantaban社)의 어떤 부부가 산으로 들어가서 서로 끊임없이 부르다가 기이한 새로 변한 이야기를 그린 것이다. 비록 현재 원주민 연구에서는 '사람이 새로 변한 설화'를 요괴 이야기로 간주하지 않지만, '머리는 사람이고 몸은 새'인 이 이종異種 혼합형의 삽화는 매우 환상적이므로, 이것을 '괴물'이나 '요괴' 그림으로 보아도 그리 큰 잘못은 아닐 것이다.

이 밖에 '요괴'라는 글자의 뜻을 복고적으로 해석하여* '하늘과 땅 사이

---

* 〔원주〕한문이라는 언어 환경에서 '요妖'와 '괴怪'의 의미는 각 시대마다 상이한 뜻을 가진

에서 발생한 일상이 아닌 현상'을 모두 요사스럽고 기이하다고 칭할 수 있다면 시오쓰키 도호의 다양한 삽화도 이에 부합한다고 할 수 있다.

예를 들어 그는 「태양 정벌太陽征伐」이라는 그림에서 태고 시절 하늘에 두 태양이 떠서 대지를 불태우고 인류가 극심한 고통을 받을 때 원주민 용사가 나서서 태양을 정벌한다는 내용을 그렸다. 이 그림은 선명한 색상으로 두 태양이 뜬 하늘의 '이상 현상'을 묘사했다.

시오쓰키 도호의 또 다른 그림 「용수의 뿌리榕樹の根」는 파이완족排灣族(Paiwan) 전설을 그린 것이다. 옛날 대해大海에 뿌리가 사방으로 퍼져나간 거대한 용수가 있었고, 그 뿌리를 따라 가면 다른 나라로 갈 수 있었다고 한다. 그러나 어떤 남자가 나무뿌리를 따라 다른 나라로 가서 한 여자를 데리고 온 뒤 뿌리를 잘랐는데, 그 뒤로는 그 기괴한 나무가 사람들을 다른 나라로 보내주지 않게 되었다. 바다 속의 기괴한 나무를 묘사한 이 그림은 필치가 매우 대담하다.

『생번 전설집』 외에 원주민 전설에 관한 또 다른 책으로는 『원주민 동화 전설 선집蕃人童話傳說選集』이 있는데 이 책에도 기괴한 삽화가 다양하게 실려 있다. 이 책의 그림을 그린 이는 가타세 히로시片瀨弘(1894~1989)다. 이 책의 삽화는 형태가 소박하여 아동 취향의 분위기가 강하다. 예를 들어 「기적과 괴담奇蹟と怪談」 장章에서 가타세 히로시는 탑산塔山 백석白石의 유령 괴담, 오색 사슴 전설, 회화나무 정령 전설 등의 이야기에 삽화를 그렸다.

다. 예컨대 선진 시대에는 '요妖'와 '괴怪'에 공통적으로 '일상에 반하는 현상이나 상태'라는 뜻이 들어 있었다. 심지어 '괴怪'라는 한 글자에도 괴물이나 특이한 능력을 갖춘 생물이라는 의미가 포함되어 있었다. 육조시대 이후에 비로소 '요괴'라는 어휘가 '정령이나 괴물'을 뜻하는 말로 기울기 시작했다. 일본어 언어 환경에서도 최초에는 '요괴'에 '괴이하고 기이하다는' 뜻이 들어 있었다.

이 밖에 대만예술사에서 출판한 '민간고사집民間故事書' 시리즈도 매우 주목할 만하다. 예컨대『대만 옛날이야기』제3집과『대만 지방 전설집臺灣地方傳說集』에도 모두 많은 요괴 삽화가 포함되어 있다.

『대만 옛날이야기』제1집의 필자는 다케우치 오사메竹內治, 제2집의 필자는 이나다 다다시稻田尹, 제3집의 필자는 쓰루타 가오루鶴田郁다. 이 세 권의 장정과 삽화에 참여한 사람은 둘인데, 제1집과 제3집은 미야타 야타로宮田彌太郎(1906~1968), 제2집은 도바 히로시鳥羽博가 담당했으며, 도바 히로시는『대만 지방 전설집』의 삽화도 그렸다.

미야타 야타로가 그린 「호고파」 삽화는 거칠게나마 화면 분할 개념을 도입하여 호고파 이야기의 두 장면을 하나의 화폭에 융합했다.

또 다른 화가 도바 히로시는 일본 통치 시대에 대만 요괴를 가장 많이 그렸다. 그는『대만 옛날이야기』제2집에 「사낭군蛇郎君」 「지산암 석마芝山巖石馬」「묘산과 잉어산貓山と鯉魚山」 등 전설의 삽화를 그렸고, 아울러『대만 지방 전설집』에

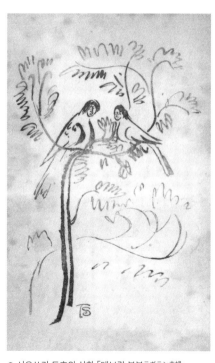

● 시오쓰키 도호의 삽화 「데보랑 부부テボラン夫婦」

도 「호형산虎形山」「귀륜령龜崙嶺」 등 이야기의 요괴 삽화를 그렸다. 도바 히로시가 그린 요괴 전설 그림까지 포함하여 『대만 지방 전설집』에서 묘사한 '하늘을 나는 무녀飛天巫女' '달의 칼月亮之刀(손으로 달을 가리키면 귀가 잘리는 것)' 삽화도 기이하고 환상적인 풍격을 갖추고 있다.

이 밖에도 대만 요괴학 연구의 중요 서적인 『대만 종교와 미신 폐습』의 마지막 면지에 그림 한 폭이 있는데, 대만의 유응공묘有應公廟와 그 곁에 유령과 백골이 나타나 춤을 추는 그림이다. 필치가 기이하고 기묘하여 일본 통치 시대에 보기 드문 해골 그림이라 할 만하다.

일본 통치 시대 서적에 출현하는 요괴 그림은 창작자가 비록 일본인이지만 이 작품들이 전후 대만 화가의 요괴 그림 창작에 영향을 주었을 가능성이 있다.

예컨대 대만의 만화 대가 천딩궈陳定國(1923~1999)가 그린 『사낭군蛇郎君』 표지 그림은 그 구도가 도바 히로시의 작품과 매우 유사하다. 천딩궈는 전후에 수많은 민간 이야기의 삽화를 그렸는데, 이런 이야기들의 편찬은 대부분 대만예술사가 일본 통

● 도바 히로시의 삽화 「사낭군」

치 시대에 발행한 서적을 참고했다. 따라서 천딩궈가 이러한 서적에 포함된 일본인의 삽화를 잘 알고 있었을 것으로 짐작된다.

현재 초기 대만 요괴 예술에 대한 연구가 부족하므로 앞으로 더 많은 탐색이 이루어지고 여기에서 더 나아가 대만 요괴 예술사의 맥락이 구축되기를 희망한다.

● 천딩궈陳定國가 그린 『사낭군蛇郎君』 책의 표지 그림

권1

대항해 시대
(1662년 이전)

기이한 사물 奇物之章

1. 큰 메뚜기떼가 재난을 몰고 오다

소개

황재蝗災(메뚜기떼 재난)는 매우 무서운 자연재해이지만 현대 대만인에게는 아주 낯설고 상상하기 어려운 광경이다.

17세기 대만에는 여러 차례 황재가 발생했다. 『질란디아 일지熱蘭遮城日誌 (De Dagregisters van het Kasteel Zeelandia)』의 기록에 따르면 1653년에서 1655년까지 대만에 적어도 세 차례 대규모 황재가 있었다. 당시에 메뚜기떼가 하늘과 땅을 뒤덮으며 대만을 휩쓸어 대만의 농업 생산이 상상하기 힘들 정도로 막대한 손실을 입었다.

여기에 그치지 않고, 『봉산현지鳳山縣志』에 따르면 강희康熙 45년(1706) 봉산현에서도 황재가 발생했다. 당시 봉산현 지현知縣 송영청宋永淸은 "기도를 올렸더니 감응이 있었다"라며 봉산에 팔사묘八蜡廟를 세웠다. 팔사묘의 제사 대상은 농업의 수호신이었다.

유사 이래 세계 각국에는 모두 황재에 대한 기록이 있다. 예를 들어 중국의 『시경詩經』에도 황재가 농부들에게 공포의 대상이었다고 묘사했다. 위진남북조 시대에도 황재를 묘사한 시문이 많이 남아 있다. 도연명은 다음과 같이 읊었다. "불볕이 자주 이글이글 타오르니, 해충들이 밭에서 우글거리네炎火屢焚如, 螟蜮恣中田."

서양 문화에서 황재는 『성경聖經』에 묘사된「출애굽 열 가지 재난出埃及十災」중 하나가 대표적이다. 모세가 이집트 파라오에게 경고하기를 "만약 저의 백성을 이집트에서 내보내주지 않으면 무수한 메뚜기떼가 재난을 몰고 올 것입니다"라고 했다. 메뚜기떼가 강역을 통과하는 것은 신의 심판을 상징한다.

17세기에 네덜란드 사람들은 대만에 황재가 발생했을 때 민심이 흉흉해지는 가운데 천신이 무정하게 재난을 내려 현지의 농업을 파괴하는 상황을 목격했다. 황재를 막기 위해 동인도회사와 한족 지주들은 힘을 합쳐 메뚜기떼를 박멸하려 했지만 피해가 너무 커서 어떻게 할 수 없었다.

대만의 민간 신앙에서 한족들은 메뚜기를 보면 불길하다고 여기고 심지어 메뚜기를 저승에서 온 망령이나 연고가 없는 고혼이라고 생각한다. 이에 사람들은 메뚜기가 날개를 퍼덕이는 소리만 들어도 불편한 감정을 느낀다.

메뚜기를 민남閩南 방언에서는 '초명자草螟仔'라 하고, 대남 안정安定 사람들은 '귀자명鬼仔螟'*이라고 부른다. 이러한 명칭이 메뚜기를 귀신이나

---

* 〔원주〕귀자명鬼仔螟: 대남臺南 안정향공소安定鄉公所가 발간한 『안정향지安定鄉志』(2010)에서 그곳 노인 스징바오施景實는 메뚜기蝗蟲를 '귀자명鬼仔螟'이라고 불렀다. 왜냐하면 황재蝗災를 야기하는 메뚜기가 흉악하게 생겼고, 특히 푸르딩딩한 얼굴에 어금니가 튀어나왔기 때

요괴로 상상하게 만들었다.

일본 통치 시대에 고쿠부 나오이치國分直一(1908~2005) 등은 잡지『민속 대만民俗臺灣』(1944)에 「촌락의 역사와 생활[하]村落的歷史和生[下]」라는 글을 발표했다. 이 글의 필자들은 중력中壢 호구湖口 지역의 민담을 조사했는데 그 중 하나인 「초망草蟒」에 다음과 같은 내용이 있다.

> "전설에 메뚜기는 인류의 화신, 즉 죽은 사람의 화신이라고 한다. 예를 들어 어떤 집의 사람이 세상을 떠나면 그들 집 주위에 메뚜기가 배회한다는 것이다. 이는 죽은 사람이 집을 못 잊어 다시 돌아와 살펴보는 것이라고 한다. 저녁에 만약 집안에서 메뚜기 소리를 듣거나 그 날갯소리를 들으면 곧바로 그것이 죽은 사람의 화신임을 연상하고 어린 아이들도 이불 속에서 몸을 떤다고 한다."

메뚜기는 농부들이 매우 혐오하는 해충이지만 다른 사람들 눈에는 다른 의미로 보이기도 한다. 예를 들어 일본 통치 시대 일본 문학가 사토 하루오佐藤春夫(1892~1964)는 대만을 여행할 때 가의에서 기차를 타고 이팔수二八水(지금의 이수二水)로 가다가 메뚜기 한 마리가 배웅나온 어떤 남자의 밀짚모자에서 날아와 객차 좌석에 앉아 인간들과 함께 여행하는 것을 발견했다. 사토 하루오는 그 광경을 목격하고 유머러스한 감정이 떠올라 메뚜기의 시각으로 자신이 어디서 와서 어디로 가는지 상상했다. 사토 하루오는 그 메뚜기를 해학적으로 '작고도 작은 대여행가'라고 부르면서 그

문이다.

이야기를 동화 형식의 산문 「메뚜기의 대여행^{蝗の大旅行}」*이라는 글로 완성했다. 이 산문은 사토 하루오의 아동문학을 대표하는 가장 유명한 작품이다.

원전

『질란디아 일지』

✤ 1654년 5월 10일

저녁 무렵 우리는 이곳 송과원^{松果園} 쪽 하늘에 흡사 검은 구름 같은 것이 덮히는 것을 보았다. 먼저 길게 뻗어나가다가 점점 드넓게 퍼졌다. 이런 현상은 몇 달 전에 이 섬 북쪽 계롱^{鷄籠}(기룡^{基隆}의 옛 지명)에서도 나타난 적이 있고 이후에는 섬 남쪽에서도 나타난 적이 있다. 이것은 무수한 메뚜기떼가 날아와 하늘을 어둡게 덮는 현상이다.

지금 이 메뚜기떼의 일부가 대원^{大員}(지금의 대남 안평구^{安平區})으로 날아온 것이다. 이는 분명 우리의 죄과에 신이 분노한 조짐이다.

이곳 주민들은 장차 기황에 시달릴 것이다. 왜냐하면 이렇게 많은 해충이 이 섬을 모두 덮고, 농토의 모든 작물을 깡그리 먹어치

---

* 〔원주〕「메뚜기의 대여행^{蝗の大旅行}」: 중국어 번역은 『식민지의 여행^{殖民地之旅}』(2016)에 수록되었고, 역자는 추뤄산^{邱若山}이다.

워서 농부들이 파종할 엄두를 내지 못하게 하기 때문이다(전지전능한 신이 아니면 이 메뚜기떼를 제지할 수 없다). 현재 밭에서 자라는 사탕수수의 머리도 모두 메뚜기가 먹어치웠다.

다행히 이곳 근처의 밭작물은 메뚜기떼에게 피해를 당하기 전에 모두 수확했다.

❉ 1654년 5월 11일

〔오전〕 대략 10시경, 무수한 메뚜기떼가 육풍陸風을 타고 포로모사에서 이곳 대원으로 모여들어 정말 기이한 경관을 연출했다. 그 때문에 하늘이 캄캄해짐과 동시에 메뚜기떼의 날갯짓 소리가 천지간에 가득 찼다. 대략 정오 무렵 이곳 가옥 사이 도처에 많은 메뚜기가 바람에 떨어져 내리자(바람이 북쪽에서 상당히 강하게 계속 불어왔다), 이곳 성안 우물이 마치 누르스름하고 붉은 천으로 덮인 것 같았다.

❉ 1654년 5월 22일

오늘 새벽 적감赤崁, 녹이문鹿耳門(Lackemoy), 카야Caya, 경어골도鯨魚骨島(Walvisbeen) 근처 해안에 죽은 메뚜기떼가 무수히 떠내려왔다가 이곳 항구에서 다른 곳으로 흘러갔다. 소문을 들으니 해안에도 메뚜기 사체가 많이 쌓여서 중국인들이 발목뼈까지 쌓인 메뚜기떼 시체 속을 걸어야 한다고 했다.

질란디아에
메뚜기떼가
지나가다

2. 포르모사의 악마

소개

존 스트루이스John Struys는 1628년 암스테르담에서 태어났다. 그는 1647년 12월 고향을 떠나 배를 타고 이탈리아 북부 제노바로 가서 제범사製帆師(onder zeil'maker) 일을 했다. 1648년 그는 상석上席 제범사가 되어 선단을 따라 서아프리카 바깥 바다와 마다가스카르섬 등지를 다녔다. 그 뒤 그는 네덜란드 동인도회사 선단에 가입하여 동인도회사의 제범사가 되었고 1650년 선단을 따라 샴Sayam(지금의 태국)으로 갔다가 다시 대만에 도착했다. 그는 대만에 체류하는 동안 수많은 진귀한 기록을 남겼다. 여기에는 대만섬에 사는 천산갑穿山甲에 대한 서술도 있다.

처음 대만에 도착한 서양인들은 천산갑을 불가사의하고 괴이한 동물로 여겼으며, 이상한 겉모습도 사람을 놀라게 했다. 당시에 네덜란드인들은 천산갑을 '포르모사의 악마den Duyvel van Tajovan, the Devil of Formosa'라고 불렀다.

대만 천산갑은 이 섬의 고유종으로 해발 고도가 낮은 곳에서 해발 2000미터 구릉에 이르는 모든 곳에 자취를 남기고 있다. 천산갑은 전신이 비늘로 덮인 포유동물이다. 머리는 뾰족하고 좁으며, 입안에 긴 혀가 있어서 개미를 핥아 입으로 넣을 수 있고, 또 긴 발톱은 땅을 파기에 편리하다. '능리綾鯉'라고도 부른다. 천산갑의 습성은 낮에 숨어 있다가 밤에 활동하고 잠을 잘 때는 몸을 공처럼 동그랗게 말며, 평상시에는 땅속 동굴에 거주한다.

청나라 때 책호翟灝는 『대양필기臺陽筆記』에서 천산갑의 모습과 포획 방법을 다음과 같이 설명했다.

"대만에는 산이 많고, 그곳에 천산갑이 출몰한다. 큰 것은 2척尺이 넘고 비늘이 빽빽하며 주둥이는 뾰족하고 머리는 복부 아래로 말아서 숨기는데 마치 사람과 만나기를 부끄러워하는 듯하다. 창화彰化에 도착했을 때 마을 사람이 천산갑에게 먹이를 주고 동이로 덮어놓게 했으나 하룻밤 지나서 바로 도망갔다. 뒤에 또 천산갑을 기르는 사람이 유심히 그 동정을 살폈다. 그 짐승은 앞 발톱으로 땅을 기어다니며 1척 정도 되는 구멍을 파고, 마침내 온몸의 비늘을 세워 회오리바람처럼 빙빙 돌다가 한 식경 만에 땅속으로 1장丈 넘게 움직였다. 토인들이 말하기를 '물을 땅속 구멍으로 주입하면 움직이지 못한다'라고 했다."

● 『민속 대만』에 다테이시 신키치立石新吉(1894~1977)의 「산짐승山之獸」 부록으로 실린 사진이다. 천산갑 꼬리에서 일곱 번째 등 비늘은 사람이 잘라갔다. 전설에 천산갑의 비늘은 벽사辟邪의 능력이 있다고 한다.

19세기 말에 조지 테일러^{George Taylor}가 파이완족 문화를 기록했는데, 사람들이 낮에 천산갑을 보면 불길할 뿐만 아니라 만약 천산갑과 직접 접촉하면 즉시 죽는다고 믿었다.

일본 통치 시대의 잡지 『민속 대만』(1942)에 「산짐승^{山之獸}」이라는 글이 실려 있고, 이 글에 당시 사람들이 천산갑을 포획하는 광경이 묘사되어 있다. 필자 다테이시 신키치는 동물학자다. 그는 1930년부터 대북제국대학^{臺北帝國大學} 이농학부^{理農學部} 동물학 연구실에서 일했다. 그의 설명에 따르면 당시 천산갑은 동물 표본으로 제작되기도 하고 가죽 제품 원료의 하나로 판매되기도 했다. 또한 천산갑 비늘은 약재로 들어가기도 하고, 고기는 질병 치료나 순수 식용으로 쓰이기도 했다. 이 글에서도 천산갑에 관한 미신이 언급되어 있다.

"이 섬 사람들은 모두 천산갑을 불길한 동물로 간주한다. 만약 천산갑이 길을 잃고 대문으로 들어오면 불행한 일이 두세 번 연이어 발생한다고 한다. 그들은 심지어 그것을 마귀로 간주하기도 하고, 나중에는 또 그것을 신비한 힘의 화신으로 간주하기도 했다. 천산갑 꼬리 끝에서 위로 올라가 일곱 번째 등 비늘을 떼서 아이의 모자에 달아주면 사악한 기운을 피할 수 있다고 한다. 이 때문에 꼬리에서 일곱 번째 등 비늘은 부적의 재료로 쓰이므로 마을 근처에서 포획한 천산갑에는 대부분 이 비늘이 없다."

다테이시 신키치의 조사에 따르면 천산갑은 경제적 가치가 매우 높기에 늘 사람들에게 잡혀서 판매된다. 그것의 비늘과 고기는 모두 쓰임새가 크기 때문에 도처에 천산갑을 잡아 부자가 된 사람이 있다.

하지만 오늘날에 이르면 대만의 민간 전설에서 천산갑이 긍정과 행운의 상징이 되기도 한다. 예를 들어 대중의 남둔로가南屯老街에는 천산갑이 몸을 수련하여 정령이 되었다는 민간 전설이 전해오고 있다.

남둔의 이두점犁頭店(지금의 만화로萬和路와 남둔로南屯路 입구 일대)에서는 매년 단오절에 "나막신을 신고 천산갑을 불러내는" 민속 축제를 거행하며 나막신 소리에 의지하여 땅속의 천산갑을 불러 깨우려고 한다.

이두점 지하의 천산갑이 깨어나면 이곳 풍수가 길지로 변하여 공부하는 사람은 순조롭게 시험에 합격하고 상업도 번성할 수 있다고 한다. 린후이민林惠敏이 편찬한 『전장이두점典藏犁頭店』(1999)이란 책에서는 이두점 지하에 깊이 잠들어 있는 천산갑이 '황금색 천산갑'이라고 언급했다.

오늘날 이두점 천산갑 이야기를 다룬 서적과 그림책에도 '황금색 천산갑' 형상이 그려져 있다.

하지만 학자 원쭝한溫宗翰의 연구에 따르면 이두점 천산갑의 경주 활동은 아마도 근원이 평포족平埔族 성년 의식이나 세시 의식의 '주표走票(경주)'에서 왔을 가능성이 있고, 나중에 한족 문화로 녹아들었으며 여기에 부수적인 전설까지 보태지게 되었다고 한다.

● 일본 통치 시대의 천산갑 사진. 출처는 『일본 지리 대계: 대만편日本地理大系: 臺灣篇』이다.

『네덜란드 점거하의 포르모사: 1650년 포르모사 방문 보고
서荷據下的福爾摩莎: 一六五〇年訪問福島報告』, 존 스트루이스John Struys, 리슝
후이李雄揮 번역

네덜란드인들이 '포르모사의 악마'*라고 부르는 동물이 있다. 이
동물은 등의 길이가 2피트 폭이 5인치이고, 전신이 비늘로 덮여 있
고, 네 발에는 모두 날카로운 발톱이 있고, 머리는 뾰족하고 길며
꼬리는 두껍다. 둔부에서 꼬리 끝까지 점차 가늘게 변하여 마치 악
어 꼬리와 같은 모습을 보인다.

이 동물은 개미에 의지하여 살아가는데 개미를 잡는 방식은 길
고 뾰족한 혀를 개미가 있는 곳으로 뻗은 뒤 개미를 혀에 묻혀서
먹는다. 즉 입속에서 끈끈한 점액을 분비하면 개미가 그 점액을 먹
다가 혀에 달라붙어 떨어지지 않게 되는 것이다.

---

* [원주] 천산갑을 가리킨다. 네덜란드인들은 천산갑을 '포르모사의 악마den Duyvel van
Tajovan, the Devil of Formosa'라고 부른다.

3. 섬을 도륙한 피의 사건: 소유구 비가 小琉球悲歌

소개

17세기 이전 병동현屛東縣 바깥 바다 소유구小琉球 섬에 한 무리 원주민
이 살았다. 부족의 성격이 배타적이어서 섬 밖의(대만 본섬까지 포함하
여) 어떤 부족도 적으로 여겼다. 역사에 이 부족에 관한 기록이 빠져 있
어서 지금까지도 그들이 언제부터 그 섬에 거주하기 시작했는지 또 그
들이 어떤 생활과 풍속 및 습관을 가졌는지 상세하게 알지 못한다. 과거
의 소유구 섬은 그 부족의 신비한 느낌과 마찬가지로 몽롱한 안개에 덮여
있다.

소유구 섬 주민들은 대만 본섬 원주민 및 한족과 무역을 하며 왕래했지
만, 그들은 여전히 바깥 세계를 그다지 신임하지 않았다. 그들은 바깥 세
계와 무역하는 과정에서 늘 한 마디라도 그들의 의견과 맞지 않으면 바로
상대를 공격하여 죽였다. 당시 대만섬의 평포족 부락민도 그 섬의 주민을

매우 미워했다.

　당시 소유구는 투긴^{吐金}(Tugin) 혹은 라메이^{拉美}(Lamey)로 불렸다고 한다. 하지만 이 밖에도 그 섬은 금사도$^{Gouden Leeuw Eiland}$로 불리기도 했는데 이전에 금사호^{金獅號}라는 선박이 그 섬 해안에 정박했다가 선원들이 섬 주민들에게 살해되었기 때문이며, 이후로 네덜란드인들이 그 섬을 금사도라고 부르게 되었다고 한다. 또 전설에 외래 선박이 그 섬 해안에 정박하면 섬 주민들이 모두 적으로 간주한다고 한다. 예를 들어 1631년 베버위크^{Beverwijck}라는 선박이 섬에 좌초했을 때 50여 명의 선원이 섬 주민들에게 잔인하게 살해되었다.

　네덜란드 동인도회사는 서양인을 살해한 섬 주민들에게 보복하기 위해 1633년에서 1636년 사이에 대규모 정벌을 무수히 감행했다. 그들은 보복성 도살을 자행하여 섬의 원주민을 제거했다.

　도살을 행하기 전에 네덜란드인들은 대만 본섬의 평포족을 초청하여 도살 대열에 참여하게 했다. 팡소사^{放索社}(Pàng-soh社)와 같은 평포족은 금사도 주민을 줄곧 원수로 여겼기 때문에 흔쾌히 토벌군 대열에 참가했다. 당시 기록을 보면 토벌 연합군 진영에 네덜란드인, 평포족, 한족 해적들이 포함되어 있었다.

　연합군 세력이 강대했기 때문에 금사도 주민들은 그들의 맹렬한 공격을 막아낼 방법이 없어서 싸우면서 도망가는 유격 전략을 쓸 수밖에 없었다. 오래지 않아 섬의 각 마을이 계속해서 함락되었다. 연합군은 마을을 함락할 때마다 취락의 모든 것을 불태웠다.

　결국 대다수 섬 주민은 지하 동굴로 피신하는 방법을 선택하여 연합군의 추격을 피하려 했다.

섬의 지하 동굴은 복잡하여 거대한 미로와 같았으므로 자연이 만든 보호 장벽으로 기능했지만, 이 보호 장벽이 결국은 가장 나쁜 함정으로 변하고 말았다. 연합군은 동굴에 숨은 주민들의 공격을 방지하기 위해 동굴 밖에 울타리를 치고 쇠 대야에 유황과 석탄을 담아 동굴 입구에서 독한 연기를 피우면서 동굴에 숨은 섬 주민들을 끌어내려 했다.

동굴 안에서 고통스러운 절규가 터져 나오면서 연일 곡소리가 진동했지만, 연합군은 전혀 동요하지 않았다. 독한 연기를 며칠 계속 피운 뒤 연합군은 비로소 석탄을 옮겼다. 연기가 모두 사라지고 지하 동굴로 들어가 상황을 살펴보았다. 그곳은 처참하고 잔인한 도살 현장으로 마치 인간 세상의 지옥과 같았다.

● 네덜란드 동인도회사 선박인 '윌리엄 왕자호'의 축소 모형Ship's model of the Prins Willem(네덜란드국립박물관, 1651). 이 배는 1650년대에 동아시아를 항해했다. 무역선의 기능 외에도 배 위에 강력한 대포를 장착해 전함의 기능을 갖췄다.

● 네덜란드 동인도회사의 청동 대포Bronzen kanon(네덜란드국립박물관, 1757). 포신 위에 「VOC」라는 문양이 새겨져 있다. 포탄과 화약을 포신 입구에서 주입한 뒤 포대 앞 도화선에 불을 붙여 발사한다. 포탄의 재료로는 철, 납, 돌멩이 등을 썼다.

● 네덜란드 동인도회사 직원들에게 지급한 소총Geweer van de VOC met wapen van Amsterdam(네덜란드국립박물관, 1725~1798)

● 네덜란드 동인도회사의 고급 관리에게 지급한 군도軍刀, Hanger of Johannes van Leenen(네덜란드국립박물관, 1675~1700)

동굴 속 비밀 통로에는 굶어 죽거나 질식해서 죽은 참혹한 시체가 누워 있었다. 또 파리 떼가 사방으로 날아다녀서 연합군은 발걸음을 뗄 때마다 몸을 낮게 굽히고 전진해야 했다. 통로 사이에 깔린 수백 명의 시체는 검게 부어 있었고, 그 밀폐된 공간에서 참기 어려운 강렬한 악취가 풍겨나왔다. 통계에 따르면 200~300여 명의 시체가 발견되었다고 한다.

동굴 속에는 아직 사망하지 않은 주민들이 마지막 숨을 몰아쉬고 있었다. 연합군이 그들을 동굴 밖으로 끌어내어 세어보니 모두 300여 명이었다. 여성과 어린아이가 8할 이상을 점했고, 남아 있는 남자들은 모두 노약자였다. 이 때문에 연합군은 섬의 숲속에 여전히 건강한 남자 수백 명이

● 오늘날 소유구섬의 오귀동烏鬼洞 입구

● 오귀동의 돌계단

● 오귀동 입구에 세워진 '오귀동주烏鬼洞主' 위패

잠복하여 틈을 보아 연합군을 죽이려 한다고 생각했다.

연합군은 마음을 놓지 못하고 먼저 포로를 차례대로 압송하여 배에 태운 뒤 무리를 나누어 안평安平으로 보냈다. 동시에 연합군은 계속 섬을 수색하다가 목숨을 걸고 저항하는 주민을 만나면 총으로 쏘아 죽였다. 또 상대방이 투항하면 그들을 포박하여 연합군의 임시 진채로 압송한 뒤 대만 본섬으로 보냈다.

질란디아로 압송된 섬 주민 중 남자는 하층 노역자로 전락하여 평생토록 제련소에서 노역에 종사하거나, 선박으로 바타비아로 보내져 노예 생활을 하거나, 망항魍港(지금의 가의현 포대진布袋鎭 연해 항구)으로 보내 힘든 일을 하게 했다. 여자와 아이들은 새로운 항구의 현지인에게 분배하여 노복으로 삼게 했다.

그러나 금사도에는 여전히 용감하게 싸우는 주민이 많이 남아 있었다. 때문에 네덜란드 사람들은 군대를 섬으로 파견하여 정벌을 계속했다. 1645년에 이르러서야 섬의 원주민이 완전히 소멸되었다고 한다.

이 일련의 군사 행동을 통해 금사도 원주민은 전부 사라졌다. 하지만 이 일은 흔적을 남기지 않을 수 없었다. 섬을 도륙한 이 사건으로 피를 너무 많이 흘렸기에 이후로 이 작은 섬에 수많은 유령 이야기가 떠돌기 시작했고 심지어 보통과 다른 정괴精怪 '오귀번烏鬼番'이 나타났다는 소문도 퍼졌다. 전설에 의하면 오귀烏鬼의 턱에는 아가미가 있어서 바다 속에서도 오랜 시간 잠겨 있을 수 있다고 한다. 19세기에 편찬된 『봉산현 채방책鳳山縣采訪冊』에 다음과 같은 기록이 있다.

"소유구섬小琉球嶼: (⋯) 섬 위에 바위 동굴이 있다. (천태오天台澳 끝자락에 옛날 오귀번烏鬼番이 모여 살았다고 전한다. 턱에 물고기와 같은 아가미가 있어서 바다 속에서도 며칠 동안 잠겨 있을 수 있다고 한다. 뒤에 천주泉州 사람들이 그곳으로 가서 땅을 개간하자 섬 주민들이 용납하지 않았다. 그러다가 마침내 천주 사람들이 밤을 틈타 그곳에 가서 불을 질러 사람들을 모두 죽였다.)"

일본 통치 시대에 나온 『유구장 관내 상황 일람琉球莊管内狀況一覽』이란 책에서도 '오귀번'에 관한 전설을 언급하고 있다.

"다음 전설이 있다. 이 섬에 머리카락이 붉고 피부가 검으며 몸집이 큰 오귀번족이라 불리는 사람들이 천태天台의 서남쪽에 혈거 생활을 하고 있었다. 그들은 항상 물속으로 잠수해 들어가서 정크선과 대나무 뗏목을 침몰시키곤 했는데 그들의 모습은 사람과 비슷하지만 사람은 아니었다."

'오귀번' 전설은 도대체 진짜인가? 가짜인가? 아마도 섬의 원주민들이 후대 사람들에 의해 악마화되면서 생겨난 상상이 아닌가 한다.

당초 이 섬에 살던 수백 명의 원주민이 참살된 그 동굴이 바로 지금의 소유구 서남 해안 산호초 바위 동굴 '오귀동'이라고 한다. 오귀동은 이미 소유구섬에서 가장 유명한 관광 명소가 되었다.

『신구 동인도지^{新舊東印度誌}』「원주민 개술^{原住民概述}」, 칸디디우스^{George Candidius}, 리숭후이 번역

포르모사섬에서 3해리 떨어진 곳에 섬이 하나 있는데 그곳 토착어로 투긴^{Tugin}이라고 한다. 그곳이 바로 라메이^{Lamey} 또는 람베이^{Lam-bay}인데, 지금의 동항^{東港} 바깥 바다의 소유구다.

우리는 그 섬을 금사도라고 부른다. 금사호라는 배 한 척이 있었는데, 선장이 그 섬 해안으로 올라가 보급품을 구하려다가 배의 모든 사람이 피살되었기에 배 이름을 그 섬에 붙였다.

투긴 사람들은 항상 본섬 사람들과 전쟁을 벌이며 다른 곳 사람들이 그 섬으로 올라오는 것을 허락하지 않았다.

한족들이 이따금 무역하러 가면 보통 섬 해안으로 올라가지 않고 자신들의 정크선 위에 머문다. 그럼 그곳 사람들이 배를 저어와서 오른손으로 팔 물건을 건네주고, 왼손으로 살 물건을 갖고 간다. 교역할 때 쌍방은 모두 매우 신중하게 하는데, 왜냐하면 쌍방이 서로를 신임하지 않기 때문이다.

『질란디아 일지』

● **1636년 4월 15일에서 16일까지**

우리는 가능한 한 빨리 금사도를 정벌하려 했다. 왜냐하면 목사

유니우스Robertus Junius가 보고한 바와 같이 팡소사 사람들이 그들의 말을 일부분이나마 구사할 수 있기 때문이다. 특히 지금은 만월 때이므로 출정에 적합한 시기다. 아울러 정벌을 결정하고 중위Johan Jurriaansz. vanLinga를 파견하여 지휘관으로 삼아 목사 칸디디우스 그리고 의원 한 명과 함께 출정하게 하고 아울러 충분한 양식을 준비하게 했다. 만약 빨리 임무를 완수할 수 없을 경우 그들이 그곳에 한 달 동안 머물 수 있게 하기 위해서였다. 그럼 그곳 금사도 사람들은 식량 및 식수가 고갈되거나 부패하므로, 동굴(그들은 보통 그곳 동굴에 숨는다)에서 나올 때 우리의 손에 사로잡힐 것이고 그럼 우리가 그 섬의 주인이 될 수 있을 터였다.

✦ 1636년 4월 23일에서 25일까지

오후에 중위와 다른 친구들이 이달 22일로 서명한 편지를 받았다. 이 편지의 내용은 다음과 같다. "지난 월요일인 이달 21일에 전 부대가 금사도에 도착했고, 우리가 도착했을 때 그 섬 주민 약 20여 명을 만났다. 그들이 광분하여 싸움을 걸어오며 거의 아군을 포위하려 했지만, 우리는 우수한 소총수 4~5명을 동원하여 셋을 쏘아 죽이고 또 몇 사람에게 상처를 입혔다. 그들은 즉시 도주했으며 이후로는 섬사람들을 볼 수 없었다. 이에 아군은 저항을 받지 않고 마을로 진입하여 즉시 집들을 불태웠다(아군이 머물 몇 곳은 제외했다). 아군은 그곳에 머물려 하다가 섬에서 식수를 찾을 수 없었기에 다시 하담수F淡水로 철수했다. 철수하기 전에 배 한 척으로 불타는 섬을 한 바퀴 돌며 앞으로 아군이 상륙하기 위해서나 물품을 보급하기 위해서 배를 댈 적당한 장소를 찾았다. 아울러 그곳 야만인을 찾아서 이야기를 나눠보려 했다(우리는 배로 섬을 한 바퀴 돌며, 많은 야만인을 보고 큰 소리로 그들을 불렀다). 이러한 방법으로 우리의 생각을 그들에게 알리려 했기 때문이다. 그러나 우리와 이야기를 나누려 하는 섬사람은 하나도 찾을 수 없었다. 이 때문에 우리 측 사람이 다시 그 섬으로 건너가서 한 번 더 시도해 보기로 했다."

우리는 이 편지에 즉시 답장을 보내 그들로 하여금 아군을 데리고 즉시 금사도로 가서 견고한 울타리를 둘러치고 적을 방어하라고 했다. 그 뒤에는 가능한 한 모든 방법을 동원하여(숨은 동굴 입구를 막거나, 도륙하여 죽이거나, 독한 연기를 주입하거나, 현지 사정에 익숙한 사람이 알고 있는 가장 좋은 방법을 쓰거나) 그들이 숨은 장소를 모조리 파괴하여 잡아들이라고 했다. 만약 물을 찾을 수 없으면 편지에서 언급한 바와 같이 그곳 곳곳에 널려 있는 야자수로 갈증을 해결하라고 했다.

그러나 큰 비가 내리고 사나운 바람이 불어 오늘은 편지를 싣고 갈 배가 출항할 수 없으므로 해당 정크선은 내일까지 기다릴 수밖에 없었다.

✦ 1636년 5월 1일
오후에 정크선 한 척이 금사도에서 왔다. 그 배에는 포로로 잡은 섬 주민 42명이 있었다. 남자는 8명이었고 나머지는 모두 여자와 아이들이었다. 이 정크선을 타고 돌아온 네덜란드인을 통해 4월 26일 전군이 하담수를 출발하여 약 80명의 팡소사 사람 및 그들과 약속한 동등한 수의 신항新港 사람들의 협조하에 다시 금사도로 건너간 사실을 알게 되었다(왜냐하면 그들은 바빠서 우리에게 다시 편지를 보내지 않았기 때문이다). 우리 측 사람들은 현재 이미 섬으로 상륙하여 적당한 장소에 울타리를 둘러쳤다. 이 기간 동안 신항 사람들과 방소사 사람들을 파견하여 섬 주민들을 수색하게 한 뒤 동굴 한 곳과 많은 주민을 발견했다. 이 때문에 아군이 즉시 그곳으로 가서 동굴을 울타리로 포위하고 사병 40명을 파견하여 지키게 했다. 또 근처의 모든 먹거리와 식수를 다른 곳으로 옮기게 한 뒤 가공할 만한 연기를 피워 넣어 숨을 쉴 수 없게 했다. 그들은 결국 4월 29일에 투항했고, 상술한 인원이 그 동굴에서 기어나왔다(동굴은 매우 크고 출입구가 세 곳이며 그중 두 곳은 이미 폐쇄되었다). 우리 측 사람들이 들어보니 동굴 안에 많은 사람이 있는데 대부분 여자와 아이들이라고 했다. 이 모든 것이 도대체 어떻게 된 상황인지는 오래지 않아 그곳에서 보내온 편지를 받아보고서야 확실히 알게 되었다.

❀ 1636년 5월 3일

아침에 다시 금사도에서 정크선 한 척이 왔다. 이 배는 라메이 Lamey로 칭하는 소유구섬에 도착하여 편지 한 통을 가져왔으며 배 위에는 79명의 포로가 있었다. 이 일은 이달 1월에 받은 보고로 사실이 증명된다. 이 밖에도 이 편지에서 동굴 속 여자와 아이들이 처참하게 울부짖는 것을 통해 우리 측 사람들이 그 속에 많은 사람이 있는 것으로 추측한다는 사실을 알게 되었다. 우리 측 사람들은 이에 15분 동안 여러 번 그들을 향해 목숨을 살려줄 테니 [나오면] 우리는 2~3일 안에 섬을 떠나겠지만, 그렇지 않으면 즉시 네덜란드인들에게 저지른 악행에 보복을 감행할 것이라고 했다. 그들은 마침내 황금과 은을 바치겠다고 했다. 그런데 우리가 생각하기에 이 [두 가지는] 그곳에 매우 드문 보배인지라, 그들이 방법을 강구하여 우리가 섬을 떠나도록 흉계를 꾸미는 것 같았다. 그동안 그들은 모든 준비를 갖춰 아군에게 대항하거나 다른 방법을 써서 은신할 것이다. 우리는 그곳에서 베버위크호의 철포 8문과 닻 세 개를 보았으며 또 스페인 닻 하나와 네덜란드 털모자와 밀짚모자를 보았다. 이 때문에 포르투갈이나 스페인 배가 그곳에서 조난당한 사실을 분명하게 알게 되었다.

오후에 또 정크선 한 척이 편지 한 통을 가져왔고, 아울러 포로가 된 소유구 사람 79명을 압송해왔다. 이러한 사실은 위에서 말한 모든 것으로 증명이 된다. 또 편지를 통해 동굴 밖에 남자들이 섬 곳곳에 숨어서 수시로 빈틈을 보아 우리 측을 습격했지만, 총을 쏘자 즉시 도망쳤고 그들 몇 명의 목을 잘랐다는 사실도 알게 되었다.

오후에 또 정크선 두 대가 출항하여 그곳으로 갔다. 포로를 운송해오기 위함이었다.

❋ 1636년 5월 7일

정크선 한 척이 소금과 어물을 싣고 출항하여 열서烈嶼로 갔다. 오후에 정크선 한 척이 망항蟒港에서 왔고, 또 소유구에서 포로 29명을 실은 배 한 척도 왔다. 이전과 마찬가지로 대부분 여자와 아이들이었다. 아울러 장관 푸트만스Hans Putmans(?~1656) 각하에게 보내는 이달 5일로 서명된 편지 한 통을 가져왔다. 이 편지의 내용을 통해 이들이 앞에서 언급한 동굴에서 나온 마지막 포로임을 알게 되었다. 이달 4일에 울부짖는 소리가 더 이상 들리지 않아 우리 측 사람들이 동굴로 들어가서 약 200~300명에 이르는 사람들이 (너무 악취가 나서 정확한 사람 수를 계산할 수 없었다고 한다) 그 동굴 속에 죽어 있는 것을 발견했다. 이 밖에도 그들에 의해 불태워진 사람도 있었다. 이 때문에 편지에 따르면 그 동굴 안에는 대략 540명이 있었고, 그중 323명은 이미 산 채로 이곳으로 압송되었다고 한다. 이들 중 남자는 53명뿐이고 125명은 여자이며 나머지는 아이들이다.

상술한 편지를 통해 우리는 이들이 완고한 성격(우리에게 투항하려 하지 않는 성격) 때문에 이처럼 비참한 일을 겪게 되었다는 사실을 알고 참으로 안타깝게 생각했다. 상황을 살펴보건대 전지전능한 신께서 저 거친 이교도를 공정하게 징벌하기 위해 이 일을 이처럼 끌고 온 듯했다.(그들이 우리나 다른 이들을 살해해온 범죄는 자연스러운 인성이나 합리적인 본성에 반하는 일이기 때문에 그들은 모든 사람의 적이다.)

우리 측은(많은 보물을 발견하리라 여겼다) 꼼꼼하게 조사한 뒤 겨우 39.5크룬croon의 은을 발견했을 뿐이다. 이것들은 몇 가지 산호 구슬이나 다른 물건 위에 봉합하여 사병들에게 주었다. 섬에 남은 사람은 모두 암초나 가시덤불 속에 숨어 있을 것으로 추측되었지만 확실한 사실을 알 수는 없었다. 다만 만물을 주재하시는 신께서 잡을 수 있도록 그들을 우리에게 보내주시기만 바랄 뿐이었다. 이렇게 하여 이 (그들의 죄악으로 인해 심각하게 오염된) 섬에서 혼탁한 무리를 완전히 제거하고 청결한 환경을 만들 수 있었다.

❂ 1636년 6월 2일

오늘 장관 각하와 의회는 이들 〔소유구〕 사람들에게 식용 spissen(進食, 餕食)으로 줄 쌀이 없으며, 또 비교적 적은 수고와 비용으로 하루빨리 그들을 기독교도로 만들기를 바란다고 결의했다. 그리고 기타 몇 가지 호의적인 이유에 근거하여 모든 소유구 여성과 여자아이들 및 10세 이하의 남자아이들을 신항新港 사람들에게 분배하기로 결정했다. 조건은 이들을 팔거나 양도하거나 노예로 쓰지 말고, 그 여자들을 자기편으로 삼아 완전히 자유로운 상황에서 일을 시켜야 하고, 아울러 이런 조건을 거부하거나 약속하지 못한다면 아무 이의 없이 여자들을 전부 돌려줘야 한다는 것이었다(만약 총독 각하와 인도 의회가 이러한 분배에 동의하지 않으면 명령을 내려 그 여자들을 바타비아로 보내라고 했다). 남자들에 대해서는 회사에서 일을 시키다가 바타비아로 가는 배가 있을 때 태워서 보내라고 했다.

오늘밤 중위가 사병 30명을 제외한 모든 사병을 이끌고 소유구 섬에서 이곳으로 왔다. 사병 30명은 보호 목책 속에 머물며 그 섬을 방어했다. 목책은 야자수로 만든 울타리로 높이가 약 15~16피트 정도였으며 사방을 빙 둘러쳐서 막았다. 그는 그곳의 상황이 모두 양호하여 신을 찬미하고 있으며, 그들이 보고 들을 수 있는 상황에 근거해보면 그 섬에 아직 일부 사람이 남아 있을 것이라고 보고했다. 또 그는 그 일부 사람이 조만간 모두 자진해서 혹은 어쩔 수 없는 상황에서 우리 측으로 넘어올 것으로 굳게 믿으며, 결과가 어떻게 될지는 시간을 두고 봐야 분명히 알 수 있을 것이라고 했다. 전지전능한 신께서 우리를 불쌍히 여기사 우리에게 승리를 하사하시고 또 우리가 저 거친 이교도와 모든 사람의 적을 격퇴할 수 있게 해주시어 감사한 마음이 들었다.

이후에 그 중위를 통해 알게 된 사실과 다른 친구에게서 들은 사실을 종합해보면 그 섬에는 약 1000명의 주민이 있었는데 그중 500여 명이 우리 측으로 넘어왔으며, 이곳으로 압송된 사람 중 현재 살아 있는 사람은 483명, 즉 남자 134명, 어린이 192명, 여자 157명이다. 나머지는 이들 살아 있는 사람을 제외하고 전쟁으로 죽은 사람과 완고하게 동굴에서 죽은 사람들이다. 이와 같은 사람은 매우 많지만 확실한 사람 수는 우리 측도 알지 못한다.

이 금사도에는 각종 야자나무와 바나나나무가 아름답게 자라고, 농작물도 많다. 예를 들어 anjames, oubis, milge, 콩 그리고 다른 필수 작물을 심지 않은 곳이 없다. 아! 심지어 암초 사이도 모두 개간했다. 이런 상황을 통해 우리는 저들이 만약 섬에서 계속 번식해나가면 틀림없이 서로 나뉘거나 배척할 것이라고 추측했다. 그렇지 않으면 저들은 섬에서 살아갈 방도가 없을 것이다. 우리 측 사람들이 몇 가지 상황을 통해 관찰한 바에 따르면 저들은 이미 상호 분쟁 중이었지만 심각하게 무기를 들고 있지 않을 뿐이라고 했다. 분쟁의 주요 원인은 Tamavallangis족과 다른 종족의 분리 문제 때문으로 보인다. 우리 측 사람에게 들은 바로는 Tamavallangis족은 그곳에서 가장 오랜 부족이라고 했다. 아무리 해도 우리는 분명한 사정을 알 수 없었다. 왜냐하면 그곳 부족 중에서 그들을 확실하게 아는 부족은 하나도 없었기 때문이다.

✤ 1936년 6월 3일

5월 30일에 이곳에 도착한 상석上席 상무원商務員 판사인Van Sane이 다시 출항하여 망항鱉港으로 갔다. 그는 정크선 두 척을 이끌고 벽돌과 소유구 사람 50명을 실었는데, 그들을 두 사람씩 철삿줄로 묶었다. 소유구 사람들을 그곳으로 데리고 가서 보루를 쌓는 일에 석회와 벽돌을 운반하게 할 참이었다.

4. 네덜란드인의 금 노다지 꿈

소개

　대항해시대에 해상 선원들은 대만섬 산속에 황금향黃金鄕이 있다는 소문을 퍼뜨렸다.

1582년 스페인 선장 프란시스코 굴레^{Francisco Gulle}는 배가 포르모사를 지날 때 항해일지에 다음과 같이 기록했다.

"이 섬에는 좋은 항구가 많다. (…) 또 이곳에는 금광이 있어서, 섬사람들이 때때로 작은 배를 타고 사슴 가죽과 사금을 휴대하거나 지극히 정교한 공예품을 가지고 중국 해안으로 가서 교역한다."

이 때문에 스페인 사람과 네덜란드 사람은 포르모사섬에 도착한 뒤 온갖 방법을 다 동원하여 심산유곡에 매장된 황금 광맥을 찾으려 했다.

네덜란드인은 1624년 대남에 무역 거점을 건립하여 10년 동안 대만을

● 17세기 바타비아 주변 풍경The Castle of Batavia(네덜란드국립박물관, 1656~1678). 앞의 광경은 사람들이 들끓는 시장이고, 뒤의 광경은 네덜란드 동인도회사의 성이다.

● 구분九份의 광맥, 지금은 관광 명소가 되었다. 네덜란드인의 금 노다지 꿈은 파멸로 막을 내렸지만, 19세기 말 사람들은 마침내 구분과 금과석산맥金瓜石山脈에서 금광을 발견하여 정식으로 대만섬의 황금 붐을 불러일으켰다.

● 네덜란드 동인도회사의 상인VOC Senior Merchant(네덜란드국립박물관, 1640~1660). 그와 그의 아내는 해안에 서 있고 그 옆에 시종이 양산을 들고 있다. 바다에는 회사의 상선이 드나들고 있다. 그 뒤편 해안의 보루가 바로 바타비아성이다.

경영한 이후 통치가 점점 안정되자 황금 광맥의 위치를 적극적으로 조사하기 시작했다. 네덜란드인은 심지어 방문단을 만들어 여러 원주민 부락으로 가서 원주민 언어를 배우려고 고심했다. 그들은 원주민 마을 어르신들과 교류하며 그들과의 대화 속 작은 실마리로 황금 광맥의 소재지를 추정하려고 했다. 그들은 심지어 한족 행상을 매수하여 황금 광맥 소식을 수소문하려 했다.

여러 해 수소문한 결과 네덜란드인들은 대만 남부의 낭교琅嶠, 북부의 계롱雞籠이 사금砂金 산지일 가능성이 지극히 높다고 생각했다. 이에 그들은 그곳을 탐방했으나 아무 소득도 얻지 못했다.

결과가 이와 같았지만, 네덜란드인들은 여전히 뜻을 굽히지 않고 끊임없이 미지의 심산유곡으로 조사병調査兵을 파견하여 금맥을 탐색했다. 나중에 네덜란드 병대가 대만 동부의 다라만哆囉滿에 이르렀을 때 마침내 그곳 산골에서 황금이 난다는 상황을 알게 되었다. 이 소식을 듣고 그들은 정신이 번쩍 들었지만, 부대원들이 전염병에 걸려 사상자가 절반을 넘었으므로 장거리 탐사를 계속할 수 없어서 결국 목표를 포기해야 했다.

이후 몇 년이 지나고도 네덜란드인들은 끊임없이 사람을 파견하여 심산유곡에서 금광 소식을 탐사하게 했으나 끝내 아무것도 얻지 못했다. 네덜란드인들은 대만에 장장 30년간 주둔했지만 황금향의 꿈은 일장춘몽으로 끝나고 말았다.

네덜란드인들이 황금을 찾는 과정은 『질란디아 일지』와 『바타비아 일기』에 모두 언급되어 있다.

『바타비아 일기』라는 문헌은 현재 인도네시아 국립공문서관Arsip Negara Jakarta에 소장되어 있다.(전체 명칭은 『바타비아에 보존된 바타비아 및 네덜란드 소속 동인도 각지에서 발생한 사건 관련 일기巴達維亞城所保存有關巴達維亞城及荷屬東印度各地所發生的事件日記』다.) 이 문헌은 17세기 대만 역사 연구를 위한 중요 참고 자료다. 이 책에는 바타비아의 무역 상황 및 그들이 대만과 교류하고 연계한 상황이 기록되어 있다.

일본 통치 시대에 대북제국대학 교수 무라카미 나오지로村上直次郎 (1868~1966)는 가장 일찍 이 사료에 주목하고 관련 연구를 진행하면서, 또 『바타비아 일기』의 대만 관련 부분을 일어로 발췌 번역한 뒤 『대만 사료 잡찬臺灣史料雜纂』 제3권에 수록했다.

바타비아는 바로 지금의 인도네시아 자카르타로 자바섬 서북부 해안에 위치하고 있다. 17세기 네덜란드 동인도회사는 아시아 무역을 확장하고, 중국 비단 제품, 도자기, 차의 교역을 넓히기 위해 아시아 각지에 수많은 대형 상점을 세웠다. 아울러 1619년 인도네시아 바타비아에 총본부를 설립하고 아시아 무역 관리를 종합적으로 책임지고 각지의 대형 상점을 연계하게 했다. 당시 대만의 대원大員이 바로 네덜란드가 아시아에 설립한 대형 상점이 있던 곳이다.

네덜란드국립박물관에 소장된 그림 「17세기 바타비아성The Castle of Batavia」(Andries Beeckman 그림, 1656~1658)에는 당시의 광경이 충실하게 드러나 있다. 바타비아성은 1620년 이래로 성을 쌓기 시작했는데, 이 그림을 통해 Ciliwung 강변에 자리한 바타비아성의 번영을 엿볼 수 있다. 시장이 모여 있는 강변에서 중국인, 일본 기독교도, 자바 현지인, 유럽인 등 각 민족이 함께 생활하는 일상 풍경을 보여주고 있다.

『질란디아 일지』

❖ 1636년 4월 8일에서 11일까지

황금에 관한 상황과 생산지에 대해서는 우리 측 사람으로서 팡소사에 거주하며 항상 낭교啷嶠(더욱 남쪽에 위치하여 16개 촌락을 보유한 부락이다. 전체 부락을 추장 한 명이 관할하여 다스린다. 팡소사와는 적대적이다)를 왕래하는 중국인을 통해 앞에서 말한 낭교에서 다시 사흘이 걸리는 산속(그곳 사람도 낭교 사람과 적대적이다)에 황금이 있으나 황금은 산속에서 얻는 것이 아니라 강에서 얻는다는 사실을 알게 되었다. 그것은 바로 낭교 사람들이 오래전에 그들을 적대하는 촌락을 점령하여 약간의 황금을 얻으면서 목격했던 상황과 같다. 이 때문에 목사가 Lampack라는 중국인에게 작은 선물을 갖고 가서 낭교의 추장에게 주고(이 추장을 이용하면 황금이 나는 곳 사람들에게 영향을 끼칠 가능성이 있다), 그곳 사람들이 우리와 교류할 수 있는지를 좀 알아보게 했다. 이 일이 어떻게 발전할지는 시간이 지나야 알 수 있다.

『바타비아 일기』

❖ 1642년

담수淡水 사람 몇 명(이전에 토마스 페델Thomas Pedel 소위와 함께 담수에서 온 사람)이 전한 말은 다음과 같다.

담수에서 하루 반 정도 걸리는 길에 카우랑^{高籠}(Cauwlangh)이라는 곳이 있다. 그곳의 많은 사람이 날마다 강변에서 상당한 양의 노출금^{airgoudt}과 사금을 찾는데 그 마을 주민들은 이 금속을 다량 소장하면서 귀중하게 여기며 각각 얇게 가공한 금을 (대만 동해안 사람들이) 목에 걸거나 머리에 꽂는다. 그러나 스페인인들이나 중국인들이 그곳이나 그 근처에 들어가는 것을 허락하지 않는다.

스페인인들이 일찍이 싸움을 걸기도 하고 다른 방법을 써서 들어가려고 했지만 끝내 목적을 이룰 수 없었다.

『질란디아 일지』「임시대장 피터 분^{Pieter Boon}의 황금 탐색 일지^{臨時隊長Pieter Boon探金日誌摘錄}」에서 선록

✿ 1634년 5월 3일

오늘 대략 정오 무렵에 대장이 다라만사^{哆囉滿社}의 두목과 중요 인물을 불러서 모임을 갖고 그들에게 스페인 포도주 한두 잔을 권하면서 그들에게 우리가 그곳으로 간 진정한 이유를 알려줬다. 그가 말하기를 우리가 매우 섭섭해하고 있으며, 그들이 우리를 썩 믿지 못하여 황금을 교역하지 않지만, 우리는 그들의 이익을 박탈할 마음이 전혀 없고, 또 그들의 이익을 전혀 방해하지 않을 것이고, 다만 황금을 생산하는 곳으로 가서 수량이 얼마인지 좀 살펴보고 매년 그들과 교역할 가치가 있는지 없는지 판단하려 한다고 했다.

이에 그들의 두령과 중요 인물이 대략 다음과 같은 내용으로 대답했다(여러 차례 질문한 뒤). 대부분의 황금은 8월 중에 채취하지만, 그때는 보통 폭풍우가 몰아치는 때여서 산 계곡 깊은 곳으로 감히 들어가지도 못하고 들어갈 수도 없다. 또 한편으로는 그곳으로 가는 길이 높고도 험하여 통행할 수 없고, 다른 한편으로는 삼림 속 야만인들이 야수와 같이 생활하면서 원숭이나 고양이처럼 절벽과 산을 오르내린다. 그들은 가시덤불이 빽빽한 황야를 뚫고 다니면서 사람들을 매우 두려워하는데, 사람들이 항상 산으로 들어와서 그들을 해쳤기 때문이다. 얼마 전에 그들 부족 다섯 사람의 머리를 베어간 것처럼 말이다. 이 때문에 그들은 황금의 원산지를 찾기 위해 한 걸음도 떼지 않으려 한다.

하지만 그들은 내일 우리를 데리고 그들이 8월에 황금을 찾는 강으로 가려고 한다. 폭풍우가 몰아칠 때 그곳에서 찾은 황금은 아주 얇게 두드려서 정교하게 만든 쇠와 같다.

그들은 또 말하기를 Iwattan강과 Pappourij강* 사이에 폭풍우가 세차게 몰아쳐 급류가 흐르고 바닷물이 거꾸로 강으로 흘러든 뒤에는 바닷가 백사장에서도 고운 모래와 같은 황금을 발견할 수 있다고 했다. 그러나 그들이 알고 있거나 본 적이 있는 가장 중요한 황금이나 가장 큰 황금은 Pappouro강변의 그 촌락(다라만사 북쪽

---

* 〔원주〕 Pappourij강: 아마도 화련현花蓮縣 수림향秀林鄉의 대사계大沙溪인 듯하다. 고증을 기다린다.

1마일 넘는 곳에 위치하고 있다)에서 목격하고, 그 황금은 그곳 주민들이 산속에서 파온 것으로 추측했다. 왜냐하면 그들의 황금은 콩알만큼 크거나 손톱 반만큼 크기 때문이었다. 그러나 그곳은 여기에서 육로로 갈 수 없는 곳이다.

이상은 우리가 이들 주요 인물에게 수소문하여 들은 상황이다.

이에 그들은 대장에게 작별 인사를 하고 떠나면서 내일 몇 사람이 우리를 데리고 그들이 황금을 채취하는 주요 장소로 가겠다고 대답했다.

『포르모사에 관한 초보적 탐색: 포르모사 필기初探福爾摩沙: 福爾摩沙筆記』, 데이비드 라이트 원저, 예춘룽葉春榮 번역.

Middag 북쪽 약 7리그Leagues 떨어진 곳이며 해변에서 약 4리그 떨어진 곳에 Gedult산大肚台地이 있는데 이 산은 올라가기 어려우므로 이런 이름이 붙었다.

이 산은 네모난 탁자처럼 평탄하여 본래 자연에서 형성된 지형 같지 않고 인공의 예술품 같다. 그래도 인근의 평원을 모두 둘러볼 수 있는 장점이 있으며 그곳에는 가시덤불Brambles이 총생한다.

남부의 산발치에 물살이 센 강이 있는데, 아주 힘이 센 토착인(그들은 동시에 체격이 건장한 남자다)이라 하더라도 마음대로 건너지 못한다.

만약 강물을 건너려면 최소한 20~30명이 손을 서로 단단히 잡고 건너야 한다. 따라서 스페인인들은 농담 삼아 이 강을 Rio Patientia耐心河라고 부른다. 이 물살이 급한 강을 건너기 위해서는 큰 힘을 들여야 할 뿐 아니라 상당한 인내심도 필요하기 때문이다.

(…)

포르모사 동북부에 금맥이 풍부한 광상鑛床이 있고, 그 주위를 수많은 대리석 광맥Marble Quarry이 둘러싸고 있다.

산기슭에 구불구불한 강이 흐르고 있어서 금광을 찾아가려는 사람은 적어도 힘을 들여 20번 급류를 건너야 하고 또 늘 낙석이 발생하기 때문에 강을 건널 때 위험성이 매우 크다.

8월에 큰비가 내려 놀랄 정도로 금광을 많이 씻어내어 산기슭 현지 주민들이 특별히 만든 연못으로 흘러 들어가게 하면, 주민들은 다시 연못 바닥에서 순도가 지극히 높은 광물을 걸러낸다.

5. 35세 이전에 임신한 태아는 반드시 유산시킨다

소개

17세기의 기록에 따르면 당시 시라야족西拉雅族(Siraya)에게 기이한 임신 습속이 있었다. 즉 여성이 35세가 되기 전에는 임신하여 아이를 낳을 수 없도록 했다.

만약 35세 전에 임신하면 반드시 인공 유산을 시키기 위해 무녀巫女를 불러 뱃속의 태아를 떨어뜨렸다.

당시에 시라야족의 혼인 풍속은 남성이 반드시 여성의 집으로 들어가야 했지만, 설령 혼인했다 해도 한동안 동침은 하지 못했다. 다만 아내가 35세 이후에 임신하여 아이를 낳으면 두 사람이 정식으로 함께 살 수 있었다.

시라야족의 강제 낙태 풍속은 아마도 부족 내 여성의 지위와 계층 그리고 가정 조직과 유관한 듯하지만 그 원인을 지금은 알기 어렵다.

당시에 네덜란드 동인도회사는 시라야족의 낙태 문화에 찬성하지 않았다. 목사 로베르투스 유니우스는 1606년에 태어나 1655년에 세상을 떠났다. 그는 종교의 힘을 통해 적극적으로 원주민의 임신 관념을 바꾸어 1636년에 시라야족 신항사新港社의 50쌍의 남녀를 기독교 의례로 혼례를 올리게 했다. 이후 네덜란드 인들은 기독교 교육을 실시하여 수백 명의 시라야족 무녀를 그들의 영역 밖으로 추방했다.

1643년에 이르러 시라야족 5000명이 이미 세례를 받자 그들의 낙태 풍속은 종언을 고했다.

로베르투스 유니우스는 1629년에서 1634년까지 대만에 거주하며 원주민 세계에서 서양 문화와 종교를 보급했다. 그는 '한 손에는 채찍, 한 손에는 당근'을 드는 방식

● 로베르투스 유니우스Robertus Junius(1606~1655)는 네덜란드 선교사이고, 이 그림은 그의 초상이다 (「Portret van Robert Junius」, 네덜란드국립박물관, 1645).

으로 자신들의 교육을 넓혀나갔다. 그는 또 평포족의 혼인제도를 일부일처제로 바꾸려고 노력함과 아울러 원주민들의 낙태 풍속도 금지했다. 그는 또 약초를 연구하여 평포족의 농업 발전과 의약 기술 발전에 큰 도움을 주었다.

『신구 동인도지』「원주민 개술」, 칸디디우스, 리슝후이 번역

아이를 낳으면 통상적으로 아이를 어머니 집에 남겨두었다가 아이가 4세가 되었을 때 그곳을 떠나 아버지와 함께 살게 한다.

결혼하고 나서 최초 몇 년 동안은 아이를 가질 수 없다. 왜냐하면 그들의 풍속에 따르면 여성이 35세, 36세 혹은 37세가 되기 전에는 아이를 낳지 못하도록 하기 때문이다. 그런데도 임신하면 반드시 낙태시킨다.

낙태의 방법은 다음과 같다. 왕이[巫姨]*를 초청한 뒤 그녀가 오면 임신한 여자를 침대나 바닥에 눕혀 놓고 유산할 때까지 배를 밀거나 쥐어짜듯이 압박하는데, 그 일은 정상적으로 아이를 낳을 때보다 훨씬 고통스럽다.

그 일이 그곳 여성들에게 모성애가 없다는 것이 아니라 왕이가 원주민 여성들을 그렇게 하도록 만들기 때문이다.

만약 여성이 상술한 나이가 되기 전에 아이를 낳으면 수치스럽게 여기고 죄를 지은 것으로 여기기 때문에 임신한 아이를 반드시 낙태시킨다.

그들이 나에게 솔직하게 말하기를 이미 15~16차례 임신한 적이 있지만 매번 아이를 낙태시켜야 했다고 했다.

---

* [역주] 왕이[巫姨]: 왕이[尫釐] 또는 홍이[紅姨]로도 쓴다. 죽은 사람의 혼령이 씐 여자 영매[靈媒]다.

또 어떤 여성이 나에게 알려주기를 자신은 이미 17차례 임신한 적이 있지만 이번에 비로소 자연 출산하게 되었다고 했다. 따라서 여성은 37세, 38세가 되어 임신을 해야 낙태할 필요 없이 자신의 아이에게 태양을 보여줄 수 있다.

6. 사후 세계

칸디디우스는 기독교 선교사다. 그는 시라야족에게 선교할 때 특히 현지 원주민 문화의 생사 관념에 유의했다.

그는 방문 조사 과정에서 사후 세계에 대한 시라야족 노인들의 관념을 알게 되었다. 당시 시라야족은 인류가 사후에 더러운 강汗河에서 고통을 받지만, 오직 선한 사람만 'Campum Eliseum'이라고 불리는 극락세계의 피안, 즉 '허락받은 땅Land of Promise'으로 갈 수 있다고 한다. 피안으로 가는 방식은 다리를 건너는 것이다.

만약 악인이 다리를 건너려고 하면 다리 바닥이 무너진다고 한다.

그러나 칸디디우스는 계속 깊이 있게 조사하여 그런 관념이 아마도 극소수의 시라야 가족들에게만 전해오는 듯하며 결코 광범위하게 퍼져 있는 신앙은 아니라는 사실을 발견했다.

『신구 동인도지』「원주민 개술」, 칸디디우스, 번역 리슝후이

그들도 영혼이 사후에 포상과 징벌을 받는다는 것을 안다. 노인들이 특히 그러한 관념에 대해 알고 있다.

그들은 말하기를 어떤 사람이 생전에 세상에서 악행을 저지르면 사후에 오물이 가득한 강에서 고통을 받을 수 있지만, 선행을 한 사람은 쉽게 그 강을 통과하고 피안에 도달하여 즐겁게 산다고 한다.

그들은 그 강에 아주 좁은 대나무 다리가 있고, 사람이 죽은 뒤에 모두 그 대나무 다리를 건너야 비로소 그들이 Campum Eliseum 이라고 부르는 극락세계에 도달할 수 있다고 믿는다.

악인이 다리를 통과하려 하면 다리가 갑자기 방향을 바꾸므로 극락세계로 들어가는 것이 아니라 더러운 강으로 떨어져 고통을 받는다.

7. 신비한 여사제 의식

소개

대만의 평포족과 시라야족 여사제를 서양 문헌에서는 '이니파伊尼婆 (Inibs)'*라고 칭하고, 한족들은 '왕이岲姨'라고 칭하는데 신비한 마력을 지닌 무녀巫女다.

시라야족 종교에서 사제는 모두 여성이 담당한다. 여사제의 주요 임무는 신을 초청하여 제사를 올리는 일이다. 만약 부족 내 민가에 곤란한 일이 생기거나, 액운이 닥치거나, 나쁜 일이 발생하면 여사제를 집으로 초청한 뒤 방법을 강구하여 복을 빌게 한다.

이 밖에도 시라야족 여사제는 점을 치지 않고도 앞을 내다보는 능력을 갖고 있어서, 미래를 예언할 수 있기에 며칠 뒤의 날씨나 심지어 몇 주 뒤의 날씨 상황을 예측하기도 한다.

만약 진정으로 무녀의 피를 이어받은 여사제라면 특수한 영적 능력을 보유하고 있게 마련이므로 영혼의 눈으로 어두운 곳에 숨은 악마를 판별할 수 있다.

---

* 〔원주〕이니파伊尼婆(Inibs): 무녀巫女, 여사제.

● 서양인들이 상상한 대만 원주민의 종교 전당: 코예트C. E. S. Frederick Coyett(揆一, 1615~1687)의 『망각된 포르모사被遺忘的福爾摩沙』(암스테르담에서 출판, 1675)라는 책 부록에 대만 시라야족 여사제가 신에게 기도를 올리는 장면이 묘사되어 있다. 이것은 서양인이 대만 원주민의 종교 숭배를 상상한 매우 비현실적인 그림이지만, 대만 원주민 문화에 대한 외국인의 기이한 상상과 깊은 흥미를 보여주고 있다.

여사제가 강력한 주술 능력을 수련하면 심지어 주술로 사람의 몸에 붙은 마귀를 퇴치할 수 있다.

『신구 동인도지』「원주민 개술」, 칸디디우스, 번역 리숭후이

왕이의 공개 의식에는 두 가지 종교 기능이 들어 있다. 그것은 신을 불러서 제사를 올리는 것이다.

제수는 주로 사당에 바치는데 도살한 돼지, 익힌 쌀, 빈랑檳榔과 다량의 음료를 포함하며 바비루사豬鹿의 머리도 있다.

제수를 올린 뒤 두 명의 왕이가 일어서서 매우 긴 기도문으로 신을 부른다. 이때 여사제가 눈알을 뒤집으며 땅에 쓰러진 채 공포에 질려 울부짖은 뒤에야 신명이 몸에 강림한다.

왕이가 시체처럼 땅에 누워 있으면 사람 대여섯 명이 나서도 들어 올릴 수 없다. 마지막에 두 무녀가 지각을 회복하면서 극단적인 고통 속에서 몸을 떠는데, 이는 신이 이미 나타났다는 표시다. 동시에 두 무녀의 곁에 있는 사람도 울부짖거나 곡을 한다. 나는 이런 의식을 목격했지만, 그들의 어떤 신도 본 적이 없고 또 예언가가 말한 광경도 보지 못했다.

이런 의식은 대략 한 시간 정도 진행되고 그 뒤에는 무녀들이 사당 지붕으로 올라가 한 사람이 한쪽 끝에 서서 다시 그들의 신에게 많은 말을 한다. 마지막에 두 무녀는 옷을 벗고 신 앞에서 완전히 나체가 된 채 손으로 자신의 몸을 때리면서 사람들에게 물을 길어 오라고 하여 온몸을 씻으며 대중 앞에서 전라全裸의 몸을 보인다. 그러나 구경하는 사람은 대부분 여성이다. 두 무녀는 매우 흥분하여 서 있지도 못할 지경에 이른다. 처음부터 끝까지 나는 그들의 어떤 신이나 어떤 유령도 나타나는 것을 보지 못했다. 이 공개 의식은 사당 앞에서 거행한다.

모든 집에는 신령을 불러 재배하는 장소가 있다. 만약 어떤 문제가 생기면 왕이를 불러 자신들의 집에서 의식을 집행하는데 여기에는 수많은 열광적인 전례典禮가 포함되어 있다.

왕이는 선과 악을 예언할 수 있고, 개거나 비가 오거나 상관없이 날씨를 예측할 수 있다. 무녀들이 부정한 곳을 발견하면 사악한 영혼이나 악마를 추방할 수 있다. 무녀들이 말하기를 사람과 함께 사는 수많은 악마를 자신들의 목소리와 울부짖음으로 내쫓을 수 있다고 한다.

무녀들은 또 손으로 도끼를 잡고 악령을 내쫓는데 악령이 물로 쫓겨 들어가 익사한 뒤에야 멈춘다.

무녀들이 공공 도로에서 제물을 진설하고 신에게 제사를 지낼 때, 내가 그것들을 발로 차서 뒤엎은 것이 한두 번이 아니다.

시라야족
제의 祭儀

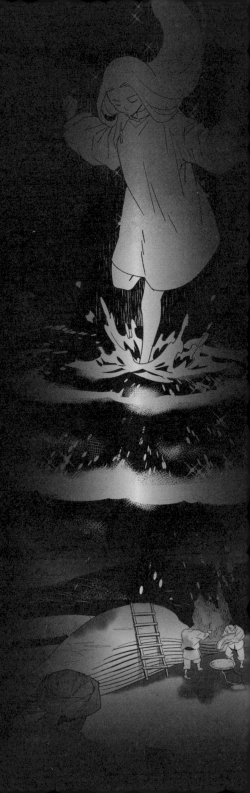

권2

명청 시대 明清時代
(1662~1895)

8. 고래 영혼의 화신: 국성야國姓爺 전설

소개

국성야國姓爺는 1624년에 태어나 1662년에 세상을 떠났다. 본명은 정삼鄭森, 자字는 명엄明儼, 어릴 때 이름은 복송福松으로 중국 남명南明 정권의 장수다. 남명 융무제隆武帝가 명나라 황실의 성인 주씨朱氏와 이름 성공成功을 하사하여 주성공朱成功이라고 부르게 하자 세상 사람들이 나라의 성을 하사받은 어른이라는 의미로 '국성야'라고 칭하게 되었으며 이에 서양인들도 '콕싱아Koxinga'라고 불렀다. 영력제永曆帝가 그를 연평왕延平王으로 봉했기에 정연평鄭延平이라 부르기도 한다.

정씨가 패망한 뒤 청나라 정부에서는 그를 역적으로 간주하여 '정역鄭逆'이라고 불렀다. 그리고 그를 '주성공'으로 부르지 않고 '정성공'으로 부른 것은 남명 정권의 신하라는 그의 신분을 말살하고 멸시하기 위함이었다. 같은 시기에 대만 민간에서도 그를 정성공이라 부르기 시작했다.

● 이 그림은 정성공의 군대와 네덜란드 대표가 담판하는 장면이다(「Dutch representatives appear before Koxinga」, 네덜란드국립박물관, 1675). 군막 속에 앉아 있는 사람이 바로 국성야다.

민간 전설에서는 정성공이 줄곧 대만인들에게 흥미진진하게 언급되는 영웅 인물로 간주된다. 전설에 그는 검담劍潭의 물고기 정령을 단칼에 찔러 죽였고, 산속에서 대포를 쏘아 앵가요鶯歌妖를 잡았으며, 심지어 해상의 오귀烏龜 정령도 죽여서 그것이 의란宜蘭 바깥 바다의 귀산도龜山島로 변하게 했다.

정성공에게만 신비한 색채가 드리워 있는 것이 아니라 그의 부모에게도 기이한 이야기가 많이 가미되어 있다. 정성공의 부친 정지룡鄭芝龍(1604~1661)은 어린 나이에 장사에 나섰다가 나중에는 해적이 되었다. 전설에 따르면 당시 세력이 가장 강한 해적 안사제顏思齊(1586~1625)가 죽은 뒤 강력한 해적 군대를 관할하기 위해 한 사람을 통령統領으로 추천해야 했다. 이 때문에 사람들은 안사제가 남긴 보검을 쌀 속에 꽂고 그것에 절을 할 때 칼이 솟구쳐 오르면 하늘이 내린 사람으로 존중하기로 했다. 정지룡이 절을 할 차례가 돌아오자 그 보검이 마침내 솟구쳐 올랐고 이에 정지룡은 안사제의 후계자가 되었다.

또 정지룡이 젊은 시절 일본으로 도망쳐 들어가 옷을 짜서 생계를 유지했다는 전설도 있다. 당시에 어떤 일본 과부가 기상이 우뚝한 정지룡이 돈을 잃고 우는 모습을 보고는 남자는 큰 뜻을 펼쳐야 한다고 질책했다. 그 뒤에 그 여자가 정지룡에게 몸을 맡겼고 두 사람 사이에서 정성공이 태어났다.

정지룡과 부부의 인연을 맺은 일본 여자는 다가와씨田川氏인데 혹은 '옹씨翁氏'라고도 하며 민간 전설에서는 그 여자의 이름이 '마쓰松(マツ)'라고 한다. 전설에는 다가와씨가 정성공을 낳는 과정에 신비한 색채가 가득 깃

● 대남의 적감루赤崁樓 정원에 정성공 의화도鄭成功議和圖라는 소상塑像이 세워져 있다. 이는 네덜란드인이 정성공의 군대에 대적하지 못하고 정성공과 강화 조약을 체결하는 광경이다.

들어 있다. 다가와씨는 정성공을 낳으려 할 때 해안에서 사람들과 함께 바다 속 대어大魚가 약동하는 것을 보는 꿈을 꾸었다. 당시에 바다 수면에 기이한 불꽃이 일면서 마치 거대한 고래의 두 눈이 응시하는 것과 같은 모습이 보여 사람들이 경외의 마음을 금치 못했다.

이 밖에도 다가와씨가 아들을 낳는 이야기에 다른 줄거리도 있다. 전설에 따르면 당시에 배가 팽팽하게 부풀어 오른 다가와씨가 센리노하마千里の濱에서 조개를 주울 때 갑자기 진통이 시작되어 집으로 돌아가기도 전에 해변의 큰 바위 근처에서 사내아이를 낳았다고 한다. 지금 이 해변에 '정성공 탄생석鄭成功兒誕石'이라는 비석이 서 있다.

다가와씨가 낳은 사내아이는 정삼鄭森이라는 정식 이름과 복송福松이라는 아명으로 불렸다. 이 아이가 바로 나중의 국성야 연평군왕延平郡王이다.

정성공이 태어날 때 큰 고래가 나타났기 때문에 후세 사람들은 정성공을 '동해 대경東海大鯨'의 화신으로 여겼

● 대남의 정성공 상. 사당 밖에 정성공의 조각상이 세워져 있다. 왼손으로 칼자루를 잡고 있는 모습이 매우 늠름하다.

● 대남의 정성공 상. 사당 안에 다가와씨와 그의 어린 아들 복송福松(국성야의 어릴 적 이름)의 조각상이 세워져 있다.

다. 정성공이 군대를 이끌고 대만을 공격할 때 네덜란드인의 꿈에 관대冠帶를 갖춘 한 인물이 고래를 타고 녹이문鹿耳門으로 들어왔다고 한다. 그 뒤에 정성공의 선단이 과연 그 항구로 진공해 들어왔다. 이 일화도 정성공과 고래의 정령이 밀접하게 연관되어 있음을 인증하는 사실이고, 심지어 정씨의 자손들도 자신들이 '고래의 자손鯨種'이라고 여긴다.

정성공 전설은 대만 전역에 널리 퍼져 있을 뿐만 아니라 일본 사람들도 그의 사람됨과 관련 사건을 좋아한다. 정성공의 모친이 일본인이기 때문에 일본인들도 정성공을 숭배한다. 18세기에 지카마쓰 몬자에몬近松門左衛門(1653~1725)이 지은 닌교조루리人形淨琉璃(일종의 인형극) 시대극「고쿠센야 갓센國性爺合戰」이 오사카에서 처음 공연되어 열렬한 환영을 받았으며 가부키로도 개편되었다. 이 연극에서 '고쿠센야國姓爺'는 '와토나이和藤內'라는 이름으로 등장하는데 그 원형이 바로 국성야 정성공이다.

정성공 전설은 여러 가지 설이 분분하여 본인의 진면목도 애매모호하다. 정성공에 대한 역사 기록도 많지 않은데 그중에서 가장 믿을만한 것은 토지측량사 필리푸스 메이Philippus Daniel Meij van Meijensteen*가 자신의 일기에 기록한 내용이다.

"국성야는 장막 중앙의 탁자 뒤에 앉아 있었다. 탁자에는 자수를 놓은 귀중한 탁자보가 깔려 있었다. 그는 표백하지 않은 마사麻絲 장포長

---

* 〔원주〕필리푸스 메이Philippus Daniel Meij van Meijensteen : 17세기의 토지측량사다. 네덜란드 동인도회사의 위탁으로 대만에 와서 토지 측량을 진행했다. 1643년 대만에 도착했고, 정씨와 네덜란드가 전쟁을 시작한 1662년 2월 배를 타고 대만을 떠났다. 필리푸스가 대만에 거주한 기간은 장장 19년에 달한다.

袍를 입고, 머리에는 뿔처럼 뾰족한 갈색 모자를 썼다. 모자의 양식은 편모便帽(muts)와 비슷했고 모자챙은 대략 엄지손가락 길이 정도였으며, 모자 꼭대기에는 작은 금 조각이 장식되어 있었고, 그 작은 금 조각에 흰 깃털이 걸려 있었다. (…) 나는 그의 나이를 약 40세 정도로 추측했다. 피부는 조금 희었고 얼굴은 단정했으며 눈은 크고 검었다. 두 눈은 거의 멈춰 있지 않고 끊임없이 도처를 훑어보고 있었다. 입은 항상 크게 벌리고 있었는데 입속에는 크고 둥글지만 간격이 듬성듬성한 이빨이 네댓 개 돋아있었다. 숱이 많지 않은 수염은 길게 가슴팍까

● 「고쿠센야갓센國姓爺合戰」 연극은 에도 시대에 매우 인기가 있었다. 이 우키요에는 도요하라 구니치카豐原國周(1835~1900)가 제작했다. 그는 1898년 가부키 단체 '이치카와 단주로市川團十郎'가 연출한 「고쿠센야갓센」 의 '와토나이和藤內(國姓爺)' 형상을 묘사했다.(「Ichikawa Danjuro IX als Watonai」, 네덜란드국립박물관, 1898)

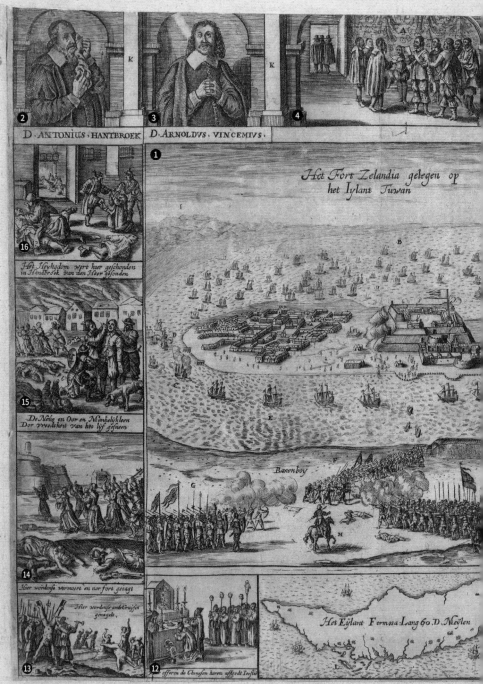

Het Fort Zelandia gelegen op het Iylant Tuwan

Baxenboy

Het Eylant Formosa Lang 60. D. Meylen

Kort en Bondigh Verhael, van 't gene op het schoône Ey
op het by-gelegen Eylandt TYAWAN en 't Fort ZEELANDIA
mitsgaders de Overgevinge van 't gemelde For

Gunstige Lezer,

Oe zeer de Mensch in dese laetste en verdorven tijden Schatten en Rijk- / domm. naaiaagt, zijn herte en trooft daer op zet, en poogt alzo een He- / mel, in den Mammon van dese Wereld op te rechten, voornamentlijk met

onderstandt versoekende / 't welck hem / 30 paeft doenisijk / ook is to / Echter heeft genoemde Coxcinia niet na gelaten / zijn voornemen in / stellen en uit te voeren; derhalven komt met meer dan 600 Chineese

● 1663년에 간행된 속보 판화. 문자 보도에 삽화를 덧붙이는 방식으로 당시 한족 군대가 네덜란드인을 잔혹하게 다루는 핏빛 장면을 묘사했다. (「Verovering van Fort Zeelandia op Formosa door de Chinezen en de marteling en moord op de gereformeerde predikanten」, 네덜란드 국립박물관, 1662~1663)

❶ 삽화 중앙이 질란디아성이다.
왼쪽 위에서부터 시계 방향으로 각각 다음과 같은 내용이다.
❷ 네덜란드 선교사 안토니우스 함브룩Antonius Hambroek.
❸ 아르놀두스 빈세미우스D. Arnoldus Vincemius.
❹ 선교사들이 집단으로 기도하는 그림.
❺ 레오날두스 캄펜D. Leonardus Kampen.
❻ 페트루스 무스D. Petrus Mus.
❼ 여성을 강간하고 살해한 그림.
❽ 정씨의 군대가 네덜란드인의 손과 발을 절단하다.
❾ 네덜란드인이 수풀 사이에서 학살당하다.
❿ 어떤 사람이 나무에 못 박혀 있다.
⓫ 임산부가 복부를 절개당하다.
⓬ 중국인이 신에게 제사를 올리다.
⓭ 네덜란드인이 나무 십자가에 못 박히다.
⓮ 정씨의 군대가 네덜란드인을 잔혹하게 살해하다.
⓯ 네덜란드인이 귀, 코, 생식기를 잘리다.
⓰ 함브룩과 사람들이 잔혹하게 살해당하다.

지 늘어져 있었다. 그의 목소리는 매우 엄정하여 포효하면서도 격앙하는 것처럼 들렸다. 말할 때의 동작은 기괴하여 마치 두 손과 두 발로 날아오르려는 듯했다. 몸집은 중간 정도였고 다리 한쪽이 좀 둔중해 보였으며, 오른손 엄지에 뼈로 만든 큰 반지를 끼고 활을 당겼다."[*]

필리푸스 메이는 일찍이 정씨의 군대에게 9개월 동안 포로로 잡혀 있었다. 그는 이 기간 정씨 군대의 상황을 기록하여 당시 네덜란드와 정씨 사이의 전쟁 연구에 고귀한 제1차 보고서를 제공했다. 그는 국성야에 대해 기록하면서 최초로 국성야의 형상과 외모를 사실적으로 묘사했다.

민간 전설에서는 정성공의 형상을 줄곧 정의롭게 그리고 있지만 실제로는 희로애락의 감정 표현이 변덕스럽고 부하들에게도 엄하게 법을 집행했다. 필리푸스 메이는 국성야 곁에 있는 동안 사람들이 잔인하게 벌을 받는 모습을 목격하고 자신의 일기에 당시의 실제 상황을 기록으로 남겨놓았다.

필리푸스의 관찰에 따르면 한족 군대는 내부에서 죄를 범한 장수를 추호도 용서하지 않았다. 병사들이 법을 어길 경우 그것이 경미한 절도죄라 하더라도 반드시 목을 잘라 장대에 걸고 사람들에게 보였는데, 이는 일벌백계의 정책이었다.

이 밖에도 국성야는 군인이 아닌 한족, 네덜란드인이나 포로에게도 모두 똑같이 엄격한 형벌을 시행했다. 남의 물건을 훔친 자는 왼손, 코, 두 귀를 절단당했다. 만약 유언비어를 지어내면 나무에 못 박히는 형벌에 처

---

[*] 〔원주〕 필리푸스 메이, 『매씨일기梅氏日記』 1661년 4월 기록이다.

해졌다. 어떤 네덜란드 통역과 어떤 예비 교사는 잡담을 나누다가 한족들
이 장차 중국으로 쫓겨날 것이라고 말했다. 국성야는 비밀리에 보고를 받
은 뒤 두 사람을 잡아들여 대못으로 그들의 손과 발을 목판에 박고 먹을
것과 마실 것을 주지 말라고 명령했다. 아울러 소달구지에 그들을 싣고
신항과 마두麻豆 등지를 돌며 조리돌림했다. 이 형벌은 두 사람이 산 채로
굶어 죽을 때까지 계속됐다.

원전

「정성공전鄭成功傳」, 청 정역추鄭亦鄒

사제思齊*가 죽고 그들 무리가 후계자를 세우지 못했다. 이에 대
야에 희생의 피를 담아 맹세한 뒤 칼을 쌀 속에 꽂고 각각 칼을 보
고 절을 하게 하면서 절을 할 때 칼이 솟구쳐 오르는 사람은 하늘
이 내린 사람으로 인정하자고 했다. 정지룡의 차례가 되어 재배를
올리자 과연 칼이 솟구쳐 올랐다. 그들 무리가 모두 엎드려 복종하
며 그를 우두머리로 추대했다.

---

* 〔원주〕 사제思齊: 안사제顏思齊다. 명나라 말기의 해적으로, 정지룡이 그의 부대에서 해
군대장을 지냈다.

『광양잡기廣陽雜記』, 청 유헌정劉獻廷(1648~1695)

　정지룡은 어릴 때 일본으로 도망쳐서 남의 바느질을 해주고 입에 풀칠을 했다.

　남은 재물 3전錢이 있었는데 옷깃을 바느질하다가 잃어버렸다. 그는 길에서 방황하며 돈을 찾다가 찾지 못하자 흐느껴 울었다.

　새로 과부가 된 왜倭의 어떤 아낙이 문 안에 서 있다가 그를 보고 물었다.

　지룡이 까닭을 말해주자 그 아낙이 말했다. "당신의 재주와 능력으로는 300만 전이라 해도 지푸라기와 같이 여겨야 하거늘 겨우 3전 때문에 어찌 이 지경이란 말입니까?" 대체로 그 아낙은 밤에 기이한 꿈을 꾸었는데, 그것이 한기왕韓蘄王*의 부인과 같았다. 마침내 그 아낙이 후한 재물을 그에게 주고 밤에 그와 합방했다.

　정지룡은 나중에 뜻을 얻은 뒤 아낙을 아내로 삼았는데 바로 국성야의 모친이다.

『대만외기臺灣外記』, 청 강일승江日昇

　날이 밝아올 무렵 사람들이 시끄럽게 떠들기를 파도 속에 길이

---

* 〔원주〕한기왕韓蘄王: 한세충韓世忠(1089~1151)이다. 송나라 명장으로 전설에 의하면 그의 아내 양씨梁氏가 영용하고 씩씩한 여중호걸女中豪傑이었다고 한다.

가 수십 장丈에 이르고 크기가 수십 아름圍에 달하는 동물이 두 눈을 등불처럼 번쩍이고 폭우처럼 물을 뿜고, 몸을 뒤집으며 춤을 추는데 그 위력을 아무도 감당할 수 없다고 했다. 온 나라 사람들이 몰려나와 구경하며 모두 기이한 일이라 칭했다. 사흘 밤낮이 지나고서야 잦아들었다. 그때 공중에서 황홀하게 징소리와 북소리가 들리고 향기가 거리에까지 진동했다. 일관一官의 아내 옹씨翁氏는 진통을 하며 정신이 혼미해지는 가운데 꿈을 꾸었다. 꿈에 해안 사람들이 본 것과 같은 큰 물고기가 도약하며 곧바로 가슴 속으로 뛰어들었고 이에 놀라서 졸도했다. 깨어나 보니 사내아이가 태어나 있었다.

『대만기사臺灣紀事』, 청 오자광吳子光(1817~1883)

세작이 말했다. "섬에 크기가 수십 장에 이르는 고래가 있는데, 파도 사이에서 몸을 꼿꼿이 세우고 금빛을 번쩍이고 있습니다. 포효하는 소리가 우레와 같아서 풍랑을 솟구쳐 오르게 합니다. 은은한 쇠창 소리와 철마 소리가 끊이지 않는 가운데 배들은 부서져 바다로 침몰하여 사람이 모두 죽고 밤새도록 곡성이 하늘에 진동했습니다. 닭이 울자 바람이 비로소 잦아들고 고래도 보이지 않았는데, 사람들은 서로 떠들며 그것이 요괴라고 여겼습니다." 이날 저녁에 정성공이 탄생하자 사람들이 기이하게 여겼다.

『대해사사록臺海使槎錄』, 청 황숙경黃叔璥(1682~1758?)

순치順治 신축년辛丑年(1661)에 대만을 공격할 때, 홍모紅毛(서양인, 여기서는 네덜란드인을 가리킴)가 먼저 멀리 바라보니 어떤 사람이 관대를 하고 고래를 탄 채 녹이문으로 들어오고 있었다. 그 뒤에 정성공의 배들이 그곳 항구로 들어왔다.

계묘년(1663), 정성공이 아직 아프지 않을 때 그의 부하가 꿈을 꾸니 길잡이가 정성공이 나타났다고 했다. 자세히 살펴보니 고래 머리에 관대冠帶를 하고 말을 탄 채 곤신鯤身(모래 언덕) 동쪽에서 바다 밖으로 들어갔다. 얼마 지나지 않아 정성공이 병이 들어 죽었다. 이는 정말 "동쪽으로 돌아가 세상을 떠난다歸東卽逝"는 말과 딱 부합한다. 그러므로 그의 자손들은 모두 고래의 씨다.

오늘 악어가 해안으로 올라와 죽자, 식자들이 불길한 조짐이라고 했다. 6월에 이르러 팽호도의 군사가 패전하여 귀순한 것도 악어가 산으로 올라온 조짐에 감응한 것이라고 했다.

『매씨일기梅氏日記』, 필리푸스 메이Philippus Daniel Meij van Meijensteen

♦ 1661년 5월 25일

그들이 죄인을 처단할 때는 먼저 죄인의 옷을 벗기고 상반신을 드러낸 뒤 두 손을 등 뒤로 묶는다. 그리고 약 20센티미터 길이의 나무 막대기나 대나무를 입에 물려 양쪽 귀와 함께 묶고 말을 못하게 한다.

그런 뒤에 몇 사람이 피리를 불고 바라를 치면서 앞에서 인도한다. 그 뒤에 한 사람이 손에 크고 검은 깃발을 들고 따라오고, 또 그 뒤로 한 사람이 죄목을 적은 팻말을 들고 따른다. 그 팻말은 게시판처럼 생겼는데, 커다란 중국 글자로 종이에 그 사람의 죄상을 적고 붉은 인장을 찍은 뒤 채색한 나무판자 위에 붙였다. 바로 그 뒤가 죄인이다. 그를 처형하는 망나니가 함께 길을 가는데 망나니의 손에는 칼집에서 빼든 큰 칼이 들려 있고 칼끝은 하늘을 향해 있다. 뒤에 판관이 말을 타고 따른다.

형장에 도착한 이후에는 다른 수속 절차 없이 망나니가 죄인의 목을 눌러 꿇어앉게 하거나 몸을 구부리게 한 뒤 바로 칼로 목을 자른다. 판관이 말을 한껏 치달려 신속하게 도착하면 망나니는 그에게 돌아가 처형이 완료되었다고 보고한다. 그러면 피리 소리를 멈추고 깃발도 거둬들인다.

망나니는 왼손으로 수급의 머리카락을 잡고 오른손으로 여전히 큰 칼을 들고 있다. 그의 앞에서는 징을 든 사람이 이따금 징을 치고, 뒤에는 한 사람이 죄목을 적은 팻말을 들고 있다. 수급을 국성야에게 보여준 뒤에는 다시 모든 군사가 볼 수 있게 한다.

(…)

도둑질하다가 체포된 사람은 왼손, 코, 귀가 잘리는 벌을 받는데 이런 형벌은 거의 매일 발생한다.

9. 압모왕鴨母王

주일귀朱一貴(1690~1722)는 복건성福建省 장주漳州 장태현長泰縣 사람이다. 그는 25세 때 밥벌이하러 대만으로 와서 봉산현鳳山縣의 모정母頂 초원 '압모료鴨母寮'(현재 병동현屛東縣 가동향佳冬鄉 대동촌大同村)에서 오리를 길렀다. 그는 오리 떼를 군대처럼 집합시키고, 훈련할 수 있었다고 한다. 그가 기른 오리는 보통 오리보다 컸고, 심지어 알도 매일 두 배는 많이 낳았다. 이에 사람들은 그를 '압모왕鴨母王' 또는 '압모제鴨母帝'라고 불렀다.

청나라 정부의 통치가 부패하자 주일귀는 강희 60년(1721) 깃발을 높이 들고 반청反淸 활동을 시작했고, 역사에서는 이를 '주일귀 사건'이라고 칭한다. 그해 5월 주일귀 진영은 대만부臺灣府의 성을 공격하여 승리를 거두었다. 이에 주일귀는 정식으로 등극하여 왕을 칭하고 연호를 영화永和, 국호를 대명大明이라고 했다. 남정원藍鼎元(1680~1733)의 『평대기략平臺紀略』에 따르면 주일귀는 등극할 때 통천관通天冠을 쓰고, 황포黃袍를 입고, 옥대玉帶를 맸는데, 이 모든 것을 배우들에게서 얻었다고 한다. 이 때문에 당시 민간의 동요에 다음과 같은 가사가 있었다.

머리에는 명나라 관모를 쓰고	頭戴明朝帽
몸에는 청나라 옷을 입었네	身穿淸朝衣
5월에는 연호를 영화永和라고 하다가	五月稱永和
6월에는 연호를 강희康熙로 되돌리네	六月還康熙

주일귀가 대만부의 성을 점거한 기간은 길지 않다. 청나라 정부에서는 수사제독水師提督과 남오총병南澳總兵에게 군사를 이끌고 대만을 정벌하게 하여 6월에 바로 안평安平을 수복했다. 주일귀는 상대에 대적하지 못하고 군사를 이끌고 성을 떠나 도망치기에 급급하다가 오래지 않아 청나라 군대에 체포되었다.

역사에는 주일귀의 봉기가 실패로 끝나고 말았지만 대만 민간에서는 주일귀에 대한 전설이 흥미진진하게 유포되었다. 당시에 발생한 수많은 괴怪 사건도 주일귀와 관련된 것으로 연상했다. 예를 들어 주일귀가 봉기하기 전에 대만 남부에 대지진이 발생하자 민간에서는 괴뢰산傀儡山과 제라산諸羅山 사이에 전투가 발생한 결과라는 유언비어가 떠돌았고, 이 사건이 경천동지할 주일귀 전란의 예고편이라고 했다.

『대해사사록』에서는 주일귀 사건이 발생한 그해에 자동화刺桐花가 꽃을 피우지 않았고, 이런 이상 현상이 주일귀의 동란을 예고했다고 기록했다.

이 밖에 '괴승怪僧'이 나타났다는 전설도 있다. 주일귀가 봉기하기 전에 어떤 괴승이 자칭 천제天帝의 사자라고 하며, 거리 곳곳에서 장차 큰 난리가 발생할 것이라는 소식을 퍼뜨렸다고 한다. 그는 또 사람들에게 대문 앞에 향안香案을 설치하고 '제령帝令'이라는 작은 깃발을 꽂아둘 것을 요구했다는 것이다. 괴승 이야기는 괴이한 전설의 성격을 지니고 있지만 아마

압모왕
주일귀

그 괴승은 주일귀 진영에서 파견된 사람으로 추측된다. 그의 목표는 관군 교란이었을 것이다.

『평대기략平臺紀略』, 청 남정원藍鼎元*

대청大淸 강희 60년(1721) 신축년 여름 4월, 대만의 간악한 백성 주일귀가 반란을 일으켰다.

일귀는 장주 장태 사람으로 어릴 때 이름은 조㷠다. 생계 수단이 없는 백수건달로 간악한 자들과 어울리기를 좋아하다가 향리에서 미움을 당했다. 강희 52년(1713) 대만으로 가서 대하도臺廈道**의 수레꾼으로 일하다가 얼마 지나지 않아 파직당한 뒤 모정母頂의 초원에서 오리를 기르며 생계를 유지했다.

그의 오리가 아침저녁으로 대열을 이루어 출입하자 우둔한 백성이 기이하게 여겼다.

간악한 비적이 그를 방문하면 바로 풍성한 잔치를 베풀고 오리

* 〔원주〕남정원藍鼎元(1680~1733): 대대로 책을 읽은 가문에서 태어났다. 사촌 형 남정진藍廷珍을 따라 대만으로 왔다. 그 뒤 이들 친족은 아리항阿里港(지금의 병동현屛東縣 이항향里港鄉)에 정착했다.
** 〔역주〕대하도臺廈道: 1684년에서 1727년까지 청나라 정부가 대만과 복건성 하문廈門 일대를 총괄하도록 설치한 행정 구역이다.

를 삶아 음식을 만들어 한껏 즐기기에 힘썼다.

당시에 평화로운 나날이 오래되어 땅을 지키는 일이 안정되자 관리들이 민생을 다스리는 일에 신경 쓰지 않았으며 바깥을 방위하는 일도 소홀히 하게 되었다. 이에 주일귀가 다른 마음을 먹게 되었다.

『평대기략』, 청 남정원

주일귀는 계속해서 대하도 관청으로 들어갔다. 그는 창고를 열고 금과 은을 약탈했으며 홍모루紅毛樓를 열었다.

홍모루는 옛날 홍이紅彝*가 건축해서 적감성赤嵌城**으로도 불렸으며 홍모紅毛의 추장이 거주했다. 정씨가 그곳에 화약과 군장을 저장했다. 40년 동안 그 누각을 연 사람이 아무도 없다.

적도들은 금과 은을 저장한 창고로 의심하고 그곳을 열었다가 크고 작은 대포, 창과 칼, 초석硝石과 유황, 철환, 납탄을 산처럼 많이 얻었다.

---

* 〔역주〕홍이紅彝: 홍모紅毛라고도 한다. 서양인을 가리킨다.
** 〔역주〕적감성赤嵌城: 적감루赤嵌樓 또는 홍모루紅毛樓라고도 한다. 대만 대남시臺南市에 있는 누각이다. 1653년 네덜란드인들이 건축하여 프로빈티아Provintia라고 부르며 대만을 다스리는 중심 건물로 삼았다.

『평대기략』, 청 남정원

어떤 승려가 기이한 복장을 하고 거리를 떠돌며 자신이 천제天帝의 사자라고 칭하며 대만 사람들에게 알릴 일이 있다고 했다. 즉 4월 말에 큰 환난이 발생하는데 환난이 생기면 대문에 향안香案을 설치하고 누런 종이로 작은 깃발을 만들어 '제령帝令'이라는 두 글자를 쓴 뒤 향안에 꽂아두면 환난을 피할 수 있다고 했다.

도적 주일귀가 이르자 집집마다 승려의 말과 같이 했기에 관군이 그것을 보고 백성이 적을 따른다고 여겼다.

『대해사사록臺海使槎錄』, 청 황숙경

네덜란드가 정성공에게 패배하자 큰 지진이 일어났다.

정극상鄭克塽이 파멸하자 또 지진이 일어났다.

주일귀는 신축년에 반란을 일으켰고, 한 해 전 경자년 10월에 지진이 있었다. 당시 남로南路 괴뢰산傀儡山이 갈라졌는데 그곳 바위의 갈라진 모습이 칼로 자른 듯했다. 제라산諸羅山도 무너지면서 꼭대기에서 피처럼 붉은 모래를 뿜었다. 그곳 토인들은 두 산이 서로 싸우고 있다고 했다.

『대해사사록』, 청 황숙경

주일귀는 본명이 주조朱祖이고 강산岡山에서 오리를 길렀다. 그
가 반란을 일으킨 뒤 토인들은 그를 압모제鴨母帝라고 불렀다.

『대해사사록』, 청 황숙경

자동화刺桐花:

가지마다 수십 송이의 꽃을 피우고 각 송이마다 수십 가닥의 수
염을 달고 있는데, 채색 비단을 잘라 놓은 것처럼 또 아침노을처럼
찬란하다. 이 꽃은 대군臺郡에서 가장 번성하는데 신축년 봄에는
한 송이도 꽃이 피지 않았고 그때 결국 주일귀가 반란을 일으켰으
므로 매우 기이하게 여겼다. 그 뒤로는 꽃이 필 때 한 해의 성쇠盛衰
를 점쳤다.

10. 대갑大甲의 열녀가 비가 오기를 기원하다

대조춘戴潮春(?~1864) 사건은 청나라 시기 대만의 3대 민란의 하나로, 1862년에서 1864년까지 지속되면서 주로 대만 중부 지역에 영향을 끼쳤다.

전란 때 반란군은 대만 중부의 대갑성大甲城을 포위하고 수원水源을 끊었다. 위기가 박두하자 어떤 할머니가 하늘에 비를 내려달라고 기원했고, 마침내 순조롭게 단비가 대갑을 적시며 단수斷水의 위기를 해소했다.

이 할머니가 바로 대갑 사람들이 존칭하는 '정절마貞節媽'이며, 본명은 임춘林春(사료에서는 '춘낭春娘'이라고 칭하는데 '낭娘'은 이름을 외자로 쓰는 여성의 존칭)이다. 임춘은 대갑 중장中莊이라는 마을 임광휘林光輝의 딸이다. 7세에 다른 사람 집에 동양식童養媳(어린 시절 시집으로 들어가는 민며느리)으로 들어갔고, 나중에 혼례를 올리지 않은 남편이 세상을 떠나자, 임춘은 수절하기로 맹세하고 전심전력으로 시어머니를 봉양했다.

임씨가 동치 3년(1864) 병들어 세상을 떠나니, 그 지방 사람들이 임씨의 정절과 품성을 기념하고 또 당초에 비를 기원한 공적에 감사를 표하기 위해 그녀를 '정절마'라고 존칭했다.

『동영기사東瀛紀事』「총담叢談」, 청 임호林豪(1831~1918)

　　대갑의 열녀 임씨는 여씨余氏 집안의 민며느리였는데, 12세부터 수절하며 시어머니를 극진한 효성으로 섬겼다.

　　나이가 70세를 넘은 뒤 비가 오기를 기원하면 바로 감응이 있었다.

　　역적 대조춘이 대갑을 포위하고 여러 번 수로를 끊었다. 그러자 토성 안이 모두 바위여서 감히 우물을 파지 못하고 시냇물을 길어 식수로 썼다. 이런 상황에서 수원을 끊자 민심이 흉흉해졌다.

　　무릇 세 차례 비가 오기를 기원했는데 그때마다 모두 메아리가 호응하는 것처럼 비가 내렸다. 백성은 기뻐 날뛰고 용기백배하며 신의 도움이라고 여겼다.

　　이에 희생犧牲과 제주祭酒를 마련하여 성 밖 절효節孝 마을로 가서 제사를 올리고 매우 경건하게 절을 올리며 신의 도움을 기원했다.

11. 대만의 기이한 마술사

소개

옛날 대만섬의 거리에는 때때로 신비한 무당들이 나타났다. 그들은 환상적이고 기이한 마술에 장기를 발휘하며 부적 등의 도구에 의지하여 미래를 예언하거나 사람들을 도와 재난을 해소했다. 하지만 마음이 부정한 사람은 부적으로 사악한 마술을 부려 사람의 몸을 아프게 하거나 심지어 목숨을 해치기까지 했다.

예컨대 석정보石碇堡(지금의 신북시新北市의 석지汐止, 평계平溪 일대)에 부적과 같은 사악한 마술로 강호를 횡행하는 마법사들이 나타난 적이 있다. 그들은 부적으로 사람을 죽이거나 마술로 사람을 미혹하여 재산을 약탈했다.

이 밖에 담수淡水의 어떤 부인이 악독한 마술로 사람을 해쳤는데 발꿈치에서 대퇴부까지 썩어 문드러지게 하고 최후에는 고통 속에서 죽게 만들었다. 동치 연간에 대만에 온 임서林紓(1852~1924)는 일찍이 이 일을 아래와 같이 기록했다.

"내가 담수에 거주할 때는 지금보다 앞선 45년 전으로 당시 담수에는 주민이 매우 드물었다. 문을 열면 서해였고 해변에 기괴한 암석이 마구 솟아 있었는데 색깔은 검은색이었다. 때때로 고기잡이배가 네댓 척 그 아래에 모여 있었다. 북쪽 끝에는 초가가 있었고 그곳에 때때로 붉은 옷을 입은 부인이 사립에 기대 있었다. 부인의 이름은 아환阿環으로 자못 미모가 있었다. 몇 달 지나서 갑자기 아환이 병에 걸렸다가, 열흘이 지나 죽었으며 다리 하나를 잃었다는 소문이 들렸다. 대체로 아환이 이웃 창기와 남자 하나를 두고 다퉜는데, 이웃 창기가 이기지 못하자 사술邪術로 저주를 퍼부어 아환이 결국 죽었다고 한다. 어떤 사람은 말하기를 독화살을 국에 적신 뒤에 국을 먹게 하자 발뒤꿈치에서부터 살이 문드러져 왼쪽 다리를 잃고서 사망했다고 한다. 야만인들은 진실로 사람의 이치로서 알 수 있는 일이 아니라고 했다. 이

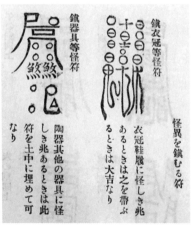

● 일본 통치 시대의 고서 『대만 풍속지臺灣風俗誌』 (1921)에서 대만 무당을 서술한 대목. 부록으로 「진의관등괴부鎭衣冠等怪符」「진기구등괴부鎭器具等怪符」와 같은 부적을 많이 실었다.

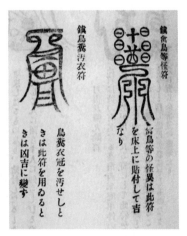

● 『대만 풍속지』 부록으로 「진금조등괴부鎭禽鳥等怪符」「진조분오의부鎭鳥糞汚衣符」와 같은 부적을 실었다.

일은 내가 직접 목도한 것으로 애초에 전해 들은 이야기가 아니다."*

민월閩粵(복건과 광동) 땅에는 자고이래로 독충을 기르는 풍속이 있었으나 당시의 관리들이 이러한 사술을 금지했다. 예를 들어 대만총독부가 청나라 지방지와 공문서를 채록하여 만든 책『대만이번고문서臺灣理蕃古文書』에「독충을 길러 사람을 해치는 일을 금지함示禁畜蠱害人」이란 글이 실린 것이 그것이다. 그러나 부적이나 독충이 없으면 다른 방식으로 마술을 행했다. 예를 들어 창기의 집에서 빈랑檳榔 즙으로 귀신을 불러 사술을 행하는 것과 같은 것이 그것이다.

옛날 대만에서는 특종 영업의 하나로 신명인 '천봉원수天蓬元帥' 즉 저팔계豬八戒에게 제사를 지내곤 했다. 저팔계는 바로 창기 영업을 수호하는 신이다. 이러한 신앙이 생겨난 원인은 저팔계가『서유기西遊記』에서 여자를 좋아하는 성격을 드러냈기 때문이다. 이에 기생집에서는 저팔계의 몸을 통한 '조사야祖師爺'의 위신에 기대 손

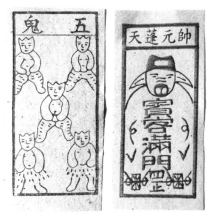

● 대만 풍속 의식에서 태우는 지전. 사람들이 잘 아는 금지金紙와 은지銀紙 외에도 여러 지전이 또 있다. 이를 각각의 의식에 맞추어 불태운다. 그림 왼쪽의 '오귀전五鬼錢'은 자신의 부족한 운수를 보완하기 위해 자질한 귀신들에게 소각해주거나 중생을 제도할 때 소각한다. 오른쪽 지전 '천봉원수天蓬元帥'는 기방과 같은 특별 업종에 종사하는 사람들이 숭배하는 조사야祖師爺다.

---

* 〔원주〕임서林紓의『외려쇄기畏廬瑣記』에 실린「대만고독臺灣蠱毒」.

님들이 미색을 탐하게 하고 쾌락에 젖어 정신을 못 차리게 하려고 한다.

이처럼 특별한 영업을 하는 사람들은 저팔계를 '수수야狩狩爺' 또는 '수수야水手爺'라고 존칭하며 그에게 제사를 올린다. 대만어로 지은 제문祭文에 다음 단락이 있다.

"조사야祖師爺! 조사야! 정강이는 굽어 있고, 얼굴은 쭈글쭈글해도, 큰돼지*를 비호하여 돼지우리**로 들어오게 하소서."

원전

『담수청지淡水廳志』「풍속고風俗考」, 청 진배계陳培桂

가장 성한 곳으로는 석정보石碇堡보다 더한 곳이 없다. 부적으로 사람을 죽이는 자는 사람을 미혹하는 요술로 음란한 짓을 함부로 자행하거나 재산을 약탈하고 목숨까지 빼앗는다.

부적을 태운 재를 담배나 빈랑 중간에 섞어서 먹게 하여 넋을 빼앗아 깨어나지 못하게 하고 쓰러져 죽게 만든다. 이런 짓을 전수하는 자들이 점차 늘고 있다.

9년 여름에 그 괴수 진陳 아무개가 벼락을 맞아 죽었다고 한다.

---

* 〔원주〕큰 돼지: 원문은 '대저大豬'다. 창기를 사서 쾌락을 즐기려는 표객嫖客이다.
** 〔원주〕돼지우리: 원문은 '주柵'다. 돼지우리다. 기생집을 비유한다.

『청궁월접당대만사료淸宮月摺檔臺灣史料』「풍문에 대만 담수현의 비적이 해악을 끼친다고 하므로 칙령으로 엄히 잡아들여 반란의 싹을 끊자고 상주함奏為風聞臺灣淡水縣邪匪為害請飭嚴拿以遏亂萌摺」

신은 듣건대 대북부臺北府 담수현淡水縣에서 10여 년 전에 이미 사특한 비적 진오陳烏를 처결했는데, 그는 집을 열어 제자를 받아들이고 부적으로 사람을 죽일 수 있었습니다. 진오는 비록 주살되었으나 잔당들이 다시 날뛰고 있다 합니다.

그 술법은 식지食指로 물에 부적을 그리거나 부적을 불태운 재를 음식물에 섞어서 사람에게 먹고 마시게 하면 바로 그 사람이 병에 걸린다는 것입니다.

정심부釘心符라는 것은 사람의 마음을 칼로 찌른 것처럼 아프게 합니다.

쇄후부鎖喉符라는 것은 음식을 목구멍으로 삼키지 못하게 합니다.

화부火符라는 것은 사람의 몸을 불태우는 것처럼 열이 나게 합니다.

급하게 저주를 퍼부으면 사람이 비교적 쉽게 죽고, 죽은 뒤 몸에 온통 붉은색 부적 문양이 나타납니다. 이렇게 피해를 당한 사람이 이루 다 헤아릴 수 없는지라 모두 공포에 젖어 있습니다. 한 번 마시고 한 번 먹을 때마다 반드시 꼼꼼하고 신중하게 살펴야 합니다.

그 비적들은 종적이 비밀스러우므로 외부의 비적과 결탁한 일이 없다고 보증할 수 없습니다.

『동영지략東瀛識略』「습상習尚」, 청 정소의丁紹儀(1815~1884)

창기의 업소에 손님이 오면 그의 자금에서 이득을 취하려 한다. 그가 떠나면 이득을 취하지 못하므로 몰래 창기가 입으로 빈랑을 넉넉하게 섞어 즙을 낸 뒤 손님의 변발 꼬리에 바르면 손님이 주색에 빠져 차마 다른 곳으로 가지 못한다.

더러 며칠 동안 손님이 업소에 나타나지 않으면 창기가 자신이 받드는 토신土神 앞에서 향지香紙를 불태우며 몇 마디 주문을 마음속으로 외우면 손님이 바로 마음이 움직여 발걸음하게 된다고 한다.

말하는 사람이 확실한 근거를 갖고 있으므로 억지로 지어낸 이야기는 아닐 것이다. 이런 나쁜 제도의 폐습이 아직 근절되지 않고 있다.

12. 임선생林先生

시세방施世榜은 자자 문표文標로 청나라 강희 10년(1671)에 태어났다. 그는 대만 중부의 중대한 수리 공사인 팔보천八保圳(시조천施厝圳, 팔보천八堡圳이라고도 함)의 창시자다.

이 수리 공사는 강희 48년(1709)에 시작했는데, 초기에는 줄곧 순조롭게 진행할 방도가 없었기에 시세방이 천금의 상을 베풀며 해결 방법을 모

● 임선생묘林先生廟의 대문 입구

색했다.

당시에 어떤 신비한 노인이 갑자기 나타나 사람들에게 어떻게 물길을 뚫어야 하는지 지시했다. 이 기이한 노인의 말에 따라 푸른 등나무, 대나무 조각, 나무 판때기 등으로 원추형의 큰 바구니를 엮어서 물길 중앙에 놓고 그 바구니에 크고 작은 돌멩이를 채워 제방을 만들었다. 이와 같이 하여 순조롭게 물 흐름을 막고 제방 안으로 물을 끌어들이자 공사 진행이 쉬워졌다.

● 지금의 팔보천八堡圳

● 팔보이천八堡二圳의 취수구

이 원추형의 큰 바구니는 모양이 뒤집은 통발과 같으므로 '석구石筍' 또는 '농자고籠仔篙'라고 불렸다.

그 뒤 시세방은 노선생에게 감사 인사를 하려 했으나 노인은 거절했다. 그 신비한 노인은 이름도 밝히지 않은 채 임선생林先生으로 불러달라고만 하고 바로 자취를 감췄다.

이 노인은 오고가는 종적이 묘연했기에 사람들은 그가 백성의 고난을 구제하기 위해 세상으로 내려온 신선이라고 여겼다. 또 어떤 사람은 그가 사실 명나라 말기의 유민遺民이었기에 성명을 밝힐 수 없었다고 추측했다.

전설에 여러 가지 설이 분분하지만, 후세 사람들은 임선생의 공덕을 공경하기 위해 창화 이수향二水鄕 취수구取水口 근처에 기념 사당을 건립했는데 그것이 바로 '임선생묘林先生廟'다.

원전

『창화현지彰化縣志』「인물지人物志」, 청 주새周璽

임선생이 어느 곳 사람인지는 아무도 모른다. 의관은 예스럽고 소박했으며 말솜씨에 풍류가 있었다. 일찍이 병마지휘兵馬指揮 시세방을 만나 다음과 같이 말했다. "소문을 들으니 공께서 창읍彰邑에서 수리 공사를 일으키려 하신다는데, 이는 참으로 큰 공덕입니다. 그러나 아직 방법을 찾지 못하셨다니 제가 공을 위해 일을 이루어 드리겠습니다."

이름을 물었으나 웃으며 대답하지 않았다. 간절히 이름을 가르쳐달라고 청하자 이에 "임선생이라고만 불러주면 됩니다"라고 했다.

다음 날 과연 다시 와서 방법을 가르쳐줬다.

시세방이 모든 일을 그의 말과 같이 하여 마침내 탁수계濁水溪를 통하게 하고 그 물을 끌어와 경작지에 대게 하며 그곳의 제방을 팔보천八保圳이라 불렀다.

창읍의 13.5보保(堡) 중에서 이 물로 8보保에 물을 댄다는 말이 있다. 해마다 조세로 걷는 곡식만 1만을 헤아렸다.

지금도 시씨施氏의 자손이 부유한 것은 모두 임선생의 넉넉한 은택 덕분이다.

임선생은 명예와 이익을 추구하지 않고 오로지 시와 술로 유유 자적했다. 날마다 계곡 사이에서 놀며 감정이 촉발될 때마다 바로 시를 읊었다. 시를 대부분 입으로 읊으며 표표하게 신선이 되려는 모습을 보였다. 애석하게도 원고를 남기지 않아서 세상에 전하지 않는다.

바야흐로 물길이 완공될 때 시세방은 천금으로 감사 인사를 했으나 선생은 사양하고 받지 않았다. 얼마 지나지 않아 결국 그곳을 떠났는데 간 곳을 알 수 없다.

지금 천료圳寮에서 그를 신으로 모시며 제사를 지낸다.

일찍부터 칠언율시 한 수가 전해온다.

첫 번째 봉우리의 첫 번째 집에서는　　　第一峰頭第一家

누덕누덕 기운 옷을 꽃처럼 간주하네　　鶉衣百結視如花

한가할 땐 눈을 씹으며 불도 피우지 않고	閒時嚼雪消煙火
취한 뒤엔 무지개 먹으며 좋은 시절 보충하네	醉後餐虹補歲華
왕후王侯가 되려 해서 무엇을 할 것인가	欲得王侯為怎麼
어찌 꼭 부귀하려고 전전긍긍 고통받나	奚須富貴作波査
명예와 이익 보건대 끝내 무슨 이익일까	看來名利終何益
웃으며 교룡 일으켜 그 등에 올라타네	笑起蛟龍背上跨

이 밖에도 아름다운 구절이 많지만 시씨 자손들은 겨우 한두 가지만 기억하고 있을 뿐이다.

『도촌시고陶村詩稿』「광계삼고사시, 은자 임선생磺溪三高士詩, 隱者林先生」, 청 진조흥陳肇興(1831~1866?)

「시서詩序」: (임선생의) 이름, 자字, 출생지 모두 전해오지 않는다. 시씨施氏 가문에서 팔보천八保圳을 건설할 때 여러 해 동안 완성하지 못하자 임선생이 방략을 전수했다. 완공한 뒤 천금으로 감사 인사를 했으나 받지 않았다. 이름을 묻자 말하기를 "임선생이라 불러주시면 됩니다"라고 했다. 지금 탁수천濁水圳 거리에 선생의 사당이 있는데 대개 서호西湖의 임처사林處士*에 비견하곤 한다.

---

* 〔역주〕 서호西湖의 임처사林處士(967~1028): 본명은 임포林逋, 자는 군복君復으로 북송의 은일隱逸 시인이다. 평생 항주杭州 서호西湖 고산孤山에 은거하여 매화와 학을 기르며 살았다. 유명한 '매처학자梅妻鶴子'란 고사의 주인공이다.

선생은 이름이 전해오지 않고	先生無名字
어느 곳 사람인지도 모르네	不知何許人
갈대 꺾어 타고 창해를 건너와	折葦渡滄海
발길 닿는 대로 봄날을 주유했네	信腳行陽春
당시에 부유한 사람 저택에서	當時富民侯
그를 맞아들여 상객 대열에 앉혔네	延座列上賓
제방 쌓으려 수리 공사 일으키자	築堤興水利
신령이 강림한 듯 방략을 지시했네	指授如有神
공을 이루고도 상을 받지 않고	功成不受賞
길게 읍하며 금과 은도 사양했네	長揖辭金銀
이름을 물었으나 묵묵히 웃기만 하고	問名嗒然笑
다시 물으니 흥미진진한 말만 하네	再問言津津
하늘과 땅은 나의 부모요	天地我父母
광활한 대지는 나의 이웃이네	埏垓我鄉鄰
백이*도 아니고 또 유하혜**도 아니지만	不夷又不惠
굽힐 수도 있고 펼 수도 있네	能屈亦能伸

---

* [역주] 백이伯夷: 아우 숙제叔弟와 함께 은殷나라 고죽군孤竹君의 아들이다. 주周나라가 은나라를 멸망시키자 수양산首陽山으로 들어가 고사리를 캐 먹으며 연명하다 아사했다. 후세에 충신의 대명사로 일컬어진다.

** [역주] 유하혜柳下惠: 춘추시대 노魯나라 대부로, 성은 전展, 자는 자금子禽이다. 유하柳下 땅에 봉토가 있었고 시호가 혜惠이기 때문에 유하혜로 불린다. 상황에 맞게 벼슬하고 은퇴한 처신으로 유명하다.

오류선생*도 나의 무리가 아니고　　　　　五柳非吾徒

녹리선생**도 내 몸이 아니네　　　　　　甪里非吾身

고산孤山의 매화 서방이　　　　　　　　孤山梅花婿

바로 나의 친척일세　　　　　　　　　　乃我有服親

『도춘시고』「임선생사林先生祠」, 청 진조흥

선생이 어느 곳 사람인지 모르지만　　　先生不知何許人

사람들은 임포林逋의 자손이라 하네　　　人言逋仙之子孫

나는 선생이 은자의 무리라 말하노니　　我道先生隱者徒

명예도 따지지 않는데 하물며 이익이야　名且不計況利乎

명예와 이익은 공에게 모두 없는 것이나　名利於公兩不有

손으로 탁류를 이끌며 땅 위를 걸어갔네　手牽濁流地上走

흰 돌은 나란하고 물결은 맑고 맑으며　白石齒齒水粼粼

좋은 밭 수많은 이랑에 넉넉히 물을 대네　灌漑良田萬千畝

공 이루고도 길게 읍하며 주인집 이별하고　功成長揖辭東家

---

* 〔역주〕오류선생五柳先生: 동진東晉의 은일隱逸 처사 도연명陶淵明이다. 팽택彭澤의 고
을 원님으로 있다가 다섯 말의 녹봉五斗米 때문에 소인배들에게 허리를 굽히기 싫다며 「귀
거래사歸去來辭」를 읊으며 전원으로 돌아갔다. 은거처 집 앞에 버드나무 다섯 그루를 심었
으므로 흔히 '오류선생五柳先生'으로 불린다.

** 〔역주〕녹리선생甪里先生: 진말秦末 한초漢初에 진시황의 분서갱유를 피해 동원공東
園公, 기리계綺里季, 하황공夏黃公과 함께 상산商山에 은거한 상산사호商山四皓의 한 사람
이다.

황금과 백옥을 흙과 모래처럼 여겼네   黃金白璧如泥沙

고개 숙여 한 번 웃고 아득히 떠나가며   掉頭一笑渺然去

시냇가에 또 복사꽃을 천 그루 심었네   溪上還種千桃花

꽃 피고 꽃 지는 건 자고이래의 일인데   花開花落自今古

선생이 한번 가시니 꽃에는 주인이 없네   先生一去花無主

오로지 황폐한 사당만 흰 구름 마주하니   唯有荒祠對白雲

유유한 천 년 뒤에 길게 비가 내리네   悠悠千載長行雨

기이한 일 奇事之章

13. 왕운삼王雲森이 바다를 건너와 기이한 일을 당하다

소개

청나라 강희 35년(1696)에 복건성에서 화약고가 폭발하여 수십만 근의 유황이 훼손되었다. 이에 관방에서 인원을 초빙하여 대만으로 보내 유황을 채취하게 했다. 당시에 욱영하郁永河가 임무를 받았고, 수행비서 이름은 왕운삼王雲森이었다.

욱영하는 대남에 도착한 뒤 유황을 채취할 도구를 준비하기 시작했다. 그리고 4월 상순에 먼저 부대를 이끌고 육로를 통해 대만 북부로 갔다. 동료 왕운삼은 나머지 인원을 이끌고 대부분의 물자를 배에 싣고 선박으로 북부에 가서 욱영하의 인마人馬와 합류하려 했다.

그런데 생각지도 못하게 왕운삼의 선박이 바다에서 세찬 폭풍우를 만나 무엇에도 비할 수 없는 위험에 처했다. 왕운삼의 말에 따르면 당시 폭풍 속에 기이한 나비와 검은 새가 무수하게 나타나 배 뒤를 따라오는 불길한 조짐이 발생했고, 이에 지전을 태우며 복을 기원해도 검은 새는 다른 곳으로 날아가지 않았다고 한다.

그 뒤 한바탕 풍랑이 몰아쳐 배가 거의 침몰하려 하자 사람들은 오로지 천비마조天妃媽祖에게 복을 기원할 수밖에 없었다. 다행히 배가 침몰하지 않아서 선원들이 재빨리 배에 실은 화물의 3분의 1 분량을 버리고 배의 중량을 가볍게 했다.

밤 2경更에 이르러 멀리 육지의 작은 항구가 보였다. 배에 탄 사람들은 너무나 기뻐서 얼른 해안에 정박하기 위해 앞으로 나아갔다. 하지만 수심이 얕아서 항구 안으로 들어가지 못하고 항구 입구에 닻을 내려야 했다.

밤새도록 고생했기에 선원들은 피곤하여 분분히 잠을 자러 갔다. 그런데 생각지도 못하게 5경의 북소리가 울리고 날이 밝아올 때 배가 다시 바깥 바다로 표류하게 되었다. 배의 키와 뱃머리가 풍랑에 부서져 방향을 잡을 수 없었기 때문이다.

● 대남운하臺南運河의 정크선(『일본 지리 대계』「대만편」, 1930)

이때 선원들이 기민하게 움직이며 사람들에게 '화수선^{划水仙}'이라는 축도 의식을 실시해야만 이 재난에서 벗어날 수 있다고 알렸다.

'화수선'이란 물의 신선과 바다의 신에게 복을 비는 의식이다. 많은 사람이 두 손에 곤봉과 숟가락을 들고 좌우로 흔드는 동시에 입으로 북을 치듯이 소리를 지른다. 선박 운행이 위급할 때 이 술법을 쓰면 선박을 해안에 댈 수 있다.

왕운삼과 사람들은 곧 침몰하려는 배 위에서 '화수선'이라는 방법으로 복을 기원하자 배가 과연 점점 해안으로 가까이 다가갔다.

나중에 거센 풍랑이 몰아쳐 배가 바로 부서지자 왕운삼 등은 물속으로 뛰어들었고, 마지막에는 순조롭게 헤엄을 쳐서 해안으로 상륙하여 구사일생으로 살아났다.

원전

『비해기유^{裨海紀遊}』, 청 욱영하^{郁永河(1645~?)}

24일, 탄소사^{吞霄社}, 신항자사^{新港仔社}를 지나 후롱사^{後壠社}에 도착했다.

비로소 수레에서 내리자 왕군^{王君}(왕운삼^{王雲森})이 헤진 옷을 입고 맨발로 그곳에 서 있었다. 그가 흐느끼며 말했다. "배가 부서져 물에 빠졌는데도, 다시 만날 수 있게 되었으니 다행입니다."

나는 깜짝 놀라 그가 죽음 속에서 목숨을 건진 상황에 대해 물었다. 그가 말했다.

"초사흘부터 배를 타고 녹이문에 정박했는데 남풍을 만날 수 없었습니다.

18일에 미풍이 불어 마침내 출발했습니다. 하루를 운행하자 키와 돛이 고장 나서 비스듬히 기운 채 흑수구黑水溝로 빠져든 것이 두 번이었습니다. 뱃머리도 저절로 기울어 해저로 빠져들었으며 거대한 파도가 또 양쪽에서 협공했습니다.

뱃사람들이 공포에 떨며 마조에게 도와달라고 빌었습니다. 정박할 항구가 없어서 고생하며 밤새도록 방황했습니다.

19일에도 어제와 같았습니다. 오후에 남풍이 세게 불어 매우 순조롭게 운행했습니다. 기쁨에 젖어 하늘의 도우심이라고 말했습니다. 얼마 지나지 않아 바람이 사납게 불자 키가 마음대로 움직이지 않아서 억지로 지탱했는데, 이때 키의 이빨이 세 번이나 부러졌습니다.

폭풍 속에서 나비 수천 마리가 배를 감싸며 날아와 춤을 추니 뱃사공들이 불길하게 여겼습니다. 신시申時에 바람이 조금 잦아들자 검고 작은 새 수백 마리가 배 위에 모여들어 쫓아도 날아가지 않았습니다. 뱃사공들은 모두 매우 흉한 조짐이라 여기며, 지전을 태워 복을 빌었으나 그래도 가지 않았습니다. 손을 휘저어도 끝내 날아가지 않고 오히려 사람을 향해 쩍쩍거리며 무슨 말을 하려는 것 같았습니다.

조금 지나 폭풍이 더욱 세차게 몰아쳐 배가 침몰하려 했습니다. 이에 마조를 향해 점을 치며 배의 안전을 빌었으나 점괘에서는 안전을 허락하지 않았습니다. 목숨만 살려 달라고 빌자 길하다고 나왔습니다. 이에 뱃속의 화물 3분의 1을 버렸습니다.

　2경이 되자 멀리 작은 항구가 보여 사람들이 가까스로 살아났다고 기뻐했으나 수심이 얕아 들어갈 수 없어서 잠시 항구 입구에 닻을 내렸습니다.

　뱃사공들은 지쳐서 쓰러진 채 각각 잠이 들었습니다. 5경에 닻이 부러져 배를 고정할 수 없어서 다시 대양으로 나왔습니다. 풍랑에 키가 부러졌고 또 뱃머리도 부서졌지요. 이에 어쩔 수 없음을 알고 주사舟師(수군 장수)가 말했습니다. '이제 오로지 화수선이란 방법을 써야 해안으로 올라가 목숨을 건질 수 있을 것이다.'

　화수선이란 사람들이 입으로 징과 북 소리를 내며 각각 숟가락을 하나씩 들고 거짓으로 노를 젓는 동작을 하며 단오에 용선龍船 경주를 하는 것과 같은 모습을 연출하는 것입니다. 무릇 바다에서 위급한 일을 당하여 배를 해안에 댈 수 없으면 화수선이라는 방법을 씁니다. 그러자 배가 과연 해안 가까이 다가갔는데 풍랑이 몰아치자 배가 부서졌습니다.

　왕군과 뱃사람들은 모두 바닷물에 뛰어들었고 다행히 헤엄을 잘 쳐서 익사하지는 않았습니다.

　물결의 흐름을 타고 해안으로 올라가 본래 탔던 배를 돌아보니 갑판도 부서지고 돛대도 꺾여 흰 파도 속에서 서로 부딪치고 있었습니다."

『적감집赤嵌集』「구풍가颶風歌」, 청 손원형 孫元衡(1661~?)

사태가 급하여 화수선의 방법 쓰면서	事急矣划水求仙
머리 푼 채 숟가락 잡고 노 젓는 시늉을 하네	披髮執箸虛搖船
우마처럼 헌신하며 손을 발굽처럼 놀리니	牛馬其身蹄其手
입엔 구슬 재갈 물고 등엔 안장 얹은 듯하네	口銜珠勒加鞍韉

『동영지략東瀛識略』「유문遺聞」, 청 정소의

　바다를 건널 때는 순풍이 아니면 배를 운행할 수 없다. 또 폭풍
을 가장 두려워하는데, 전해오는 말에 돛대가 부러지고 배가 기울
어 안전을 보장할 수 없을 정도로 위기에 처하면 오직 '화수선'이
라는 방법으로만 살아날 수 있다고 한다. 그 방법은 이렇다.
　배에 탄 사람들이 모두 머리카락을 풀어 헤친 채 뱃전에 쭈그리
고 앉아 빈손으로 노를 젓는 듯한 흉내를 내며 입으로는 징과 북
소리를 낸다. 마치 단오에 용선 경주를 하는 듯한 모습을 보이며
파도와 바람을 뚫고 질풍같이 해안에 닿게 해달라고 기원하면 감
응이 마치 메아리가 호응하는 것처럼 빠르다.

14. 불길한 까마귀

대만 민간 신앙에서 까마귀는 불길한 조짐의 상징으로 인식된다. 까마귀를 보기만 해도 불행한 일이 발생할 가능성이 있다고 한다.

그러나 까마귀가 결코 전적으로 악운을 상징하지는 않는다. 맹갑猛岬의 학자 이케다 도시오池田敏雄(1923~1974)는 일본 통치 시대의 민속 잡지 『민속 대만』(1943)에 「민속 잡기民俗雜記」라는 글을 싣고 까마귀에 관한 미신을 언급했다.

"맹갑에 '1경에 기쁜 소식이 있으면, 2경에는 사망 소식이 있다一更報喜, 二更報死'라는 속담이 있다. 예컨대, 1경 때 분만이 임박한 산실 근처에서 까마귀가 울면 반드시 아

● 대만 민간 풍속에서 까마귀 울음소리를 들으면 액운을 만날 수 있기 때문에 '알조歹鳥'라는 지전을 태워 나쁜 살煞를 제압해야 한다. 위는 '알조歹鳥'라는 지전의 문양이다.

들이 태어나고, 2경 때 병세가 위중한 환자의 방 근처에서 까마귀가 울면 환자가 반드시 죽는다는 것이다."

이케다 도시오도 "조자알취, 심무알鳥仔歹嘴, 心無歹"이라는 속담을 언급했다. 즉 "까마귀는 입으로 흉한 일을 알리지만, 그 마음은 결코 나쁘지 않다"라는 뜻이다. 왜냐하면 까마귀가 정말 마음이 사악하다면 나쁜 소식을 특별히 알리러 오지 않을 것이기 때문이다.

원전

『묘율현지苗栗縣志』「물산지物產志」, 청 심무음沈茂蔭

까마귀: 색깔은 검고 부리는 납작하다. 슬픈 울음으로 사람들에게 불길한 일을 알려준다.

15. 해안의 괴어怪魚

소개

　대만 해안에는 항상 괴어怪魚가 나타난다. 예를 들어 강희 48년(1709), 대남 녹이문 입구 근처에서 어떤 사람이 말과 같은 괴상한 물고기를 포획했는데 배 아래 붙은 네 지느러미가 말의 네 발과 같았다. 『금문지金門志』

● 청나라 시기 대만 문헌에 언급된 해안의 괴어는 수심이 낮은 모래톱에 좌초한 돌고래일 가능성이 있다. 이 그림은 일본 통치 시대 항춘恒春 해역에서 포획한 고래 사진이다. 출전은 『일본 지리 대계』「대만편」(1930).

백사장에
올라온
큰
물고기

의 「상이편祥異篇」에 실린 전설에 따르면 동치同治 연간에 어떤 어부가 그물로 거대한 물고기를 잡았다. 무게가 수백 근에 이르렀고 두 눈에서 번쩍번쩍 빛이 났다. 사람을 보고 눈물을 줄줄 흘렸는데 마치 신령한 기운이 있는 듯했다. 현지의 신사紳士들이 가엾게 여기며 어부에게 그 물고기를 사서 바다에 방생했다. 그 거대한 물고기는 항구에서 끊임없이 몸을 돌리고 머리를 들어 그 사람에게 감사 인사를 하는 것 같았다.

이 밖에 객가족客家族 문인 오자광도 해안 백사장에 올라온 괴어怪魚 사건을 기록했다.

전설에 따르면 함풍咸豐 연간에 거대하고 괴상한 물고기가 저녁 무렵에 밀물을 타고 백사장으로 올라와서 죽었다. 사람들은 그 모습을 보고 경악했다.

괴어의 큰 입은 저택의 대문과 비슷했는데, 긴 장대로 입을 벌려 떠받치고 괴어의 위장 속으로 들어가 살펴보니 뱃속이 큰 방과 같았다. 살집으로 된 위장의 벽에는 팔찌, 변발 및 사람의 해골이 쌓여 있었다. 이를 통해 배가 난파되어 익사한 사람들이 모두 괴어의 뱃속으로 삼켜졌다는 사실을 알 수 있다.

원전

『중수 대만부지重修臺灣府志』「잡기·재상雜記·災祥」, 청 범함范咸

강희 48년(1709) 여름, 녹이문에서 거대한 물고기를 잡았다.

(모양이 말과 같아서 등에 갈기가 있었다. 크기는 3~4장長으로 꼬리는 사자와 같았다. 배 아래의 네 지느러미가 네 발과 같았다. 주민이 한 마리를 잡아 올리자 어떤 사람이 "해마海馬인가?"라고 말했다.)

『금문지金門志』「상이祥異」, 청 임혼황林焜熿(1793~1855), 임호 편찬

동치 9년(1870) (…) 11월, 어부가 그물로 거대한 물고기를 잡았다. 무게가 수백 근에 이르렀고 눈에서 번쩍번쩍 빛이 났으며, 사람을 보고 눈물을 줄줄 흘렸다. 신사紳士 임장편林章梗이 재물을 내어 그 물고기를 사서 바다에 방생했다. (그 물고기는) 항구 안에 이르러 몸을 돌려 머리를 세 번 들어보이고는 그곳을 떠나갔다.

『대만기사』「기대지괴이紀臺地怪異」, 청 오자광

함풍 연간 해안 백사장에 거대한 물고기가 저녁 무렵 밀물을 타고 올라와서 죽었다.

물고기의 길이는 10여 장丈이었고 높이는 2장丈 안팎 정도의 크기였다. 흑질의 비늘 갈기가 고슴도치 모양이었으며 거대한 입은 양쪽 문짝을 열어놓은 것 같았다. 어떤 사람이 나무 기둥을 세워 그 입을 떠받치고 식도를 따라 내장 깊은 곳으로 들어가보니 휑한 동굴이 마치 방과 같았으며 그곳에 사람이 몇 명 서 있을 수 있을

정도였다. 그 속에 팔찌, 변발 및 사람의 해골 등이 있었다. 아마도 배가 침몰하여 익사한 사람들이 물고기의 사나운 입에 삼켜진 것 같았다. 소위 『초사楚辭』에서 말한 강의 물고기 배에 장사지낸다는 표현이 바로 이와 같은 듯했다.

그 고기는 비린내와 누린내가 심해서 먹을 수 없었고, 온몸에서 황금색 즙이 흘러나왔는데 그 악취가 멀리까지 전해져 개와 돼지 조차도 피할 정도였다.

영리한 자가 고기를 조금 잘라 졸인 결과 계산할 수 없을 정도로 많은 기름을 얻었다. 이 소식이 원근 각지로 퍼져 나가자 바다에 임한 10여 리의 사람들이 물고기의 고기를 다투어 잘라갔다. 수십 일이 되자 물고기를 다 잘라갔는데, 남녀노소가 모두 피로에 지쳐 쓰러질 지경이었다.

또 어떤 사람은 물고기의 척추를 잘라 절구 확으로 삼거나 다리를 만들기도 하면서 매우 유익하다고 일컬었다.

16. 뱀을 낳은 여자

소개

광서光緒 15년(1889) 대북 맹갑의 돼지 백정 집 아무개의 아내가 수십 마리의 뱀을 낳아 이웃 사람들이 숙덕거렸다.

이런 괴상한 일이 발생한 까닭을 사람들은 아무개가 살생을 너무 많이 해서 인과응보의 결과를 맞았다고 생각했다.

원전

『대양견문록臺陽見聞錄』「뱀을 낳다産蛇」, 청 당찬곤唐贊袞

광서 15년(1889), 맹갑艋舺 거리의 돼지 백정 아무개의 아내가 임신 열 달 만에 갑자기 작은 뱀 수십 마리를 낳았는데, 크기는 1척도 되지 않았으나 꿈틀꿈틀 움직였다.

그 광경을 보고는 경악하지 않는 이가 없어서 마침내 통에 담아 물웅덩이에 버리니 뱀들이 꿈틀거리며 물속으로 사라졌다.

이 사실이 일시에 길을 따라 전해지자, 아무개가 살생을 너무 많이 해서 이와 같은 인과응보의 결과를 맞았다고 했다.

17. 전쟁 예고

소개

전설에 따르면 대조춘이 대만에서 반란을 일으킬 때 그의 조부 대천정戴天定의 묘소에서 귀곡성이 흘러나왔는데 마치 자손을 위해 슬피 우는 것 같았다고 한다. 또 각 지역에서도 각종 이상한 조짐이 나타났다. 예를 들어 여태껏 혼탁했던 중부의 노수계澇水溪(濁水溪)가 갑자기 맑게 변했다든가, 깊은 산 속 '물과 불의 근원이 같은水火洞源' 곳의 불길이 사흘간 꺼진 것과 같은 현상이 그것이다.

대조춘 반란 사건과 관련 있는 괴이한 사건으로는 귀곡성, 혼탁한 물이 맑아짐, 불길이 꺼짐 등을 제외하고도 팔괘루八卦樓 예언 사건도 있다. 전설에 따르면 양계삼楊桂森이 일찍이 창화현 동문의 팔괘루를 열어서는 안되며, 만약 열면 재앙을 당한다고 예언했는데, 뒷날 과연 그 한마디가 신기한 참언으로 작용했다. 여러 해 뒤에 대조춘은 반란의 정당성을 확보하기 위해 일찍이 양계삼의 참언을 날조하여 팔괘루에 걸어두게 했다.

『동영기사』「재상災祥」, 청 임호

역적 대조춘의 조부 이름은 신보神保이나 『창화현지』「행의전行
誼傳」에는 천정天定으로 되어 있으며 문묘文廟를 중수한 일로 칭송을
들었다. 당시에 모든 경비의 출입을 직접 처리하면서 자신의 아들
송강松江과 많은 노력을 기울였다. 송강이 바로 역적 대조춘의 부
친이다.

역적 대조춘이 반란을 일으킬 때, 그의 조부 천정의 묘소에서 밤
에 귀곡성이 들렸다. 역적이 믿지 못하며 직접 가서 들어보니 과연
그러했다.

뒤에 역적 대조춘의 조부 무덤은 나관영羅冠英에게 파헤쳐졌는
데, 귀신은 어찌하여 미리 알고도 아무 조치도 마련할 수 없었는
가?

『동영기사』「재상災祥」, 청 임호

가의와 창화의 경계 지점에 노수계澇水溪가 있고 그 근원은 내산
內山이며, 물살이 급하고 물이 혼탁하다.

만약 탁한 물이 갑자기 맑아지면 그 지방에 변란이 일어난다고
한다. 임술년 봄에 물이 사흘 동안 맑아지니 얼마 지나지 않아 변
란이 일어났다.

화산火山은 가의에 있고 물과 불의 근원이 같은 곳으로 알려져 있다. 전설에 따르면 그 지방에 사건이 생기려 하면 불이 꺼진다고 한다.

역적 대조춘이 아직 변란을 획책하기 전에도 불이 사흘 동안 꺼졌다고 한다.

(참고: 화산에는 4혈四穴이 있다. 그 하나가 풍혈風穴로, 한 해 상반기에는 바람이 밖에서 안으로 들어오고, 하반기에는 안에서 밖으로 나간다. 또 하나는 무혈霧穴로 매일 이른 새벽마다 운무가 이 혈에서 뿜어나온다. 나머지 두 혈이 바로 물과 불의 근원이 같은 곳이다.)

『동영기사』「재상災祥」, 청 임호

창화현 동문에 팔괘루가 있다. 전하는 말에 읍령邑令 양계삼이 지었다고 한다. 일찍이 참언에 이르기를 "팔괘루의 문을 열면 반드시 변란이 발생한다"라고 했다. 이 때문에 10여 년 동안 문을 닫아두었다.

뒤에 읍령 아무개가 강제로 문을 열어 두게하자 한 달도 안 돼서 장주漳州 사람과 천주泉州 사람 사이에 무장 분쟁이 발생했고, 읍령이 독약을 먹고 자결했다. 이에 백성이 읍령 양계삼의 말을 더욱 신기하게 여겼다.

이윽고 역적 대조춘은 참언을 날조하여 비밀리에 팔괘루 아래에 묻고 사람을 시켜 파내게 한 뒤 읍령 양계삼의 참언이라며 다음과 같은 거짓말을 했다. "뇌雷가 천지天地로부터 일어나, 을씨자乙氏子*를 제거하네. 하夏와 추秋의 무리도 대부분 사라지니, 만민萬民이 머물 곳이 없네雷從天地起, 掃除乙氏子. 夏秋多湮沒, 萬民靡所止."

살펴보건대, 「홍범전洪範傳」에서 말한 시요詩妖(詩讖)가 아마 이런 종류인 듯하다.

뒤에 이 시구를 다음과 같이 풀이하는 자가 있었다. "뇌雷는 창화현령彰化縣令 뇌이진雷以鎭**을 가리킨다. 즉 천지회天地會가 뇌 현령으로부터 일어났음을 말한다. 하夏와 추秋는 가의영嘉義營 부장 하여현夏汝賢(?~1862)***과 동지同知 추왈근秋曰覲(?~1862)****을 의미하는데 모두 역적 대조춘에게 살해되었다. 만민萬民의 만萬은 만생萬生으로 대조춘의 아명兒名이다. 한 어리석은 백성이 감히 역모를 일으킨 뒤에 백성을 위한다고 했으나 목적을 이룰 수 없어서 결국 머

---

* 〔역주〕을씨자乙氏子: '공孔'을 파자破字하면 자子＋을乙이 되어 을씨의 아들이란 뜻이 된다. 당시 대만병비도臺灣兵備道 책임자였던 공소자孔昭慈(1795~1862)를 가리킨다. 공소자는 대조춘의 반란을 진압하다가 패배하여 공자묘孔子廟 앞에서 독약을 먹고 자결했다.

** 〔역주〕뇌이진雷以鎭: 1862년(동치 원년) 대조춘이 반란을 일으킬 때 창화현령이었다. 대조춘은 창화를 공격한 뒤 현령 뇌이진이 자신처럼 대만 민간종교 지재종持齋宗을 믿는다는 이유로 방면했다. 또한 대조춘은 자신의 무리를 '천지회天地會'의 분파로 자임했다.

*** 〔역주〕하여현夏汝賢: 당시 대만북로협臺灣北路協 가의영嘉義營의 참장參將 또는 부장副將으로 대조춘의 반란에 대항하다가 일가족이 모두 살해되었다.(혹은 자결했다는 기록도 있다.)

**** 〔역주〕추왈근秋曰覲: 당시 담수동지淡水同知로 대조춘의 반란에 대항하다가 대돈大墩(지금의 대중시臺中市)에서 전사했다.

물 곳이 없게 되었음을 뜻한다."

그런즉 역적 대조춘이 이 참언을 날조하여 백성을 미혹했으나 마침 자신에 대한 참언으로 작용했으니 참으로 그럴듯하다.

18. 하늘의 별이 예견한 조짐

옛날 대만인들은 하늘에 큰 별이나 이상한 별이 나타나면 큰 참화가 닥쳐오는 상징으로 여겼다. 예를 들어 광서 10년(1884) 동북방 하늘에 흉성凶星이 나타나자 프랑스 군대가 대만을 공격하는 조짐으로 여긴 것이 그것이다.

원전

『대만 채방책臺灣采訪冊』「상이祥異」, 청 진국영陳國瑛 등

건륭乾隆 37년(1772) 7월 어느 날 밤 어떤 별이 빛을 흩뿌리며 서북방에서 동남방으로 움직이며 은하수로 들어갔는데 그 빛발이 100장丈에 이르렀다. 은하수 안의 크고 작은 별들 절반이 그 빛 속에 들어 두 배나 밝아졌다.

한밤중에 사람들이 일어나 살펴보며 함께 그 기이함에 깜짝 놀랐다. 어떤 사람이 말하기를 "저것은 혜성으로 재난과 죽음을 주

관한다"라고 했다.

도광道光 5년 을유년(1825) 8월 보름 다음 날, 빗자루 같은 하늘의 별이 처음에는 자시子時와 축시丑時 방향에서 나타나 이어서 해시亥時, 술시戌時, 유시酉時 방향으로 움직였다. 그 빛은 동남 방향에서 일어나, 그 기운이 서북 방향으로 치솟았다. 암담하게 빛이 없는 하늘에 불꽃이 약 2척 정도 뻗쳤으니 기이했다. 사람들이 '혜성'이라고 했다.

상현일上弦日(초3일)에 달빛이 점차 밝아지자 그 별은 마침내 빛을 숨기고 있는 듯 없는 듯한 모습을 보였다. 보름날이 지난 뒤로 달이 점차 늦게 뜨자 유시酉時에도 희미한 빛발을 볼 수 있었으며 그리 밝지는 않았다. 다음해 봄까지도 그 별이 남아 있었으나 언제 사라졌는지는 알 수 없었다. 그해에 결국 가의, 창화, 담수, 복건, 광동에 변란이 발생했다.

『대만 채방책』「상이祥異」, 청 진국영陳國瑛 등

도광 9년 기축년(1829) 겨울 10월 13일 갑술일 4경 초에 말[斗]과 같이 큰 별이 빛발을 남쪽에서 북쪽으로 뿌리며 북초北礁 바깥 바다에 떨어졌는데 소리가 우레와 같았고 울림이 오래 지속되었다.

또 어떤 어부는 다음과 같이 말했다. "별이 떨어져 해수면에 이르자 두 별로 갈라졌으며 소리가 우레와 같았고 바다 속에서 소용돌이치며 부서지는 것을 직접 목격했습니다. 흐르는 빛이 사방으로 흩어지면서 무서운 소리를 내다가 잠깐 사이에 멈췄습니다."

『가의 관내 채방책嘉義管內采訪冊』「타묘동정보·재상打貓東頂堡·災祥」

광서 10년 갑신년(1884) 9월 중에 흉성凶星이 동북방에 나타나더니 뒤에 이에 감응하여 프랑스 오랑캐가 대만을 침공했다.

19. 정녀묘鄭女墓

소개

정녀묘는 속칭 '소저묘小姐墓'라고도 한다. 전설에 항춘恒春의 산기슭에 있다고도 하고 풍항楓港 근처에 있다고도 한다. '정녀鄭女'는 정성공의 딸이라고도 하고 그의 누이동생이라고도 하는 등 여러 설이 분분하다. 민간에서 전하는 이야기로는 매년 청명절에 한 번씩 산속에서 흰기러기 수백 마리가 정녀묘 앞으로 날아와 슬피 울다가 밤에는 난파령蘭坡嶺에서 자고 이튿날 다시 산속으로 돌아간다고 한다.

원전

「해음시海音詩」, 청 유가모劉家謀

「시서詩序」: 오비묘五妃墓는 인화리仁和里 괴두산魁斗山에 있다. 정녀묘는 속칭 소저묘라고도 한다. 정성공이 딸을 매장한 곳으로 봉읍鳳邑 낭교산瑯嶠山 발치에 있다. 매년 청명절을 만나면 오산烏山 안에서 흰기러기 수백 마리가 날아와 무덤 앞에 이르러 슬피 울기를 그치지 않는다. 밤에는 난파령에서 자고 그다음 날 그대로 오산으로 날아간다. 1년에 한 번씩 벌어지는 이 일을 세속에서는 정녀의 혼이 그렇게 하는 것이라고 하는데 그런 일이 있을 수 있는가?

괴두산 꼭대기에는 오비五妃를 장사지냈고　　魁斗山頭弔五妃

정녀의 유명한 무덤은 진짜일까 가짜일까　　鄭娘芳塚是耶非

해마다 낭교산에 청명절이 돌아오면　　　　年年瑯嶠淸明節

흰기러기가 무수하게 동쪽으로 날아오네　　無數東來白雁飛

『항춘현지恒春縣志』「잡지雜志」

정연평鄭延平(정성공)의 누이동생 묘가 풍항의 해안 산 위에 있다.

날씨가 맑을 때 바다에 뗏목을 떠우고 멀리 바라보면 그 무덤이 보인다.

그러나 산으로 올라가 찾으려 하면 종적이 묘연해진다. 그 산이 선향仙鄕인가? 정씨가 선녀인가?

20. 남자가 임신하다

소개

청나라 시대 대만 문헌에는 더러 남자가 임신하여 아이를 낳은 괴이한 일이 기록되어 있다. 예를 들어 남자가 임신하여 신장腎臟 위치에서 소형 개와 양 같은 괴물을 낳은 사례가 그것이다. 혹은 항춘의 백사장白沙莊(지금의 병동현屛東縣 항춘진恒春鎭 덕화리德和里)에 사는 공숙孔叔이라는 어부가 어느 해 배가 아프면서 임신을 했고, 아울러 흰색의 괴이한 알을 하나 낳았다고 한다.

원전

『사미신재 잡록斯末信齋雜錄』 「퇴사록退思錄」, 청 서종간徐宗幹
(1796~1866)

군성郡城의 어떤 남자가 임신하여 출산할 때 신장으로 낳았는데, 모양이 개와 양 같았으나 몸집이 작을 뿐이었다.

『항춘현지』「잡지」

알을 낳다:

남문 백사장白沙莊에 사는 공숙이라는 자는 목이 짧고 다리를 저는데도 물에 들어가 고기를 잘 잡는지라 그것을 생업으로 삼았다. 갑자기 복통을 앓았는데 여인이 월경을 하는 것처럼 아프다가 낫다가 하면서 열 달을 보냈다. 어느 날 복통이 더욱 심해져서 대변을 무더기로 누다가 문득 어떤 물건 하나가 나오는 느낌을 받았다.

살펴보니 흰 알이었다. 복통이 마침내 치유되어 매우 기쁘면서도 매우 놀랐다. 즉 돌을 주워 여러 번 알을 깨려 했으나 깨어지지 않았다. 다시 큰 돌을 가져다 알을 깨어보니 알껍데기 두께가 반촌半寸에 달했고 그 속에 맑은 물이 한 방울 들어 있었다.

마침 빈랑을 파는 자가 그것을 보고 깜짝 놀라며 말했다. "어찌 이런 일이 있을 수 있습니까?" 이에 종이를 꺼내 그 물을 닦아서 갔으나 공숙은 그 까닭을 묻지 않았다.

송나라 때 아이를 낳은 남자가 있다더니 이 일도 함께 전할 만하다.

21. 검은 수레바퀴만 한 회오리바람

청나라 때 대만 창화 지역에 갑자기 회오리바람이 발생했는데 검은 수레바퀴만큼 컸고 바로 하늘로 치솟아 올랐다. 기름 수레와 한 여자를 하늘로 말아 올려 동남쪽으로 보냈다. 오래지 않아 여자가 땅에 떨어졌으나 털끝만큼도 다치지 않았다.

전설에 창화성彰化城 동쪽 성문이 본래 한쪽으로 기울었는데 검은 회오리바람을 맞은 뒤 바르게 섰다고 한다.

원전

『사미신재 잡록』「퇴사록」, 청 서종간

바다 밖에서 때때로 괴이한 일이 발생한다. 어느 해 창화에서 회오리바람이 발생했는데 검은 것이 수레바퀴만큼 컸고, 마구 휘감아 돌며 위로 치솟았다. 기름 수레와 한 여자를 공중으로 말아올리고 동남쪽으로 치달려 갔다. 동성東城은 본래 비스듬히 기울어 있었으나 회오리바람이 지나가고 나서 바르게 섰다. 여자도 땅에 떨어졌으나 무탈했다.

22. 구롱호歐隴湖의 기이한 일

소개

금문도金門島의 구롱호歐隴湖에 일찍이 형상이 잉어와 같은 작은 산언덕이 떠올랐다. 이 호수에 이처럼 괴이한 일이 발생했을 뿐 아니라, 더욱 이른 시기, 즉 전설에 따르면 명나라 만력萬曆 연간에 이 호수가 사흘 밤낮을 부글부글 끓어오르며 장차 큰일이 일어날 듯한 조짐을 보여주었다고 한다. 과연 뒤에 금문도 고을 사람 임한영林釬榮이 과거시험에서 탐화探花*로 급제했다. 이것은 역대로 금문도 선비가 과거시험에서 거둔 최고의 성적이었다.

---

* 탐화探花: 중국 송나라 이후 전시展試의 제3위 급제자. 제1위는 장원壯元, 제2위는 방안榜眼이라고 한다.

『금문지金門志』「구사지·상이舊事志·祥異」, 청 임혼황林焜熿이 편찬하고, 그의 아들 임호가 이어서 보충함.

옹정雍正 11년(1733), 구롱호(지금의 금문金門 후롱后壟) 속에 작은 섬 하나가 떠올랐다. 높이는 4척, 너비는 1장이 넘고, 길이는 10장이 넘었으며, 모양은 잉어와 같았다. 사방으로 물이 깊어 깊이를 잴 수 없었다.

전설에 의하면 명나라 만력 연간에 이 호수가 사흘 밤낮에 걸쳐 소리를 내며 끓어올랐다. 마을 사람 임한생林釬生이 뒤에 탐화에 올라 내각대학사 직에 임명되었다.

23. 기이한 아들

소개

　『금문지』의 기록에 금문 후포^{後浦}(지금의 금성^{金城}으로 금문 서남쪽에
있다)에 사는 어떤 여인이 아들을 낳았는데 등 뒤에도 또 다른 사람의 모
양이 있었으나, 이 아이는 세상에 태어나서 오래지 않아 사망했으며 그
모친도 사망했다고 한다.

원전

　『금문지』「구사지·상이」, 청 임혼황이 편찬하고, 그의 아들
임호가 이어서 보충함.

　후포의 왕씨^{王氏} 성을 가진 집의 어떤 여인이 아들을 낳았는데
등에도 사람 모양이 있었으나 금방 사망했고, 여인도 죽었다.

24. 소유구小琉球의 까닭 모를 불

가경嘉慶 16년(1811) 6월 18일 밤, 병동屏東 바깥 바다의 소유구小琉球에 갑자기 기이하고 큰불이 일어나 세찬 바람을 타고 바다를 건너와 해변에서 계속 불탔다.

현지 주민들은 모두 경악과 공포에 질려 고함을 지르며 장차 큰불에 타서 죽게 될 것이라고 여겼다. 그러나 마지막에는 털끝 하나도 다치지 않았고 오직 화기가 뜨겁게 느껴질 뿐이었다. 소유구의 큰불이 스쳐간 집들과 농토도 큰 지장이 없었다.

원전

『대만 채방책』「상이·소유구의 불小琉球火」, 청 진국영 등

봉동항鳳東港에서 10여 리 떨어져서 대해大海가 망망하게 펼쳐진 곳에 '소유구'라는 섬이 있다. 그곳의 산에는 돌이 없고 동서와 남북 길이가 대략 10리 정도다. 땅이 평탄하여 참마를 심을 만하며

또 수박 기르기에도 적당하여 크기가 말[斗]만 하다. 근처에 빈민들이 오두막을 엮어서 거주하는데 모두 집이 작고 처마도 낮다. 아마 사방에 산이 없어서 혹시 바람이 불면 날아갈까 두려워해서 그렇게 짓는 듯하다. 바다에 노고석鹵沽石이 많다. 그것은 짠물이 뭉쳐서 형성되었으며 매우 날카롭다. 배가 그 돌에 닿으면 바로 부서지므로 이곳으로 건너오려는 사람은 대나무 뗏목을 이용해야 한다.

가경 16년(1811) 6월 18일 밤에 바다에서 갑자기 불길이 솟구쳤다. 처음에는 드문드문 몇 군데서 반짝이며 떠오르기도 하고 가라앉기도 했다. 이어서 불길이 점차 높아지며 위로 솟구쳐 수천만 점點에 이르렀다. 이윽고 한 무더기로 합쳐져서 뜨겁게 타올랐다. 불길의 기세와 증기가 매우 사나워 순식간에 세찬 바람을 타고 활활 솟아올랐고 그 불길이 소유구에서 건너왔다.

주민들은 당황하여 이리저리 치달렸으나 도망칠 곳이 없어서 반드시 이곳에서 죽게 될 것이라 여겼다.

불길이 닥쳐오자 사람들은 모두 땅에 엎드렸다. 화기가 사람에게 스치니 혹독한 더위보다 뜨거웠다.

수십 분이 지나서 불길이 물러간 뒤, 일어나 살펴보니 초가집은 그대로였고 참마 잎은 불에 그을려 서리맞은 나뭇잎처럼 붉게 변했으나 그리 큰 재앙은 아니었다.

또 소문을 들으니 연해 일대의 주민들이 밤에 불길을 보고 놀라 일어나 멀리 바라보니 불 속에 마치 천군만마千軍萬馬가 있는 듯, 시끄러운 소리를 내며 표표히 다가왔으며, 소유구를 지나 한 시진을 넘어서 비로소 사라졌다고 한다.

혹자는 이 일이 가경 14년(1809) 5월 중에 일어났다고도 한다.

25. 대두산大肚山에는 목에 혹이 난 사람이 많다

사람들은 땅의 기운이 괴이하면 병이 생긴다고 믿는다. 객가족 문인 오자광은 대중의 대두산大肚山 주민들을 관찰한 결과 목에 혹이 난 사람이 흔한 것을 발견했다. 그러나 약으로도 쉽게 치료할 수 없는 것을 보고 땅의 기운이 괴이한 것에 원인이 있지 않을까 의심했다.

산속 사람들이 목에 혹이 생기는 병에 쉽게 걸린다는 것은 한족 문화권에서 흔히 발견되는 견해다. 예를 들어 진晉나라 때 간행된 『박물지博物志』에 다음 구절이 있다. "산속 주민들에게 목에 혹이 많이 생기는 것은 흐르지 않는 샘물을 마시기 때문이다."

원전

『대만기사臺灣紀事』 권1 「대사기략臺事紀略」, 청 오자광

대두산 속의 주민들에게는 목에 혹이 생기는 병이 많은데, 그 모

양이 마치 큰 사마귀 혹이 달린 듯하다. 의술과 약물로도 치료할 수 없는 까닭은 땅의 기운이 괴이하기 때문이다.

26. 세 태양이 동시에 뜨다

소개

오자광의 기록에 따르면 도광 29년(1849), 대만에 세 태양이 동시에 뜨는 기이한 현상이 나타났다고 한다.

과학적인 시각으로는 세 태양이 동시에 뜨는 현상이 나타날 수 있는데 이를 '환일幻日'이라고 하며 공기 속에서 태양 빛이 굴절하는 현상의 하나다. 태양의 일부가 하늘의 권층운에 가려지고 권층운의 얼음 결정이 태양 빛을 굴절시켜 반사함으로써 하늘에 태양이 여러 개 있는 듯한 착각을 불러일으킨다.

원전

『대만기사』 권1 「대만 땅의 괴이한 일을 기록하다紀臺地怪異」, 청 오자광

도광 29년 겨울 저녁 무렵에 세 태양이 품자品字 모양으로 나타났다가 오래 지나서야 사라졌다.

역사책을 살펴보면 열 개의 태양이 함께 떴다든가, 두 개의 태양이 함께 떴다든가, 세 개의 태양이 밤에 보였다든가, 해가 두 번 중천에 떴다든가 하는 현상이 있고, 일식이 일어났다가 끝났는데도 갈고리 같은 모양이 사라지지 않고 며칠간 계속 운행하는 것과 같은 현상이 있는데 이것들은 모두 기이한 일에 대한 기록이다. 이때 세 개의 태양이 함께 나타나자 논자들은 태양은 임금의 상징이기에 『예기禮記』「증자문曾子問」에 이르기를 "하늘에는 두 태양이 없고, 백성에게는 두 임금이 없다"라고 했다. 이에 오늘 이와 같은 현상이 나타나자, 점술가들이 매우 꺼림칙하게 여겼다.

27. 해수면의 파도 빛이 밝은 구슬과 같다

전설에 빛이 없는 캄캄한 밤, 해수면에 반딧불처럼 반짝거리는 기이한 빛이 나타나는 일이 있다고 한다.

예컨대 욱영하가 1697년 대만으로 오려고 대만해협을 건너던 어느 날 밤 뱃전에 앉아 있을 때 친구가 그에게 해준 말이 생각났다. "바다에서 캄캄한 밤이 되어 아무것도 보이지 않을 때 수면을 치면서 사방을 살펴보게." 욱영하가 친구의 말대로 해수면을 한 번 치자 물빛이 사방으로 튀어나가며 10곡斛(10斗)의 밝은 구슬이 수면 위로 쏟아지는 것 같았다. 반짝이는 광채가 오래 지나서야 소멸되었다. 욱영하는 이 기이한 광경을 보고 매우 경탄했다.

18세기 초에 대만에 온 손원형도 이러한 광경을 목격했다. 그는 자신의 명시 「파도가 밤에 일렁이며 유성처럼 반짝이는데, 이는 어둠이 가득 덮인 밤에나 볼 수 있는 기이한 광경이다海波夜動焱如流火天黑彌爛亦奇觀也」에서 물결이 반짝이는 장면을 생생하게 묘사했다.

19세기에 대만에 온 선교사 매케이George Leslie Mackay(1844~1901) 박사는 의란宜蘭에서 선교 활동을 한 적이 있다. 그는 남방오南方澳(의란현 소오진蘇

澳鎮 동남쪽 어항)에서 남하할 때 배를 타고 가는 도중 해수면에 구슬이 반짝이는 듯한 기이한 광경을 직접 목격하고 『포르모사 기사From Far Formosa』에 기록했다. 매케이의 아름다운 묘사는 상상하기 어려울 정도다. 그의 글은 다음과 같다.

"우리의 오른쪽에는 수목이 가득한 산맥이 있었다. 산맥은 높고도 길게 마치 몇 겹으로 둘러친 검은 담장처럼 뻗어 있었다. 왼쪽은 끝없이 펼쳐진 바다였고, 머리 위에는 별들이 반짝이며 빛을 뿌렸다. 별빛 아래에도 해파리, 갯지렁이, 트리코모나드trichomonad와 같은 바다 아이들이 빛을 뿜었다. 나는 일찍이 벵골만과 아라비아해를 운행하는 기선 위에서도 지극히 아름다운 광경을 본 적이 있지만, 이날 밤에 본 광경처럼 미묘하게 인광燐光이 빛을 내는 모습은 목격한 적이 없다. 배 위에 앉아서 몸을 해수면에 닿도록 낮추고 손으로 결빙된 듯한 물방울을 떠올리면 내 손가락은 달구어진 붉은 쇠막대처럼 보이고, 불빛이 스며든 듯한 붉은 물방울은 알알이 뒤로 떨어진다. 또 밤에 빛을 내는 무수한 소생물들이 번개 같은 속도로 수면에 닿았다가 사방으로 튀어 나간다. 그것은 마치 대장장이가 달군 쇠를 두드릴 때 사방으로 튀어 나가는 불꽃과 같다. 사공들이 한 번씩 노를 저을 때도 불꽃이 사방으로 튄다. 우리의 작은 배는 반짝이는 빛 위를 미끄러지며 끊임없이 호박琥珀과 황금 빛발 속을 뚫고 가는 듯했다."

파도가
밤에
일렁이면
불꽃이
유성처럼
반짝인다.

야광주
10곡斛을 누가
뿌려 놓았나?
손으로
떠올리려 하니
해룡의 비린내가
은근히
풍기네.

『비해기유裨海紀遊』, 청 욱영하郁永河(1645~?)

잠깐 사이에 먹구름이 사방으로 퍼지며 별빛을 모두 가렸다. 내 친구 언우도言友陶 군이 한 말이 생각났다. "바다 위에서 캄캄한 밤에 어떤 것도 보이지 않을 때 물을 치면서 어떤 일이 벌어지는지 살펴보게." 물을 한 번 치자 물빛이 날아올라 흩어지며 마치 밝은 구슬 10곡斛을 수면에 쏟아붓는 듯했다. 반짝이는 빛이 한참 지나서야 사라졌는데 참으로 기이한 광경이었다.

『적감집』「파도가 밤에 일렁이며 유성처럼 반짝이는데, 이는 어둠이 가득 덮인 밤에나 볼 수 있는 기이한 광경이다」, 청 손원형

대보름 등불처럼 어지럽게 반딧불 춤추는 듯	亂若春燈遠度螢
배에서 보니 빛발 괴이하게 창해에 가득하니	坐看光怪滿滄溟
천풍이 불어 반쪽 하늘의 달을 지게 하고	天風吹卻半邊月
바다 물결은 아득하게 무수한 별을 뿌리네	波水杳然無數星
이 색깔과 이 허공에 헷갈려 집착하나니	是色是空迷住著
신선도 귀신도 아니면서 푸른 반딧불 반짝이네	非仙非鬼照青熒
야광주 10곡을 누가 뿌려놓았나	夜珠十斛誰拋得
손으로 떠올리니 해룡의 비린내 은근하네	欲掬微聞龍氣腥

28. 시체를 빌미로 공갈 협박하다

청나라 때 대만에는 악랄한 공갈 협박 수단이 있었다. 그 명칭은 '자시공혁藉屍恐嚇'인데, 시체를 빌미로 공갈 협박을 일삼으며 사회 불안을 야기하는 악랄한 수법이다.

당시 지방의 유민遊民과 거지들은 의지할 데가 없어서 가난뱅이나 환자로 살면서 쉽게 비명횡사했다. 혹은 스스로 목숨을 끊기도 하여 길가로 방치되는 일도 있었다. 그 시절 일부 부랑배와 악한들이 이처럼 비명횡사한 무명 시신의 머리를 가지고 민중을 속이는 도구로 삼아 길가의 민가에 공갈 협박을 가하면서 금전을 요구하는 등 사달을 일으켰다.

● 대남의 대남문大南門 비림碑林. 이곳에 "시신을 빌미로 공갈 협박하는 것"을 금지하는 석비가 있다. 제목은 「악당들이 시신을 빌미로 공갈 협박하며 재물을 긁어내는 일을 금지하는 비문嚴禁棍徒藉屍嚇騙差查勒索碑記」이다.

품행이 불량한 몇몇 관리는 이러한 무뢰한들과 한통속이 되어 남을 헐뜯으며 마음대로 죄명^{罪名}을 날조하기도 했다. 무명의 시신을 발견하면 간악한 자들이 먼저 시신을 어떤 이의 전원^{田園}이나 집구석에 갖다둔 뒤 다시 그곳 업주에게 재물을 뜯어내면서 무리한 요구를 하기도 했다.

저들의 소란을 견디지 못하기 때문에 일반 민가에서는 재난을 해소하기 위해 대개 돈으로 배상했다. 하지만 빈민들이 협박을 당하면 본래 빈궁한 처지에 설상가상으로 형편이 어려워지게 되므로 더욱 비참한 상황에 처했다.

당시에 이런 악습이 매우 심각했기에 청나라 조정에서 이런 악덕 공갈 수법을 엄격히 금지함과 아울러 비석까지 세웠다. 예를 들면 현재 대남시 남문공원^{南門公園} 안 대남문 비림에 소장된 석비 하나가 그것이다. 제목은 「악당들이 시신을 빌미로 공갈 협박하며 재물을 긁어내는 일을 금지하는 비문^{嚴禁棍徒藉屍嚇騙差查勒索碑記}」이다. 당시 대만 지부^{知府} 추응원^{鄒應元}은 상인들의 진정을 받아들이고서야 이 비석을 세워 부랑배들의 터무니없는 공갈 협박을 금지했다.

이 밖에 호미^{虎尾}의 덕흥궁^{德興宮}에도 「간악한 자들이 시신을 빌미로 사기를 치는 일을 엄금하는 비문^{嚴禁奸保蠹差藉屍圖詐碑記}」이라는 석비가 소장되어 있는데 역시 이 일을 기록했다. 이 석비는 건륭 47년(1782)에 세운 뒤 제라현^{諸羅縣} 지현^{知縣} 냉진금^{冷震金}이 반포하여 시행했다.

「악당들이 시신을 빌미로 공갈 협박하며 재물을 긁어내는 일을 금지하는 비문嚴禁棍徒藉屍嚇騙差查勒索碑記」

✦ 건륭 32년(1767) 8월

복건대만부福建臺灣府 정당正堂,* 가5급加五級, 기록10차紀錄十次**인 추응원鄒應元이 악당들이 해악을 끼치는 것을 간절하고 엄격하게 금지하는 일에 대해 아뢰다.

상인 이문흥李文興, 정덕성鄭德盛, 황병연黃秉淵, 진융성陳隆盛, 황천원黃泉源, 이곤원李崑源, 허상덕許尙德, 정영풍鄭永豐 등이 앞의 일을 갖추어 아뢰면서 이렇게 말했다.

"이문흥 등은 객客으로 대군臺郡에 거주하며 장사를 하는 동안 크나큰 인정仁政에 감읍하면서 함께 봄날의 누대에 올라 경사를 누렸습니다. 성황당이 있는 고을에 이르렀더니 백성이 섞여 사는 곳에 부랑배와 건달이 많았는데 그들은 생업에 종사하지 않습니다. 도박에 재산을 탕진한 무리들은 날마다 떠돌이 거지가 되어 밤에

---

* 〔역주〕정당正堂: 명청明淸시대 지방 장관을 가리킨다.

** 〔역주〕가5급加五級, 기록10차紀錄十次: 청나라 때 관리 포상 제도는 가급加級과 기록紀錄으로 관리했다. 어떤 관리가 업무 성적이 뛰어나면 성적과 포상을 공식적으로 기록하고, 그 회수에 따라 기록1차紀錄一次, 기록2차紀錄二次 등으로 정식 관직 뒤에 덧붙여 표시하게 했다. 그리고 기록3차 이상이 되면 급수를 1급一級 더해줄 수 있는 자격을 주었다. 따라서 '가5급加五級'은 급수 5급을 더해줄 수 있는 자격에 해당하고, 그리고 다시 포상 기록이 10차례에 이른 관리라는 뜻이다.

는 사당이나 도관道館에서 자며 파락호가 되어 피로에 젖고 병에 걸려 길가에서 죽기도 합니다. 저잣거리의 백성이 함께 관棺을 마련하고 지보地保(마을의 치안 담당자)가 시신을 받아 매장하는 경우도 왕왕 있습니다. 근래에는 무뢰배 악당들이 나한각羅漢脚(부랑배)이라는 별칭을 쓰면서 마침내 피로에 지치고 병든 거지들을 거느리고 황혼 무렵부터 한밤중까지 그들의 등에 매질을 하며 속임수를 씁니다. 조금이라도 자신들의 욕망에 따르지 않으면 진鎭의 대문 머리맡에 내버립니다. 일단 소동이 일어나면 대부분 신호등을 들고 수소문하여 조사한다는 핑계를 댄 뒤 분분하게 수색하면서 시간을 끌어 죽게 만드니, 거리 인근에는 이런 소동을 겪은 사람이 많습니다. 군郡의 거리에는 대개 벽돌을 이어서 깔아놓았으므로 만일 밤을 틈타 벽돌을 던지면 그것을 맞은 사람은 부상을 당하거나, 죽는 사람이 생겨도 아무도 항변할 수 없으니 그 피해가 더더욱 적지 않습니다. 남하南河라는 한 거리에는 모두 70여 가구가 있는데, 각 가구에서 매년 보장保長(地保)에게 경비 480문文을 제공하고, 또 해마다 지경文更(야경꾼)에게도 노임 960문을 줍니다. 원래 객으로 낯선 땅에서 기거해야 하므로 비용을 지불하고 생업의 안전을 보장받은 것입니다. 아마도 이러한 무뢰배들이 전횡을 일삼으며 일의 꼬투리를 잡아 악독한 행동을 하는 듯합니다. 그러나 저녁부터 한밤중 사이에는 보장保長이 거리에서 멀리 떨어져 있고, 지경文更도 우리를 보살피기에 부족합니다. 이런 일에 연루되는 것이 두려워서 집집마다 이를 방비하기 위해 거의 하룻밤도 편안히 보내지 못합니다. 사람들은 본래 편안하게 생활했으나 무뢰배들이 소란을 일으켰습니다. 이에 의견을 모아 밝은 글을 올리니 번개처럼 살펴주시어 깨끗하게 조사하고 끝까지 밝혀주실 것을 간절히 바랍니다. 은혜를 베푸시어 엄격히 금지하라고 명확히 지시해주시면 거리가 안정을 찾아 닭과 개도 편안해질 것이며 상인들도 그 덕을 높이 받들 것입니다." 상上께서 여러 사람의 마음을 모두 살피시고 (어명을) 대만부로 내려보냈다.

「간악한 지보地保와 재물을 탐하는 사자들이 시체를 빌미로 사기치는 일을 금지하는 비문嚴禁奸保蠹差藉屍圖詐碑記」

● 건륭 47년(1782) 7월

특별히 대만부 제라현의 정당正堂, 가5급加五級, 기록5차紀錄五次인 냉진금冷震金을 보내, 간악한 지보와 탐욕스러운 사자들이 상부의 명령을 빙자하여 무고한 사람의 재산을 탈취하는 악습을 엄금하여 마을 주민을 편안하게 하고 소란을 방지하는 것에 관한 사안이다.

살펴서 알 수 있는 바와 같이, 인명은 귀중하지만 잘못이 없음에도 계책을 세워 사람을 죽이거나 뜻밖의 일로 사람을 죽이거나 싸움 끝에 사람을 죽이기도 한다. 그러나 역시 고을의 지보地保, 이웃의 조력자, 증인 몇 사람에 걸리면 분란의 연유를 분명하게 조사하고 사건을 확정하여 해결할 수 있다.

병에 걸려 길에서 죽거나 독약을 마시거나 스스로 목을 매거나 물에 뛰어들어 목숨을 끊기도 하는데, 이들은 모두 생업을 잃은 떠돌이로 도주하여 의지할 데가 없거나 가난하여 생각이 짧은 경우도 있다. 이들은 살아서 삶의 올바름을 잃었기에 제 목숨에 죽지 못했다. 죄를 스스로 야기했으니 다른 사람에게 무슨 허물이 있겠는가? 그렇지만 간악한 '차보差保(관에서 파견한 치안 담당관)'가 이들의 목숨에 대해서 이익을 찾을 기이한 보배로 여기며 온갖 사기를 친다. 매번 관청에 보고하기 전에 시체를 밭머리나 가옥 구석에 옮겨놓고 업주와 이웃 조력자 등 여러 사람을 함부로 지목하고 온갖 이익을 요구한다. 요구를 만족시키면 몰래 혐의를 없애주지만, 욕망을 거스르면 대놓고 날조된 죄를 선포한다. 어리석은 백성은 연루될까 두려워 요구에 따르고, 먹고 살만 한 집에서도 비축한 곡식을 팔아 부응한다. 집이 빈궁하면 자신의 살을 잘라서 기아를 면한다. 그 비참한 상황이 말로 표현하지 못할 정도다.

심지어 이곳에서 속임수를 완성하면 몰래 무뢰배들을 시켜 시체를 다른 곳으로 옮기는데, 날이 오래되면 시체의 살이 썩어서 그 악취를 맡기 어려울 정도다.

어찌하여 옛 폐습이 여전한가? 또한 부자를 선택하여 욕심을 채우고 멀리 거주하면서 가까이서 일을 벌인다.

또 더러 시체를 매장한 뒤에 악당들과 모의하여 자신을 시체의 친척으로 인정하게 하고, (인근 백성이) 시체를 해친 점이 있다 지적하며 끝까지 추궁하여 마음대로 죄명을 날조한다. 차보差保는 고발장을 황금이 묻혀 있는 구덩이라 부르고, 힘없는 백성은 고발장을 피부를 깎아내는 아픔이라 부른다. 저들은 술과 음식을 요구하고, 선물을 강요하고, 탁자와 의자를 마구 부수고, 주먹질과 발길질을 일삼고, 사발과 술잔을 던지며 범과 이리처럼 위협한다.

힘없는 백성은 혼비백산하여 아낌없이 자신의 살을 저며 몸에 상처를 만들면서까지 저들의 가렴주구를 만족시킨다. 그러지 않으면 사사롭게 구속하여 심하게 짓밟는다. 자살한 사람의 목숨으로 무고한 백성에게 재앙을 야기한다. 이런 폐단을 말하려니 실로 머리카락이 솟구친다. 금지의 명령을 포고하는 것이 합당할 것이다.

이를 위해 바라건대 해당 차보와 각 마을 백성은 다음 사실을 알아야 할 것이다.

"이후로 앞에서 지적한 시신이 있으면 근처의 백성은 놀라거나 두려워할 필요 없이 마을 장로長老에게 알리고, 장로는 또 갑두甲頭(어떤 일을 맡은 우두머리)에게 보고하여 해당 시체에 상처가 있는지 조사한 뒤 모두 현縣에 보고하라. 아무 일 없이 경솔하게 차보를 보내면 본 현에서 갑두를 분명하게 조사하여 어떻게 검시를 면하게 했는지 밝히고 시체를 거두어 매장하도록 비준하여 여러 가지 폐단을 야기하는 일을 막을 것이다. 만약 해당 시체에 다른 상처가 있으면 반드시 흉악한 범인을 체포하여 끝까지 추궁한 뒤 역시 그 진상에 근거하여 분명한 사실을 보고하라."

29. 중원절中元節(음력 7월 보름)에 수등水燈을 띄우다

소개

한족은 음력 7월을 '귀월鬼月'이라고 인식한다. 이달에 귀신 세계의 문이 열리면 저승의 온갖 귀신과 혼령들이 인간 세상으로 나올 수 있다.

이 기간에 자손들로부터 제사를 받는 귀신은 집으로 돌아가 제향祭香을 받지만 연고가 없는 귀신은 사방으로 떠돌아다닌다. 이 때문에 수등水燈 띄우기 행사를 거행하여 연고 없는 귀신들에게 제사를 차려주는 구제 활동을 한다. 이를 '중원보도中元普度' 또는 '우란분회盂蘭盆會'라고 부른다.

예를 들어 신죽新竹의 의민묘義民廟에서는 매년 음력 7월마다 중원제전中元祭典을 개최하는데 열다섯 마을의 연합 신도들이 돌아가며 제전을 관장한다. 이는 대만에서 아주 유명한 묘회廟會 활동의 하나다. 이 제전 활동의 하나로 수등 띄우기 행사를 하면서 물속에 잠겨 있는 외로운 혼령과 들판을 떠도는 귀신들을 초청하여 맛있는 음식을 제공한다.

이 밖에 기륭基隆의 노대공묘老大公廟에서 거행하는 '계롱중원제雞籠中元祭'도 대만에서 매우 유명한 귀월 축제다. 음력 7월 초하루에 노대공묘에서는 옛날 예법에 따라 천지에 제사를 올리는 '개감문開龕門' 행사를 개최한다. 이것이 중원제中元祭의 서막이다. 제전 과정에서 기륭시의 거리에서는 화거花車(꽃으로 장식한 수레) 행진을 하고 망해항望海巷에서는 수등 띄우기를 거행한다. 늘 많은 사람이 몰려들어 열기가 매우 뜨겁다.

원전

『잠원금여초간편潛園琴餘草簡編』「우란분회에서 수등 띄우기 하는 것을 구경하다觀盂蘭放水燈」, 청 임점매林占梅(1821~1868)

한 줄기 강물 화려함에 눈이 어지러운데	一派繁華眼欲迷
유가瑜伽*가 이를 이끌며 서계西溪로 향하네	瑜伽接引向西溪
찬란한 등불을 천 여 가구가 함께 띄우고	燈光燦爛千家共
환호하는 사람들 온갖 연극을 함께 구경하네	人語喧呼百戲齊
곧바로 수신水神이 반짝이는 진주에 놀라고	直使水神驚耀蚌
거듭 물고기들이 불붙인 무소뿔에 경악하네**	重教鱗族詫燃犀
오늘밤엔 잠시 금오위金吾衛도 느슨하여	今宵暫弛金吾禁
귀로에 새벽 알리는 닭울음을 빈번하게 듣네	歸路頻聞報曉雞

* 〔역주〕유가瑜伽: 불교 용어의 하나다. 마음을 집중하여 대상을 있는 그대로 보고 모든 현상이 마음 작용에 지나지 않음을 체득하는 수행이다. 또는 밀교 수행자의 신身, 구口, 의意가 대일여래大日如來의 신, 구, 의와 합일에 이르게 하는 수행이다. 여기서는 그런 수행을 이룬 수행자나 수행 인도물을 가리키는 것으로 보인다.

** 〔역주〕동진東晉의 온교溫嶠가 우저기牛渚磯에 도착했는데 물이 얼마나 깊은지 알 수도 없고 또 물속에 괴물이 살고 있다는 말을 듣고 무소뿔을 태워 물속을 환하게 비춰봤다고 한다.(『진서晉書』「온교전溫嶠傳」)

7월에는
수등을
띄운다

물결 위
화려한 등불에
눈이
어지러운데
유가瑜伽가
이를 이끌며
서계西溪로
향하네

● 기륭基隆의 노대공묘老大公廟

● 노대공묘의 신위의 감문龕門(鬼門)

● 대중臺中 사록沙鹿의 보도회장普度會場

● 온갖 귀신을 진압하는 대사야大士爺의 종이 소상塑像. 사록 보도회장에 설치된 것이다.

30. 피커링의 관찰

피커링William Alexander Pickering(1840~1907)은 영국인으로 19세기 저명한 탐험가다. 그는 1863년 대만에 도착하여 7년 동안 대만을 여행하면서 진귀한 기록을 많이 남겼다.

피커링은 일찍이 자신의 저작에서 대만 산속의 원주민이 사람의 머리를 잘라 두개골 속의 뇌장腦漿을 독주에 섞어 마시는 일을 언급했다. 이 밖에도 피커링은 대만 원주민들을 식인종이라고는 여기지 않았지만, 오히려 한족들이 처형된 범인의 간을 먹고, 범인의 용맹한 힘을 얻으려 한다는 사실을 예로 들었다.

『포르모사 모험歷險福爾摩沙(PIONEERING IN FORMOSA, Recollections of Adventures among Mandarins, Wreckers & Headhunting Savages)』「포르모사의 개척자, 산악 지역 원주민 탐방福爾摩沙的開拓者, 拜訪山區原住民」, 피커링 지음, 천이쥔陳逸君 옮김, 전위출판사前衛出版社, 2010년 5월.

서부에 거주하는 한족들은 산악 원주민에게 원숭이처럼 꼬리가 달려 있으며 사람을 잡아먹는다고 믿는다.

꼬리가 달려 있다는 생각은 물론 황당무계한 망상이며, 식인을 하는지 여부도 여러 설이 분분하다. 사실 산악 원주민들은 적의 목을 베는 일에 열중하며 적의 수급을 잘라 부락으로 돌아오면 용사로서의 위대한 공적을 인정받게 된다. 일단 적의 머리를 사냥하여 돌아오면 그의 가족과 친척들은 축하 잔치를 열고, 죽은 사람의 뇌장을 독주에 섞어서 단숨에 마신다. 전설에 따르면 이렇게 만든 술은 사람의 힘을 증가시키고 사람을 용감하게 만든다고 한다.

이 일을 제외하고 대만 원주민은 결코 사람을 잡아먹지 않는다.

위에서 진술한 행위가 있기에 한족들도 원주민을 멸시하지 못한다. 스스로 고상한 문명인이라고 자부하는 한족 사회에서도 다음과 같은 가공할 만한 행위가 유행하고 있다. 절대 용서할 수 없는 범인을 처형한 뒤 망나니는 죽은 이의 간을 파내어 기름으로 튀긴다. 그리고 그것을 잘라 작은 토막으로 만들어 스스로 한 점 먹은 뒤에 나머지는 구경꾼들에게 판다. 그들은 이런 사형수의 간을 먹으면 그의 대담하고 용감한 능력을 얻을 수 있다고 믿는다.

　1868년 대만부 근처에서 한 불행한 기독교인이 한족 폭도들에게 잡혀 온몸이 갈기갈기 찢겼는데, 결국 한족들이 그의 간을 파내어 먹었다고 한다.

31. 홍두서紅頭嶼의 보배

소개

조지 테일러George Taylor는 일찍이 중국 세관 세무국의 직원이었다. 그는 1877년 팽호의 어옹도漁翁島에서 등대지기 업무를 담당했고, 1822년 대만 남부의 남갑南岬(아란비鵝鑾鼻) 등대로 옮겼다. 같은 해 6월 A급 2등 등대원이 된 테일러는 남갑 등대에서 근무를 시작했다. 그가 1887년 11월 업무를 떠날 때는 이미 주임 등대원이었다.

남갑 등대가 바로 현재 간정墾丁의 아란비鵝鑾鼻 등대다.

조지 테일러는 대만 남부에 거주하는 기간에 부지런히 현지 언어를 배워, 한족 언어와 원주민 언어에 정통했다. 그는 적극적으로 현지 원주민 사회에 녹아들었을

● 현재의 아란비 등대

뿐 아니라 남갑 인근 부락의 집회, 의식에도 참여하여 아미스족阿美族(Amis)과 파이완족 전설을 수집했다. 그의 연구 범위에는 자연사, 역사, 언어학, 지리학 분야가 포함되어 있고, 아울러 자신의 여행 견문을 기록으로 남겼다.

『1880년대 남부 대만의 원주민: 남갑 등대지기 조지 테일러 저작 문집一八八〇年代南臺灣的原住民族: 南岬燈塔駐守員喬治·泰勒撰述文集』*, 조지 테일러

중국 상인들의 믿음에 따르면, 아주 오래전에 홍두서紅頭嶼는 해적의 본거지였고, 그 섬에 수많은 금은보화가 묻혀 있다고 한다.

---

* 〔원주〕 이것은 조지 테일러가 『중국평론中國評論(The China Review)』 제14권(1885년에서 1886년까지)에 발표한 일련의 글로 원래 제목은 「포르모사의 원주민Aborigines of Formosa」이다.

32. 공포의 대장어 大章魚

19세기에 서양인 스티어Joseph Beal Steere(1842~1940)는 미국 범선 페얼리 Fairlee(美麗號)를 타고 팽호열도에 왔다. 이 어려운 기회에 그는 서서西嶼를 여행했다. 그는 왕자旺仔를 통역으로 고용하여 현지인과 소통했다. 당시에 그는 서서에서 수많은 조개껍질과 산호를 수집했고, 또 현지인이 화강암으로 건축한 보탑형寶塔型 등대를 관람했다.

그 뒤에 그는 배를 타고 마공馬公으로 갔다가 그곳 현지에서 어민들이 들려준 '대장어大章魚(대형 문어의 일종)' 괴담을 들었다. 전설에 따르면 해변의 대장어가 해안의 돼지나 심지어 어린아이까지도 잡아간다고 했다.

팽호 마공 남단의 '산수山水'라는 지명은 '토파土婆(장어)'가 돼지를 잡아간 일과 연관이 있다. 이전에 '산수'라는 지명은 '저모낙수豬母落水(암돼지가 물에 빠졌다)' 또는 '저모수豬母水'였는데, 그 유래는 다음과 같다. 아주 오래전 현지에 돼지를 기르는 사람이 많았다. 어느 날 암돼지가 새끼 돼지를 데리고 해안을 어슬렁거렸다. 그때 갑자기 바다에서 장어가 촉수를 뻗어 새끼 돼지를 끌고 들어갔다. 암돼지는 물속으로 들어가 새끼 돼지를 구하려 했지만 결국은 함께 물에 빠져 죽고 말았다. 이 때문에 사람들은 이곳을 '저모낙수'라 불렀으며, 일본 통치 시대에 '산수'로 개명했다.

이 밖에 산수 서쪽 해안에 해식海蝕 동굴이 있는데, 바람이 불 때마다 암퇘지가 처절하게 울부짖는 듯한 소리를 내기 때문에 현지인들은 그곳을 '저모동豬母洞'이라고 부른다.

대만의 민간 전설 가운데 가공할 만한 대장어와 관련된 이야기는 그리 많지 않으며, 산수의 대장어 전설도 매우 드문 사례에 속한다. 하지만 난서蘭嶼의 타오족達悟族(Tao)에게도 괴물 장어에 관한 민담이 전해오고 있다. 전설에 의하면 상고시대에 야요椰油(Yayo) 부락 해변에 거대한 악마 장어가 몸을 감추고 있었다고 한다. 이 괴물은 바닷가에서 헤엄치는 어린아이를 잡아먹기를 좋아했다. 한 번은 또 대장어가 사내아이 하나를 잡아갔다. 아이의 아버지는 매우 상심하여 아들을 위해 복수하기로 결심했다. 아버지는 커다란 질그릇 솥 안에 불태운 나무토막을 넣고 바다로 던져넣었다. 배가 고픈 대장어는 그 솥을 사냥감으로 오인하고 즉시 단단히 틀어잡았다. 그러나 솥이 뜨거울 줄 생각지도 못하여 시간이 꽤 지난 뒤 대장어는 솥의 열기에 의해 삶겨 죽었다. 아이의 아버지는 마침내 바다의 괴물을 제거했다.

● 일본 통치 시대 지도에 나오는 '저모수豬母水'(일본군 대만 공격 지도, 1895)

● 야요 부락 환도공로環島公路 벽에 야요 부락 기원에 관한 벽화가 그려져 있고, 그 가운데에 식인 장어章魚 이야기가 들어 있다.

『포르모사 및 그 원주민: 19세기 미국 박물학자의 대만 조사
필기^{福爾摩沙及其住民: 十九世紀美國博物學家的台灣調查筆記}』, 스티어 원저, 린
홍쉬안^{林弘宣} 옮김.

나는 마공^{馬公}에 도착한 뒤 즉시 내가 필요한 물건을 사겠다고
했다. 그러자 주민들이 곧바로 각양각색의 살아 있는 조개, 산호
및 각종 특수한 어류를 내게 갖고 와서 고르게 했다.

나는 구입한 것들을 커다란 알코올 항아리에 넣어 보관했다. 알
코올 항아리는 내가 특별히 가져온 것이다.

이러한 것 외에도 어부들은 내게 거대한 장어 한 마리를 가져다
주었다. 길게 뻗은 장어의 촉수는 길이가 약 3미터에 달해서 빅토
르 위고^{Victor Hugo}의 소설 『바다의 일꾼들^{Toilers of the Sea}』에 묘사된 그
장어와 쌍벽을 이룰 만했다.

현지인들은 이 장어는 아주 위험해서 때때로 돼지나 심지어 어
린아이까지 바다 속으로 끌고 간다고 했다. 이 장어를 잡으려면 반
드시 어부 두 사람이 한마음으로 힘을 합쳐야 한다.

그들은 갈고리로 선박에다 대장어를 꿰어 단 뒤 촉수 한두 개를
잘라내어 잔약하게 만들고 나서야 방법을 강구하여 배 위로 끌어
올린다.

내가 산 대장어는 잡은 지 2~3시간이 지났으나 동작이 좀 굼뜰
뿐 아직도 살아 있었다.

한족들은 이 대장어를 식용하지만 내가 몇 번 먹어본 결과 문명인의 입맛에는 맞지 않는 것으로 느껴졌다.

기이한 사물 奇物之章

33. 거대한 자라를 바다에 방생하다

소개

'원鼋'은 자라과 동물 중에서 몸집이 가장 크다. 한족들은 그것을 상서로운 동물로 여긴다.

전설에 따르면 묘율苗栗의 후롱항後壠港에 일찍이 거대한 자라가 나타난 적이 있다고 한다. 머리가 묵중했고 몸집도 매우 컸으나 뜻밖에도 어부가 그물로 잡았다는 것이다.

길 가는 사람들도 그 거대한 자라를 보고 모두 대경실색했다.

거대한 자라를 잡은 어부는 그것을 큰 수레에 싣고 묘리貓裏(묘율의 옛 지명)의 저잣거리로 갔다. 시장 사람들은 모두 이 거대한 자라에 호기심을 표시했고, 심지어 입맛을 다시며 그것을 요리하여 맛을 보고 싶어하기도 했다.

당시에 유수당劉修堂이라는 거인擧人이 묘리의 시장에서 그 광경을 목격하고 측은한 마음이 들어 바로 금전을 마련하여 거대한 자라를 사고, 또 수십 명의 건장한 남자를 현상 모집한 뒤 자라를 떠메고 가서 바다에 방생했다.

거대한 자라는 순조롭게 바다로 들어가 그곳을 떠나기 전에 머리를 돌려 바라보며 신령스럽게 유씨 선비의 은혜에 감사의 마음을 표시하는 듯했다. 자라는 오래 지나고 나서야 천천히 바다 속으로 몸을 감췄다.

원전

『묘율현지苗栗縣志』「지여·기사志餘·記事」, 청 심무음

다음해 후항後港의 어부가 거대한 자라 한 마리를 잡았는데, 머리는 닷 섬五石들이 박만 했고, 몸집은 2무二畝(200평)나 되었다.

길을 가다가 이 자라를 본 사람은 모두 두려워했다.

어부는 달구지 여러 대를 동원하여 이 자라를 묘리貓裏 시장으로 옮겼다. 사람들은 정자공鄭子公*의 고사를 들먹이며 식지食指가 떨린다고 했다.

당시에 유수당이라는 효렴孝廉(擧人)이 묘리에서 그 자라를 목격

* 〔역주〕정자공鄭子公: 춘추시대 정鄭나라 영공靈公 때의 공자公子 송宋이다. 대부 귀생歸生과 함께 정나라 정치를 관장했다. 공자 송은 자신의 식지食指가 떨리면 별미를 먹게 된다고 믿고 있었는데, 자신의 식지가 떨렸는데도 영공이 초나라 자라로 끓인 탕을 나눠주지 않자 귀생과 모의하여 영공을 시해하고 양공襄公을 보위에 올렸다. 양공은 즉위 후 두 사람의 죄를 물어 공자 송을 참수하고 이미 죽은 귀생의 무덤을 파서 부관참시의 형벌을 가했다.

하고 측은한 마음이 들어 급히 돈을 마련하여 자라를 산 뒤 장정 십여 명을 모집하여 그것을 떠메고 가서 바다에 풀어주게 했다.

자라는 여러 번 머리를 돌려 이리저리 바라보며 감사의 마음을 잊지 않으려는 듯한 모습을 보였다. 시간이 오래 지나서야 꿈틀꿈틀 바다 속으로 사라졌다.

34. 옛 벽돌의 예언

소개

명나라 때 어떤 승려가 하문^{廈門}에서 옛날 벽돌을 하나 발굴했다. 벽돌의 뒷면에는 꽃 두 송이가 돋을새김으로 그려져 있었고, 정면에는 옛날 예서^{隸書}가 네 줄로 찍혀 있었다. 이 옛날 벽돌에 새겨진 문자가 국성야가 패망할 미래를 예언했다고 한다.

원전

『중수 대만부지』「잡기·총담^{雜記·叢談}」, 청 범함

명나라 숭정^{崇禎} 경진년(1640)에 복건성 승려 관일^{貫一}이 노문^{鷺門}에 거주했다. 밤에 앉아 있을 때 사립문 밖 비탈에서 빛이 나는 것을 보았다. 사흘 동안 이런 현상이 계속되자 매우 이상하게 여겼다.

이런 연유로 그곳의 땅을 파서 옛날 벽돌을 얻었다. 벽돌 뒷면에는 꽃 두 송이가 도드라지게 새겨져 있었고, 정면에는 옛 예서가

네 줄 새겨져 있었다. 내용은 다음과 같았다.

"초계야명草雞夜鳴, 장이대미長耳大尾. 간두함서干頭銜鼠, 박수이기拍水
而起(물을 치고 봉기하다). 살인여마殺人如麻(무수하게 살인하다),
혈성해수血成海水(피가 바다를 이루다). 기년멸년起年滅年(일어난
해가 멸망한 해다. 갑자년에 일어나 갑자년에 멸망하다), 육갑
갱시六甲更始(육십갑자가 다시 시작하다). 경소희호庚小熙皥(강희
연간에 밝아지고), 태화천기太和千紀(태평 세상이 천년토록 이어
진다)."

모두 40자였다.

민현閩縣 사람 진간반陳衍盤은 명나라 말기에 태어나 『사상노설槎
上老舌』이란 책을 지어 그 일을 자세히 기록했다. (명나라 숭정 경진
년에서) 국조國朝(청나라) 강희康熙 계해년까지는 44년이다.

어떤 식자識者가 다음과 같이 풀이했다.

"계雞는 '유酉' 자와 같다. '유酉' 위에 초두艹頭를 더하고, 뒤에
대大 자 꼬리를 붙이고, 옆에 긴 귀를 부가하면 '정鄭' 자가 된다.
간두干頭는 '갑甲' 자이고, '서鼠'는 '자子' 자와 같다. 이는 정지룡
이 천계天啓 갑자년에 바다에서 도적 떼를 일으킨다는 사실을 말
한다. 다음해 갑자년(강희康熙 갑자년)은 앞의 갑자년(천계天啓
갑자년)에서 60년이 되는 해다. 경소희호庚小熙皥는 연호*를 기탁

한 것이다. 전년에 만정색萬正色(1637~1691)이 금문金門, 하문廈門을 함락하고, 금년에 시랑施琅(1621~1696)이 팽호를 함락하자 정극상鄭克塽(정성공의 손자, 1670~1707)이 표문을 올려 항복을 청했으며, 이에 대만이 모두 평정되었다. 60년간의 재앙이 하루아침에 사라지니 이는 진실로 국가의 유구한 복이라 할 만했는데, 이러한 하늘의 운수는 이미 정해져 있었던 셈이다."

참으로 기이하다!**

『대양견문록』「옛 벽돌古磚」, 청 당찬곤

명나라 숭정 경진년에 복건성 승려 일관一貫이 노문에 거주했는데, 땅을 파서 옛 벽돌을 얻었다. 벽돌에 다음과 같은 예서 네 줄이 쓰여 있었다.

"초계야명 草雞夜鳴, 장이대미長耳大尾. 간두함서干頭銜鼠, 박수이기拍水而起. 살인여마殺人如痲, 혈성해수血成海水. 기년멸년起年滅年, 육갑갱시六甲更始. 경소희호庚小熙皞, 태화천기太和千紀."

---

* 〔역주〕경庚과 소小를 합하면 '강康' 자가 되고 뒤에 희熙를 붙이면 '강희康熙'가 된다.
** 〔원주〕『중수 대만부지』의 서술인데, 왕사정王士禎의 『지북우담池北偶談』의 한 단락을 인용했다. 청나라 시기 대만 문인들은 항상 이 괴이한 이야기를 언급했다.

모두 40자였다.

(명나라 숭정 경진년에서) 국조國朝(청나라) 강희康熙 계해년까지는 44년이다. 어떤 식자가 다음과 같이 풀이했다.

"계雞는 '유酉' 자와 같다. '유酉' 자 위에 초두++頭를 더하고, 뒤에 대大 자 꼬리를 붙이고, 옆에 긴 귀를 부가하면 '정鄭' 자가 된다. 간두干頭는 '갑甲' 자이고, '서鼠'는 '자子' 자와 같다. 이는 정지룡이 천계天啓 갑자년에 바다에서 도적 떼를 일으킨다는 사실을 말한다. 뒤의 갑자년은 앞의 갑자년에서 60년이 된다. 경소희호庚小熙皡는 연호를 기탁한 것이다."

35. 봉산鳳山의 돌 참언石讖

소개

아주 오래전에 대만 남부 봉산에서 기괴한 돌이 갑자기 갈라졌는데 그 속에 참언讖言이 적혀 있었다. 그 내용은 미래의 봉산 지역에 복건성 사람들이 거주한다는 예언이었다.

원전

『대만부지』「외지·잡기外志·雜記」, 청 고공건

「석참石讖」

전설에 따르면 봉산에 어떤 돌이 갑자기 갈라졌는데 거기에 다음과 같은 참언이 적혀 있었다고 한다.

"봉산의 한 조각돌이 100만 명을 수용할 수 있다. 500년 뒤에 복건성 사람들이 거주한다鳳山一片石, 塪容百萬人. 五百年後, 閩人居之."

순식간에 돌이 다시 합쳐졌다.

『중수 대만부지』「잡기」, 청 범함

봉산에 전해오는 말에 의하면 옛날 어떤 돌이 갑자기 저절로 갈라졌다. 그 속에 다음 참언이 적혀 있었다.

"봉산의 한 조각돌이 100만 명을 수용할 수 있다. 500년 뒤에 복건성 사람들이 거주한다."

또 전해오는 말에 의하면 농부가 밭을 개간하다가 비석 조각을 발견했는데 거기에 "산은 밝고 물은 수려한 곳에 복건성 사람들이 거주한다山明水秀, 閩人居之"라는 여덟 자가 새겨져 있었다.

36. 삼보강三保薑

소개

전설에 의하면 봉산현에 '삼보강三保薑'이라 불리는 생강이 있었다고 한다. 그것은 바로 오래전에 삼보태감三保太監 정화鄭和(1371~1433)가 대만으로 와서 기이한 생강을 강산岡山 위에 심은 것이다. '삼보강'은 온갖 병을 치료할 수 있었다고 하지만 그 출산지를 아는 사람은 없다.

원전

『대만부지』「외지·잡기」, 청 고공건

'삼보강'은 봉산현 지역에서 생산된다.

전설에 따르면 명나라 태감 왕삼보王三保가 강산岡山 위에 심었고, 지금까지도 생산된다고 한다. 주의 깊게 찾아보았으나 끝내 얻을 수 없었다. 나무꾼이 우연히 발견하고 풀을 묶어 표시한 뒤 다음 날 찾으러 갔으나 길을 찾을 수 없었다.

이 생강을 얻은 사람은 온갖 병을 치료할 수 있다고 한다.

37. 칠미인화 七美人花

소개

전해오는 이야기에 명나라 때 해적이 칠미 七美*를 습격하자 주민들이 놀라서 사방으로 달아났다. 당시 일곱 명의 여자가 숲속에서 땔감을 하다가 해적에게 발견되어 불미스러운 일을 당할 지경이었다. 여자들은 당황하여 도망쳤지만 해적들의 추격을 벗어날 수 없었다. 그때 여자들은 옛우물 곁에 몸을 숨긴 채 암담한 생각에 젖어 절대로 해적의 손아귀에서 벗어날 수 없을 것이라 짐작하고 있었다. 이 때문에 그 여자들은 깨끗한 명예를 지키기 위해 우물 속으로 뛰어들어 순절했다.

그 뒤 언제인지 모르게 우물곁에 기이한 나무 일곱 그루가 계속 자라나 아름다운 꽃을 피웠다. 만약 누군가 마음대로 꽃나무를 꺾으면 몸이 아프곤 했다. 사람들은 모두 꽃나무가 일곱 여자의 혼백이 변한 것이라고 믿으며 이 꽃나무를 매우 숭배했다.

---

* [원주] 칠미 七美: 옛 명칭은 '남서南嶼' '남대서南大嶼' '대서大嶼'로, 펑후열도 최남단의 섬이다. 일본 통치 시대에는 망안장望安庄과 대서장大嶼庄에 소속되어 있었다. 1949년 펑후현장澎湖縣長 류옌푸劉燕夫가 '칠미'로 개명했다.

● 칠미인총七美人塚의 현재 풍경. 비석에는 이 무덤의 역사를 새겨 놓았고, 비석 앞에는
화장대, 빗, 연지, 손수건 등의 공양물을 올려두었다.

● 칠미의 응탑鷹塔. 학대를 당했다가 매로 환생한 한 여성을 기념하기 위한
탑이라고 한다.

전설에 따르면 이 일곱 그루의 나무는 봄에 꽃을 피우지만, 열매는 맺지 않으며 꽃 색깔은 노란색이라고 한다. 또 다른 전설에서는 꽃나무 일곱 그루가 자란 것이 아니고 꽃이 일곱 송이 피었는데, 그중 여자 하나가 천식이 있어서 꽃 한 송이는 그렇게 예쁘지 않다고 한다.

학자들이 연구한 바로는 칠미인총에 있는 식물은 '일엽추一葉萩(Flueggea suffruticosa, 광대싸리)' '엽저주葉底珠' 혹은 '시총市蔥'이라고 한다.

일본 통치 시대인 1909년 이곳에 '칠미인입비七美人立碑'를 세웠고, 1925년에는 '칠미인총七美人塚'이라는 비석을 세웠다. 두 번째 비석은 당시 순찰부장巡察部長의 지휘하에 세웠고, 비문에는 명나라 가정嘉靖 연간에 일곱 명의 열녀가 우물에 몸을 던져 절개를 지켰다고 명확하게 서술했다.

가타오카 이와오片岡巖는 1921년에 출판한 『대만 풍속지』에 「혼화魂花」라는 글을 실어서 해변의 기이한 꽃이 우물에 뛰어들어 산화한 일곱 열녀의 화신이라고 묘사했다. 1927년 4월 5일 자 『대만 일일신보』에 게재된 「일곱 미인의 무덤七美人の墓」이라는 글에서도 이 우물은 샘물터만 남아 있는데 그 곁에서 자라는 일곱 그루의 기이한 나무는 '일엽추'라고 했다.

칠미에는 일곱 미인 전설 외에도 칠미도七美島 위에 '응탑鷹塔'이 우뚝 솟아 있고, 여기에도 옛날이야기가 얽혀 있다. 전설에 따르면 학대당한 어떤 여성이 사망한 뒤에 아름다운 매로 환생했으며, 이 탑은 바로 이 일을 기념하기 위해 세웠다고 한다.

『팽호청지澎湖廳志』「물산物産」, 청 임호

팔조도八罩島 남쪽은 남대서南大嶼다. 그곳 해안 외진 곳에 꽃나무 몇 그루가 있는데, 그 이름은 알 수 없지만 꽃이 피면 색깔이 현란하다. 그 꽃을 꺾는 자는 병에 걸린다.

혹자는 말하기를 앞 왕조 때 사람들이 난리를 피해 이곳에 거주했으나 해적을 만나 여자 일곱이 우물에 몸을 던진 뒤 이 꽃이 우물 속에서 자라났으므로 아마도 여자들의 혼백이 변한 듯하다고 했다.

근래에 어떤 농부가 밭을 갈다가 도자기 종류를 주운 적이 있다.

  통소通霄는 옛날 이름이 '탄소呑霄'다. 이 이름은 타우카트족道卡斯族 (Taukat)의 탄소사呑霄社(Tonsuyan)에서 왔다. 옛날 남세계南勢溪에는 상선 정박 이 가능했기에 그곳 탄소항呑霄港은 묘율현의 주요 화물 집산지였다. 18세 기에 제라 현령諸羅縣令 주종선周鍾瑄(1671~1763)이 북상하여 시찰에 나섰을 때 탄소를 지나가다가 「탄소에서 바다를 구경하다呑霄觀海」라는 시 한 수를 지었다.

기댈 데 없이 넓은 물을 거슬러 가는 여정	浩渺無因溯去程
신선 뗏목을 객이 띄우고 풍경을 평가해야겠네	仙槎客泛正須評
좁쌀 한 알 가볍게 띄운 듯 수미산도 작게 보이고	輕浮一粒須彌小
항하恒河를 포괄한 듯 세상 만물이 청정하네	包括恒河色界淸
세상 밖 스님은 잔을 타고도 바다를 건너고	世外形骸杯可渡
공중의 신기루는 천지 기운으로 이루어지네	空中樓閣氣噓成
바다 구경하고 나면 육지 물은 물이라 하기 어려우니	情知觀海難爲水
또다시 붉은 태양이 이곳을 향해 솟으리라	更有紅輪向此生

이 시는 당시 탄소 해안의 풍경을 잘 보여주는 증거라 할 만하다.

비록 탄소항이 중요한 상업 항구였지만 점차 모래가 퇴적되어 큰 선박이 더 이상 출입할 수 없게 되었기에 항구로서의 지위도 점점 옛날과 같지 않게 되었다.

19세기 중엽 함풍 연간에 이 항구에서 괴이한 일이 발생했다. 조종하는 사람도 없는 거대한 철선鐵船이 표류하여 다가왔다.

이 신비한 철선은 절대 중국 배가 아니었다. 탄소에 거류하고 있던 서양 노인들에게 물어보았지만, 그들도 고개를 가로저으며 서양에도 이런 괴이한 철선이 없으므로 그 내력을 모르겠다고 했다.

신비한 철선 안에는 사람이나 물건이 전혀 없어서 어느 해, 어느 달, 어

● 19세기 중국의 소형 항구Havengezicht in een Chinese stad(네덜란드국립박물관, 1879~1890). 부두 앞에 많은 삼판선sampan이 정박해 있다.

느 나라에서 제작한 것인지 알 수 없었다.

『묘율현지』「지여·기사」, 청 심무음

함풍 초년, 탄소항에 어떤 철선이 바람과 조수를 타고 흘러들어
와 방죽 위에 좌초했다.

이물에서 고물까지 길이는 90여 보^步였고, 폭은 30여 보였으며
높이는 3장^丈 정도 되었다. 배 전체가 전부 철^鐵로 나무판자는 하
나도 섞이지 않은 기이한 양식이었다.

서양 노인들에게 물어보았으나, 그들이 말하기를 "이런 배는 중
국에도 없을 뿐 아니라, 동서양 10여 국을 다니면서도 본 적이 없
소"라고 했다.

더욱 기이한 것은 철선 안에 사람이나 물건이 전혀 없어서, 어느
시대, 어느 나라에서 만든 것인지 알 수 없었다는 점이다.

39. 진주의 광채

소개

서병산西屛山은 항춘반도恒春半島의 작은 구릉지대에 있는데, 묘비두猫鼻
頭로부터 길게 이어져 귀산龜山에까지 닿는다. 서병산 서남쪽의 홍시갱紅柴
坑*은 일찍이 그곳 도처에 대만수란臺灣樹蘭(홍갈색 목재로 속칭 홍시紅柴라
고 함)이 가득했기에 그런 이름이 붙었다. 전설에 의하면 그곳 해안에서
10여 장丈 떨어진 해면에 밤이 되면 항상 수정처럼 밝은 빛이 솟아올라
화염처럼 불타면서 둥글고도 큰 빛발을 발산했으므로 사람들이 매우 경
이롭게 여겼다고 한다.

사람들이 전하는 말에 그것의 정체는 바라볼 수만 있을 뿐 미칠 수는
없는 거대한 진주로, 지극히 진귀한 야광주라고 한다.

---

* 〔원주〕홍시갱紅柴坑: 대만 병동현屛東縣 항춘진恒春鎭 산해리山海里에 있다.

『항춘현지』「잡지」

「진주蚌珠」

서병산 홍시갱 해면은 해안에서 10여 장丈 떨어져 있고 밤에는 늘 화염과 같은 빛이 솟아나는데, 1곡斛(10두)이나 될 정도로 둥글고 크다.

그 마을 사람들이 대나무 뗏목을 저어 그곳에 가보니 여전한 빛이 마치 바다 밑에서 솟아오르는 것 같았다.

바라보면 그리 깊지 않은 것 같지만, 건져 올리려 하면 닿지 않았다. 마치 큰 방합조개가 그 곁에 있는 듯했다.

40. 지네의 배 아래에서 빛이 나다

소개

18세기에 순대어사^{巡臺御史}를 지낸 적이 있는 황숙경은 대만을 순행하면서 각 지역의 풍토와 민의를 매우 잘 감지하여 기록으로 남겼다. 그는 「적감필담^{赤嵌筆談}」이라는 글에서 지네가 빛을 낼 수 있으며, 특히 밤중에 반딧불처럼 반짝반짝 푸른 빛을 낼 뿐만 아니라 유황과 같은 독기를 뿜어내기도 한다고 기록했다. 발로 밟아도 계속 빛을 반짝인다고 한다.

지네가 빛을 낸다는 이야기는 대만의 민담에도 나오고, 후완촨^{胡萬川}과 린페이야^{林培雅}의 『대만시 고사집^{臺南市故事集}』 권1(2012)에도 언급되어 있다. 린페이야는 안남^{安南} 지역의 추진^{邱進} 선생이 구술한 이야기 「출외인^{出外人}」을 채집하여 기록해놓았다. 이 이야기에도 푸른빛을 내는 지네 정령이 출현한다.

「출외인」 이야기의 줄거리는 다음과 같다.

외지인이 부잣집 방을 빌려서 거주하게 되었다. 부잣집 주인은 새집을 지었지만, 그곳에 거주할 수 없어서 고민이었는데, 외지인이 용감하게 그곳에 거주하겠다고 한 것이다. 저녁이 되자 과연 푸른 빛을 번쩍이는 요괴가 뛰어 들어왔다. 외지인은 꾀를 내어 요괴의 머리를 베고 나서야 그것이 지네의 정령임을 알았고, 또 오공주蜈蚣珠(지네가 품고 있던 구슬)까지 얻었다. 이어서 외지인은 지네가 서식하던 동굴 안에서 용왕의 딸을 구출했다. 용왕은 보배 조롱박, 물에 뜨는 짚신, 용왕을 부르는 손수건을 그에게 주고 오공주와 바꿨다. 마침내 외지인은 이런 보물의 능력에 의지하여 높은 관직에 오르고 많은 재산을 모았다.

원전

『대해사사록』「적감필담·물산赤嵌筆談·物産」, 청 황숙경

지네는 배 아래에서 빛을 낸다. 야간에 마치 반딧불처럼 푸른 빛을 반짝이고 유황처럼 독기를 뿜는다. 발로 밟아도 끊임없이 빛을 낸다.

41. 산호수珊瑚樹의 빛

소개

책호翟灝는 산동山東 사람으로 건륭 57년(1792) 대만으로 파견되어 남투현南投縣 현승縣丞과 봉산현鳳山縣 현사縣事 등을 역임했다. 책호는 대만 거주 기간 보고 들은 일을 모두 『대양필기臺陽筆記』에 기록했는데, 대만의 기이한 사건, 괴상한 풍경, 특이한 사물이 많이 포함되어 있다.

가경 8년(1903), 책호는 부친의 상을 당해 대만을 떠났다. 그는 팽호로 가서 바다 속 물산인 산호를 목격했을 뿐만 아니라 그 산호가 지극히 크고 화려한 것을 보고 기이하다고 칭송했다. 게다가 전설에 따르면 대형 산호 옆에 용이 지키고 있어서 철망으로도 쉽게 건져 올릴 수 없다고 했다.

팽호도의 해저에도 대형 산호와 괴물 수호자가 있다는 전설이 현지의 민담으로 전해지고 있다. 쉐밍칭薛明卿의 『팽호도에서 수집한 기이한 일彭湖搜奇』(1996)과 장페이쥔姜佩君의 『팽호 민간전설彭湖民間傳說』(1996)에도 모두 이 이야기가 언급되어 있다. 줄거리는 다음과 같다.

팽호열도 근처 심해에 해저 용궁이 있다. 용궁에는 그곳을 지키는 위대한 용왕뿐만 아니라 뛰어난 미모의 용녀龍女(용왕의 딸)도 살고 있었다.

용왕은 딸을 매우 엄하게 교육했기 때문에 용녀는 늘 용궁을 떠나 마공^馬^公 근처의 사각서^{四角嶼} 궁전으로 가서 놀기를 좋아했다.

어느 날 어옹도에서 온 젊은 어부가 뜻밖에도 사각서에서 궁전과 용녀를 발견하고 서로 인사를 나누고 사랑하게 되었다.

그러나 용의 혈족과 인간 종족은 결합할 수 없으므로 금기를 깬 용녀의 행위에 용왕은 매우 분노했다. 이 때문에 용왕은 용녀와 어부를 저주했다. 그는 용녀를 황금 산호로 만들고 어부를 추악한 악어로 만들어 둘 사이를 떨어뜨리려 했다.

그러나 악어가 된 어부는 여전히 용녀를 깊이 사랑하여 시시각각 황금 산호 주위를 맴돌았다. 탐욕에 젖은 사람들이 황금 산호를 채취하려 하면 악어가 나타나 사람들을 위협하며 용녀를 보호했다.

원전

『대양필기』「산호수기^{珊瑚樹記}」, 청 책호

계해년(가경 8년, 1803) 가을 부친의 상을 당해 해로로 귀향하는 길에 팽호에 이르러 바람을 기다리며 두 달을 보내게 되었다.

매번 파도가 고요해지며 오색이 찬란할 때마다 어부에게 물으니 어부가 말했다. "저것은 바다 속의 돌입니다. 공께서는 아름다운 경관을 찾지 않으셨습니까? 이곳에서 30리 떨어진 해옹도에 산호수 두 그루가 있습니다. 넓이가 네 아름에, 길이가 몇 장에 이르며, 수백 척 깊은 곳에서 붉은색을 띠고 있습니다. 그 아래에서 어

룡魚龍이 지키므로 철망으로도 건져 올릴 수 없습니다."

마침내 뱃사공에게 명하여 노를 저어 그곳으로 가보았으나 물살이 급해서 정박할 곳이 없었다.

뱃사공이 말했다. "손님께서는 알아보시겠습니까? 물빛이 심홍색을 띠며 바뀌지 않는데 그것이 바로 산호의 빛입니다. 바다 입구의 찬란한 빛발은 그 보배의 기운이 나뉘어 비치는 현상입니다."

지금 그것들이 황당하고 기괴한 말이지만, 모두 견강부회한 것은 아님을 알겠다. 이는 내가 전해 들은 풍문에 그치지 않고 내 눈과 귀로 직접 목격한 것이다. 지난번에 의심한 것은 견문이 적어서 기괴하게 생각한 것이다.

● 팽호화석관澎湖化石館에 전시된 '판스팽호악潘氏澎湖鱷' 화석 복제품. 이 화석은 팽호 어옹도 내안內垵의 해안에서 출토되었다.

섬 옆에 짙은 자주색 작은 나무가 있었다. 잎이 향나무처럼 가늘고 바위에 뿌리를 내리고 있었다. 내 마음에 들어서 갖고 귀향했는데, 대체로 산호가 변하여 아직 다 크지 않은 나무였다. 바닷물을 떠나니 바로 가지가 시들어 떨어져서 지금은 더 이상 존재하지 않는다. 이 때문에 이를 기록해둔다.

42. 마조곤媽祖棍

소개

상고시대에 뱃사공들은 배를 타고 험난한 대만해협을 건너야 했다. 그들은 나쁜 날씨와 거대한 파도에 맞서야 했을 뿐 아니라 대해에서 출몰하는 요괴도 방비해야 했다.

이 때문에 뱃사공들은 마조천비媽祖天妃를 숭배하면서 이 해상의 여신이 뱃사람들을 아무 탈 없이 보호해주기를 희망했다. 또한 배 안에 '마조곤媽祖棍'이라는 신령한 방망이를 비치해놓기도 했다. 거대한 물고기나 물속 요괴가 배로 접근하면 '마조곤'이라는 방망이로 뱃전을 두드렸다. 이렇게 하면 물속 요괴가 마조의 신령한 힘에 놀라서 즉시 도망쳤다.

일본 통치 시대에 쓰루타 가오루는 『대만 옛날이야기』 제3집(1934)에 「마조낭낭의 노래媽祖娘娘之歌」라는 글을 실었다. 이 이야기에서 묘사한 내용은 다음과 같다. 소녀 마조는 잠을 잘 때도 영혼을 몸에서 빼내어 먼 곳에서 조난당한 배를 구조할 수 있었다. 그런데 한번은 그녀의 몸에서 영혼이 빠져나왔을 때 가족들이 그녀를 깨웠고, 그녀는 깨어나서 얼굴 가득 슬픈 표정을 지었다. 왜냐하면 바야흐로 그녀는 침몰하려는 배를 구조하고 있었기 때문이다. 그녀의 발에는 두 닻줄이 묶여 있었고 두 손으로도 두 닻줄을 당기고 있었으며 심지어 입으로도 한 줄기 밧줄을 물고 배를 해안으로 끌어내고 있었다. 그런데 곧 성공할 찰나에 갑자기 깨어났으므로 순조롭게 뱃사람들을 구할 수 없었다. 이런 실패의 경험을 통해 마조는 비록 안타까움을 느꼈지만, 사람을 구조하려는 마음을 더욱 굳건하게 다질 수 있었다.

● 일본 통치 시대의 민간문학집『대만 옛날이야기』제3집 (1943)에 화가 미야타 야타로宮田彌太郞가 마조낭낭의 모습을 그렸다.

원전

『비해기유』, 청 욱영하

해신海神은 마조가 가장 신령한데 바로 옛날의 천비신天妃神이다. 바다를 운행하는 선박이 위기에 처했을 때 마조에게 기도하면 반드시 감응한다. 많은 경우 신병神兵이 배를 지탱하는 것을 목도하지만 더러는 신이 직접 구원하러 오기도 한다. 신령하고 기이한 행적을 일일이 다 헤아릴 수 없다.

대양 가운데서 비바람이 어둡게 몰아치고, 먹빛 같은 암흑이 덮이는 밤에 매번 돛대 끝에 신령의 등불이 나타나 도움을 준다. 또 배 안에 갑자기 횃불이 나타나 등불처럼 돛으로 올라가 깜박이면 뱃사공들은 이를 마조화媽祖火라 부른다. 이 마조화가 떠나면 반드시 배가 전복되는데 기이하게 증명되지 않은 적이 없다.

배 안에 관례대로 마조 방망이를 설치해두고 거대한 물고기나 물속 요괴가 배로 접근할 때 마조 방망이로 뱃전을 연이어 두드리면 바로 도망친다고 한다.

기이한 장소 奇地之章

---

43. 고귤강 古橘岡 선경 仙境

소개

18세기 건륭 연간부터 대만에는 「고귤강시서 古橘岡詩序」라는 기이한 글한 편이 유행하기 시작했다. 저자는 미상이나 혹자는 정성공의 자의참군 諮議參軍 진영화 陳永華(1634~1680)라고도 한다. 이 글에서 다음과 같이 묘사했다. 즉 전설에 따르면 1683년 이전에 어떤 나무꾼이 기이한 인연으로 강산 岡山 꼭대기에서 귤나무 고목 숲에 둘러싸인 신비하고 거대한 집을 발견했다. 그가 돌 대문으로 들어가니 신선 세계와 같은 또 다른 세계가 펼쳐졌다. 나무꾼은 집으로 돌아온 이후 다시 그곳을 찾아가려 했으나 이전길을 찾을 수 없었다.

『아련향지 阿蓮鄉志』(1985)의 추측에 근거해보면 이 신기한 바위 동굴은기실 '십팔동천 十八洞天'의 하나인 '석문동 石門洞'이라고 한다. 그러나 일본통치 시대에 대강산 大崗山이 소리를 내며 동굴 입구가 무너져서 더 이상 찾을 수 없게 되었다.

원전

『중수 복건대만부지重修福建臺灣府志』「잡기·총담」, 청 범함

「고귤강시서古橘岡詩序」

봉읍鳳邑 경내에 강산岡山이 있다. 아직 대만이 청나라 판도에 들어가지 않았을 때 어떤 봉읍 사람이 6월에 산에서 땔나무를 하다가 문득 멀리 강산 정상에 귤나무 고목들이 빽빽하게 서 있는 것을 보았다. 귤 숲을 향해 1리 정도 가서 그곳에 도착하니 큰 집이 한 채 서 있었다.

돌대문으로 들어가자 마당에 꽃이 피었다 지고 있었으며 계단에 풀이 우거져 있었고, 들새들만 지저귈 뿐 회랑은 적막에 싸여 있었다. 벽에 걸린 시와 수묵화에도 이끼가 절반이나 덮여 있었다.

마루로 올라가니 아무것도 보이지 않는 가운데 개 한 마리가 집 안에서 나와 사람을 보고도 꼬리를 흔들며 전혀 놀라지 않았다.

개를 따라서 구불구불 길을 가며 마음대로 구경하니 집을 둘러싼 것이 모두 아름드리 귤나무였다. 비록 한 여름이었지만 사발만한 귤이 매달려 있었다. 귤을 따서 먹어보니 달콤하고 향기로웠다. 그중 한두 개를 따서 품속에 간직했다.

이윽고 석양이 비쳐 들자, 나무마다 붉은빛을 머금었으며, 산바람이 스쳐와 차가운 기운이 느껴졌다. 이에 바로 땔나무를 지고 길을 찾아 귀가했다. 돌아오면서 곳곳에 표시를 해두었다.

집에 도착하여 그 일을 이야기하고 굴을 꺼내 보여준 뒤 아내와 함께 그곳으로 가서 은거하자고 상의했다.

다시 그곳으로 가보았으나 끝내 그 집을 찾을 수 없었고 귤나무도 전혀 보이지 않았다.

『대양견문록』「대강산大岡山」, 청 당찬곤

대강산은 봉산현 북쪽 35리 지점에 있다. 형상이 배를 엎어놓은 것 같다. 날씨가 흐릴 때는 자취가 사라지고 날씨가 개면 모습이 보인다. 산 위에 신선의 자취인지, 양쪽에 용 모양 손잡이가 달린 독이 있었다.

전하는 말에 따르면 군郡에 큰일이 발생할 때는 반드시 이 산이 먼저 운다고 한다.

44. 기이한 산과 신선이 사는 섬

소개

　전하는 소문에 의하면 대만에 '수고란繡孤鸞(秀孤鸞)'이라는 기이한 산이 있고 그 산속에 모두 국화만 있다고 한다. 또 바다에 신선이 사는 섬이 있으며, 그 섬에는 기화요초가 가득하고 진기한 금수가 산다고 한다.

　『아당문집』의 추측에 따르면, '수고란'은 대동臺東의 대산大山일 가능성이 있다. 그곳은 원주민들이 생활하는 곳인데, '수고만秀姑巒'으로 번역할 수도 있다. 떠도는 섬浮嶼은 아마도 귀산龜山을 가리키는 듯하다. 그러나 이상의 설이 정확한지는 고증을 기다린다.

원전

　『창화현지』「잡식지·총담雜識志·叢談」, 청 주새

　수고란繡孤鸞 산기슭은 모두 국화이고 열매를 맺는 것도 있다.
　늙은 원주민은 나이가 몇백 세인지 모른다. 전하는 말에 의하면 바다 속에 떠도는 섬浮嶼이 하나 있는데, 그 위에 모두 신선이 살

고, 기화요초가 가득하며 진기한 금수가 있다고 한다. 매년 초겨울
이 되면 한 동자에게 통나무를 파서 만든 배를 타고 수고란으로 가
서 국화 열매를 따게 한다.

원주민 마을에 그 동자를 따라 그곳에 간 사람이 있다. 돌아와
보니 수백 년이 지났으나 어렴풋하게 그 일의 대강을 기억하고 있
었다.

더러 동자가 오지 않을 때 스스로 배를 타고 찾아간 사람이 있었
으나 결국 수로水路를 잃어버려 아무도 그곳을 찾지 못했다. 오직
동자를 따라 왕래하는 사람만 배를 타면 순식간에 도달하곤 한다.

그 산에 도시는 없고 민가만 있을 뿐이고, 지금까지 전해오는 말
로는 신선이 사는 산이라 여겨진다고 한다.

『대양견문록』「수고란秀孤鸞」, 청 당찬곤

의란현에 수고란이라는 산이 있다. 그 산에는 국화가 많고 열매
를 맺는다. 전해오는 말에 바다 위에 떠도는 섬이 하나 있고 신선
이 산다고 한다. 매년 초겨울에 한 동자에게 통나무를 파서 만든
배를 타고 수고란으로 가서 국화 열매를 따게 한다.

어떤 원주민 노인이 동자를 따라 그곳에 갔으나 도시는 없고 민
가만 있었으며, 기이한 금수와 기화요초가 온통 눈을 어지럽혔다.
돌아와보니 수백 년이 지났으나 어렴풋하게 그 일의 대강을 기억
하고 있었다.

더러 동자가 오지 않아서 직접 찾아가기도 했으나 길을 잃고 그
곳을 찾을 수 없었다.

45. 화산이 빛을 뿜다

소개

대만 중부 지방에 일 년 내내 연기를 뿜는 화산이 있다고 한다. 어떤 사람이 말하기를 화산은 바로 남투南投 초둔진草屯鎭 구구봉九九峰 주변에 있다고 하지만 정확한 위치는 아무도 모른다.

원전

『대만부지』「외지·고적外志·古蹟」, 청 고공건

「화산」

제라현 묘라貓羅와 묘무貓霧는 대산大山의 동쪽 경계 안에 있다.

그 산 정상은, 낮에는 항상 연기가 피어오르고, 밤에는 항상 빛이 솟아오른다. 그러나 가본 사람이 드물어서 이와 같은 소문에 그칠 뿐이다.

『동정집東征集』 권6 「기화산紀火山」, 청 남정원藍鼎元

대만의 화산은 두 군데 있으며, 모두 제라현 경내다. 하나는 반선半線(지금의 창화 지역) 북쪽, 묘라와 묘무 두 산 동쪽에 있다. 낮에는 항상 연기가 피어오르고, 밤에는 빛이 솟아오른다. 그곳에 미개한 원주민이 살고 있다 하고, 아무도 가본 사람이 없으며, 나도 소문만 들었을 뿐이다.

또 하나는 제라 현읍縣邑 남쪽의 좌측 옥안산玉案山 뒤에 있다. 작은 산이 우뚝 솟아 있고 그 아래에 바위 틈이 있어서 샘물이 콸콸 흐른다. 불은 물속에서 솟아오르며 연기는 없고 화염만 있다. 화염은 밤낮없이 기세등등하게 3~4척 높이로 치솟는다.

시험 삼아 초목을 그 속에 던져 넣으면 연기가 갑자기 일면서 불꽃이 더욱 세차게 타올라 순식간에 초목이 모두 재로 변한다.

그곳의 바위는 검푸르고 단단하여 깨뜨릴 수 없다. 바위 곁의 땅도 모두 그을려서 돌처럼 단단하다. 진실로 우주의 기이한 경관이다.

46. 매금산埋金山

소개

임도건林道乾은 16세기 동아시아 해역에 출몰한 대해적으로 성격이 교활하고 음험했으며, 잔꾀도 출중했다.

전해지는 얘기에 임도건은 일찍이 유대유兪大猷(1503~1579)가 파견한 수군에게 추격당하자, 대만으로 도주하여 타고산항打鼓山港으로 들어갔다고 한다. 또 당시 임도건은 현지인을 함부로 살육한 뒤 그들의 피와 기름을 석회에 섞어 배를 보수하는 접착제로 썼다고 한다.

타고산은 타구산打狗山, 수산壽山, 시산柴山 등의 별명으로도 불린다. 고웅高雄 서쪽 해안에 자리 잡고 있으며, 남북의 길이는 대략 6킬로미터 정도다. 민간 전설에 임도건의 누이동생이 이 산에 황금을 묻었기 때문에 '매금산埋金山'으로도 불린다고 한다.

일본 통치 시대 리셴장李獻璋(1914~1999)의 『대만 민간문학집臺灣民間文學集』(1936)에 수록된 황스후이黃石輝(1900~1945)의 「임대건 남매林大乾兄妹」와 리귀린李國琳의 「임도건과 열여덟 바구니林道乾與十八攜籃」에는 모두 임도건 전설이 언급되어 있다. 황스후이의 글에 따르면 당시 임대건(즉 임도건) 남매는 타구산으로 도주했고, 누이동생은 자결하여 열여덟 바구니의 은을 지키는 혼백이 되고 싶어 했다고 한다.

『중수 대만부지』「잡기·총담」, 청 범함

명나라 도독 유대유가 해적 임도건을 토벌하자 임도건은 패전
하여 타고산 곁에 정박했다. 그는 다시 공격을 받을까 두려워하며
산 아래 원주민을 약탈하여 죽이고 그 피를 석회에 섞어 배를 튼튼
하게 수리한 뒤 바다를 운행하려고 했다.

남은 원주민은 아카우사阿猴社(A-kâu)로 도주했다.

전설에 임도건의 누이동생이 산 위에 황금을 묻자 그곳에 기이
한 꽃이 피고 맛있는 과일이 열렸는데, 나무하러 입산한 사람이 따
서 먹었더니 매우 달았다고 한다. 그런데 그 과일을 품에 넣고 돌
아오면 길을 잃는데, 비록 장소를 기억하고 다시 가더라도 찾을 수
없다고 한다.

『중수 봉산현지重修鳳山縣志』「병방兵防」, 청 왕영증王瑛曾

타고산의 바다가 노호하면 비바람이 몰아친다.

비가 오래 내릴 때 노호하는 소리가 아래에서 점차 위로 올라가
면 날이 개지 않지만, 위에서 아래로 내려오면 날이 갠다.

고봉鼓峰에 구름이 솟구치면 곧 비가 내린다. 외뢰산의 능봉凌峰

은 은하수에까지 닿아 있으므로 짙은 운무에 덮여 있다. 만약 청신산淸晨山이 구름 한 점 없이 맑으면 하루 이틀 사이에 반드시 비가 온다.

솔개가 날면서 울면 바람이 불고, 하룻밤 동안 울면 비가 내리는데 기이하게 들어맞는다.

『대만지략臺灣志略』, 청 윤사랑尹士俍(1690~?)

「매금산埋金山」

명나라 도독 유대유가 해적 임도건을 토벌하자 임도건은 대만으로 도주하여 타고항打鼓港에 정박했다. 전설에 그의 누이동생이 산 위에 황금을 묻어서 때에 따라 기이한 꽃이 피고 맛있는 과일이 열리는데 그 산으로 들어가 땔감을 하는 사람이 더러 본 적이 있다고 한다. 만약 과일을 품에 넣고 귀가하려 하면 길을 잃어서 나올 수 없으므로 산신령이 황금을 보호하는 듯하다.

47. 은산銀山에 은광銀礦이 있다

소개

대만섬 안에 은산銀山이 있고, 이 산속에 은이 매장된 광산이 있다.

일찍이 어떤 사람이 이 산속으로 들어가서 순조롭게 은산의 보배를 찾았으나 깊은 산속에서 길을 잃었다. 이후 보배를 버리고 나서야 산 밖으로 빠져나올 수 있었다.

원전

『적감집』「바다를 떠도는 나그네의 말을 듣고 북장北莊의 친구를 놀리다聽海客言, 寄嘲北莊友人」, 청 손원형

길은 신선을 찾아가듯 험한 곳 거치는데	道是求仙歷險艱
절반은 이익 추구 절반은 등산이네	半思利涉半躋攀
천 갈래 갈림길에서 은광 길 헷갈리나	千條岐路迷銀礦
한 조각 맑은 구름에 옥산을 떠올리네	一片晴雲想玉山

용연향龍涎香* 얻을 욕심에 통나무배를 탔으며   貪挹龍涎乘莽葛

다투어 검은 표범 몰아 봉만蜂巒**으로 내쫓네   競驅墨豹逐蜂巒

바다 나그네의 말이 망언인지도 상관하지 않고   非關海客談言妄

신선 섬 영주***에 와서도 한가히 살려 하지 않네   縱到瀛洲未肯閒

『대만통지臺灣通志』「물산·잡산류物産·雜産類 [부고附考]」, 청 장사철蔣師轍(1846~1904), 설소원薛紹元 등.

은산에는 은이 나는 광산이 있고 또 보배가 쌓여 있는데 모두 은괴銀塊이며 언제 감춰졌는지 모른다.

일찍이 두 사람이 산으로 들어가 재물을 모으다가 뒤에 소달구지를 몰고 그곳으로 가서 마음대로 은을 취하여 수레에 가득 실었으나 길을 잃고 나올 수 없었다. 은을 모두 내버리고서야 비로소 돌아오는 길을 찾을 수 있었다.

그런데 금세 옛길을 잃어버려서 다시 산으로 들어갈 수 없었다.

---

* 〔역주〕용연향龍涎香: 향유고래에서 채취하는 송진 비슷한 고급 향료로 사향과 같은 향기가 있다. 향유고래 수컷 창자 속에 생기는 이물질을 알코올에 녹인 뒤 추출하여 향수를 만든다.

** 〔역주〕봉만蜂巒: 산허리가 꿀벌의 허리처럼 가늘어서 이런 이름이 붙었다고 한다以腰細得名(『적감집』에 달린 저자 손원형의 주석 참조).

*** 〔역주〕영주瀛洲: 중국 전설에 신선이 산다는 동해 속의 섬. 여기서는 대만을 의미한다.

48. 검담劍潭 전설

소개

검담劍潭은 검담산劍潭産 동쪽에 자리 잡고 있는데, 기륭하基隆河가 감아 도는 물굽이다. 물굽이가 깊고 넓어서 '담潭'이라고 칭한다. 지금의 검담 위치는 대체로 823포전기념공원八二三砲戰紀念公園 앞이다.

전설에 검담에는 가동수茄苳樹 한 그루가 있었고, 네덜란드 사람이 칼 한 자루를 이 나무에 꽂아두었다고 한다. 옹가음翁佳音이 고지도를 고증 한 바에 근거해보면 네덜란드 사람들이 벌목을 시도한 숲 '마르나트 삼림 Marnats bos'이 검담 인근이고 전설에서 네덜란드 사람이 나무에 칼을 꽂았 다고 한 점을 고려해보면 이 이야기가 절대 빈말은 아닌 듯하다.

나중에 전설이 발전하면서 사람들은 검담 바닥에 네덜란드 고검古劍이 있기 때문에 그곳에서 검광劍光이 비친다고 인식했다.

검담에는 네덜란드 사람이 칼을 꽂았다는 이야기 외에도 검담 바닥 에 괴물이 서식한다는 전설도 있다. 예를 들어 청나라 시인 진유영陳維英 (1811~1869)은 「검담 야광劍潭夜光」에서 검담 바닥에 용이 살고 그 용은 보검 의 화신이라고 언급했다. 당시의 문인들도 시를 지을 때 습관적으로 검담 에 용이 산다고 상상했다. 일본 통치 시대에 이르러 비로소 민간에서 검

● 일본 통치 시대의 검담 풍경. 산 위로 검담사劍潭寺의 지붕이 보인다.

● 검담의 지금 모습

담에 물고기 정령이 있다고 언급하기 시작했을 뿐 아니라 국성야가 이곳
까지 행군하여 보검으로 물고기 정령을 죽였다고 상상했다.

검담에는 괴물 용과 물고기 정령이 있다는 전설이 여전히 성행하지만, 물
고기 정령 이야기가 가장 대중적이며 그것이 '잉어 정령'이라는 전설도 파생
되었다. 검담 전설은 수백 년 동안 요소가 더해져 더욱 신비롭게 변했다.

● 대직大直으로 옮긴 검담고사劍潭古寺의 대문

● 일본 통치 시대에 출판된 서적『대만 지방 전설집臺灣地方傳說集』(1943). 국성야 정성
공이 검劍을 물속에 던져 물고기 정령을 살해하는 그림. 삽화가는 도바 히로시鳥羽博다.

『제라현지諸羅縣志』, 청 주종선

검담은 다론폰사大浪泵社(Daronpon)*에서 2리 지점에 있으며 통나무 배로 진입할 수 있다. 강변 언덕으로 올라가 수백 걸음을 가면 검담이 있다. 검담 가에 가동수가 하늘로 높이 솟아 있는데 굵기는 한 아름이다. 전설에 의하면 네덜란드 사람들이 이곳을 개척할 때 이 가동수에 검을 꽂자 나무에 갑자기 껍질이 생기면서 검을 나무 안쪽으로 감쌌고 이에 다시는 검을 볼 수 없게 되었다고 한다.

『담수청지』「고적고古蹟考」, 청 진배계

「검담」

담수청 북쪽 130리에 있으며, 깊이는 수십 장丈으로 거울처럼 물이 맑다.

밀물 때는 남쪽 강안江岸의 물길은 동쪽으로 흐르고 북쪽 강안의 물길은 서쪽으로 흐르지만, 썰물 때는 남쪽 강안의 물길은 서쪽으로 흐르고 북쪽 강안의 물길은 동쪽으로 흐른다.

캄캄한 밤에 비바람이 몰아칠 때마다 문득 붉은 빛이 하늘을 비춘다. 전설에 따르면 검담 바닥에 네덜란드 고검古劍이 있어서 그

---

* 〔원주〕다론폰사大浪泵社(Daronpon): 지금의 대북시臺北市 연평구延平區와 대동구大同區다.

기운이 위로 치솟기 때문이라고 한다.

혹은 검담 가에 가동이라는 나무가 높이 솟아 하늘을 가리고 있는데 굵기가 여러 아름이나 되며, 네덜란드 사람이 이 나무에 칼을 꽂자 바로 껍질이 생겨서 칼을 나무 속으로 감췄기에 검담이라는 이름이 붙었다고 한다.

『담수청지』「고적고古蹟考」, 청 진배계

「검담사」

『부지府志』에서는 '관음정觀音亭'이라고 했다. 검담산 기슭에 있다.

건륭 38년(1773) 오정힐吳廷詰 등이 돈을 출연하여 세웠다.

이 절에 있는 비석에 다음 기록이 있다.

"승려 화영華榮이 이곳에 이르자 붉은 뱀이 길을 막고 있었다. 이에 산대로 점을 쳐서 탑을 세울 땅을 얻었다. 고승이 또 꿈에 나타나 배 여덟 척과 상해上海에서 갖고 온 대바구니가 있으면 돈을 모을 수 있다고 했는데 과연 징험이 있었다. 이에 마침내 검담사를 세웠다."

49. 철침산鐵砧山의 국성정 國姓井

소개

대만 중구 대갑大甲의 철침산鐵砧山은 국성야 전설이 많이 남아 있는 곳
이다. 칼을 꽂아 맛 좋은 샘물을 얻었다는 전설과 꼬리 잘린 우렁이가 생
존했다는 전설을 제외하고도 매년 청명절 전에 군사들의 혼령이 변한 새
매 떼가 남부 봉산에서 날아와 국성야를 위해 운다는 전설도 있다.

원전

『대만 중부 비문 집성臺灣中部碑文集成』「국성정비기國姓井碑記」(광
서 11년)

대북부臺北府 신죽현新竹縣 대갑大甲의 철침산 국성정은 전설에 의
하면 정성공이 군사를 주둔한 곳에 물이 부족하여 칼을 땅에 꽂아
맛 좋은 샘물을 얻었는데 심한 가뭄에도 마르지 않는다고 한다.
해마다 청명절 전에 새매 떼가 봉산에서 날아와 지칠 때까지 운
다. 혹자는 군사들의 혼령이 응결되어 새매가 되었다고 한다. 이곳

산기슭의 우렁이는 꼬리를 잘라도 생존하기에 당시에 우렁이 꼬리를 잘라 껍질을 버린 사람들이 모두 기이하게 여겼다고 한다.

『묘율현지』, 청 심무음

철첨산은 일명 은정산銀錠山이라고도 한다. 삼보三堡에 있으며 그곳은 성 남쪽에서 50리 떨어진 곳이다. 높이는 수십 장丈이고 산 위에 우물이 있다. 당시에 정성공이 이곳에서 거병할 때 물에 독기가 많아 칼을 땅에 꽂아 맛 좋은 샘물을 얻었고, 그것이 지금의 국성정이라고 한다(「봉역지·산천封域志·山川」).

국성정은 철첨산 꼭대기에 있다. 전설에 따르면 정성공이 대갑에 군사를 주둔했을 때 물에 독기가 많아 칼을 뽑아 땅을 쳐서 샘물을 얻었다고 한다. 샘물의 맛이 맑고 시원하며 그 곁에 작은 비석이 있고 국성정國姓井이라는 세 글자가 새겨져 있다(「고적고古蹟考」).

50. 풍동風洞에 깃발을 꽂다

항춘반도恒春半島의 사중계四重溪는 병동현屛東縣에 있다. 가경 연간에 원
주민들이 사중계 근처에서 온천을 발견했고, 나중에 한족들이 그곳을 '출
탕出湯'이라고 불렀다고 한다. 일본 통치 시대 이곳에 온천업이 발전하기
시작하면서 수질이 제일이라는 칭송이 있었으므로 당시에는 매우 유명한
온천 명승지였다.

● 사중계四重溪의 석문. 사진 출처는 『일본 지리 대계』 「대만편」 (1930)

석문石門은 사중계 동북쪽에 있다. 사중계가 그 중앙을 뚫고 흐르고 양쪽에 슬모산風母山과 오중계산五重溪山이 단애를 이루어 지키기는 쉽고 공격하기는 어렵기에 천연 요새로 일컬어진다.

전설에 따르면 석문에 풍동風洞이 있는데, 국성야가 당시에 원주민을 토벌하기 위해 그곳에 군기軍旗를 꽂았다고 한다. 어느 날 바람이 불어와 정성공 군대의 깃발을 휘날리자, 깃발 꼬리가 마치 어떤 곳의 원주민 부락을 가리키는 듯했고 이에 그 부락에 재앙이 닥쳤다고 한다. 나중에 깃발은 뽑아갔지만, 풍동은 메우지 않았기에 한 해 내내 그곳에서 바람이 나온다고 한다. 또 오늘날 항춘의 유명한 '낙산풍落山風'이 바로 그곳에서 불어온다는 전설도 있다.

1874년에 이르러 일본군이 유구인琉球人을 살해한 원주민을 응징하기 위해 대만으로 출병했다. 일본군이 모란사牡丹社(Sinvaudjan)로 진격하던 도중 석문에서 심각한 유혈 충돌에 직면했기에 이곳을 '석문 고전장石門古戰場'이라고도 부른다.

원전

『항춘현지』「잡지」

풍동은 사중계의 석문이다.
탐방록의 기록은 다음과 같다.

"정연평鄭延平(정성공)이 깃발을 꽂은 곳이다. 바람이 깃발을 휘날려 깃발 끝이 어떤 방향을 가리키면 그곳에 재앙이 발생한다. 뒤에 깃발을 제거하고도 그곳 풍동을 메우지 않았다. 지금의 낙산풍이 풍동에서 불어온다."

또 다음 기록도 있다.

"풍동은 팔요만八瑤灣의 깊은 산 속에 있고, 고목이 하늘을 찌르며 가시덤불이 사방에 가득하다. 그곳에 간 사람들이 금기 사항을 모르고 혹시라도 큰소리로 말하면 바로 바람이 크게 일어난다. 이후로는 한족이나 원주민을 막론하고 모두 감히 그곳에 가지 않았다."

지금 전문가가 탐방해보니 석문에도 평지가 있는데, 그곳이 바로 정연평이 병영을 세운 곳이라고 한다.

팔요만은 이미 민둥산이 되어 소위 풍동을 찾으려는 사람은 결국 바다 속 선산仙山을 찾는 것과 같이 되고 말았다.

전설이 이미 오래되었기에 내용을 기록하여 그 오류를 밝히지 않을 수 없다.

51. 선인정 仙人井

소개

전설에 따르면 항춘반도에 선인정^{仙人井}이 있고, 그 위치는 대석산^{大石山} (大尖石山) 밭치다. 샘물이 감미로울 뿐 아니라 질병도 치료할 수 있기에 쿠아루트사^{龜仔用社}(Ku-á-lut)의 사람들은 모두 이 샘물을 마신다. 만약 창상^{創傷}이나 화상을 입은 사람이 이 샘물로 상처를 씻으면 완치될 수 있다.

선인정 가에는 신발 자국이 있다. 이것은 아주 오래전에 신선이 남긴 발자국이기에 이 우물을 선인정이라고 부른다.

원전

『항춘현지』「잡지」

선인정은 현 남쪽 25리 대석산 아래에 있다. 그곳에 매우 감미로운 샘이 솟아 나온다.

쿠아루트 원주민이 그곳의 샘물을 길어 병을 치료한다. 또한 창상과 화상을 입은 사람도 이 샘물로 상처를 씻으면 낫는다.

우물가 바위에 무늬가 있는데 흡사 신발 자국이나 발자국과 같으며 한둘이 아니다. 신선의 발자국이어서 선인정이라는 이름이 붙었다는 전설도 있다.

52. 모해정 毛蟹井

소개

항춘반도의 쿠아르트사가 바로 지금의 사정社頂 지역이고, 이곳에 모해
정毛蟹井(털게 우물)이 있다. 모해정의 수구水口는 기이한 게 모양의 돌이
고, 샘물이 게 입에서 뿜어져 나오기 때문에 이런 이름이 붙었다.

이 우물 물로 씻으면 농창膿瘡, 독창毒瘡, 창상, 화상을 모두 치료할 수
있다.

원전

『항춘현지』「잡지」

모해정은 쿠아루트사에 있다.

우물 수구에 돌이 있으며, 그 모양이 게처럼 털도 있고 집게발도
있다. 게의 입에서 샘이 솟는데 매우 맑고 시원하다.

독창, 창상, 화상 등의 질환은 한 번만 씻어도 낫는다.

소개

항춘반도의 구산龜山(Ku-soan)에는 팔괘정 八卦井이 있다. 물맛이 시원하고 달아서 사람들이 좋아한다.

날씨가 구름 한 점 없이 맑은 날이면 나무꾼과 목동들이 이 우물을 발견하곤 하지만, 마음먹고 그곳을 찾으려 하면 헛수고만 하고 결과를 얻지 못한다.

원전

『항춘현지』「산천山川」

구산은 현성縣城 서쪽 14리에 있다. 서쪽 병동산맥屛東山脈에서 구불구불 단속적으로 이어오는데, 높이가 수십 장丈에서 백 장에 이른다. 산의 모습이 엎드린 거북과 같아서 이런 이름이 붙었다.

현성의 서쪽은 서북에서 정서正西까지 비어 있고, 구산이 그곳을 병풍처럼 막아준다. 산 위에 초목이 많으며, 달고 시원한 샘물이

있다. 나무꾼과 목동들이 뜻하지 않게 이 샘물을 만나 목을 축이곤
한다. 그러나 마음먹고 찾으려 하면 도리어 길을 잃고 샘물을 찾지
못한다. 마을 사람들은 그 샘물이 움직일 수 있다 여기고, '팔패정'
이라는 이름을 붙였다.

『항춘현지』「잡지」

팔패정은 구산에 있다. 샘물이 달고 시원하다.

날씨가 맑을 때는 나무꾼과 목동들이 우연히 그 샘물을 만나곤
하지만, 마음먹고 찾으려 하면 그곳으로 가는 길을 잃는다.

『주역周易』에 이르기를 "변동하여 한 곳에 있지 않으며 여섯 방
위로 두루 떠돌아다닌다^{變動不居, 周流六虛}"*라고 했는데, 그 우물이 그
렇다.

---

* 〔역주〕『주역周易』「계사하전繫辭下傳」제8장.

54. 여령산女靈山

항춘반도에 신선이 사는 산이 있는데 이름이 여령산女靈山이다.

전설에 따르면 옛날에 나무꾼이 약속을 하고 산으로 들어갔다가 한 노인을 만났다. 노인과 나무꾼은 함께 기이한 차를 마셨다. 나무꾼은 짙은 차향에 놀라 몰래 찻잎을 가져가려 했으나 산속에서 길을 잃었다. 결국 나무꾼은 찻잎을 버리고 나서야 순조롭게 산에서 나올 수 있었다.

또 전설에 여령산 위에 샘물이 있는데, 바다의 밀물, 썰물에 따라 물의 높이가 달라진다고 한다.

또 다른 전설에 따르면 17세기에 전란 때문에 어떤 여자가 산속으로 피난했다가 불행하게도 낭떠러지에서 떨어져 죽었다고 한다. 나중에 사람들이 산속에서 길을 잃으면 반드시 여자의 혼백이 길을 인도하여 산에서 빠져나오도록 하기 때문에 여령산이라 부른다고 한다.

『항춘현지』「잡지」

여령산은 현縣의 동북쪽에 있으며 풍항楓港에서 35리 떨어져 있다.

높이는 수천 장丈에 이르고 바위가 돌출해 있고 고목이 하늘을 찔러 신선이 사는 바다 속 봉래산과 같은 경관이 있다.

어떤 탐방자는 다음과 같이 말했다. "옛날에 나무꾼이 약속을 하고 산으로 들어갔다가 한 곳에 이르렀는데, 봉우리에 비췻빛이 가득하고 화초가 흐드러져 있었다. 그곳에서 어떤 노인이 찻잎을 따서 친절하게 머물게 하고 차를 끓여주었는데 향기가 심장과 폐부에까지 스며들었다. 나무꾼은 몰래 찻잎을 갖고 나오려다 길을 잃었다. 노인이 빙그레 웃으며 말했다. '그것은 인간이 가질 수 있는 것이 아니오. 마실 수는 있지만 가져갈 수는 없소.' 이에 나무꾼은 찻잎을 버리고서야 돌아올 수 있었다. 당시에 함께 갔던 사람 네댓 중에서 지금도 풍항에 그 차를 마신 사람이 생존해 있는데, 노령임에도 맑고 굳건하며 보통 사람보다 정신이 100배나 분명하다." 이것이 한 가지 전설이다.

또 다음 이야기도 있다. "산 위의 바위샘 한 곳에서 물이 흘러나와 그것이 쌓여 연못이 되었으며, 넓이가 1무畝(100평)에 이른다. 맑은 물이 출렁이며 심한 가뭄에도 마르지 않고, 바다의 밀물, 썰물에 따라 높이가 달라진다. 그것은 일상으로 나타나는 현상이다.

사방 호안潮岸에는 정강이가 빠질 정도로 진흙이 쌓여서 소도 감히 그곳에서 물을 마시지 못한다. 연못 가운데에 한 줄기 굵은 밧줄과 배의 키가 하나 있고 세월이 오래 지났는데도 썩지 않는다. 무이武夷와 경주瓊州 등지의 절벽과 유사하다. 또 영고탑성寧古塔城 서쪽 해한산海限山 만학천봉의 비췻빛 가운데 둘레 80여 장丈에 이르는 못이 있다. 역시 매일 썰물과 밀물 때마다 바닷물과 서로 호응하는 모습을 함께 구경할 수 있다. 조물주의 기이한 경관은 진실로 그 까닭을 억지로 추측할 수 없다." 이것이 또 한 가지 전설이다.

또 이런 이야기도 있다. "청나라 초기에 정연평이 전쟁을 일으켰을 때, 어떤 여자가 그 산 위로 피란 갔다가 길을 잃고 귀가하지 못하고 결국 바위 아래에서 죽었다. 뒤에 그곳에 갔다가 귀갓길을 잃은 사람이 있으면 여자가 그를 인도하여 산을 나갈 수 있게 하기에 '여령산'이라고 한다." 혹자는 이르기를 "그 여자는 이씨李氏로 어떤 선비의 딸이며, 발음이 비슷하다고 한漢나라 이릉李陵의 이야기에 견강부회하지만 절대 그런 일은 없다"라고 했다. 이것이 또 한 가지 전설이다.

이는 해외 오랑캐가 사는 궁벽한 땅이 비로소 개척되기 시작하면서 시골 늙은이들이 전한 이야기로 깊이 고찰해볼 가치가 없다.

55. 팽호 해저의 고성古城

팽호 호정서虎井嶼의 동남쪽 바깥 바다에 침몰한 고성古城이 있다는 오래된 전설이 있다.

이 전설에 따르면 바다 속에 침몰한 고성은 붉은 벽돌로 건축했고, 아마도 해일이나 지진 등 천재지변에 의해 깊은 바다 속으로 침몰했을 가능성이 있다고 한다.

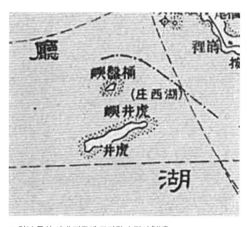

● 일본 통치 시대 지도에 표기된 호정서虎井嶼

연횡 連橫(1878~1936)은 『대만통사臺灣通史』에서 이렇게 말했다.

"팽호 호정서의 동남쪽에 침몰한 성이 있다. 날씨가 맑고 파도가 고요
한 날에는 눈에 잡힐 듯이 바라보인다. 둘러친 성벽이 들쭉날쭉 돌아
가는데 둘레가 수십 장丈에 이른다. 어부들은 늘 색이 붉고 쇠처럼 단
단한 벽돌을 줍곤 한다. 그런데 바다에 침몰하여 침식된 데다 벽돌 위
에 굴과 조개가 붙어 있어서 1000여 년이나 지난 물건처럼 보인다."

『팽호청지』「규제·성지規制·城池」, 청 임호

호정서 동남쪽 항구에 작은 성이 침몰해 있다. 주위 둘레는 수십
장에 이르고 벽돌은 붉은색이다.

가을에 물이 맑을 때 어부들이 파도 속을 굽어보면 높고 견고한
성가퀴의 은은한 모습이 눈에 잡힐 듯하다.

잠수를 잘하는 사람이 바다 속으로 들어가 조금 시간이 지나면
성가퀴 위에 서거나 성 가까이에서 물고기나 새우 따위를 잡을 수
있는데 그 말이 모두 사실과 부합한다. 그러나 성이 언제 침몰했
는지는 알 수 없다. 뽕나무밭이 바다로 변한 모습에 마음이 슬퍼
진다.

56. 거대한 단풍나무 巨楓樹

전설에 따르면 항춘반도 산속 어느 곳에 거대한 단풍나무 고목이 있고, 텅 빈 고목 줄기 안에 사람이 거주할 수 있을 정도이며, 거대한 뿌리는 교량과 같다고 한다.

● 『생번 전설집』(1923)에 실린 「용수의 뿌리榕樹之根」를 위해 시오쓰키 도호鹽月桃甫가 제작한 판화 삽화. 필법이 분방하고 대담하다.

이처럼 거대한 나무가 정말 존재했을까? 일본 통치 시대에 사야마 유키치와 오니시 요시히사가 편집한 『생번 전설집』(1923)에 거대한 나무에 관한 파이완족의 전설 「용수의 뿌리^{榕樹之根}」라는 글이 실려 있다. 내용은 다음과 같다.

"아주 오래전 바다 속에 매우 거대한 용수^{榕樹}가 있었다. 거대한 용수의 뿌리는 사방으로 뻗어나갔기에, 사람들은 그 뿌리 위를 걸어서 다른 나라로 갈 수 있었다. 당시 대동^{臺東} 지역에 '가와룬^{佳窩倫}'이란 이름의 한 남자가 있었다. 그는 나무뿌리를 따라 다른 나라로 갔다가 심지어 한 여자를 데리고 왔다. 그는 마을로 돌아온 뒤에 여자를 보내지 않으려고 나무뿌리를 잘랐다. 이에 희귀하고 거대한 용수가 그때부터 사라지게 되었다."

원전

『대양필기』「대수^{大樹}」, 청 책호

대양^{臺陽} 봉읍^{鳳邑}의 남쪽에 낭교산^{瑯璠山}* 있고 미개한 원주민이 산다.
군^軍 소속 장인^{匠人}이 목재를 장만하러 산으로 들어갔다가 밤이

─────────
* 〔원주〕낭교瑯璠: 지금의 병동현屛東縣 항춘의 다른 이름이 낭교瑯璠다. 낭교琅嶠로도 쓴다. 파이완족 말을 음역한 것이다.

되어 그곳에 묵게 되었는데, 숙박할 집이 없었다. 이에 모두 쌀을 가지고 나무 부스러기를 모아 밥을 해먹었다.

그 산속에 거대한 단풍나무가 한 그루 있었는데, 높이가 몇 십 장인지 알 수 없었고 주위는 대략 2~3리里*에 달했다.

나무가 늙어서 줄기 가운데는 텅 비었고, 겉에 겨우 껍질 한 겹만 남아 있었으며 가지도 태반은 스러진 상태였다. 장인은 그 속에 묵었는데, 30여 집의 밥짓는 연기가 가지 끝으로 피어나오더라도 나무 안에 사람이 있는지 모를 정도였다. 뿌리가 일어난 곳은 마치 교량과 같았다.

나는 을축년에 고향으로 돌아왔다. 봉산鳳山 남쪽 길을 통해 온 사람이 있기에 그에게 물어보니 그 나무의 울창한 모습이 옛날과 같다고 했다.

---

* [원주] 리里: 청나라 때 대만에는 아직 도량형이 표준화되지 않았다. 청나라 말기의 영조척營造尺에 의거하여 계산해보면, 1척尺은 대략 0.32미터며, 10척이 1장丈이고, 190장이 1리里다. 현재 단위로 환산해보면 당시 1리는 576미터였다. 따라서 이 글 속에 나오는 2~3리는 대략 1.1킬로미터에서 1.7킬로미터 사이임을 알 수 있다.

거대한
단풍
나무 巨楓樹

높이는
몇 척인지
알 수 없고,
주위는
대략 2~3리에
이른다.
뿌리가
일어난 곳은
마치 교량과
같다.

57. 악마의 바다 소용돌이: 낙제落漈

소개

대만해협의 흑수黑水 해역은 '흑수구黑水溝' 또는 '흑수양黑水洋'이라고 부른다. 전설에 따르면 바다 가운데 먹빛과 같은 긴 수역이 있기 때문에 그런 이름이 붙었다고 한다. 오래 전부터 대만에는 흑수구에 관한 신비한 이야기가 많이 전해온다.

예를 들면 팽호 호서향湖西鄉의 노인들이 전하는 다음과 같은 민담이 그것이다. 국성야가 선단을 이끌고 대만으로 오면서 팽호 연해를 지날 때, 배 위에 준비한 담수淡水가 다 떨어져서 사병들이 심한 갈증에 시달렸다. 그때 국성야가 신령함을 발휘하여 몸에 차고 있던 보검을 바다에 던졌다. 보검이 바다로 깊이 들어가는 순간, 해면에는 긴 띠와 같은 검은색 수역이 생겼다. 그 길이가 100리에 이르렀고 형상은 마치 긴 보검과 같았다. 그리고 그 수역의 바닷물이 모두 담수로 변하여 사병들이 안심하고 마실 수 있었다.

국성야의 보검 이야기 이외에도 흑수양 근처에는 '낙제落漈'라는 이름의 거대한 소용돌이에 관한 이야기도 전해지고 있다.

모든 물이 동쪽으로 흘러가다가 물살이 약해져서 떨어지는 약수弱水의 끝이 바로 '낙제'라고 한다. 그것은 가공할 만한 대형 바다 소용돌이다. 바닷물이 이곳에 이르면 거대한 폭포처럼 수직으로 떨어져 바다 밑의 가장 깊은 곳에 닿는다고 한다. 만약 선박이 예상치 못한 상황에서 이 소용돌이 속으로 끌려 들어가면 1만 장丈 아래의 검은 심연으로 떨어져 심해 끝으로 들어갈 수 있다고 하며 구사일생으로 살아나도 다시 돌아올 방법이 없다고 한다. 게다가 이 거대한 소용돌이의 정확한 위치를 아는 사람은 아무도 없다는 것이다.

이 때문에 배를 타고 흑수양을 운행하는 사람들은 늘 낙제에 대해 심한 공포심을 느끼면서 '돌아올 수 없는 심연으로 떨어질까 봐' 두려워한다.

낙제 전설은 이른 시기 역사서인 『원사元史』에 이미 보인다.

"서쪽, 남쪽, 북쪽은 모두 물인데, 팽호에 이르러 수위가 점차 낮아지고, 유구에 가까이 가면 그곳을 '낙제落漈'라고 한다. '제漈'라는 것은

● 항해할 때 배 위에는 반드시 방향을 판단할 수 있는 나침반을 비치해야 한다. 이것은 19세기 중국식 나침반이다(「Chinese Compass」, 네덜란드국립박물관, 1850~1899). 나침반 표면에 천간天干과 지지地支로 이루어진 24방위가 표시되어 있다.

물이 아래로 떨어져 돌아오지 못한다는 뜻이다. 무릇 서쪽 해안의 고
깃배가 팽호 아래로 가서 태풍을 만나 낙제까지 표류했다가 다시 돌
아온 이는 100명 중 한 명에 불과하다."

청나라 때 대만 문헌에도 종종 이와 관련된 진술이 나온다.

낙제에 관한 전설은 원, 명, 청 이래로 시종일관 양안兩岸을 왕래하는
뱃사공들의 악몽으로 인식되었다. 뱃사공들은 항해할 때 항상 자신의 선
박이 낙제의 소용돌이로 말려 들어가지 않게 해달라고 기원했다. 그런데
전설에 홍전洪錢이란 사람이 낙제로 떨어졌다가 죽을 운명에서 순조롭게
벗어난 적이 있다고 한다.

홍전에 관한 사적은 『팽호청지』에 기록되어 있다.

어느 해 홍전은 군인의 신분으로 대만의 군영에 편입되었기 때문에 하
문에서 배를 타고 대만으로 가게 되었다. 그런데 뜻밖에도 동쪽으로 건너
갈 때 자신의 배가 불행하게 태풍과 폭우를 만나 돛과 노와 키가 파손되
어 '낙류落溜(落漂)'로 떨어졌고, 결국 대해에서 방향을 잃고 말았다.

그 뒤 홍전이 탄 배는 바람과 조류에 밀려 어떤 무명 항구에 도착했다.
그곳 해안에는 수많은 선박의 잔해가 쌓여 있었다. 또 백사장에는 은백색
동전이 널려 있었는데, 그 동전들은 파도에 마모되어 얇은 낙엽과 같았
고, 헤아릴 수 없이 많은 해골도 이리저리 흩어져 있었다.

섬에는 기이하고 커다란 새가 날아다녔으며, 백사장에는 대형 조개가
널려 있었고, 조개껍질 속의 진주는 바둑알만큼 컸다. 그러나 백사장에
서 부주의하게 그 조개를 밟으면 두 발이 조개에게 물려 빠져나올 수 없
었다.

하루하루 날짜는 흘러가는데도 홍전과 동료들은 그 기괴한 섬에 갇힌 채, 비상식량도 거의 다 먹어버렸다. 일행들은 굶주리게 되자 해변으로 가서 먹을 만한 해물을 따서 먹거리로 삼았다.

재난을 당한 이래로 홍전의 동료들은 끊임없이 기괴한 일을 당해 목숨을 잃거나 굶어서 사망했다.

다행히 홍전의 행장에는 자신이 휴대한 환약이 있었고, 그는 이 환약을 먹으며 허기를 면했다. 본래 이 환약은 홍전이 자신의 모친에게 바칠 생각이었으나 뜻밖에도 이런 지경에 이르자 마침내 자신의 생명을 구하는 약으로 변했다.

10여 일이 지나도록 홍전과 생존한 동료 대여섯 명은 섬에서 다른 사람을 전혀 만나지 못했다. 이들은 수심에 젖어 이미 희망의 끈을 놓고 있었는데, 그때 마침 저 멀리 바다 위로 배 한 척이 지나갔다. 사람들은 얼른 일어나 '사람 살려요'라고 소리쳤고, 마침내 다행히 구조될 수 있었다.

원전

『비해기유』, 청 욱영하

계롱산鷄龍山 아래는 실로 약수弱水에 가까워서 배가 그곳에 이르면 침몰한다. 혹은 그곳을 '만수조동萬水朝東'이라 부르기도 한다. 물살이 아래로 쏟아지는 것 같아서 그곳으로 말려들면 땅 밑으로 들어간다. 콸콸 동쪽으로 흘러서 돌아오지 못한다.

『관해집觀海集』「해박잡시海舶雜詩」, 청 유가모

산그림자 아득한데 물은 하늘에 이어졌고,　　　山影迷茫水接天,

나는 새도 조타실 곁에 앉지 못하네　　　　　　鳥飛不到柁樓邊

바닷바람이 한밤 내내 흰 머리에 불어오는데　海風一夜吹頭白

폭풍에 떠밀려 어찌하여 12년이나 발이 묶였나　落溜爭禁十二年

[작자 주註: 바다를 운행하는 배가 태풍을 만나 조수의 흐름에
따라 동쪽으로 흘러가는 것을 '낙류落溜'라고 한다. 옛날에 태풍
에 떠밀려 표류하던 사람이 12년을 지나 바닷물이 서쪽으로 흐
름을 바꾸자 비로소 탈출할 수 있었다고 한다.]

『팽호청지』「인물·향행鄕行」

홍전은 홍라조사紅羅罩社(팽호에 있었다) 사람으로 자긍심이 높
고 효성스러웠다.

젊어서 대만 군영에 배치되어 하문에서 배를 타고 동쪽 대만으
로 건너가다가 중도에 폭풍을 만나 키가 부러져 월粵(광동성) 땅
경계 남쪽으로 표류했는데, 바닷물이 아래로 떨어지면서 소위 낙
류落溜로 들어갔다. 바람이 갑자기 방향을 바꾸자 조수도 급해졌고
이에 바람과 조수를 따라 어떤 항구에 이르렀다.

해변에 부서진 배가 많았고, 백사장에는 모두 흰 동전이 널려 있
었는데 바다 조수에 마모되어 나뭇잎처럼 얇았으며 백골과 엇섞여

이리저리 흩어져 있었다.

크고 기이한 새가 사람을 보고도 날아가지 않았다.

백사장에는 큰 조개가 널려 있었고 조개 속 진주의 크기가 바둑돌만 했다. 혹시 발을 잘못 디뎌 조개를 밟으면 조개에게 물려 벗어나지 못하고 사망했다. 이 때문에 해안으로 오르는 사람은 반드시 조심하면서 방비해야 했다.

홍전과 동료들은 배를 버리고 해안으로 올라가 바다를 두루 살피며 해로를 찾으려 했다.

휴대한 식량이 떨어져 해물을 따서 먹었지만 날마다 사망자가 생겼다.

홍전은 하문에 있을 때 환약을 조제하여 집으로 돌아갈 때 모친에게 드릴 생각이었다. 그 환약을 날마다 몇 알씩 먹고 황량한 산과 숲에서 목숨을 이어가며 기괴한 금수들과 섞여 살았다. 동료가 대여섯 명 남을 때까지 10여 일이 지나도록 주민을 만나지 못했다.

멀리 바다 위를 지나는 큰 배가 보이자 고함치며 구조를 요청했다.

그 배가 삼판杉板을 내려 구조했고, 이에 모든 것을 버리고 그 배를 타고 돌아왔다.

58. 사자후獅子喉가 연기를 뿜다

고웅高雄 임원향林園鄉의 산 위에 '사자후獅子喉(사자의 목구멍)'라는 이름의 기이한 동굴이 있다. 그 모습이 마치 사나운 사자가 입을 벌리고 있는 듯하다.

전설에 의하면 사자후가 연기를 뿜으면 산 아래 동항東港에 반드시 큰 화재가 발생한다고 한다.

『봉산현 채방책鳳山縣采訪冊』「지여2·제산地輿二·諸山」, 청 노덕가盧德嘉

사자후

산 위에 동굴이 있는데 직경이 6척 정도이고 사자가 입을 벌리고 있는 모습이다. 원주민들이 말하기를 "그 사자의 목구멍에서 연기가 나오면 동항에 반드시 화재가 발생한다"고 한다. 이런 이치는 특히 이해하지 못하겠다.

59. 오귀烏鬼라는 지명

남부 대만에는 '오귀烏鬼'가 포함된 지명이 많다. 예컨대 대남臺南의 오귀정烏鬼井과 오귀교烏鬼橋, 고웅高雄의 오귀포烏鬼埔 등이 그러하다. 이런 지명에 포함된 '오귀'는 기실 당초에 서양인들이 대만에 데려온 흑인 노예

● 일본 나가사키長崎의 데지마出島에 일찍이 외국인을 위해 설치한 전용 거류지가 있었다(1641~1859년 사이). 또 이곳은 네덜란드 상관商館 소재지이기도 했다. 이 그림은 「데지마의 무역 포스트出島的貿易站(The Trading Post at Dejima)」(네덜란드국립박물관, 1840)에서 발췌했다. 네덜란드인과 흑인 노예烏鬼가 데지마 거리를 걸어가는 모습과 흑인 노예 두 명이 화물을 운반하기 위해 애쓰는 모습이 묘사되어 있다.

● 이 그림은 일본 나가사키에서 제작되었다. 네덜란드인 다섯이 식사하는 장면이다(「Five Dutch Men having a Meal」, 네덜란드국립박물관, 1790~1810). 그중 의자 하나에 VOC라는 동인도회사의 문양이 새겨져 있다. 다섯 명은 아마 모두 네덜란드동인도회사의 직원인 듯하다. 식탁 양쪽에 각각 검은 피부의 자바 노예가 시중을 들고 있다. 한 명은 계란을 담은 큰 쟁반을 받쳐들고 있으며, 한 명은 술을 따르고 있다.

● 네덜란드인의 흑인 노예. 인도, 인도네시아, 미얀마 등지의 노예가 포함되어 있다. 이들은 피부가 비교적 검기 때문에 한족 언어로 흑노黑奴, 흑인黑人, 오귀烏鬼, 귀노鬼奴 등의 비칭卑稱으로 불렸다. 이 그림은 「데지마의 무역 포스트出島的貿易站(The Trading Post at Dejima)」(네덜란드국립박물관, 1840)에서 발췌했다. 일본의 데지마 거리를 맨발로 걸어가는 자바 출신 여자 노예를 묘사했다.

를 가리키는 어휘였다.

대항해 시대에 유럽인과 함께 대만 땅을 밟은 흑인 노예는 대부분 인도네시아나 필리핀처럼 동남아 섬 출신 원주민이었다. 대만 한족의 눈에는 유럽인들이 부리는 흑인 노예들이 모두 피부가 거무튀튀한 이방인으로 인식되었기에 '오귀烏鬼'라는 속칭으로 불렸다.

흑인 노예들을 관리하기 위해 네덜란드인은 엄격한 법률을 시행했다. 예를 들어 『질란디아 일지』라는 문헌 1637년 4월 2일 자에 다음 기록이 있다.

> "먼저 프란시스코 반 말레바에르Franscisco van Mallebaer는 회사의 노예인데, 대담하게도 지난달 26일 자신의 감방에 불을 내서 인접한 초가집 네댓 채와 회사 직원의 주택을 연소시켰다. 이런 행위에 대해 모든 부주의한 흑인들에게 경고하고 또 본보기로 삼기 위해 엄격한 징벌을 내려야 했다. 이에 낙인형烙印刑을 선고함과 아울러 평생토록 쇠사슬을 찬 채 일을 하도록 하고, 즉시 이러한 심판을 집행하게 했다."

네덜란드 사람들은 대만에 흑인 노예를 데려왔지만 노동력은 여전히 부족했다. 이에 당시에 많은 한족을 모집하여 대만을 개간하게 하고 농경과 경제 발전에 협조하게 했다. 예를 들어 당시 한족 은장銀匠* 픽코Peecko는 생계를 위해 대만으로 왔지만, 여러 번 위조 사건을 일으켜 폭리를 취하려 했다. 이 때문에 네덜란드인에게 발각된 뒤 나무 기둥에 포박당하는

---

* 〔역주〕은장銀匠: 금, 은, 구리 등의 세공을 직업으로 삼은 사람.

형벌을 받고 추방되었다.

● 대만 사당 기둥의 머리 부분에는 '사당 기둥을 받치는 감번憨番(소박한 원주민)' 목상이 설치되어 있다. 이른바 '감번'은 백인이 대만으로 데려온 검은 피부의 노동자 '오귀'일 가능성이 있다. 사진은 대중臺中 균안궁均安宮 머리의 '감번' 조형이다. 구레나룻을 기른 건장한 몸집의 감번이 큰 눈을 부라리며 사당의 처마 일각을 받치고 있는데 형상이 매우 선명하다.

원전

『중수 봉산현지』 「여지지興地志」, 청 왕영증

오귀보산烏鬼埔山은 현縣 동북쪽 15리에 있고 횡산橫山과 이어져 있다. 전설에 따르면 홍모紅毛(서양인) 시대에 오귀를 이곳에 모여 살게 했다고 하며, 지금도 그 터가 남아 있다.

나무꾼들이 자주 이곳 땅을 파서 마노瑪瑙 구슬과 기이한 돌 등 보석을 발굴하곤 하는데 이는 대개 네덜란드 통치 시대에 묻은 것이다.

『중수 대만현지重修臺灣縣志』, 청 왕필창王必昌(1704~1788)

오귀정烏鬼井은 진鎭의 북쪽 마을에 있다. 수원이 매우 풍부하여 가뭄에도 마르지 않는다.

'오귀'는 번국番國 이름이고, 오귀는 서양인의 노예를 가리킨다. 그들은 온몸이 검고 물에 들어가도 가라앉지 않으며 바다를 마치 평지처럼 걷는다.

이보다 앞서 서양인들이 오귀에게 우물을 파게 하고 판다누스 Pandanus tectorius(菻茶) 나무로 옹벽을 쌓은 뒤 늠도정菻茶井이라고 부르게 했다. 지금은 벽돌로 바꿨다. 뱃사람들이 모두 이곳에서 물을 긷는다.

60. 금낭선고 金娘仙姑

건륭 51년(1786) 대만 역사에서 3대 민란*의 하나로 일컬어지는 임상문林爽文(1756~1788) 사건이 발생했다.

임상문 진영에 장대전莊大田(1734~1788)이라는 장수가 있었다. 그는 자신의 아들 장천외莊天畏가 병이 들자 상담수사上淡水社**의 무당 금낭金娘(1747~1787)을 찾아가서 도움을 요청했다. 금낭은 부적으로 병을 치료하는 법술을 갖고 있었기에 순조롭게 장천외를 치료했고 병영 안의 다른 환자 치료에도 도움을 주었다.

---

* 〔역주〕 대만 역사의 3대 민란: 청나라 때 대만에서 발생한 세 가지 민란으로 주일귀 사건朱一貴事件, 임상문 사건林爽文事件, 대조춘 사건戴潮春事件을 가리킨다.

** 〔원주〕 금낭金娘은 체포된 뒤 자신을 '상담수사'(지금의 병동屛東 만단萬丹) 출신이라고 진술했다. 그러나 다른 문헌에는 대개 '하담수사下淡水社'로 기록되어 있다.

사람들은 금낭의 술법이 교묘하다고 경탄하며 금낭의 신기한 능력을 굳게 믿고 그녀를 '선고仙姑'라고 존칭했다. 장대전도 그녀를 초청하여 여군사女軍師로 삼았다. 전투가 벌어질 때마다 금낭은 손에 칼을 들고 주문을 외우며 북을 쳤다. 그녀는 귀신의 힘을 빌려 군대에 복을 내려주고 위력을 더해주었다.

금낭은 기묘한 법력을 갖고 혁혁한 풍모를 보였기에 임상문은 그녀를 '일품주국부인一品柱國夫人'으로 봉했다.

그러나 오래지 않아 금낭은 청나라 군대에 체포되어 '부적으로 사기를 친' 요녀임을 자인했다. 이에 북경으로 압송되어 엄한 형벌을 받았다. 『흠정평정대만기략欽定平定臺灣紀略』에 이 일이 기록되어 있다.

"원주민 여자 금낭은 일찍이 부적을 그려 병을 치료하는 방법을 배웠다. 임상문이 그녀를 자신의 파당으로 규합하여 여군사 일품부인女軍師一品夫人으로 봉했다. 그녀는 부적과 주문으로 귀신을 불러 전쟁을 도우면 총과 대포를 맞지 않는다고 사기를 쳤다. 매번 적의 무리 속에서 북을 치며 칼을 잡은 채 입으로는 주문을 외우며 무리를 속였다."

원전

『대안휘록 갑집臺案彙錄甲集』「부록·기장대전지란附錄·紀莊大田之亂」

5월 무인일(12일), 상청常青이 장졸 3000명을 감독하여 친히 남담南潭으로 가자 장대전이 소문을 듣고 먼저 달아났다.

상청은 원주민 여자 금낭과 도적 두목 임홍林紅*을 잡아서 귀환했다.

금낭은 하담수下淡水의 원주민 여자로 부적 주문을 배워 사람의 병을 치료했다. 장석사莊錫舍가 봉산을 공격할 때 그녀를 초청하여 군사軍師로 삼았다. 진영에 모시고 그녀에게 부적 주문을 암송하게 하여 신령의 도움을 기원했기에 군대에서는 모두 그녀를 '선고仙姑'라고 일컬었다.

봉산을 다시 함락한 것이 모두 선고의 공이라고 했다.

임상문이 그녀를 '일품주국부인'으로 봉했다.

임홍이란 자는 다른 재능은 없었고 다만 원주민 여자 금낭과 사통하며 적을 맞아 싸울 때마다 그 여자의 좌우를 수행할 뿐이었다.

장석사가 항복한 뒤 금낭은 장대전에게 귀의했다. 마침 장대전이 도주하자 장석사는 임홍과 금낭을 유인하여 동행한 뒤 마침내 사로잡아 상청에게 바쳤고, 상청은 그녀를 함거檻車에 실어 도성으로 보내 법률에 따라 처분하게 했다.

---

* 〔원주〕임홍林紅: 봉산 출신 남자로, 전설에 의하면 금낭과 누나 동생으로 부르며 연인 관계에 있었다고 한다.

61. 시라야족 西拉雅族의 '향 向'

'향 向'은 시라야족 언어를 음역한 것으로 아립조 阿立祖(a-lip-tsóo, 시라
야족의 조상)의 신령한 법력을 상징하는데, 그 법술을 행하는 것을 '작향
作向'이라고 한다.

그러나 '향 向'의 의미는 매우 다원적이다. 예를 들어 '향혼 向魂'이 영혼
이나 혼백을 뜻하는 것이 그것이다. '향 向'의 의례를 행한 호리병의 물은
'향수 向水'라 부르며 이 물에는 선조의 영혼이 베푼 힘이 들어 있다고 한
다. 만약 호리병에 '향수 向水'를 가득 채우면 그 병은 선조의 영혼을 대표
하는 성물 聖物이 된다. '개향 開向'*을 완성한 뒤의 '향수 向水'로는 복을 빌고
평안을 기원할 수 있다.

---

* 〔역주〕개향 開向: 음력 7월 1일에 향혼 向魂을 풀어주는 의식이다.

『소유구만지小琉球漫誌』, 청 주사개朱仕玠(1712~?)

지난날 북로北路의 원주민 노파가 저주의 술법을 부릴 수 있었는데 그것을 '향向'이라고 불렀다.

먼저 술법을 나무에 시험하여 나무가 죽으면 다시 술법으로 풀어서 나무를 소생시킨 뒤에 그 술법을 일상에 쓴다. 그렇지 않으면 향向이라는 법술을 풀 수 없을까 겁냈기 때문이다. 자물쇠와 열쇠를 쓰지 않은 곳에도 감히 도적질을 하지 못하는 것은 '향向'을 잘 썼기 때문이다.

밭두렁에 몇 척마다 나무 막대를 하나씩 박고 끈으로 둘러쳐 놓으면 멧돼지나 사슴들이 감히 들어오지 못한다. 한족이 처음 대만에 와서 실수로 남의 과일을 따 먹다가 입술이 부르트자 그 주인을 찾아가서 술법을 풀어달라고 했다. 잠깐 부탁하고 짐짓 어떻게 하는지 살펴보는 사이의 순식간에 입술이 처음처럼 회복되었다. 혹은 돌을 땅에 가져다 놓고 공중으로 날게 하다가 소리를 질러 바로 멈추기도 했다.

62. 신령한 화살靈箭이 일으키는 기이한 일

'대미大眉'로 불리는 대만 중부 도리다사大肚社(Dorida) 원주민의 장로長老
는 궁술弓術이 지극히 정묘하다. 전설에 따르면 매년 봄, 농사를 시작할 때
부족들이 모두 대미를 초청하여 신령한 화살靈箭을 쏘게 하며, 대미의 신
령한 화살이 지나간 경작지에는 큰 풍년이 들고 사슴이나 멧돼지도 감히
그곳을 침범하지 못한다고 한다.

원전

『대만부지』「외지·잡기」, 청 고공건

「신령한 화살靈箭」

제라현 대두사 원주민 수령을 대미라고 부른다. 매년 봄에 농사
를 시작할 때, 원주민들은 대미를 초청하여 화살을 쏘게 한다. 화
살이 미친 땅은 작물을 크게 수확하고 사슴이나 멧돼지도 곡식을

해치러 오지 않는다. 그러나 화살이 미치지 못한 곳은 작물이 시들어서 수확을 하지 못한다.

63. 달 속 검은 그림자의 유래

소개

    카우카우족^{猴猴族}(Qauqaut)은 대만 원주민이다. 그들은 본래 타얄족^{泰雅族}(Tayal)과 섞여 살았으나 뒤에 상대 부족과 간극이 발생하여 남방오^{南方澳} 지역으로 이주했다. 이 부족에 관한 기록은 희귀하여 매우 신비한 원주민으로 간주된다. 매케이가 일찍이 1892년에 이 부족을 방문하여 관련 기록을 남겼다.

    예를 들어 카우카우족의 묘지 풍속에 관해 그는 자신의 일기에서 다음과 같이 기록했다.

> "이전에 이 부족이 망자^{亡者}를 매장하던 방식은 땅에 구덩이를 파고 망자를 반듯하게 앉히고 그 곁에 망자가 쓰던 그릇, 담배, 담뱃대 등을 부장했다. 묘혈을 덮을 때가 되면 모든 가족이 즉시 집으로 달려가서 곡을 했다."

    이 밖에도 매케이는 달 속의 검은 그림자에 대한 카우카우족의 관념도 기록했다.

『매케이 일기^{馬偕日記}(The diary of George Leslie Mackay)』, 매케이 원저,
왕룽창^{王榮昌} · 왕징링^{王鏡玲} · 허화구이^{何畫瑰} · 린창화^{林昌華} · 천즈룽^陳
^{志榮} · 류야란^{劉亞蘭} 번역.

◈ 1892년 5월 9일

남방오 사람들의 유래(남풍항^{南風港})

남방오 뒷산에 '카우카우사'라고 불리는 원주민 촌락이 있다. 그
곳에서 귤, 복숭아, 유자, 감, 매실이 나고, 또 그들이 Pat-chi-lút
과 Ka-ná로 부르는 식용 과일 면포과^{麵包果}(빵 과일)도 생산된다.

현지인들과 미개한 원주민들은 본래 매우 사이가 좋았지만, 현
지인들이 축제를 하며 원주민들에게 개고기를 준 뒤로는 상황이
달라졌다. 원주민들은 이 일을 알고 반드시 복수하겠다고 맹세한
뒤 싸움이 시작되었다.

카우카우 사람들은 본래 거주지에서 나와 소오^{蘇澳} 북쪽 3마일
되는 곳으로 이주했다. 그곳에서 많은 사람이 학질로 사망한 뒤에
현 거주지인 남방오를 찾아서 촌락을 건설하고 지금까지 생활을
이어왔다.

그때로부터 이미 50년이 지났지만, 그들과 원주민 사이에는 여
전히 어떤 화해의 움직임도 없다.

현재 그곳에는 카우카우족 후손이 11호 남아 있고 나머지는 카
바란족^{噶瑪蘭族}(Kabalan)의 다른 마을에서 온 사람들이다.

달 표면의 검은 그림자에 대해서 모든 주민은 아래에 서술한 방식으로 해석한다.

미개한 원주민들이 살인을 했다(66세 된 노파 A Pí Tu Kit가 들려준 이야기). 어떤 조상에게 대략 여섯 살 정도 된 사내아이가 있었는데, 그 아이가 미개한 원주민에게 목이 잘렸다. 그 아이는 밖으로 나가서 연을 날리던 중이었다. 아이의 부모는 달님 Bu-lân에게 기원하기를 부디 달님께서 세상으로 내려와 목이 잘린 아이의 옷가지 등등의 물건을 갖고 가서 온 세계가 자신들의 슬픔을 볼 수 있게 하고 알 수 있게 해달라고 했다.

64. 아미스족에 관한 조지 테일러의 기록

소개

영국인 조지 테일러는 1882년에 대만의 남갑에 와서 남갑 등대(지금의 아란비鵝鑾鼻 등대)의 등대원으로 재직하다가 1887년에 직장을 떠났다.

조지 테일러는 대만에 거주할 때 남부 원주민(아미스족, 파이완족)의 문화를 기록했는데, 여기에는 풍속과 신앙 및 전설이 포함되어 있다.

그는 「대만의 원주민」이라는 글에서 아미스족에게 전해온 창세 신화를 기록했다. 전설에 따르면 아미스족 최초의 시조는 대나무 속에서 탄생했다고 한다.

이 밖에도 테일러는 이 글에서 아미스족의 미신도 언급했다. 예를 들어 그들은 지진이 발생하는 원인을 땅에 세워놓은 철봉에 돼지가 몸을 비비기 때문이라고 한다. 아미스족에게도 땅속 사람에 관한 전설이 있지만 테일러는 이와 관련된 상세한 내용에 대해서 진전된 해석을 하지 않았다.

또 조지 테일러는 아미스족 여사제가 술법을 부리는 현장을 목격했다. 아미스족 여사제는 구슬과 대나무 조각을 법술 도구로 썼다고 한다.

「대만의 원주민Aborigines of Formosa」 『중국평론The China Review』 제 14기(1885년에서 1886년까지), 조지 테일러 기록, 셰스중^{謝世}^忠·류루이차오^{劉瑞超} 번역

지진은 돼지가 땅에 세워놓은 철봉에 가려운 곳을 비빌 때 발생한다.

*

창세에 관한 분명한 관념은 없지만 땅 밑에 사는 인류에 관한 전설은 있다. 이 밖에도 구어口語 이외의 방식으로 소통하는 사람들이 있다는 모호한 전설도 있다. 이것은 원시적 창작에 관한 대만 남쪽 지역 사람들의 유일한 실마리다.

*

아미스족 여사제나 무녀가 점을 칠 때 보여주는 뛰어난 표현은 원근에 명성이 자자하다. 그녀들의 무술巫術 도구에는 상이한 색깔의 구슬이나 대나무 조각이 포함되어 있다. 그것을 공중에 던져 떨어진 위치에 따라 신령이 무녀와 소통하는 뜻을 판정하고, 무녀는 이렇게 얻은 정보를 속세의 질문자에게 알려준다. 하지만 일반적으로 문제가 비교적 경미할 때만 이런 방법을 쓴다.

모든 부락이 관심을 기울이는 큰 의제에 대해서는 선출된 여사

제가 두목을 동반하고 외진 동굴이나 절벽 근처로 가는데, 그런 곳은 메아리가 크게 울리는 곳이어서 신령이 상주하는 장소라고 한다. 여사제는 그곳에서 온몸을 비틀며 일종의 엑스터시 상태로 진입하여 혼절한 뒤 직접 천신과 이야기를 나눈다.

65. 파이완족에 관한 조지 테일러의 기록

소개

조지 테일러는 항춘반도에 거주할 때 아미스족과 접촉하면서 파이완족 과도 교류했을 뿐만 아니라 파이완족 언어에도 정통했다. 조지 테일러는 이들 부족과의 관계가 매우 우호적이어서 심지어 부족 여사제의 의식도 참관할 수 있도록 초청받았다.

원전

「대만의 원주민」『중국평론』제14기(1885년에서 1886년까 지), 조지 테일러 기록, 셰스중·류루이차오 번역

이 때문에 그들이 지나치게 미신을 믿는다고 할 수는 없지만 파 이완족은 여사제를 상당히 신뢰하여 각종 중요한 순간에는 언제나 여사제를 찾아가서 자문을 구한다. 이 부족은 귀신에 대해 굳건한 신앙심을 갖고 있어서, 귀신이 특정한 시간에 중개자 역할을 하는 정령이라고 여긴다. 이 때문에 귀신은 현 차원의 세계와 다른 차

원의 세계 사이를 매개하는 역할을 맡는다고 믿는다. 후세에 대한 이 부족의 관념은 상당히 모호하다. 그들은 천당이 북쪽에 있고 아울러 아주 훌륭한 수렵장이며, 또 이 세계에 사람을 즐겁게 해주는 각종 물건이 가득하다고 인식한다. 그들이 이해하는 지옥은 정령들이 모여 있는 장소일 뿐, 그곳에서 엄혹한 형벌이 시행된다고는 생각하지 않는다.

이 부족에게는 하느님이나 우상에 관한 관념이 없고, 최고신에 대해서도 어떤 명확한 개념도 갖고 있지 않다. 그들은 비교적 운명을 믿으면서도 종교의식에서 행하는 주문이 소망을 간구하는 도구로 쓰이는 것이 아니라 정령이 있는 곳에서 미래를 예측하는 방법으로 기능한다고 인식한다. 무녀나 여사제는 의미가 모호한 일을 처리하는 부문에서 대단한 능력을 발휘하지만 오히려 이러한 점으로 인해 그녀들에게 의탁한 신의 뜻이 혼돈 상태에서 벗어나지 못하기도 한다. 이 부족은 미래의 조짐을 상당히 중시하는데, 그중에서도 가장 금기로 여기는 것은 재채기다. 만약 어떤 파이완족이 20마일의 길을 갈 때, 설령 19마일을 통과했다 하더라도 그곳에서 재채기 소리를 들으면 바로 고개를 떨구고 집으로 돌아온다. 그러나 이것은 집 밖에 있을 때 지켜야 할 금기이고, 집 안에 있을 때는 재채기를 하거나 재채기 소리를 들어도 조금도 문제 삼지 않는다. 그들은 또 모호한 윤회 신앙을 갖고 있다. 즉 사람들이 가벼운 죄를 짓고 작은 형벌을 받으면 이들의 영혼이 특정한 동물로 들어가서 일정한 시간 동안 그곳에 머문다고 믿는다. 개와 가금家禽(닭과 오리 등)은 이들의 정령이 잠시 머무는 장소가 된다. 비록 닭이나 오리를 파는 일은 꺼리지 않지만, 그들 자신은 이런 가축의 고기를 먹지 않는다. 돼지고기는 본래 금지 식품이었지만, 근래에는 수많은 다른 전통과 마찬가지로 중국인과 뒤섞여 사는 과정에서 돼지고기에 대한 금기도 이미 사라졌다.

「대만 원주민의 여사제Savage priestesses in Formosa」『중국평론』제14기(1885년에서 1886년까지), 조지 테일러 기록, 셰스중·류루이차오 번역

대만 최남단에 거주하는 파이완족 원주민 두목이 최근에 내게 자신의 어린 딸이 어느 날 여사제가 된다고 알려줬다. 그는 내가 그 의식을 참관하러 오는 것을 열렬히 환영한다고 했다.

마침 나는 몇 가지 업무를 같은 방향의 길에서 처리해야 해서, 이 기회를 이용하여 원주민의 특이한 마법을 알아보기로 결정했다.

나는 그들의 마법에 대해 소문을 들은 적은 있지만 오늘날까지도 흥미만 갖고 있었을 뿐 쉽게 그들의 동의를 얻어 구경할 기회는 없었다.

나는 제시간에 목적지 가옥에 도착했다. 벌써 대략 300명에 이르는 원주민이 그곳에 모여 대기하고 있었다. 가장 연로한 무녀(혹은 여사제)가 그곳에 도착해야 했다. 그녀만이 그 의식을 시작할

수 있는 영도자였다. 마침내 한 무리 늙은 무녀와 젊은 무녀의 호위 하에 의식을 주재하는 무녀가 집회장에 당도했다.

일부 젊은 무녀는 원주민들에게 아름답게 인식되겠지만, 늙은 무녀는 내가 본 사람 중에서 가장 추악하고 연로한 노파였다. 가장 연장자는 전형적인 무녀로 벌써 89세를 넘었으므로, 그녀의 기괴하고도 노쇠한 모습에는 사람들이 반감을 느낄 정도였다. 그녀의 코는 거의 턱까지 늘어져 있었으며 수염도 있었다. 또 얼굴에는 검은 사마귀가 있었고 눈은 축축하게 짓물렀으며 입으로는 끊임없이 혼잣말을 지껄였다. 그러나 사람들은 모두 그녀의 태도에 경외심을 표하면서 심지어 몸을 부들부들 떨기까지 했다.

일정한 시간이 지나고 나서, 부락의 의식을 집행하는 사제가 현장에 나타났다. 그는 평상시 허리춤에 두르는 앞치마를 제외하고도 붉은색 사슴 가죽 외투를 걸치고 있어서 다른 사람과 구별되었다. 그는 무녀들에게 간단한 말을 전함과 아울러 의식 집행 현장을 정리했다.

당초에 두목의 젊은 아들이 나를 찾아왔을 때 가슴 가득한 기쁨을, 그가 가져온 빈 병과 항아리에 가득 채워주었다. 지금도 그는 같은 생각으로 온 것이 분명했다. 며칠 동안 이 젊은 청년은 나를 위한 길 안내와 경호를 담당했고, 이를 기회로 그가 본래 담당했던 업무의 부담에서 벗어날 수 있다고 생각하는 듯했다. 그는 몰래 내 곁으로 와서 의식이 곧 시작된다고 알려주면서 잠시 후에 집회 현장에서 진행되는 일을 풀이해주겠다고 했다.

이때 모든 젊고 아름다운 무녀들이 일렬로 앉았고, 우리는 높은 곳에 서서 아래를 굽어보는 자세로 의식의 진행을 자세히 관찰했다.

나는 모든 여자아이 앞에 작은 바구니가 놓여 있음을 주목했다. 안내자의 설명과 내가 볼 수 있고 알아볼 수 있는 것(직접 접촉하는 것을 엄금함)에 근거해보면 바구니 안에는 다음과 같은 물건이 들어 있었다. 끝이 초승달처럼 굽은 작은 칼, 꿀벌 밀랍 한 덩어리, 보통 완두콩보다 조금 큰 타원형 붉은색 돌(아마도 홍보석인 듯), 구아바番石榴(Psidium guajava) 잎들, 어린아이의 척추뼈, 어린아이의 아랫다리 뼈, 마지막으로 추악하고 더러워 보이지만 무엇인지 알 수 없는 자질구레한 물건들이 있었다.

얼마간 시간이 지난 뒤에 나이가 가장 많은 무녀가 신호를 보내자 연로한 무녀들이 술법을 펼치며 여자아이들을 엑스터시 상태에 빠뜨렸다.

마치 전문 최면술사가 시행하는 것과 같은 이러한 술법은 모든 동작과 행위를 가장 표준적인 방식으로 진행했다.

이때 젊은 무녀가 어떤 노래를 부르기 시작했다. 나는 이 노래에 대해 타당하게 묘사할 방법이 없다. 그러나 내 입장으로는 이 대목이 전체 공연 중에서 가장 흥미로운 부분이었다.

안내자가 내게 알려주기를 이 노래의 가사는 신령이 저 여자아이들에게 전해주는 것이며, 미지의 언어로 표현하는 것이라고 했다. 노래를 들어보니 매우 유쾌한 느낌이 들었다. 비록 좀 신비하게 느껴지기도 했지만 매우 즐거웠다.

먼저 한 사람이 다른 사람이 부르는 후렴구를 받아서 계속 합창한다. 이와 같은 배치는 가장 완벽한 화음을 만들어내기 위한 방법이다. 이 노래는 곡조가 단순하지만 함께 만들어내는 화음은 정말 아름답다.

여자아이들은 꿇어앉은 채로 바구니에서 물건을 꺼내 치마 아래에 놓고, 다시 두 손으로 작은 칼을 단단히 잡는다. 노래를 계속 부르면서 손을 무릎 사이에서 끊임없이 친다. 신진 무녀를 제외하고 모든 무녀는 8~9개 붉은색 작은 돌을 갖고 있는데, 연로한 여사제들이 밀랍으로 그 돌들을 문질러서 다시 그 주인 앞에 놓아둔다.

모든 의식의 목적은 신령이 붉은 돌을 새 여사제들에게 전해주도록 요청하기 위한 것이다. 마법을 시행하는 기간에 돌은 형체도 없이 공중에서 떨어지며, 이것은 신령이 새 여사제들의 입문을 받아들인다는 뜻이다.

만일 돌을 얻지 못한 여자아이는 여사제 직무에 부적합한 것으로 간주된다.

노래와 최면의 시간이 지난 뒤에 여자아이들은 깊은 잠 속으로 빠져드는데 그녀들의 목 근육은 모두 경직된 것처럼 보인다. 연로한 무녀는 매우 기민하게 모든 여자아이의 얼굴을 앞으로 향하게 한다. 절대로 그녀들의 머리가 좌우 어떤 쪽으로도 기울어서는 안 된다. 구경꾼들이 만약 어떤 실수를 발견하면 연로한 무녀는 신속하게 앞으로 가서 잘못을 바로잡는다.

대략 이와 동시에 젊은 무녀들은 고통스럽게 신음하기 시작하면서 거의 모두가 눈물을 흘린다. 그녀들의 얼굴에서 줄줄 눈물이 흘러내린다. 연로한 무녀는 얼른 구아바 잎을 여자아이들의 손에 놓는다. 안내자가 나에게 말하기를 지금은 신령이 떠나는 시간이라고 했다.

여자아이들은 이별에 임해 눈물을 흘리며 심지어 신령에게 자신을 데려가달라고 요청한다. 그러나 신령은 길이 멀고 험해서 인간의 발로는 갈 수 없으므로 너희는 여기에 남겨놓는다고 말한다.

여자아이들은 상상 속 황홀경으로 진입하고, 이때 연로한 무녀들이 온 힘을 다해 노래를 부르는데 몇몇 가사는 앞에서 불렀던 것과 좀 다르다.

연로한 무녀들은 또 여자아이들의 몸에 몇 가지 동작을 실시한 뒤 그 앞에 쭈그리고 앉아 몸을 천천히 흔든다. 노래의 곡조도 더 단조로운 음으로 바뀐다. 갑자기 여자아이들이 전부 뛰어 일어나 눈을 비빈다. 여자아이들은 각자 자신의 치마 밑에서 무형의 손이 새로운 여사제들에게 보내준 붉은색 돌을 한두 개 발견한다. 무술巫術에 쓰인 모든 물품을 바구니에 다시 담으면 의식은 전부 끝난다.

원주민들은 붉은색 돌이 하늘에서 떨어진다고 철저하게 믿는다. 그러나 구경꾼들은 돈이 얼마든 상관없이 새 여사제들이 언제 어디에서 무형의 손을 통해 붉은색 돌을 얻는지 도박을 건다.

나는 절대로 그것이 진짜인지 가짜인지 조사할 생각이 없었다. 왜냐하면 어떤 무녀가 실패하게 되면 사기를 당했다고 분노한 원주민들이 모든 무녀를 죽일 수도 있기 때문이다.

사냥, 고기잡이 또는 원정에 나서기 전에 원주민들은 고유 신앙을 통해 일의 성사 여부를 지시해달라고 신령에게 자문한다. 내가 아는 바에 따르면 대부분의 상황에서 돌아오는 응답은 매우 애매모호하다는 것이다. 귀에 걸면 귀걸이, 코에 걸면 코걸이인 식이 되어야 나중에 무녀가 빠져나갈 구실이 될 수 있기 때문이다.

부족에서 가장 아름다운 여인이 여사제로 선출되지만 여사제가 된다 해도 일상생활은 일반인과 크게 다르지 않다. 그녀는 결혼도 할 수 있고 여성으로서 누려야 할 자유도 마음껏 누릴 수 있다.

부족의 두목은 의식에 참여한 모든 원주민을 위해 음식과 술을 제공한다. 이는 전통적인 관습이다. 딸이 여사제로 받아들여졌을 때, 그녀의 부친은 반드시 축하 잔치를 크게 열어야 한다.

전쟁을 하기 전이나 멀리 사냥을 나가기 전의 무술 의식은 신속 모처에서 은밀하게 진행한다. 그곳에는 메아리가 울리고 외부인은 어떤 이유로도 들어갈 수 없다. 메아리는 신령의 목소리로 간주되기에 메아리가 울리는 모든 곳은 신성한 장소로 간주된다. 그곳의 돌은 옮길 수 없고 풀 한 포기도 훼손해서는 안 된다.

의식 과정에서 만약 어떤 사람이 감기에 걸리면 불쾌하게 여긴다. 어떤 사람이 재채기를 하면 모든 의식의 비용을 부담하거나 현장에서 죽임을 당하기도 한다.

의식을 시작하기 전에 부족의 사제는 사람들에게 재채기를 하지 말라고 경고하고 처벌 내용을 설명한다.

여사제가 일을 마치고 나면 모든 사람은 앉아서 맛있는 요리를 먹는다. 돼지고기, 쌀밥, 어물, 채소와 삼주三酒(samshu)가 포함된 이런 요리는 모두 중국 그릇에 담아 풀밭에 내놓는다.

이어서 늙은이와 젊은이들이 모두 즐겁게 쌀로 빚은 술을 마시며 춤을 춘다.

이때 나는 즐겁게 유희를 즐기는 부족을 떠났다. 그들은 문명국가의 여느 마을 사람들처럼 활기차고 단순하고 화목할 뿐만 아니라, 수많은 문명국가의 마을 사람들이 상상하는 것보다 더 소박하고 평화롭다.

「대만 원주민의 민속 전설Folklore of aboriginal Formosa」『민간 고사 저널Folklore Journal』제5기(1887), 조지 테일러 기록, 세스중·류루 이차오 번역

일단 재채기 소리를 들으면 거리나 노정의 종점이 얼마나 가까운지 막론하고 즉시 돌아와야 한다. "모든 사태에서 재채기는 가장 불길하다고 인식되기 때문이다" 설령 방안에 있더라도 어떤 사람이 재채기를 하면 다른 사람이 낮은 목소리로 주문을 외우기도 한다. 마치 스코틀랜드 고지대의 늙은 부인이 소젖을 짜기 전에 집게를 불 위에 얹어놓고 종교적인 열정을 표시하는 것과 같다.

왼쪽에서 어떤 새가 우는 소리를 들으면 치명적인 불행이 발생한다는 조짐이므로 그 소리를 들은 사람은 반드시 되돌아가야 한다.

대낮에 천산갑armadillo을 보면 불길한 조짐에 불과하지만, 만약 그것을 건드리면 즉시 사망할 수 있다.

사망은 성주聖珠(pulatsoo)의 부당한 처리와도 관련이 있을 수 있다.

이웃의 먹거리girnel에 손을 대면 눈에 염증이 발생할 수 있고, 맹인을 면하려면 끊임없이 제사를 올려야 한다.

이웃의 곡식은 동일하게 보호받는다.

어떤 사람이 불쾌한 꿈을 꾸면 온종일 집에 머물며 문밖으로 나가지 말아야 한다.

개가 저녁에 짖으면 여사제의 협조를 받아야 한다. 그렇지 않으면 오래지 않아 집안에 인명 사고가 생길 수 있다.

수탉이 해 질 무렵에 우는 것은 불행의 조짐이므로 즉시 닭을 길거리에 갖고 나가 죽여야 한다. 암탉이 저녁에 꼬꼬댁하고 우는 것도 불길하다.

메아리 소리를 들으면 이어서 광풍과 폭우가 몰아칠 수 있다. 모든 사람은 깎아지른 절벽과 움푹 팬 낭떠러지를 조용히 통과해야 한다. 왜냐하면 그곳에는 죽은 두목의 영혼이 살고, 그 인근 지역은 모두 그들의 전원田園이라 일반인은 경계를 넘어 들어갈 수 없기 때문이다.

또 곰, 표범, 백보사百步蛇(bulong snake. 파이완족은 백보사를 vulung′bolon′ 또는 bulun이라고 부름)를 주의해서 방비해야 한다.

"곰이 행인을 덮쳐서 거의 압사할 뻔하지 않았습니까? 이 피해 자가 쓰러지고 나서도 곰은 끊임없이 몸을 짓밟았으며 만약 사람이 살아 있다는 조짐이 보이면 다시 물어뜯었어요. 부상당한 행인은 다행히 정신을 차린 뒤 그 야수가 떠날 때까지 단속적으로 부동자세를 유지해야 했지요."

"표범은 꼬리로도 소를 감아 죽일 수도 있지 않습니까?"

"방수트文蜂(Bangsuit) 가족이 신령을 선동해 백보사가 사람으로 변하는 법력을 박탈한 뒤, 백보사가 인류의 영원한 적이 되지 않았습니까?"

술을 마시기 전에는 반드시 땅에 몇 방울 부어 선조의 영령을 위로해야 한다.
모든 사람은 귀신을 무서워하므로 여자들은 날이 어두워진 뒤 대담하게 문을 나설 이유가 없다. 그리고 젊은 남자들이 밤에 혼자 삼림으로 들어가는 것은 자신의 용기를 시험하기 위해서다.

권3

일본 통치 시대
(1895~1945)

기이한 사람 奇人之章

66. 기이한 여성: 진삼저陳三姐

소개

중국 수隋나라 말기에 다음과 같은 전설이 있었다. 이름이 '홍불녀紅拂女'인 어떤 협녀俠女가 기지와 미모가 뛰어나 당시에 이정李靖, 규염객虯髯客과 함께 '풍진삼협風塵三俠'으로 병칭되었다. 대만섬에도 옛날에 늠름하고 씩씩한 자태의 기이한 여성이 있었다. 그녀는 의협심이 강하고 기상이 뛰어나 그 문하에 무수한 식객이 모였다. 연횡連橫은 전설적이고 의미심장한 필치로 대만 역사의 뒤편에 숨어 있는 신비한 여성을 묘사했다.

전설에 따르면 19세기 중엽, 가의 지역에서 '진삼저陳三姐'라는 기이한 여성이 '자모삼두查某三頭'로 존칭되었다고 한다. 그녀는 성격이 호방하고 씩씩하여 가의를 왕래하는 관리나 명사들은 반드시 진삼저의 집을 방문하여 인사를 나눴다. 진삼저는 교제와 응대를 잘하여 많은 금전을 뿌리면서도 전혀 아까워하지 않았다. 이 때문에 진삼저의 집에는 항상 많은 문

객이 모여들어 기꺼이 진삼저를 위해 힘을 다 바치려 했다.

진삼저의 출중한 담력을 연횡은 한 가지 예를 들어 설명했다. 어느 날 밤 진삼저는 악당에게 미행을 당했지만 전혀 당황하지 않고 고개를 돌려 웃으며 말했다. "나는 삼저三姐다. 나를 아는가? 돈이 부족하면 직접 나에게 말하라." 아울러 비녀를 빼서 그에게 주었다. 결국 악당은 진삼저의 문객에게 포박되어 왔지만 진삼저는 지난 일을 탓하지 않고 웃으면서 죄를 묻지 않았다. 그 악당은 마침내 감복하여 진삼저의 문하에 투신했다.

진삼저는 심신이 호쾌하면서도 음률에도 조예가 있었다. 나중에 비파의 명수 장성훈張成勳과 교류하다가 부부가 되었다.

1865년 대조춘이 반란을 일으켜 날마다 전화戰火가 타올랐다. 나중에 가의성이 반란군에게 포위되자 당시 진삼저 부부도 성안에서 어려움에 처했다. 그러나 반란군 수령 엄변嚴辨이라는 자가 일찍이 진삼저에게서 은혜를 입은 적이 있었기에 몰래 음식을 성안의 진삼저에게 보내줬다. 진삼저는 엄변이 보내준 음식을 받아서 대부분은 성을 지키는 사병들에게 나눠줬다.

전란에도 불구하고 진삼저 부부는 마지막까지 순리로 어려움에서 벗어나 생명을 보전했다. 수많은 동란을 거친 뒤 진삼저 부부는 먼 곳으로 가서 은둔한 채 평생 해로했지만 어디로 갔는지는 알 수 없다. 이 때문에 어렴풋하고 특이한 이야기가 만들어졌다.

『아당문집』「서진삼저書陳三姐」, 일본 통치 시대 연횡

　대조춘의 반란 때 엄변은 수만 군사를 이끌고 가의嘉義*를 공격
했다. 가의 사람들은 성을 돌며 수비에 나섰으나 3개월 동안 포위
되자 식량이 거의 떨어져 초근목피와 콩 찌꺼기를 먹는 지경에 이
르렀으며, 용안龍眼(Dimocarpus longan)의 씨가 부족하여 죽을 끓여서
허기를 채웠다. 그런데 성안에 아무 일도 없는 듯한 한 여자가 있
었다. 아! 누구인가? 가의 사람들이 '자모삼두査某三頭'라고 일컫는
사람이었다.

　여자의 성은 진씨陳氏이고 삼저三姐라고 칭했다. 대만 사람들은
여자를 '자모査某(zamo)'라 부르고, 주인을 '두가頭家'라 부르는데, 여
자의 자매 항렬 중에서 셋째이기 때문에 '자모삼두査某三頭'라고 칭
하는 것이다.

　성격이 씩씩하고 의협심이 강했다. 평소에도 대가의 풍모를 보
이며 몸을 장식했다.

　가의는 요충지여서 관리, 선비, 상인들이 왕래하면서 그녀의 집
에 머무는 사람이 많았다. 진삼저는 술자리에서 응대를 잘했기에
손님들에게 환대를 받았다. 금전을 아무렇지도 않은 듯 뿌리며 스
스로 흡족해했다.

＊〔원주〕가의嘉義: 가의현嘉義縣. 당시의 가의현은 현재의 가의시嘉義市 및 대남시臺南
市, 운림현雲林縣 일부를 포함하고 있었다.

진삼저의 문하에서 기식하는 무뢰배가 항상 수십 명이었는데, 그들을 턱으로 지시하고 심기로 부려도 모두 명령을 받들고 조심스럽게 행동했다. 어느 날 삼저가 경극을 보고 밤늦게 홀로 귀가할 때 도적이 그녀를 미행했다.

삼저가 돌아보고 웃으며 말했다. "너는 삼저를 모르느냐? 돈이 없다면 어쩌 말하지 않느냐?" 그러고는 비녀를 뽑아서 주었다.

집에 도착하여 그 일을 이야기했다. 문하의 무뢰배들이 크게 화를 내며 말했다. "우리는 날마다 삼저의 은혜를 입고 있는데 아직 한 번도 보답하지 못했다. 지금 어떤 놈이 감히 삼저를 놀라게 했다니 이는 우리의 치욕이다. 죽는 것만 못하다." 떠들썩하게 밖으로 나가서 얼마 지나지 않아 도적을 잡아 왔다. 양손을 뒤로 포박하여 땅에 무릎을 꿇리고 장차 칼로 해치려 했다.

그러자 삼저가 말했다. "그자는 나를 몰랐기 때문에 감히 강도질을 하려 한 것이다. 지금 잡혀왔지만 풀어주도록 하라." 그 사람은 머리를 조아리며 감사 인사를 하고 마침내 삼저의 문하에 머물렀다.

삼저는 음악에도 뛰어나서 비파를 잘 탔다. 북항北港의 부호가 자신의 집에 손님을 초청하여 잔치를 열었다. 그때 말석에 소박한 옷을 입은 젊은이가 말을 신중하게 하면서 우연히 비파를 잡고 연주했다. 삼저가 듣고 경탄하며 "절묘한 솜씨다!"라고 했다.

다시 한번 연주를 청하자 그는 「평사낙안平沙落雁」이라는 곡을 연주했다. 삼저는 크게 기뻐하며 가르침을 받고 싶어 했으나 젊은이가 허락하지 않았다. 부호 상인에게 물으니 자신의 동료 장성훈張成勳으로 천주泉州 사람이라고 했다.

상인이 그에게 말했다. "삼저가 비파를 좋아하니 자네가 좀 가르쳐주게나!" 그가 말했다. "그렇게 하겠습니다."

얼마 지나지 않아 삼저가 그 젊은이에게 말했다. "내가 사람을 많이 겪어봤지만, 당신처럼 진실한 사람은 없었소. 나도 오래 풍진에 지쳤으므로 당신이 미천한 나를 버리지 않는다면 당신을 받들며 청소라도 하고 싶소(결혼하고 싶소)."

그가 깜짝 놀라며 말했다. "나그네로 떠도느라 아직 자립도 하지 못했는데, 어찌 감히 아름다운 분부를 따를 수 있겠소? 만약 삼저께서 정말로 내게 시집온다면 어떻게 옷을 따뜻하게 입고 밥을 배불리 먹을 수 있겠소?"

삼저가 말했다. "내게 오래된 계책이 있소. 지금 내 경대 안의 물건이 그래도 수천 금은 될 것이오. 당신이 이 자금으로 이자를 불리면 의식 걱정은 없을 것이오."

삼저는 병영에 자금을 대주고 그를 천총千總*에 보임하게 했다.

얼마 지나지 않아 대조춘이 거병하여 대만 전역이 혼란에 빠졌다. 무뢰배들은 각각 무리를 규합하여 서로 두목과 부하를 칭하며 풍운의 기회에 편승해 세력을 떨쳤다.

---

* [원주] 천총千總: 청나라 관부가 대만의 의인義人들에게 발급한 직위. '의민차부義民箚付'라는 증명서로 의인을 초빙하여 파총把總과 천총千總 등의 기층 무관 관직을 주었다.

엄변嚴辨이라는 자는 악랄한 도적으로 일찍이 법을 어겼을 때 삼
저가 구해줬다. 그가 가의를 공격하기에 이르렀다. 그는 어떤 여
자가 포위망 속에 있다는 소문을 듣고 밤에 성 위의 군사에게 물
었다. "삼저는 잘 계시오?" 대답했다. "고달프게 살고 있소." 다시
물었다. "왜 고달프게 사시오?" 대답했다. "성안에 식량이 떨어진
지 며칠이 지났으니 어찌 삼저 혼자 온전할 수 있겠소?" 이에 엄
변은 좋은 음식과 고기를 자루에 넣어 성 위의 군사에게 주고 몰래
전해주게 했다. 삼저는 받은 음식이 넉넉하여 성안 군사들까지 먹
였기에 아무 탈이 없었다.

석 달 만에 포위가 풀리자 총병 임향영林向榮이 군사를 이끌고 창
화를 도모하기 위해 두륙斗六에 주둔했으며 장성훈도 종군했다. 그
런데 대조춘이 포위하여 원조가 끊겼다.

장성훈이 우연히 성벽에 나왔더니 해자를 사이에 두고 어떤 사
람이 손짓으로 부르며 말했다. "이곳은 위험한 곳인데 공은 어찌
하여 떠나지 않소?" 성훈이 말했다. "떠날 계책이 없소." 그 사람
이 말했다. "오늘밤 이곳에서 공을 모실 테니 공도 스스로 잘 행동
하시오." 그는 마침내 대나무를 엮어서 그를 건네주었다.

그의 이름을 물었으나 대답하지 않았다.

자세히 살펴보니 삼저가 풀어준 도적이었다.

며칠 지나 관군의 주둔지에서 내란이 발생하여 임향영 및 기층
군사들이 모두 죽었다. 밖으로 나온 장성훈은 진삼저와 마침내 해
로했다.

67. 황벽사黃蘗寺의 신승神僧

소개

전설에 따르면 황벽사黃蘗寺는 본래 진영화陳永華의 옛집이었으나 정씨 왕조가 멸망한 뒤 아무도 거주하는 사람이 없어서 그곳에 절을 세웠다고 한다.

대만 민간 전설에는 진영화가 죽은 뒤 천지회天地會의 의협義俠들이 황벽 사에 은거하여 탁발로 승려 생활을 이어갔다고 한다. 이에 이 사찰은 청 나라에 반대하고 명나라를 회복하려는 사람들의 근거지가 되었다. 연횡 이 쓴 글 「서황벽사승書黃蘗寺僧」에는 이 사찰 신승神僧에 관한 이야기가 묘 사되어 있다.

전설에 따르면 건륭 연간, 황벽사의 불혜선사不慧禪師는 태어날 때부터 신통력을 갖고 있었으며 무예도 고수여서 사람들이 그를 신승으로 칭송 했다. 불혜선사는 겉으로 보기에 승려에 불과했으나 기실 그의 진실한 신 분은 청나라에 항거하는 천지회의 의사였다. 그 뒤 불혜선사의 비밀 신분 은 발각되고 말았다. 그는 사태가 이 지경에 이른 것은 하늘이 정한 운명 이므로 할 수 있는 일이 없다 여기고, 바로 천지회가 숨긴 식량과 무기를 모두 소각하고 봉기 자금을 자신의 친한 친구 장원추蔣元樞(1738~1781)에게

준 뒤 그 자금을 잘 써서 대만 백성을 위해 좋은 일을 해달라고 부탁했다. 뒤이어 불혜선사는 비분강개하여 의거에 나섰다가 북경으로 압송되어 저 자에서 참수되었다.

● 청나라에 반항하고 명나라를 회복하려는 대만의 인사들은 때때로 불문佛門으로 은둔했다. 이는 자신의 신분을 감추기 위한 목적 외에도 청나라의 '변발령'에 불복종하기 위한 목적이 있었다. 그들은 머리를 모두 깎고 승려가 되어 변발의 치욕에서 벗어나려고 했다. 이 사진은 19세기 말 어떤 한족 이발사가 남자의 변발을 정리해주는 장면이다(네덜란드 국립박물관, 1879~1890).

『아당문집』「서황벽사승書黃蘗寺僧」, 일본 통치 시대 연횡

　　황벽사는 대남의 진북문鎭北門 밖에 있다. 건륭 연간에 어느 곳 사람인지 모르는 승려가 이름을 숨기고 이 절에 거주했다. 그는 무술에 뛰어나 마당의 섬돌을 차고 몇 장丈 높이로 도약할 수도 있었다. 평소에 관리들과 왕래했는데 지부知府 장원추와 더욱 막역했다.

　　어느 날 장원추는 총독이 보낸 비밀문서를 받았다. 비밀문서에서 명령하기를 "그 승려를 잡아들여라, 그렇지 않으면 죄를 물을 것이다"라고 했다.

　　그는 몰래 조사하여 그 승려가 해적의 수괴임을 알게 되었다.

　　그는 변란이 일어나 참화가 닥칠까 두려웠다. 이에 승려를 관청으로 초청하여 며칠간 시일을 끌면서 말을 하려다가 멈추곤 했다.

　　승려가 낌새를 알아채고 말했다. "공의 마음을 엿보니 마음에 큰 걱정이 있는 듯합니다. 대장부는 대범하게 마음을 다 드러내 보여야지 어찌하여 아녀자의 행동을 따라하십니까?"

　　원추가 말했다. "그렇지 않소. 이 일을 집행하면 스님께서 불리하게 되고, 집행하지 않으면 내가 또 무능한 것이 되오. 이 때문에 주저하고 있을 뿐이오." 그러고는 비밀문서를 내보였다.

　　승려는 한참 동안 침묵하다가 말했다. "이 불혜는 공과 전생의 인연이 있어서 한 번 보고 오랜 벗처럼 느꼈소. 지금 공을 위해 목숨을 내놓을 테니 우리 무리는 잡아들이지 마시오. 그렇지 않으면 대만의 관군을 모두 동원해도 우리와 대항할 수 없을 것이오."

원추가 말했다. "성의 문서에는 스님만 잡아들이라 할 뿐 나머지는 묻지 않았소."

승려가 말했다. "좋소!" 그리고 자신의 문도를 불러서 말했다. "돌아가서 문서를 갖고 오너라." 문도가 무리를 시켜 문서를 어깨에 떠메고 관청으로 들어왔다. 살펴보고는 병졸, 군량, 무기, 선박, 병마의 수량이 적힌 문서는 일일이 불에 던져넣었다. 원추는 깜짝 놀랐다.

승려가 말했다. "우리 조부는 정씨 왕조의 옛 장수였던지라, 수십 년 동안 광복을 도모했소. 대만이 비록 작지만 땅이 비옥하여 패업霸業을 이룰 만하오. 그러나 내가 서둘러 거병하지 못한 것은 복건과 광동의 우리 군사가 아직 강하지 못하기 때문이오. 이제 모의가 결국 밖으로 새어 나갔으니 이는 하늘의 뜻이오. 비록 그러하나 공께서는 대만에 사람이 없었다고 여기지 마시오." 또 말했다. "공은 나를 후하게 접대해줬소. 내 선방에 100여만 금을 묻어두고 후일에 쓰려고 했으나 이제 그것을 모두 공에게 드리겠으니 공도 조속히 돌아가시오. 형가荊軻와 섭정聶政과 같은 협객 무리가 장차 공에게 상해를 가할 것이오."

원추는 승려를 성省으로 압송했다. 고관이 심문하니 거리낌 없이 대답했다. 그러나 그의 파당에 대해서 묻는 말에는 대답하지 않았다. 형벌을 가해도 역시 대답하지 않았다. 이에 참수했다.

이날 몇 명의 남자가 형장 주위를 왔다 갔다 했다. 형벌 감독관은 변란이 발생할까 염려하여 감히 묻지 않았다.

사형 집행을 기다릴 때 검은 옷을 입고 구레나룻을 길게 기른 자가 눈을 부릅뜨고 서 있었다.

그 승려가 꾸짖었다. "종놈이 아직 떠나지 않았구나. 내가 어젯밤 속히 악한 마음을 고치라고 타일렀거늘……. 함부로 행동하지 말아라. 지금 이 같은 네 행적으로 무엇을 하려는 것이냐? 내가 지금 네놈을 죽일 수 없다고 생각하지 말아라!" 그러자 그 사람이 갑자기 보이지 않았다.

일을 끝낸 뒤 고관이 옥리에게 물었다. "어찌하여 사람을 출입하게 했느냐?" 대답했다. "아침부터 저녁까지 사람을 보지 못했습니다. 또 그 중은 신령하고 용력이 뛰어나 목에 씌우는 칼이나 발에 채우는 차꼬도 바로 끊어버릴 수 있습니다. 다행히 스스로 도망치지 않았을 뿐입니다." 이 말을 들은 사람은 경악했다.

68. 요첨정廖添丁

소개

요첨정廖添丁(1883~1909)은 대두상보大肚上堡 수수장秀水莊(지금의 대중시 청수진清水鎭 수수리秀水里)에서 태어났다.

요첨정은 일본 통치 시대 강호의 풍운 인물이다. 전설에 따르면 무예의 고수로 행동이 민첩했고 변장에 능했으며 부자의 재산을 털어 빈자를 구제하기 좋아했다고 한다. 대만 민간에서는 지금까지 요첨정을 항일 영웅으로 인식하면서 '의적'으로 존칭해오고 있다.

총독부의 공문서에 근거해보면 당시 요첨정의 범죄 장소는 대중과 대북 등의 지역에까지 두루 미쳤다. 몰래 남의 재물을 훔치거나 공갈 협박으로 강도질을 했을 뿐만 아니라 경찰의 총이나 칼까지 훔쳤으며, 심지어 임본원林本源* 저택까지 털기도 하는 등 행동이 매우 대담했다. 1909년 11월, 일본 경찰은 요첨정을 체포하겠다고 결심한 뒤 요첨정의 여러 공모자와 결탁하여 그의 행방을 파악했다. 마지막에 요첨정은 자신의 동지 양림

* 〔원주〕 임본원林本源 저택: 혹자는 판교림板橋林 저택이라고도 한다. 대만의 저명한 대가문으로 일본 통치 시대 대북 3대 부호 가문의 하나이기도 하다.

楊林의 배반을 알아채고 심하게 다투다가, 결국 양림의 철퇴를 맞고 사망했다.

관방의 기록을 보면 요첨정은 부자나 빈자를 가리지 않고 재물을 약탈한 절도범이자 살인범일 뿐이다. 그러나 요첨정의 행적이 신문에 대대적으로 보도된 뒤, 대만 민중은 일본 경찰이 요첨정을 잡을 방법이 없음을 알게 되었다. 이에 사람들 사이에 요첨정의 신출귀몰한 전설이 널리 퍼지면서 심지어 그를 '의적'이나 일본 경찰에 전문적으로 대항한 정의의 사자로 인식하게 되었다.

요첨정의 신통한 능력은 결코 그의 사후에도 망각되지 않았다. 요첨정 사후에도 『대만 일일신보』에는 늘 그와 관련된 기이한 전설이 실리곤 했다. 대만 민중은 그가 "생시에 용맹한 영웅이었으므로 사후에도 틀림없이 영웅적인 귀신이 되었을 것"으로 인식했다. 이에 사람들은 그의 묘소에 참배하면서 병을 치료해달라고 빌거나 생활의 안정을 기원했다. 요첨정의 귀신은 심지어 노부인의 빚을 받아내는 일에 도움을 주기 위해 빚쟁이의 꿈에 나타나 상대를 꾸짖기도 했다고 한다.

현재 상고할 수 있는 이른 시기 요첨정 관련 소설은 랴오한천廖漢臣(1912~1980)의 「대북성 아래의 의적 요첨정臺北城下的義賊廖添丁」(1955)이다. 당시에 또 량쑹린梁松林이 편찬한 민요집 『대만 의적에 관한 새 민요 요첨정臺灣義賊新歌廖添丁』(1955)이 나오기도 했다. 그 뒤 영화, TV드라마, 민요와 설창說唱(판소리와 비슷한 중국 전통 연예) 등의 양식에서 항상 요첨정과 그의 행적을 다루었다. 1970년대에 방송 진행자 우러톈吳樂天이 자신의 프로그램에서 요첨정을 이야기하기 시작했고, 이에 대만 대중이 비로소 요첨정이 행한 무소불위의 의적 활동에 매료되기 시작했다.

『대만 일일신보』 1905년 3월 28일, 「흉악한 범인 체포捕獲兇犯」

대중 사람 요첨정은 올해 겨우 약관의 나이임에도 이미 네 차례나 범행을 저질렀다. 일찍이 감시망을 뚫고 도주하여 팔갑장八甲莊 75번지 진금영陳金英의 집에 숨어 있었다.

작년 8월 21일, 방교坊橋 사람 장부張富와 모의하여 그곳 토성장土城莊 90번지 차상茶商 강면왕江眄旺의 돈 3000여 원圓을 탈취했다.

그다음 달 27일, 대도정大稻埕 마조궁媽祖宮 입구에서 관리에게 발견되어 체포되려 할 때, 요첨정은 부엌칼을 빼서 공모자 장부를 잘못 찔렀으며, 당시에 같은 파당 흥인가興仁街 사람 서당삼徐懇杉도 부상을 당했다. 그때 장부는 현장에서 체포되었지만 요첨정만 홀로 법망을 탈출하여 무사하게 지냈다.

이 때문에 도적질한 3000여 금을 날마다 기생집에서 물 쓰듯 쓰면서, 대도정의 가기歌妓 아괴阿怪를 데리고 대중 일대를 마음껏 돌아다녔다. 얼마 지나지 않아 길에서 체포되었으나 도중에 또 탈출했다.

그 이후 북투北投 근처로 숨어들어 종적을 감췄기에 거의 아는 사람이 없었다.

작년 말에 관가의 활동이 점점 줄어들자 조금씩 얼굴을 드러내며 다시 양발楊發과 증경종曾慶宗 등 여러 도적과 함께 육관가六館街의 전당포 풍원호豐源號를 털었고, 또 종조가鍾厝街 소재 진옥청陳玉

淸 등의 황금 기물 수십 가지를 훔쳤다. 이어서 남가南街의 광경기廣
慶記라는 상점과 대룡동大龍峒의 왕경충王慶忠 등의 집으로 들어가서
황금 기물을 훔쳤다.

　마침내 "하늘의 그물은 드넓어서 성긴 듯하지만 빠뜨리는 것이
없다天網恢恢, 疏而不漏"라는 말처럼 이달 24일 밤, 대룡동 왕아화王阿和
의 집에서 경찰에 체포되어 현재 조사를 받고 있다. 또 이때 그는
소총 한 자루, 날카로운 단도, 일본 톱, 일본도 등 여러 가지 물건
을 감추고 있었다.

의적
요첨정

부자의
재산 빼앗아
빈자를 도우며
의협으로
활동하여,
대만섬
전역에서
제일가는
명성을 누렸다.

69. 대만의 무당

소개

연횡은『대만통사』에서 몇 가지 유형의 대만 무당에 대해 언급했다. 그는 무당들이 '혹세무민'한다고 반대의 태도를 보였지만, 무당을 소개할 때는 간단한 분류와 설명을 덧붙였다.

이 글에서 연횡은 '왕록王祿'이라는 사람이 괴이한 마술을 부리며 "종이를 오려서 사람을 만든 뒤에 그것을 오고 가게 할 수도 있다"고 했는데, 처음 듣는 사람은 매우 신기하게 느낄 만하다. 연횡은 또『대만어전臺灣語典』에서도 왕록에 대해 다음과 같이 더 진전된 설명을 했다. "왕록은 저잣거리에서 마술을 팔아서 먹고사는 자인데, 점쟁이 부류처럼 마술로 사람을 속인다." 즉 연횡은 왕록이 기실 '마술로 사람을 속이는 자'에 불과하다고 인식했다.

왕록을 대만 속어로는 '왕록자王祿仔'라고 칭한다. 이 말은 강호를 떠도는 마술사나 재주꾼들의 별칭이기도 하다. 대만에서 '왕록자'는 각 마을 입구에서 약을 팔았는데, 사람을 모으기 위해 항상 곡예, 차력, 성대모사, 마술, 설창 등의 연기를 구사하며 대중의 눈길을 사로잡았다.

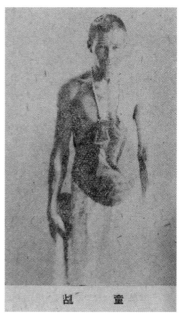

● 『민속 대만』 창간호(1941)에 실린 「동계 연구
[상]童乩的研究[上]」 부록의 왕이쯔이(紅姨) 사진

● 『민속 대만』 창간호(1941)에 실린 「동계 연구
[상]童乩的研究[上]」 부록의 동계童乩(영매의 일종)
사진

　때로는 '왕록자'가 행기산行氣散(기운을 북돋우는 환약)과 상약분傷藥粉
(상처에 바르는 가루약) 등의 상품을 팔기 위해 심지어 공연단 중 한 사람
의 뼈를 먼저 탈구시킨 뒤 다시 뼈를 복원하여 상처약을 바르고, 그 사람
에게 손과 발로 쿵후를 하게 하여 약의 신령함을 과시하기도 한다. 이 밖
에도 '왕록자'는 자신들이 익힌 마술로 눈을 가린 채 불가사의한 공연을
펼칠 수도 있다.

　또 대만 무당으로는 '부자생符仔生'이나 '부자선符仔仙' '부법사符法師'로
부르는 부류도 있다. 그들은 부적 주술에 뛰어나 삿된 기운을 추방하고

각종 살煞을 제압하는 술법을 행한다. 청나라 시기와 일본 통치 시대의 문헌 기록에서는 대부분 '부자생'에 대해 부정적인 태도를 견지하면서 그들이 마술로 사람을 미혹하거나 사기 행위를 하고 심지어 사람을 해치거나 죽이기도 한다고 인식하고 있다.

원전

『대만통사』「종교지·도교宗敎志·道敎」, 일본 통치 시대 연횡

무격巫覡에는 다음과 같은 몇 종이 있다.

첫째, '고사瞽師'. 점을 쳐서 살아가며 섬기는 신령은 귀곡자鬼谷子다. 사제지간에만 비법을 전수하고 타인에게는 전수하지 않는다. 조고압승造蠱壓勝*의 방법으로 간계를 부린다.

둘째, '법사法師'. 무당에 적합하지 않은 사람에게는 비법을 전하지 않는다. 붉은 머리띠를 두르고 흰 치마를 입은 채 우보禹步**로 술법을 부린다. 입으로는 진언을 외우고 손으로는 뱀 모양의 밧줄을 잡고서 솥에다 기름을 끓이면 삿된 기운을 몰아낼 수 있다고 한다.

---

* 〔역주〕조고압승造蠱壓勝: '조고造蠱'는 '무고巫蠱' '하고下蠱' '방고放蠱' 등으로도 불린다. 중국 남방에서 유행한 흑마술의 일종으로 독충, 짐승, 가축 등을 조종하여 사람을 징벌하거나 저주한다. '압승壓勝'은 주술이나 주문을 써서 사악한 기운을 누르는 방법이다.

** 〔원주〕우보禹步: 도사가 법술을 부릴 때 행하는 특수한 걸음으로 전설에 따르면 중국 하夏나라 우왕禹王이 만들었다고 한다.

셋째, '홍이紅姨'. 주무상走無常(지옥의 옥졸)으로 혼령을 통제하며 사람과 대화할 수 있다. 구천현녀九天玄女가 이 무당에 의지하여 말을 한다. 규방을 출입하며 사람들의 은밀한 일을 풍자한다.

넷째, '계동乩童'. 나체로 산발한 채 펄쩍펄쩍 뛰며 중풍 환자처럼 부들부들 떤다. 혀를 베고 등을 찔러 선혈이 낭자하지만, 신령이 빙의해서 아프지 않다고 한다.

다섯째, '왕록王祿'. 마술을 부린다. 종이를 오려 사람을 만들고 왕래하게 할 수 있다. 의술과 점술을 겸업한다. 사람을 저주하여 죽게 만들거나 아프게 하면서 생업을 유지한다.

「대만의 미신臺灣之迷信」『대만 관습 기사』(제2권 제4호), 메이지明治 35년 4월 23일 발행, 대만관습연구회臺灣慣習研究會 원저, 대만성문헌위원회臺灣省文獻委員會 편역

대만 벽지의 산장에서는 늘 '사법邪法'을 행하는데 이것은 마법 종류에 해당한다. 그 마법사를 '부자생符仔生'이라 부른다. 섬 주민들은 마법사를 독사나 전갈처럼 두려워한다. 다음과 같은 이야기가 전한다.

(1) 부적을 태운 재를 담배, 차, 빈랑에 섞어 먹게 하면 갑자기 정신이 혼미해지며 쓰러져 죽음에 이른다.

(2) 부적에 저주의 글을 써서 다른 사람 집 앞이나 집 뒤에서 태우면 그 집안사람들이 반드시 병에 걸리거나 이상하게 죽는다.

(3) 나무나 풀로 특정한 사람의 모양을 만들어 심야에 산야로 갖고 가서 나무에 묶은 뒤 그 인형에 못을 박고 부적을 태우면 특정한 사람이 반드시 죽는데 이를 '정주釘咒'라고 한다.

(4) 마술을 부리며 다른 사람 집으로 들어가면 그 집안사람들이 발견할 수 없고, 또 그 집안사람들은 혼수상태에 빠진다. 석정보石碇堡라는 곳에서 어떤 사람이 마술을 부려 여자를 강간하고 재물을 약탈했다는『담수청지淡水廳志』의 기록이 이를 가리키는 것인가?

(5) 부적을 태워 물을 담은 그릇에 넣고 눈을 감은 채 주문을 외우면 비록 보행을 하지 않아도 저절로 먼 곳까지 갈 수 있다.

기이한 사건 奇事之章

70. 여조묘 呂祖廟에서 금지 金紙를 사르다

소개

대남에 전해오는 속담에 "여조묘에서 금지 金紙(제사 때 사르는 지전의 일종)를 사르고, 떡을 갖고 오는 걸 까먹는다 呂祖廟燒金, 糕仔忘記拿" 또는 "바구니를 들고 금지를 사르는 척한다 揹籃仔, 假燒金"라는 말이 있다. 이 속담은 다른 사람의 언행이 표리부동한 것을 의미한다. 그러나 이 속담의 최초 어원은 기실 부성 府城에서 발생한 색정 사건에서 유래했다.

청나라 때 어떤 백정이 남의 아내를 유혹하여 여조묘에서 밀회를 즐기다가 나중에 일이 탄로났다고 한다. 이 색정 스캔들 때문에 여조묘의 명성이 자자해져서 결국 이 사당은 황폐화되고 말았다.

이 사건에 관한 초기 기록은 일본 통치 시대의 간행물에서 찾아볼 수 있다. 예를 들어 조종기 趙鍾麒(필명 연선 鍊仙)는 『369소보 三六九小報』 제15호와 16호에 발표한 「여묘에서 금지를 사르다 呂廟燒金」(1930)라는 글에서 백정과 남의 아내 색정 사건의 전말을 묘사했다. 연횡도 『369소보』에 발표한 「아언雅言」(1932)에서 어떤 비구니가 몰래 여조묘를 주색이 난무하는 환락장으로 만들고 여자들을 유혹하여 사람들의 비난을 야기하고 있다며 "여조묘에서 금지를 사르고, 떡을 갖고 오는 걸 까먹는다"는 속담을 전했다. 관청에서는 상황을 파악한 뒤 비구니를 내쫓고 그곳을 '인심서원引心書院'으로 바꿨다.

그 뒤 정명鄭明(필명을 폐인廢人 또는 명明으로 씀)이 『대만 신문학臺灣新文學』에 발표한 「여조묘에서 금지를 사르다呂祖廟燒金」(1936)라는 글은 소설의 형식으로 이 이야기를 묘사했을 뿐만 아니라 결말에서 더욱 자세하게 비구니와 백정의 비참한 파국을 그려냈다. 소설의 줄거리는 다음과 같다.

● 명나라 고수顧繡가 그린 「팔선경수괘병八仙慶壽掛屏」의 여동빈呂洞賓

"대남의 진선생陳先生은 본래 관제묘關帝廟에서 훈장 노릇을 했지만 수입이 좋지 않아서 정선생鄭先生의 초청을 받고 성성城을 떠나 일을 하러 갔다. 어느 날 그의 아내가 딸을 데리고 여조묘로 가서 향을 피우며 복을 빌었다. 여조묘를 떠난 뒤 그녀는 보살에게 올린 떡을 가져오는 걸 잊었다며 다시 떡을 가지러 여조묘로 돌아갔다. 이때 흥화興化에서 온 백정이 마침 그 부인을 보고 마음이 끌렸다. 이에 백정은 여조묘의 비구니 계명啓明에게 뇌물을 준 뒤, 비구니의 안내에 따라 마침내 상대와 정을 통했다. 나중에 정선생은 이 일을 알고 나서 진선생에게 편지를 보내 부성府城으로 돌아오라고 요청했다. 진선생은 정선생의 건의에 따라 악인을 엄중하게 징벌하겠다고 결심했다. 그는 먼저 아내를 추궁하여 자백을 받고 다시 아내에게 백정을 유혹하게 하여 백정이 대비하지 않는 틈에 칼로 백정의 혀를 자르게 했다. 그 뒤 진선생은 다시 여조묘로 가서 비구니 계명을 살해하고 또 백정의 혀를 비구니의 입에 넣었다. 그리고 백정이 비구니를 강간하려다 따르지 않자 비구니를 살해한 것으로 꾸몄다. 결국 관청에서 백정을 체포하여 죄를 인정하게 했다. 그 뒤 현지에서는 '여조묘에서 금지를 사르고, 떡을 갖고 오는 걸 까먹는다'라는 이야기가 널리 퍼졌다."

● 1984년에 상영된 영화『백정屠夫』. 당시 잡지에 실린 영화 소개.

전쟁이 끝난 뒤 렌샤오칭連曉靑이 편찬한 『청대 대

여조묘
에서
금지金紙를
사르다.

바구니를
들고
금지를
사르는
척하다.

만 3대 기이한 사건淸代臺灣三大奇案』(1955)이란 책에서도 이 이야기를 세 가지 기이한 이야기 중 하나로 다루었다. 이 책에서 우젠훙吳劍虹은 「여조묘에서 금지를 사르다呂祖廟燒金」라는 글을 써서 본래의 이야기를 흥미롭게 윤색하여 더욱 극화된 소설 결말을 선보였다. 이 소설에서 우젠훙은 각 인물에게 모두 성명을 붙였을 뿐만 아니라 결말도 사람들을 놀라게 할 만한 내용으로 개편했다. 1984년 어떤 영화 회사가 이 이야기에 근거하여 『백정屠夫』이란 영화를 찍었다.

여조묘 사건은 고대의 팔괘八卦 풍문과 비슷하다. 이 이야기의 가장 중요한 장소인 여조묘는 '주자항가柱仔行街'에 있다. 이전에 그곳은 화물 집산지로 도부挑夫(짐꾼)들이 많이 모였으므로 '도자항挑仔行'으로 불렸는데, 민남閩南(복건성 남부) 방언으로 발음을 옮겨서 '주자항柱仔行'이라고 했다. 지금은 이 거리를 '부중가府中家'로 바꿔 부르고 있다.

전설에 따르면 여조묘에는 삼천문三川門, 배정拜亭, 정전正殿, 후전後殿 등의 건물이 있는 등, 규모가 상당히 큰 사당이었다. 일본 통치 시대에 이르러서도 『대만 일일신보』를 통해 여조묘가 1920년대까지도 존재했음을 알 수 있다. 그러나 지금은 이미 철폐되어 사당 건물이 모두 사라졌다. 다만 부중가의 작은 골목에 사당 건물의 잔해로 의심되는 기둥과 벽만 눈에 뜨일 뿐이다.

『369소보』제15호「여조묘에서 금지를 사르다(1)^{呂廟燒金(一)}」, 1930년 10월 26일, 연선^{鍊仙}

남성시^{南城市}에 옛날부터 전해오는 속담이 있다. "여조묘에서 금지를 사르고, 떡을 갖고 오는 걸 까먹는다." 이 말은 대체로 100년 전이 일어난 중대 사건과 관련이 있다.

여조묘는 성안에 있다. 전전^{前殿}에는 여순양^{呂純陽}* 신선을 봉안했고, 후전에는 관음보살을 봉안했다. 여도사^{道姑}가 주지로 있으면서 향화^{香火}를 관장했다. 참배하며 금지를 사르는 여성들이 일시에 성황을 이뤘다. 여도사는 중국인으로 도교 복장을 하고 도교 수련을 한다고 했으나 기실 선한 사람이 아니었다.

이보다 앞서 문명^{文名}이 뛰어난 아무개 선비가 있었는데 집이 가난하여 뜻을 얻지 못했고, 도모하는 바도 성취하지 못했다. 아내 모씨^{某氏}를 얻었는데 자태가 아름답고 성격이 온순하여 남편을 따라 가난하게 살았다.

같은 마을에 사는 공생^{貢生}(명·청 시대 1차 향시에 합격한 사람) 아무개는 상점을 운영하며 재산을 많이 모아 평소에 선비들과 친

* 〔역주〕여순양^{呂純陽}: 당나라 때의 도교 선인^{仙人}으로 본명은 암^嵒, 자는 동빈^{洞賓}, 도호는 순양자^{純陽子}다. 도교 팔선^{八仙}의 한 사람으로 전진파^{全眞派}와 종려파^{鍾呂派}가 그를 시조로 삼는다. 여조^{呂祖}, 여선^{呂仙}, 여조사^{呂祖師}, 순양조사^{純陽祖師}, 여선옹^{呂仙翁}, 선옹^{仙翁}이라고도 부른다.

하게 지냈다. 그가 선비에게 말했다. "자네는 집에서 하는 일이 없고 서당의 수입도 많지 않은데, 아무개 마을에 우리 집 땅이 있고 그곳에 조세를 받는 집이 있네. 자네가 그 일을 맡아 세금을 받아주면 내가 더 부자가 될 수 있을 걸세."

선비가 말했다. "좋기는 좋지만, 나는 아내를 돌봐야 하는데 어찌하나?"

공생이 말했다. "뭐가 걱정인가? 자네가 나를 위해 일해주면 내가 자네를 위해 집을 돌봐주겠네. 치부책을 만들어 매월 일정한 금액을 자네 비용으로 쓰게나. 나는 때때로 사람을 보내 살펴보겠네. 무슨 걱정할 일이 있겠는가?"

선비는 기쁘게 승낙하고 마침내 행장을 꾸려 임지로 갔다.

그런데 생각지도 못한 의외의 사건이 발생했다. 백정 아무개가 고기를 메고 선비 집에 팔러 와서 부인의 미색에 침을 흘렸다. □(원문 글자 누락)는 선비가 타향살이하느라 집에 없는 것을 알고 마침내 날마다 그 집에 와서 장사를 핑계 대고 부인과 노닥거리며 고기를 끊어주었다.

당시에 고기 가격은 한 근에 40동문銅文을 넘지 않았다. 부인은 힘써 사양할 수 없어서 장부에 달아두고 나중에 갚겠다고 했다.

백정은 부인 □와 친숙해지자 여조묘의 여도사와 모의하여 계책을 마련하게 했다. 여도사가 말했다. "조금만 기다리시오."

다음 날 여도사는 사당의 장부를 들고 기름과 향을 모집한다는 핑계를 대고 바로 부인의 집에 갔다. 부인이 조금 호응하며 시주를 하자 여도사는 마침내 교묘한 말로 집안 사정에 대해 물었다.

부인은 남편이 외지 생활을 하기에 어쩔 수 없이 부부가 떨어져 쓸쓸하게 산다고 하면서 남편이 집에 올 여가가 거의 없기 때문에 지금 안부가 어떤지 늘 걱정이 된다고 했다.

여도사는 이 틈에 부인을 종용했다. "우리 여조묘의 관음보살께서 특별히 영험하오. 아무개가 자식을 낳게 해달라고 빌자 메아리처럼 응답했고, 또 어떤 사람이 병을 낫게 해달라고 빌어서 며칠 만에 병이 치료되었소. 내일 아침이 길일인데, 낭자께서는 어찌 보살님께 빌지 않으시오? 도와달라고 기도하면 틀림없이 영험한 일이 있을 것이오." 이에 부인이 미혹되었다.

다음 날 과연 화장을 하고 아름다운 옷을 입으니, 부인의 요염한 자태가 더욱 돋보였다. 부인은 7~8세 된 딸에게 집을 지키게 하고 연꽃 같은 걸음걸이로 홀로 전각으로 올라가 관음보살을 참배했다.

여도사는 합장하고 마중 나와서 은근하게 예의를 갖추고 참배가 끝나기를 기다렸다가 주지실로 이끌어 쉬게 했다. 경건하게 향기로운 차를 올리며 몰래 그 속에 춘약春藥을 넣고 몇 마디 말을 나눴다. 조금 지나 홀연 백정이 도착하여 바로 방으로 들어가 술잔을 돌리며 이야기를 나누자 여도사는 다른 핑계를 대고 자리를 피했다. 백정이 말로 춘정을 자극하자 부인은 춘약의 효과가 나타나서 자제하지 못하고 마침내 그와 음란한 짓을 했다.

이때부터 춘심이 한 번 발동하자 더욱 자제할 수 없어서 늘 여도사를 연결선으로 삼아 여조묘에서 약속을 하고 밀회를 즐겼다.

부인은 문을 나설 때마다 딸에게 말했다. "집 잘 지켜, 엄마가 여조묘에서 금지를 사르고 떡을 갖고 와서 줄게!"

『369소보』 제16호 1930년 10월 29일, 연선錬仙

부인이 빈손으로 돌아오자 딸이 떡을 달라고 했다. 그러자 이렇게 말했다. "떡을 갖고 오는 걸 잊어버렸다." 이 일이 발각되자 호사가들이 내막을 전하며 웃음거리로 삼고 다음과 같이 말했다. "여조묘에서 금지를 사르고, 떡을 갖고 오는 걸 까먹었다."

부인은 백정과 사통하면서 가계는 모두 남편의 수입에 의지했기에 마음이 허망하고 부끄러워서 다시는 공생의 가게에 남편의 월급을 요구하지 못했다. 공생은 의아한 생각이 들어 직원을 보내 그의 집을 염탐했다. 부인이 집에 없어서 직원은 딸에게 물었다. 딸이 말했다. "엄마는 여조묘에 금지를 사르러 갔어요." 직원이 딸에게 이것저것 여러 가지를 묻자 딸이 말하기를 "엄마는 늘 여조묘에 금지를 사르러 가지만 떡을 갖고 오는 걸 잊어먹고 나 혼자 집을 지키게 해요."

직원은 상점으로 돌아와 모든 상황을 이야기했다. 공생은 이상한 낌새를 알아채고 사람들이 여조묘에 참배하는 틈에 사람을 보내 상황을 탐지하고는 급히 편지를 써서 선비를 돌아오도록 재촉하고 사정을 자세히 알려줬다.

부인은 선비가 돌아온 것을 보고 부끄러운 기색을 비치며 불안한 모습을 보였다.

이에 선비는 은근한 말로 꾀면서 말했다. "내가 당신의 행동을 보니 옛날과 다른데 필시 까닭이 있을 것이오. 당신은 나쁜 짓을 할 사람이 아니지만 아마도 못된 사람의 유혹에 빠진 듯하오. 당신이 솔직하게 말하면 절대 당신을 탓하지 않을 것이오." 이에 부인은 죄를 인정하고 전후 사정을 모두 사실대로 진술했다.

선비가 공생에게 가서 사실을 알리자 공생은 말을 들으며 분노를 억제하지 못하고 반드시 중벌을 내려 후인을 경계해야 한다고 했다.

공생은 항상 현縣의 관청에 출입하며 읍령邑令과 친하게 지냈으므로 바로 읍령을 뵙고 간통 상황을 자세히 고소했다.

읍령은 빨리 체포하라고 명령을 내렸다. 여도사와 백정을 잡아들이고 자세히 심문하여 진상을 밝힌 뒤 각각 중죄로 처벌했다. 그리하여 떡을 가져오는 것을 잊었다는 말이 성 안팎에 널리 퍼졌다.

『아언雅言』, 일본 통치 시대 연횡

여조묘는 대남 시내에 있다.

이전에 비구니가 거주하면서 청규淸規를 지키지 않고 음란한 환락장을 만들자, 자제들이 그곳에 출입했다.

사람들이 질책하며 마침내 "여조묘에서 금지를 사르고, 떡을 갖고 오는 걸 까먹는다"는 속담을 지어냈다.

이는 향을 피우며 참배하는 자가 그곳을 환락장으로 삼고 즐기
느라 돌아오는 것도 망각한다는 뜻이다.

담당 관리가 소문을 듣고 비구니를 축출한 뒤 그곳을 '인심서원
引心書院'으로 바꾸었다.

71. 운하의 기이한 사건

소개

일본 통치 시대에 대남 안평安平의 신운하(1926년 완공하여 개통함)는 사랑에 실패한 사람들이 자살하는 유명한 장소였다. 사랑을 이루지 못한 연인이나 기녀들이 모두 이곳에서 강물에 뛰어들어 목숨을 끊었다. 자살 사건이 빈번하자 물귀신이 해코지를 한다는 소문이 세상을 시끄럽게 했다. 이 때문에 물가에 지장보살 신상神像을 세워 삿된 기운을 진압하고 행복을 기원하면서 물속의 가공할 만한 귀신이 계속 사람을 잡아들이는 것을 제지하려고 했다.

대남 운하에 몸을 던져 자살한 사건 중에서 가장 유명한 것은 명기 금쾌金快와 그 연인이 함께 죽은 이야기다. 금쾌는 예술에 뛰어난 기녀로 '신정新町 유흥가 남화원南華園의 첫 번째 꽃第一名花'이었다고 한다. 그녀는 오개리吳皆利와 서로 사랑했지만 오개리가 암거래로 죄를 지어 막다른 골목에 몰렸기에 두 사람은 사랑을 이룰 수 없게 되었다. 1929년 5월 두 사람은 안평 운하에서 서로를 안고 물속으로 뛰어들어 목숨을 끊었다.

이후 수많은 문인과 가수들이 이 일에 감동받아 일본 통치 시대에 가자희歌仔戱*로 개편했고, 또 가자책歌仔冊에서도 이 이야기를 기록했다. 제2차 세계대전 이후에 소설, 영화 등의 장르에서도 이 이야기를 제재로 작품 창작이 이어졌다. 금쾌와 오개리가 운하에 투신한 사건은 민간의 전설과 여러 작품으로 개편되어 흔히 「운하순정기運河殉情記」 또는 「운하기안運河奇案」으로 불렸다.

---

* 〔역주〕가자희歌仔戱: 현재 대만에서 가장 유행하는 전통극이다. 20세기 초에 대만 의란宜蘭에서 발생했으며 북경어가 아니라 민남어閩南語 위주로 공연한다.

운하의
기이한
사건

아무개의
사랑은
그 정이
깊어서,
기꺼이
함께 죽어
목숨을
버리려 하네.

『대만 일일신보』 1930년 2월 8일, 「운하 바닥에서 온 망령의 손짓, 놀랄만한 대남의 새로운 명승來自運河底下死靈的招手, 駭人的臺南新名勝」

(…) 작년 5월, 신정新町 유흥가 남화원의 첫 번째 꽃第一名花 '금쾌金快(본명 진씨쾌陳氏快 또는 진금쾌陳金快, 당시 16세)'는 천재적인 암거래 주범 오개리와 슬픈 사랑을 했기에 마침내 북국루北國樓 후방의 운하 부두에서 서로 몸을 안고 투신하여 죽었다.*

『369소보』 「대남 운하의 물귀신에게 올리는 제문擬祭臺南運河水鬼文」 1931년 8월 3일, 도사壽士**

아! 때는 신미년(쇼와昭和 6, 1931) 여름, 다사노인多事老人은 삼가 한 가닥 경건한 마음과 먹물 한 통으로 대남 운하의 물귀신 영령께 제사를 올립니다.

아! 당신이 그 귀신입니까? 당신은 무슨 일로 물귀신이 되었습

---

* 〔원주〕 이 문장의 출처: 가영삼柯榮三, 「뉴스·소설·가자책: 〔대남운하기안〕의 원시 사건 및 그 개편에 통속문학 작품 신론新聞·小說·歌仔冊: 〔臺南運河奇案〕原始事件及據其改編的通俗文學作品新論」 『대만문학연구학보臺灣文學硏究學報』 제14기(국립대만문학관國立臺灣文學館, 2012년 4월)

** 〔원주〕 도사壽士: 홍곤익洪坤益(홍철도洪鐵濤)의 필명.

니까? 하소연할 수 없는 곤궁함과 종신토록 겪은 고난으로 세상 사람에게 버림을 받고 친구들에게 놀림을 받아 분개한 나머지 중련仲連의 도해踏海*를 본받았습니까? 아니면 사랑의 세계에서 뜻을 얻지 못하고 끝없는 원한의 바다에서 수심의 구름을 눈썹 끝에 길게 달고, 슬픔의 화염을 마음에 두른 채, 번뇌하는 사람의 집을 염려하며 차라리 이 청량한 세계로 들어가는 것이 더 낫다고 생각한 것입니까? 또 발을 잘못 디뎌 추락한 채 천고의 원혼이 된 사람도 진실로 없지 않습니다. 아! 당신이 물귀신이 된 것을 나는 안다고 했는데,** 이를 이르는 말인가요? 대저 귀신이란 것은 형체와 소리는 없지만 양능良能(천부적으로 받은 진실한 능력)의 기氣는 있습니다. 생각건대 당신이 귀신이 된 것은 틀림없이 영령이 사라지지 않고 강변에서 분명한 모습을 드러내어 당신과 동병상련의 사람과 호응하며 보우하고 비호하려는 마음이겠지요. 또 몰래 그를 도우면서 지난 전철을 밟지 못하게 하고 아마도 이를 빌려 당신 마음속의 평정하지 못한 기운을 토로하려는 것이겠지요. (…)

---

* 〔원주〕 도해踏海: 노중련魯仲連은 중국 전국시대 제齊나라 사람이다. 그는 진秦나라 왕이 천하에서 제帝를 칭하는 것에 불만을 품고 이렇게 말했다. "차라리 동해를 밟고 들어가 죽을지언정, 포악한 진秦나라의 신민이 되지는 않겠다寧願踏東海而死, 也不做暴秦臣民."
** 〔역주〕 "정밀한 기氣는 사물이 되고, 떠도는 혼魂은 변화하니 이러한 까닭에 귀신의 실상을 안다精氣爲物, 遊魂爲變, 是故知鬼神之情狀."(『주역周易』 「계사상繫辭上」)

『대만 일일신보』「대남운하에서 이 섬의 남녀가 사랑을 위해 죽으려다 구조되다臺南運河, 本島人男女, 情死遇救」, 1933년 3월 19일

지난 17일 아침 3시경, 대남운하 부두, 마루이치운송점丸一運送店의 창고 앞에서 또 한 쌍의 남녀가 서로 끌어안고 물속으로 투신하여 사랑을 위해 죽으려고 했다.

당시에 날이 아직 캄캄했지만 마침 시내 상곤신上鯤身 사람 임고林古가 그곳을 지나다가 물소리를 듣고 이상한 일이 발생했음을 짐작하여 급히 물속으로 뛰어들어 그들을 구조했다.

그리고 신정파출소新町派出所에서 파견된 경찰관이 소식을 듣고 즉시 도착하여 한 쌍의 남녀를 자세히 조사했다.

그들의 말에 따르면 남자는 신풍군新豊郡 관묘장關廟莊 사람 양방楊榜으로 나이는 37세이며, 대남 관묘關廟 간의 대차부臺車夫로 일한다고 하며, 또 여자는 같은 마을 취락원醉樂園 기정旗亭의 창기 진아리陳阿理로 나이는 21세라고 한다.

대체로 양방과 여자는 오래 친하게 지내며 마음이 맞았으나 흰머리가 되도록 해로하자는 약속을 이루지 못하게 되자 서로 사랑을 위해 죽기로 하고 마침내 기약을 실행했으나 결국 구조되었다. 여자는 물을 많이 마신 탓에 공화의원共和醫院으로 보내져 치료 중인데 몸이 낫기를 기다려서 다시 조사한다고 한다.

72. 기륭基隆의 7호방 참사

소개

일본 통치 시대에 기륭基隆에서 발생한 공포의 '아내 토막 살인 사건'은 민간 전설의 분식을 거치면서 속칭 '기륭 7호방 참사'로 불리게 되었다.

이 살인 사건의 줄거리는 다음과 같다.

총독부 교통국 서기 요시무라 쓰네지로吉村恒次郎는 아내 미야씨宮氏를 맞았으나 나중에 기륭 고사공원高砂公園 내의 음식점 '료쿠안綠庵' 주방 보조원 야라시즈屋良靜와 사통하여 심지어 1933년에 딸까지 낳았다. 이 때문에 정실 미야씨는 야라시즈를 깊이 원망했다. 1934년에 이르러 요시무라 쓰네지로와 야라시즈 사이에서 태어난 딸이 뜻밖에 사망하자 야라시즈는 미야씨가 일찍이 자신의 딸을 죽이려 했

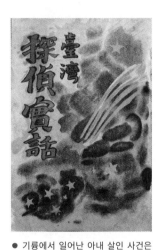

● 기륭에서 일어난 아내 살인 사건은 당시에 큰 파문을 불러일으켜 사람들이 차를 마시고 밥을 먹으며 화제로 삼는 뜨거운 관심사가 되었다. 또 이 사건은 탐정류 소설의 제재가 되었는데, 예컨대 『대만 탐정 실화臺灣探偵實話』(1943)와 같은 책에서도 이 사건의 경과를 자세히 서술했다.

● 일본 통치 시대, 기륭항 사진. 출전은 『일본 지리 대계』 「대만편」 (1930).

다고 원한을 품었다. 이에 야라시즈는 요시무라를 부추겨 자신의 아내를 살해하게 했다. 요시무라는 거절할 수 없어서 그녀와 함께 아내 미야씨를 모살謀殺하고 심지어 시신을 토막 내어 석유통에 넣은 뒤 다시 기륭항의 작은 배에 싣고 바다로 나가 그 석유통을 기륭항 바깥 바다에 버렸다. 두 사람의 범행은 본래 귀신도 모를 정도로 감쪽같았으나 나중에 경찰이 사건을 조사하여 두 사람을 체포함과 아울러 백등탑白燈塔 근처 해저에서 시체가 담긴 석유통을 건져 올렸다.

　당시에 이 참사는 사회를 떠들썩하게 했기에 신문 지상에서도 사건 처리의 진도를 자세하게 설명했으며, 민중들도 다투어 법정으로 들어가 이 사건 재판을 방청했다. 그 뒤 요시무라의 이 토막 살인 사건은 입으로 귀로 전해지면서 원혼이 신령한 행적을 보였다는 전설까지 보태졌고, 심지어 창작자들에게 수많은 영감을 제공하기까지 했다. 예를 들어 대만어*

---

*　〔역주〕대만어: 흔히 대어臺語라고 부른다. 대만 일반 민중이 쓰는 언어를 말한다. 주로 중국 복건성 남부 방언인 '민남어閩南語'가 주류를 이루고, 그것이 대만 특유의 어조를 띠고 있으므로 대만민남어臺灣閩南語라는 명칭을 쓰고 줄여서 대어臺語(Taiwanese)라고 부른다.

영화, 가자책歌仔冊, TV드라마에서도 모두 이 사건을 제재로 작품을 제작했다. '귀편지왕鬼片之王'이라는 명성을 누리는 야오펑판姚鳳磐도 이 사건에 근거하여 영화『잔등·유령·삼경殘燈·幽靈·三更天』*을 구상했다. 기실 이러한 개편 작품과 전설들은 모두 실제 사건과 조금씩 다른 부분이 있고, 심지어 아무 근거 없는 내용을 유포하며 시체를 훼손한 곳(혹은 시체를 버리기 전에 방치한 곳)이 '7호방'이라고 직접 지목하기도 했다.

원전

『대만 일일신보』 1934년 11월 7일, 「기룽 아내 살인 사건 속보, 석유통을 아사마루 어선이 건져 올리다基隆殺妻案續報, 石油罐由旭丸撈起」

기룽의 아내 살인 사건에 연관된 사체를 인양하는 일을 5일 아침부터 공동어업 겸 하야시카네상점林兼商店의 쌍끌이 선박 2조 4척 및 잠수부 2조가 맡아, 현장으로 추정되는 백등탑白燈塔 아래에서, 스와서장諏訪署長, 동형사과장東刑事課長, 야스타케安武 수상주임水上主任의 지휘하에 전심전력으로 진행되었다.

조류의 영향으로 마음대로 일이 진행되지 못하여, 여러 번 인양

---

* 〔원주〕 야오펑판의 아내 류관룬劉冠倫의 회고에 따르면 야오펑판의 영화 「잔등·유령·삼경」(원제 「구쇄舊鎖」)의 스토리는 당시 민간에 유포된 「기룽 7호방 참사基隆七號房慘案」의 시체 유기 이야기에서 영감을 받았다고 한다. 『야오펑판의 귀매 세계姚鳳磐的鬼魅世界』(禾田科技, 2005) 참조.

기류에서
일어난
아내
살인
참사

을 거듭하다가 다섯 번째인 오후 6시 20분 작업 중에 공동어업 제 13호 아사마루旭丸가 문득 백등대로부터 3마일 떨어진 바다에서 목적한 석유통 하나를 인양했다. 석유통 속의 물건은 아마도 좌골과 무릎 관절 상부인 것으로 보인다. 수사선 인원들이 환호성을 지르며 인양 성공을 축하했다.

같은 날 6시 40분 수상서水上署 앞 부두로 귀항했다. 경찰서에서 이소야磯谷 검찰관이 검시한 결과 시체는 토막토막 절단된 것으로 알려졌다.

이 사건의 증거를 이미 입수했으므로 조사를 진행한 뒤 가까운 시일에 검찰국 기룽 지청으로 이송한다고 한다. 단서를 잡고 나서 시체를 발견하기까지 불과 4일이 걸렸다.

『대만 일일신보』 1934년 11월 7일, 「첩이 사실을 말하지 않다妾不吐實」

아내 살인 사건의 흉수 요시하타 쓰네지吉畑恒次(기사의 오류임. 요시무라 쓰네지로吉村恒次郎로 써야 함)는 나이가 44세로 ××관리이며 전직은 고웅주高雄州 ×××이다.

비록 그의 본처 미야씨宮氏가 오랫동안 신경 질환을 앓아온 것이 범행의 직접 원인이라고 하지만, 범인 쓰네지는 평소 성격이 불량하여 강제 퇴직당했다.

또 그의 첩 야라시즈屋良靜는 나이가 31세로 일찍이 시내의 료쿠

안緑菴, 오색식당 네코하라猫八 및 커피숍 등을 떠돌았다. 담당관의 추궁에 모른다고만 대답한다고 한다.

또 시체 유기 지점은 항구 밖 파도가 비교적 높은 곳으로 수사하기 어려운 바다 속을 선택했다.

현재 본인의 자복에 따르면 아내의 흉행이 범행의 동기라고 한다. 즉 당일 밤에 자신의 아내가 신경병이 재발하여 칼을 잡고 내리쳤는데, 제지할 수 없어서 살해했다는 것이다.

그러나 외부인 2~3명의 말을 종합하면 몇 년 전부터 쓰네지가 아내를 죽이겠다 장담했다고 한다.

『대만 일일신보』 1934년 11월 7일, 「평소의 행동이 좋지 못하다素行不修」

아내를 살해한 범인 요시하타吉畑(기사의 오류임. 요시무라 쓰네지로吉村恒次郎로 써야 함)는 본래 고웅주高雄州의 순사인데, 대만총독부 경찰관 연습소 갑과甲科에 선발되어 다이쇼大正 12년(1922)에 졸업했다.

얼마 지나지 않아 고웅주 경부보警部補로 임명되었다. 평소 행동이 좋지 못하여 팽호청澎湖廳으로 좌천되었다. 또 얼마 지나지 않아 사직하고 지금의 아무개 관청으로 일자리를 옮겼다.

고웅과 팽호에 있을 때도 동료들 간에 사이가 좋지 못했다고 한다.

『대만 일일신보』 1934년 11월 12일. 「기룽시 아내 살인 참사. 첩의 물건 중에서 요시무라의 범행을 재촉한 유력한 증거를 발표하다基隆市慘殺妻案, 在妾所持物件中, 發表促吉村有力證據」

이미 보도한 기룽시 아내 살인 사건은 해당 경찰서 형사계가 검찰관의 지휘하에 계속 증거를 수집하고 있다.

첩 시즈코靜子(屋良靜으로 써야 함)가 소지한 물품 중에서 소책자 및 색정과 관련된 편지가 가장 유력한 증거임을 발견했다. 범행 전에 요시무라에게 보낸 편지는 내용이 지극히 비밀스러운데, 소식에 의하면 (편지를 보내) 요시무라의 범행을 재촉하고 범행 방법과 시체 처리 방법을 설명한 것 같다고 한다.

따라서 아내 살인 사건은 두 범인의 동의하에 이루어졌음을 알 수 있다.

『대만 일일신보』 1934년 11월 12일. 「톱을 발견하다發見手鋸」

기룽시 아내 토막 살인 사건에 관한 취조가 일단락되었다.

지난 29일 밤에 범인 요시카와吉川(기사의 오류임. 요시무라吉村로 써야 함)와 그의 첩 시즈코靜子가 미야씨를 교살할 때 사용한 톱 및 식칼 등은 바다에 버린 것으로 알려졌다.

지난 10일 오후에 문득 천신정天神町 자택에서 길이 1척 5촌의 수공용 톱을 발견했다. 진짜 증거인지 여부는 감정을 기다려야 하지만 현재 혈흔이 묻어 있는 것으로 보아 시신을 자를 때 쓴 것임을 의심할 바 없으므로 당국이 매우 기뻐하고 있다고 한다.

73. 담수淡水의 흉가

임서林紓(1852~1924)는 저명한 문학가 겸 번역가다. 임서는 1867년 일찍이 장사를 하는 부친을 따라 대만 담수淡水(滬尾)에 도착했다. 그는 대만에서 2년 넘게 머물다가 1869년에야 결혼을 하기 위해 복주福州로 돌아갔다. 그런데 그 뒤에도 임서는 여전히 여러 번 대만을 방문했다. 이 때문에 그는 대만의 풍토와 민속을 익숙하게 알고 있었으며, 특히 담수의 현자가蜆子街 등지에 깊은 인상을 받았고, 아울러 대만 상황에 관한 수많은 글을 썼다.

임서가 어린 시절에 거주한 현자가 근처 집에서 이상한 일이 발생했다. 어느 날 임서는 천비묘天妃廟에서 전통극 관람을 마치고 귀가한 뒤 집안에서 기괴한 불이 번쩍이는 것을 발견했다. 심지어 책상과 의자까지 흔들렸다. 그는 경황이 없어서 칼을 빼서 휘두르기까지 했다.

오래지 않아 임서는 대만을 떠났다. 나중에 어떤 사람이 다음과 같은 사실을 그에게 알렸다. "뒤이어 그 집에 입주한 사람의 아내가 스스로 목을 매어 죽었습니다. 소문에 그 집에서 목을 매서 자결한 사람이 다섯 명이나 된다고 합니다." 그의 말을 듣고 임서는 경악을 금치 못했다.

『외려쇄기^{畏廬瑣記}』「흉택^{凶宅}」, 청 임서

내가 대만에서 객으로 머물 때 현자가 근처에 거주했다. 천장이 높은 세 칸 집이었는데 가운데는 노비 홍복^{洪福}이 거주했고, 왼쪽은 부친께서 쉬는 방이었다. 부친은 자주 죽참^{竹塹}으로 가서 귀가하지 않으셨고, 나는 그 오른쪽 방을 썼다.

당시에 나는 바야흐로 나이가 18세였다. 천비묘에서 전통극을 구경하고 돌아왔을 때 집 안에서 푸른 불빛이 번쩍였다. 나는 친구 주정신^{周鼎臣}을 위해 잠자리를 마련해주고 문을 잠갔는데, 문밖의 자물쇠가 잠긴 상태 그대로여서 깜짝 놀랐다. 문을 열어보니 방안은 불을 켜지 않아 캄캄했다. 이상한 생각이 들어 전전긍긍하며 잠자리에 들었다. 4경이 지나자 탁자가 모두 흔들리고 작은 의자도 움직이며 소리를 냈다. 침대를 잡고 경악하는 가운데, 소리가 더욱 격렬해지며 마치 나와 대결하려는 것 같았다. 나는 격노하여 칼을 뽑아 마구 휘둘렀다. 날이 밝을 무렵에야 기진맥진하여 마침내 깊은 잠 속으로 빠져들었다.

해가 중천에 떴을 때 일어나 살펴보니 곳곳에 칼자국이 남아 있었다. 나는 또 지난밤의 망동에 실소가 터져 나왔다. 이로부터 괴이한 사건이 사라졌다.

나는 올해 4월에 대만에서 돌아왔다. 5월에 두씨^{杜氏}가 내가 살던 곳으로 이사했는데 이레 만에 그의 아내가 목을 매어 죽었다.

얼마 지나지 않아 어떤 사람이 나에게 알리기를 "그 집에 앞서거
니 뒤서거니 목을 매어 죽은 사람이 5명이나 됩니다." 그러면서 그
이름을 하나하나 거론했는데, 그의 말을 들으면서 모골이 송연해
졌다.

74. 홍철도洪鐵濤의 괴담

소개

홍곤익洪坤益(1892~1947)은 대만의 저명한 문인으로 자는 철도鐵濤, 호는 흑조黑潮이며, 도수刀水, 도刀, 야호선실주野狐禪室主, 상원霜猿, 도취陶醉, 연루鉛淚 등 여러 가지 필명을 썼지만, 사람들은 대부분 그를 '홍철도洪鐵濤'라고 부른다.

1930년 9월, 홍철도는 친구들과 함께 한문 간행물『369소보三六九小報』를 창간했다. 이 신문은 일본 통치 시대 한문 대만어 간행물로 소설, 시, 평론, 역사 산문 등을 실었고, 해학과 풍자를 다룬 글도 적지 않게 게재했다. 끝자리가 3일, 6일, 9일에 해당하는 날 발행했으므로 이런 제목을 붙였다.

홍철도는 이 신문의 편집 업무를 담당한 외에도 자신의 고정 코너인「속요재續聊齋」「수마실희묵睡魔室戲墨」에 항상 글을 썼는데, 여기에는 매우 특색 있는 대만 현지의 괴담인 신령, 귀신, 정령, 괴물 등에 관한 기이한 스토리가 포함되어 있다. 아래에 홍철도의 괴담 몇 편을 간략하게 소개한다.

1.「속요재: 귀신과 싸우다^{與鬼廝打}」: 가의의 아무개는 무지한 아이들에게 겁을 주기 위해 얼굴에 먹을 칠하고 머리를 풀어 헤친 채 귀신으로 가장했으나 오히려 얼굴이 잿빛인 진짜 귀신에게 동료로 오인되어 함께 방에 들어가 한담을 나누자고 요청받았다. 결국 진짜 귀신이 그에게 다른 점이 있음을 발견하고 위장 귀신인 아무개와 한바탕 싸움을 벌였다.

2.「속요재: 불행한 귀신^{落拓鬼}」: 어떤 귀신이 뜻밖에도 모처에 백은^{白銀}이 한 광주리 있다는 몇몇 귀신의 이야기를 듣고 몰래 기뻐하며 먼저 은을 찾으러 갔다. 그런데 그 광주리 안에 있는 것이 모두 개미뿐이었음을 어떻게 알았겠는가? 그 귀신은 슬프게 탄식하다가 광주리의 개미를 이용하여 다른 귀신에게 보복하려고 했다. 그러나 아무개 방에 쏟아부은 개미가 모두 은으로 변할 줄 상상도 하지 못했다. 결국 그 귀신은 은화 2원만을 얻어 탄식을 그치지 못했다.

3.「속요재: 손수건^{手巾}」: 적감루^{赤崁樓} 근처에 사는 갑^甲이 어느 날 저녁, 을^乙을 찾아가자 을은 술을 사기 위해 집에서 나갔다. 오래지 않아 정체가 귀신인 부인 한 명이 갑자기 집 안으로 들어와 손수건 한 장을 떨어뜨리고 갔다. 갑은 이상하게 생각하고 손수건을 감췄다. 나중에 그 여자 귀신이 갑이 있는 곳에 와서 손수건을 찾았다. 갑이 돌아간 뒤에야 그 부인도 모습을 감췄다. 정체가 귀신인 이 부인은 아마도 액귀^{縊鬼}(목을 매어 죽은 사람의 귀신)인 듯한데, 을의 아내에게 해코지를 하려다가 갑에게 방해를 받아 일을 이루지 못한 것이다.

4.「속요재: 사팔야^{謝八爺}」: 갑은 도박을 좋아하다가 돈을 탕진한 뒤에 목을 매어 죽기로 결심했다. 그는 성루로 올라가 목을 매어 자결할 생각이었으나 그곳에서 만난 사팔야가 그에게 금덩이를 주었다. 갑은 욕심이

많아서 금덩이를 더 많이 얻으려 했지만 이미 받은 것조차 잃어버려 빈털터리가 되었다.

5. 「속요재: 독 귀신甕怪」: 대남의 소조蘇厝에 이름이 정로鄭魯인 한 농부가 땅을 파다가 문득 오래된 독 하나를 발굴했다. 그는 독 속에 금이나 은이 들어 있을 줄 생각했지만 맑은 물만 들어 있자 화가 나서 독을 깨뜨렸고, 이에 맑은 물은 땅속으로 스며들었다. 그 뒤 정로는 고열에 시달리다가 왕야신王爺神에게 물은 뒤 비로소 자신이 어떤 하녀의 귀신에게 죄를 지은 것을 알게 되었다. 그 독은 본래 어떤 하녀가 돈을 감춰두는 곳이었고, 하녀는 학대를 당해 죽은 뒤에도 여전히 그 독을 지키고 있었는데 뜻밖에도 정로가 독을 깨버렸다는 것이다. 나중에 정로는 하녀 귀신을 위해 신주를 모시고 자신의 아들 한 명을 후사로 삼아주었다. 그제야 귀신은 해코지를 하지 않았고, 정로의 고열도 완치되었다.

6. 「속요재: 젊은 부인少婦」: 기무재紀茂才는 일찍이 호료항蠔寮港 근처에 살았는데, 미모의 젊은 부인을 만났다. 그러나 상대가 그 뒤에 공포스러운 얼굴로 변하여 매우 경악했다.

7. 「속요재: 주정뱅이醉漢」: 대남 동안방東安坊에 솜을 타는 기술자가 있었다. 그는 평소에 술을 좋아하여 항상 만취했다. 어느 날 밤 대나무 숲길을 지나가다가 뚱뚱한 귀신을 만났다. 그는 술기운에 기대 상대와 강하게 맞서려 했으나 뜻밖에도 귀신은 순식간에 사라졌다. 나중에 또 술에 취해 귀가하는 길에 다시 그 대나무 숲길을 지나가는데 그 뚱뚱한 귀신이 또 길 입구에서 모습을 드러냈다. 솜을 타는 기술자가 화를 내며 귀신에게 욕을 하자, 귀신은 오히려 그를 발로 차서 땅에 쓰러뜨렸다. 그가 귀신을 공격하려 하자 귀신은 대나무를 잡고 높이 날아올랐다. 그가 또 길을 지

나가려 하자 귀신은 또
땅으로 내려와 그를 가
로막았다. 그는 어쩔 수
없어서 다른 길로 갈 수
밖에 없었다.

8. 「속요재: 아무개
갑某甲」: 대남에 사는 신
문 배달부 갑은 자신의
일 때문에 3경이 넘은

● 일본 통치 시대의 적감루赤嵌樓. 사진의 출처는 『일본 지리 대
계』 「대만편」(1930). 「속요재: 손수건」 이야기의 주인공이 적감
루 근처에 살았다고 한다.

시각에도 외지고 음산한 곳을 지나다녀야 했다. 그러나 그는 체구가 우람
하고 담력이 강해서 아무것도 두려워하지 않았다. 어느 날 밤 그는 작은
골목을 지나다가 몸이 날씬한 부인을 만났다. 그녀는 소복 차림으로 머리
에 고운 꽃을 가득 꽂고 있었다. 갑은 상대가 음탕한 여자로 여기고 경박
한 말을 했다. 그런데 뜻밖에도 그 부인이 고개를 돌려 바라보며 지나갔
는데, 눈, 코, 입, 귀로 피를 흘리며 혀를 길게 빼물고 있었다. 갑은 깜짝
놀라 정신이 다 나갈 지경이었다.

9. 「속요재: 황금이 해코지를 하다黃金作祟」: 아무개의 고택에 항상 괴이
한 노인이 귀신처럼 모습을 드러내곤 하여 집안사람들이 매우 두려워했
다. 이에 아무개는 다른 곳에 거처를 마련하고 그 집에 세를 놓았다. 그러
나 세입자들은 아무리 해도 오래 살 수가 없다고 하며 늘 몇 달을 산 뒤에
모두 그곳을 떠났다. 마지막에 어떤 과부가 가장 오래 살다가 떠났다. 나
중에 아무개는 장사에 실패하여 고택으로 돌아왔다. 그는 집안 회랑 벽돌
아래에서 속에 아무것도 들어 있지 않은 옹기 하나를 발견했다. 그 뒤 아

무개가 소문을 들으니 본래 옹기 안에 많은 금전과 보물이 들어 있었는데, 그 과부가 발견하여 모두 갖고 갔다고 했다.

10. 「상원야화霜猿夜話: 수박 귀신西瓜鬼」: 필자의 친한 친구가 들려준 귀신 이야기다. 그의 고향에는 음산한 기운이 감도는 시내가 있는데, 어떤 농부가 소를 몰고 집으로 돌아오며 이 시내를 건너다가 물속에 커다란 수박 두 덩이가 있는 것을 발견했다. 농부는 이게 웬 횡재냐 하며 수박을 주워 가려 했다. 그러나 뜻밖에도 수박이 농부의 손에서 빠져나가 하늘 위로 날아올라서 나뭇가지에 걸리더니 무서운 해골 모양으로 변했다.

● 「타면장打棉匠(솜을 타는 기술자)」의 업무는 다테이시 데쓰오미立石鐵臣가 그린 「타면포打棉布」를 참고할 만하다. 그림 출처는『민속 대만』창간호(1941). 다테이시 데쓰오미는 일찍이 만화萬華에서 솜을 타는 일을 목격하고 다음과 같이 묘사한 적이 있다. "솜을 타는 기계는 매우 재미있다. 굵은 가죽 띠를 활처럼 몸 뒤에서 묶고, 앞에는 악기와 같은 것을 매단다. 그런 뒤에 나무 막대로 넓게 펼친 현弦을 두드리면 삭삭 하는 소리가 악기처럼 울리고 솜이 마치 눈처럼 휘날린다."

12. 「수마실희묵睡魔室戲墨: 멍청한 귀신騃鬼」: 진씨陳氏 성을 가진 어떤 농부가 나이가 겨우 서른 몇 살임에도 과로로 병에 걸리자 그의 아내가 그를 성안의 큰 의원으로 보냈다. 의원 안에는 백의의 간호사 한 명이 지극정성으로 환자를 돌보고 있었다. 안타깝게도 진 아무개의 병은 더욱 위중해졌고, 끝내 소생시킬 의술이 없어서 불행하게도 세상을 떠나고 말았다. 그런데 그의 아내는 자신의 책임을 팽개치고 몰래 도주했다. 그 간호사는 일이 이 지경에 이른 것을 보고 측은지심이 들어서 진 아무개를 위해 간단하게 장례를 치러줬다. 1년여의 시간이 지난 뒤 간호사가 갑자기 병에 걸리자, 집안사람들은 진 아무개의 귀신이 들러붙었다고 인식했다. 나중에 간호사와 진 아무개의 귀신이 서로 약속했는지 모르겠지만 간호사는 마침내 점점 병이 나아 건강을 회복했다.

원전

『369소보』제68호「속요재: 귀신과 싸우다與鬼廝打」, 1931년 4월 26일, 야호선실주野狐禪室主

옛날에 가의嘉義 출신 친구가 있었는데 성은 진씨陳氏이나 이름은 잊어버렸다. 그가 다음 이야기를 해주었다. 가의 서문 밖 큰 도랑 옆에 폐가가 한 채 있었다. 부지가 매우 넓지만, 낡은 집 몇 칸과 용안수龍眼樹만 무수하게 있을 뿐이었다. 5~6월 사이에 땅속 벌레가 땅을 뚫고 나와서 허물을 벗은 뒤 매미가 되어 용안수 줄기에 붙었다. 매일 밤 8~9시 무렵이면 근처의 아이들이 몇 명씩 무리를 지어 각각 기름 횃불을 들고 사방에서 허물 벗는 매미를 찾았다.

그곳에 사는 아무개는 해학적인 호사가여서 아이들이 무지하게 감히 이런 놀이를 하는 걸 보고 가짜 귀신 모양을 하고 악작극惡作劇을 벌여 아이들에게 공포감을 조성하려 했다. 그는 먹으로 얼굴을 검게 칠하고 머리를 풀어 헤친 채 몰래 나무 그늘에 서서 아이들이 오기를 기다렸다.

뜻밖에도 아이들은 모두 맞은편에서 어지럽게 뛰어다니며 매미를 찾고 있었다. 아무개는 오래도록 기다리느라 정신이 점점 흐트러지며 무료하고 답답한 생각이 들었다. 바야흐로 발길을 옮기려 할 때 그는 문득 자신의 옆에 잿빛 얼굴을 한 어떤 사람이 서 있는 것을 발견하고 머리카락이 곤두섰다. 그 사람은 인간이 아닌 듯해서 아무개는 억지로 마음을 진정시켰다.

그 사람이 갑자기 낮은 목소리로 물었다. "저 아이들이 저렇게 시끄럽게 노는데 당신은 여기서 뭘 하시오?"

아무개는 어쩔 수 없어서 얼버무리며 대답했다. "바로 저 아이들에게 한번 해코지를 하여 제삿밥을 얻어먹으려는 것이오."

그 사람이 말했다. "그럼 저쪽으로 가야지, 부질없이 여기 서서 기다리시오? 내가 사는 곳으로 가서 이야기나 나누지 않겠소?"

아무개는 어쩔 수 없이 그렇게 하겠다 하고 그를 따라 낡은 집으로 들어갔다. 이야기를 나눌 때마다 아무개는 건성으로 대략 한 마디씩만 대답했다.

앉아서 잠시 이야기를 나누는 도중에 그 사람이 갑자기 불쾌한 기색을 드러내며 벌떡 일어나 아무개 쪽으로 다가왔다. 아무개가 급히 물러나자 그자도 앞으로 박두해왔다. 아무개가 빨리 달리자 그자도 힘을 다해 추격해왔다. 큰 도랑 옆에 이르러 한 바퀴 돌며 서로 주먹질을 주고받았다.

마침 몇 사람이 전통극을 보고 돌아가는 길에 각각 횃불을 들고 있었는데 멀리서 아무개 혼자 두 주먹을 내뻗으며 좌우로 치는 것을 보고 소리를 질렀다. "뭣 하는 사람이오?" 그제야 아무개는 화들짝 정신을 차렸다. 사람들이 그 까닭을 물으니 위와 같은 시말을 이야기했다. 이것이 속인들이 말하는 '귀신과 싸웠다與鬼廝打'라는 이야기다.

지금은 서문 밖에 철도역이 생겨서 더 이상 옛날처럼 궁벽하지 않다.

『369소보』 제72호 「속요재: 불행한 귀신蕃拓鬼」, 1931년 5월 9일, 야호선실주

어느 마을의 한 귀신은 성격이 탐욕스럽고 박복하여 불행하게 지내는 해가 많았으며 다시 환생하려 해도 기약이 없었다. 매일 밤 궁벽한 마을과 쓸쓸한 성에서 배회해도 지전을 사르거나 제삿밥을 올리며 대접해주는 사람이 아무도 없었다. 귀신은 날마다 굶주림에 지쳐서 눈은 퀭해지고 창자에서는 꼬르륵 소리만 나는지라 "이 일을 어찌할까?"라는 탄식만 내뱉을 뿐이었다.

어느 날 밤 귀신은 달빛이 희미하게 비치는 가운데 우연히 외출했다가 앞에서 귀신 몇이 한담을 나누는 소리를 들었다. "모처에 은 한 광주리가 있으니, 가서 나누자."

귀신은 그들의 말을 듣고 몹시 기뻐서 마침내 지름길로 갔다. 그런데 그곳에 도착해보니 광주리에 개미만 가득 담겨 꿈틀거리고 있는지라 망연자실했다. 문득 아무개와 생전에 사이가 나빴던 일이 생각나서 개미로 보복을 하려고 마침내 개미를 가지고 아무개의 집으로 갔다. 지붕 위로 올라가 기와를 걷어내고 아래를 향해 광주리의 개미를 쏟아부었다. 그런데 갑자기 아래에서 짤랑짤랑 구슬 같은 소리가 들렸는데 은이 부딪치는 소리 같았다.

귀신은 깜짝 놀라 급히 광주리를 들어 올리고 손으로 만져 보니 광주리 안에 은화 2원이 아직 남아 있었다. 귀신은 크게 탄식하며 자신에게 횡재할 운명은 없지만 그래도 다행히 2원의 노임은 얻었다고 생각했다. 그렇지 않고 다른 사람 좋은 일만 했다면 너무 억울할 뻔했다는 생각도 들었다.

『369소보』 제88호 「속요재: 손수건手巾」, 1931년 7월 3일, 야호선실주

40년 전에 아무개 갑甲이란 자는 현縣의 말단 관리로, 적감루 근처 곽순郭順의 집에 기거했다. 곽도 말단 관리였으나 만성반萬盛班이라는 극단을 경영하며 사평희四平戲라는 전통극을 공연했다. 갑은

어느 날 저녁 감성監城에 갔다가 친구 을乙을 방문했다. 을과 갑은 같은 일을 하는 동료여서 마음이 아주 잘 맞았다. 갑이 오자 을은 그를 잡아두고 술을 마시게 하려고 갑에게 조금만 기다리라 한 뒤 얼른 문을 나서 술을 사러 갔다.

잠시 후에 갑은 뒤편에서 음식을 하는 소리와 원망하는 소리가 나는 것을 들었다. 갑은 을의 부부가 틀림없이 반목해서 그의 아내가 원망하며 욕을 한다고 의심했다. 안으로 들어가서 좀 달래보려다가 혹시 오해를 살까봐 잠시 을이 돌아오기를 기다렸다. 오래지 않아 어떤 부인이 흰 치마저고리 차림으로 몸을 흔들며 들어왔다. 얼굴에 사람의 기색이 없어서 매우 무서웠다. 그 여자는 당황하며 뒤로 물러나다가 손수건 한 장을 땅에 떨어뜨렸다. 갑은 이상한 일이라 여기고 일어나 그것을 주웠다. 심한 악취가 났지만 잠시 품속에 감추고 앞으로의 변화를 엿보기로 했다.

자세히 들어보니 을의 아내가 안방에서 흐느껴 우는 듯했다. 잠시 후에 부인이 나와서 눈에 불을 켜고 무엇을 찾는 것 같았다. 문밖으로 나가서 찾다가 다시 돌아와 멀찌감치서 갑을 향해 서서 무슨 말을 하는 듯했다. "손수건 돌려줘요! 손수건 돌려줘요!" 갑은 못 들은 척하며 상관하지 않았다.

마침 을이 밖에서 돌아오자 부인은 불만을 품은 표정으로 바로 문밖으로 나갔다. 갑은 을이 돌아온 것을 보고 모든 것을 사실대로 알려줬다. 을은 깜짝 놀라며 급히 안방으로 들어가서 아내를 살펴보았다. 그의 아내는 정신이 혼미한 채 눈물을 줄줄 흘리며 힘없이 침대에 기대 있었다. 을이 서둘러 아내를 깨워서 마침내 무사할 수 있었고, 갑도 아무 말 없이 귀가했다.

이날 밤 2경 이후에 갑이 잠자리에 들자 갑자기 문밖에서 부인의 목소리가 들려왔다. 어렴풋이 밖에서 그를 부르는 듯했다. "손수건 돌려줘요!" 계속해서 몇 번 소리가 들렸지만 갑은 대답하지 않았다.

곽순의 아내도 밖에서 손수건을 돌려 달라고 재촉하는 이상한 소리를 듣고 자신도 모르는 사이에 머리카락이 쭈뼛 섰다. 나가서 갑에게 묻자 갑은 앞서 있었던 일을 이야기했다. 곽순의 아내는 더욱 두려웠다. 그때 밖에서 갑자기 큰 소리가 들렸다. "곽순의 아내여! 손수건 돌려줘요!" 곽순의 아내는 대경실색하며 손수건을 돌려주라고 갑에게 간절히 권했다. 갑은 어쩔 수 없어서 문틈으로 손수건을 내보냈다. 그러자 마침내 소리가 사라지더니 나중에도 다른 이상한 일이 일어나지 않았다.

『369소보』 제91호 「속요재: 사팔야謝八爺」, 1931년 7월 13일, 야호선실주

아무개는 도박을 좋아하는 성격이어서 골패를 외치는 소리를 잠시도 쉬지 않았다. 자신의 재산과 땅까지 모두 노름판에 털어 넣고도 동쪽 서쪽에서 돈을 빌려 도박 배수전을 벌이다가 빈손만 남는 지경에 이르렀다. 빈털터리가 되자 하소연할 데도 없고 마을 사

람들 보기도 부끄러워 한 줄기 끈으로 남은 삶을 마감하려 했다.

어느 날 밤 희미하게 달이 뜨자 극락을 찾아가기로 했다. 서쪽 성루에 이르러 이곳이야말로 맑고 그윽하고 청량한 곳이라 몰래 생각하고, 바로 이곳이 낙토인데 어찌 다른 곳을 찾겠는가라고 하며 바로 허리띠를 풀어 목을 매려 했다. 그때 갑자기 눈앞에 흰옷을 입은 거한이 나타났다. 두 눈을 형형하게 뜨고 손으로 그를 제지했다. 아무개가 눈길을 고정하고 살펴보니 총간궁묘總趕宮廟 안에 모셔진 사팔야謝八爺와 비슷했다. 혼이 하늘로 날아가 이미 자신을 죽은 사람이라 생각했기에 무섭지도 않았다.

거한이 갑자기 입을 열고 물었다. "너는 무엇 때문에 죽으려 하느냐? 내게 알려줄 수 있겠나?" 갑은 사실대로 말했다. 거한이 비웃으며 코웃음을 쳤다. "돈이 없어서 죽는다고? 이런 바보가 있나? 자! 이제 내가 네게 자금을 주겠다." 갑을 부축하여 일으키고는 나는 듯이 성 아래로 내려가 벽돌 한 장을 뽑아서 그에게 주며 말했다. "이것은 금덩이다. 돌아가서 돈으로 바꾸어 잘 살도록 해라." 말을 마치고는 훌쩍 사라졌다.

아무개는 반신반의하며 벽돌을 가지고 천천히 돌아왔다. 날이 밝자 그것을 가지고 모처의 은점銀店으로 가서 감별을 의뢰했더니 정말 금덩이였다. 아무개는 욕심이 발동하여 성벽에 아직도 금덩이가 남아 있을 것이라고 몰래 생각했다. 마침내 어젯밤 그곳으로 찾아갔더니 새로 뽑아낸 벽돌 흔적이 완연히 남아 있었다. 이에 수중의 금덩이를 들어서 맞췄더니 양쪽이 하나처럼 딱 맞아떨어졌다. 그러나 금덩이는 다시 벽돌로 변했고, 옻칠에 아교를 섞은 것처럼 아귀도 맞지 않았다. 아무개는 낙심하여 죽고 싶은 심정이었으나, 어쩔 수 없이 집으로 돌아올 수밖에 없었다.

아! 아무개가 끝도 없이 탐욕을 부리지 않았다면 남은 반생 동안 먹고 입는 것을 무궁무진하게 누릴 수 있었을 것이다. 어찌 다시 죽느니 사느니 할 일이 있겠는가?

『369소보』 제94호 「속요재: 독 귀신甕怪」, 1931년 7월 23일, 야호선실주

안정리安定里 동보東堡의 소조장蘇厝莊(지금의 대남 소조蘇厝)에 정로鄭𡑌라는 사람이 살았는데 그는 소박함을 숭상하며 날마다 농사를 지어 생계를 유지했다. 어느 날 마을 밖에서 호미로 채소밭을 매다가 홀연히 독 하나를 파냈다. 매우 단단하게 밀봉되어 있어서 금과 은이 들어 있을 것으로 여기고 급히 열어보니 맑은 물이 한 독 가득 들어 있었다. 정로는 매우 화가 나서 본래 자신이 누릴 복이 없다고는 믿지 않고 갑자기 호미 머리로 독을 산산이 부쉈다. 그러자 물이 사방으로 흐르며 모두 땅속으로 스며들었다. 그는 낙담한 채 비틀거리며 집으로 돌아왔다.

그날 밤이 되자 몸에 불같이 고열이 났으나 마을 사람의 의술과 약으로는 낫지 않았다. 그는 귀신을 믿는 성격이라 왕야王爺를 초청하여 기도를 올리고 진찰을 받았다.

신령이 마침내 다음과 같이 뜻을 드러내며 말했다. "여자의 혼령이 몸을 감고 있다." 정로는 평소에 여색을 가까이하지 않는다고 자신하는데 어찌 이런 일이 있을 수 있을까 생각했다.

신령이 또 말했다. "그 혼령이 네게 손해를 배상하라고 하는구나. 네가 금전상 손해를 끼쳤다고 하니 잘 생각해보아라."

이에 정로는 근래에 독을 깨뜨린 일이 떠올라서 이렇게 말했다. "낡은 독에 맑은 물만 있었을 뿐, 저는 털끝 하나도 가져오지 않았습니다."

신령이 말했다. "너는 물이라고 보았지만 복이 있는 사람이 그것을 얻었으면 종신토록 의지할 데가 없을까 걱정하지 않았을 것이다. 이보다 앞서 이 정원은 어떤 부잣집 주택이었다. 그 집 하녀 하나가 몰래 담벼락 아래에 독을 묻어놓고 은전이 생길 때마다 독 속에 차곡차곡 모았다. 주인 여자가 매우 가혹해서 걸핏하면 하녀에게 죄를 뒤집어씌우며 학대했지만 하녀는 무엇 때문에 죄를 지었는지 몰랐다. 주인 여자는 마침내 하녀의 옷을 빼앗고 실오라기 하나도 걸치지 못하게 했다. 그리고 삼베 포대에 하녀를 넣고 또 그 속에 고양이를 넣은 뒤 포대 입구를 단단히 묶었다. 그리고 고양이를 때려서 분노하게 만들자 고양이는 도망칠 길이 없게 되었고, 하녀도 포대 속에서 슬피 우니 고양이가 공포에 질려 하녀의 온몸을 마구 긁어서 상처를 냈으며, 급기야 하녀는 그대로 사망하고 말았다. 주인 여자가 너무 잔인무도했다고 할 만하다. 하녀의 혼령은 흩어지지 않고 그 독을 단단히 지키고 있었는데, 이제 독이

깨져서 장래의 희망이 모두 사라지고 말았다. 이 때문에 네게 해코
지를 하는 것이다."

이에 정로는 가족들에게 기도를 올리게 하고, 신주를 세워 자신
의 아들 하나를 하녀의 후사로 삼아 제수를 마련한 뒤 제사를 올리
고 싶다 하여 허락을 받았다. 다음 날 그는 자신의 말대로 실행했
다. 제사가 끝나자 정로의 몸에서 열이 내리고 마침내 병이 치유되
었다.

지금까지도 소조장 사람들은 여전히 이 일을 이야기하곤 하는
데, 벌써 20년 전의 일이다.

『369소보』 제98호 「속요재: 젊은 부인少婦」, 1931년 8월 6일,
야호선실주

소싯적에 기무재紀茂才 선배의 말을 들은 적이 있다. 그가 호료
항蠔寮港 근처에 살면서 밖으로 출입할 때는 반드시 어떤 골목을 지
나야 했다.

어느 날 밤 달빛이 희미하게 비치는 가운데 귀가하고 있었는데
이미 삼경이 지난 때였다. 그 골목에 이르렀을 때 어떤 젊은 부인
하나가 맞은편에서 느릿느릿 걸어오고 있었다. 옷차림이 화려했
으며, 머리는 온통 구슬과 비취로 장식하여 대가大家의 규수인 듯
했다. 뽀얀 얼굴과 아리따운 머리 장식이 달빛을 받아 정말 아름다
웠다.

무재는 평생토록 이곳을 왕래하면서도 이런 여자를 마주친 적이 없어서 이상하게 생각했다. 발길을 멈추고 그 여자가 지나가기를 기다린 뒤 눈길을 돌려 바라보았다. 그런데 갑자기 젊은 부인의 모습이 머리를 풀어 헤치고 눈알이 튀어나온 무서운 면모로 바뀌어 있었다. 그 여자는 천천히 담장 가로 가더니 모습을 감췄다. 무재는 모골이 송연해지며 몸을 마음대로 움직일 수 없어서 비틀비틀 도망치듯 귀가했고, 집에 도착해서도 가쁜 숨을 몰아쉬어야 했다.

아! 귀신이 먼저 고운 모습을 드러냈다가 뒤에 다시 모습을 바꾸어 겁을 준 것은 무재의 지나치게 바쁜 일상을 나무란 것인가? 아니면 "붉은 분을 바른 얼굴 뒤의 몸은 해골이다"라는 경구를 일깨운 것인가?

『369소보』 136호 「속요재: 주정뱅이醉漢」, 1931년 12월 13일,
야호선실주

주정뱅이는 우리 고을 동안방東安坊 사람이다. 이 이야기를 해준 사람은 그의 성씨를 잊어버렸다고 했으나 그의 직업은 솜을 타는 사람이라고 했다. 그는 목숨처럼 술을 좋아하여 자신의 직업 이외에 남는 시간은 모두 술에 취해서 허비했다. 이 때문에 그에게 가까이 다가간 사람은 모두 그가 풍기는 술 냄새를 맡고 구토 기를 느낄 지경이었다.

어느 날 밤 그는 친구 집에서 술을 마시고 거의 삼경이 가까운

때가 되어서야 술에 취한 채 귀가하다가 이리 비틀 저리 비틀거리며 미친 듯이 노래까지 불렀다. 그가 자신의 집 근처 대나무 숲 골목에 이르러 빠른 걸음으로 지나가려 할 때, 그의 취한 눈에 어렴풋이 어떤 사람이 있는 것이 보였다. 그는 저쪽에서 몸이 매우 뚱뚱한 사람이 비틀비틀 걸어오는 것을 보고 이상한 느낌을 받았다. 그러나 그는 평소에도 담이 컸고 또 지금은 술기운까지 보태졌으므로 두려움 없이 큰소리를 치며 앞으로 걸어갔다. 그런데 뜻밖에도 귀신이 고의로 정면에서 그를 들이받아 땅에 쓰러지게 했다. 그가 일어났을 때 귀신은 이미 보이지 않았다. 주정뱅이는 어쩔 수 없어서 마구 욕설을 퍼붓고는 집으로 돌아왔다.

다음 날 밤 그는 또 고주망태가 되어 여전히 대나무 숲길을 따라 돌아오다가 길 입구에서 또 전날의 귀신이 대나무 끝을 잡고 길을 가로막고 있는 것을 보았다. 그가 앞으로 다가가 마구 욕설을 퍼붓자, 귀신은 발을 걸어서 그를 넘어뜨렸다. 주정뱅이는 화가 나서 벌떡 일어나 주먹을 내지르며 보복하려 했다. 그러자 귀신은 대나무를 하늘로 튕겨 높이 날아올랐다. 주정뱅이가 지나가려 하자 귀신이 또 내려와 그를 가로막았다. 이와 같은 일이 반복되자 주정뱅이는 온몸에서 땀을 흘렸고, 술도 깨기 시작했다. 그러나 여전히 그곳을 한 발짝도 벗어날 수 없어서 부득이하게 다른 길로 귀가해야 했다. 그때부터 그는 이 길을 무섭게 생각하여 감히 이 길로는 왕래하지 않았다.

그러나 다른 사람은 캄캄한 밤에 왕래하면서도 이상한 귀신이 있다는 소문을 듣지 못했다. 이 어찌 귀신이 그의 취한 모습이 미워서 고의로 희롱한 것이 아니겠는가?

『369소보』 제137호 「속요재: 아무개 갑某甲」, 1931년 12월 16일, 야호선실주

거의 30년 전에 대남의 모 신문 배달원 갑甲은 키가 크고 몸집이 우람해서 사람들이 갑甲이라고 불렀으며 평소에도 간담이 큰 것으로 이름이 났다.

당시에 모 신문은 기계가 미비하여 매일 신문이 나오는 시각이 대부분 밤 12시 이후였다. 갑은 큰 신문 뭉치를 들고 곳곳을 다니며 배달했다. 외진 골목이나 귀신이 나올 듯한 음산한 곳도 마구 쏘다니며 전혀 무서워하지 않았다.

어느 날 밤 달빛이 희미하게 비치는 가운데 거의 4시가 가까울 무렵, 즉 일본어 방언으로는 소위 우시미쓰丑滿*에 해당하는 때였다. 갑은 성큼성큼 활달한 걸음으로 대북성大北城 가로 가서 어떤 작은 골목을 지나다가 문득 어떤 여인을 보았다. 날씬한 몸매에 소복을 입었으며 머리에는 예쁜 꽃을 가득 꽂고 대나무 사립을 향해 서 있었다. 갑은 의아한 생각이 일며, 이처럼 깊은 밤에 이처럼 젊

---

* [역주] 우시미쓰丑滿: 축시丑時의 가장 늦은 때란 뜻으로 대개 새벽 2시에서 3시를 넘은 시간을 가리킨다.

은 부인이 이슬 맞는 것도 두려워하지 않고 나와 있으니 틀림없이 음탕한 여인이 밤에 외출하여 남자를 꾀는 것이라고 여겼다.

그리하여 가까이 바짝 다가가서 몰래 여인의 등 뒤에 서서 동태를 엿보았다. 한참 지나서 그는 여인에게 수작을 걸었다. "어찌 얼굴을 돌리지 않으시오?" 여인은 여전히 정적 속에 서서 눈길을 돌리지 않았다.

갑은 여인이 틀림없이 자신의 감촉을 느꼈지만 부끄러운 나머지 이런 모습을 보인다고 추측했다. 그는 야릇한 감정을 주체할 수 없어서 마침내 손을 뻗어 여인의 어깨를 잡아 돌리며 말했다. "몸을 돌리시오. 이처럼 아름다운 모습을 감상할 수 있게 말이오. 그렇게 서 있지 마시오."

그런데 몸을 돌린 여인의 눈, 코, 입, 귀에서는 피가 흐르고 있었으며 혀는 길게 빼물고 있었다.

갑은 그 모습을 보고 대경실색하며 정신줄을 놓았다. 그는 목숨을 걸고 미친 듯 달아나 바로 본사로 돌아와서 소처럼 씩씩거리며 가쁜 숨을 내뱉었다. 한나절이나 숨을 헐떡거리다가 이와 같이 본 것을 글로 남겼다.

『369소보』 제227호 「황금이 해코지를 하다黃金作祟」, 1932년 10월 19일, 야호선실주

아무개는 고택 자손으로 서정방西定坊의 사안경四安境 근처에 살

앉다. 그의 집은 고대광실로 규모가 매우 컸다. 방문한 사람들은 모두 부러워했지만 이 고택에 귀신이 있다는 사실은 알지 못했다.

이보다 앞서 아무개는 선조의 음덕으로 이 고택에 거주했다. 그런데 매일 황혼이 지난 뒤에 문득 어렴풋이 어떤 노인이 담장에 걸터앉았다가 회랑 아래로 들어오기도 하는 것을 목격했다. 또 밤이 되면 음산한 기운이 집안에서 피어나 집안사람들이 하룻저녁에도 몇 번씩 놀라곤 했다. 이에 감히 이 고택에 거주하지 못하고 서관西關 밖으로 이사한 뒤 장사를 위해 고택을 다른 사람에게 빌려줬다.

그런데 뜻밖에도 고택을 임대한 사람은 서너 달을 넘기지 못하고 다른 곳으로 이사 갔다. 그 뒤 반년을 넘긴 사람이 한 사람도 없었는데 연이어 몇 사람을 바꿔보았지만 모두 이와 같았다. 그 뒤에 어떤 과부가 세를 들어 가장 오래 살다가 역시 다른 곳으로 옮겨 갔다. 그 뒤에는 결국 문의하는 사람이 없어서 집을 폐쇄했다.

그 뒤에 갑은 장사에 실패하여 부득이하게 지친 새처럼 둥지를 찾아 다시 고택에 돌아와 살았으나 요괴는 보이지 않았다. 사람들은 이렇게 의심했다. '세상에는 소위 사람이 쇠약할 때 귀신이 사람을 희롱한다고 하는데, 이 귀신은 어찌하여 권세와 이익을 좇는 마음을 품고, 가난뱅이는 괴롭혀서는 안 된다는 말을 어겼단 말인가?'

어느 날 갑은 우연히 회랑으로 들어갔다가 바닥의 벽돌 한 장이 뽑힌 듯한 모양을 보았다. 그는 의심이 들어 벽돌을 뽑아올리니 손길에 따라 벽돌이 뽑혔다. 그 아래에 구멍이 있음을 알고 바닥까지 탐색하다가 옹기 하나를 발견했다. 손으로 더듬어보니 옹기 속에는 아무 물건도 없었다. 뒤에 비로소 소문을 들으니 어떤 과부가 이곳에 세 들어 살 때 이 회랑을 부엌으로 삼았는데, 벽돌 하나가 불쑥 솟아오른 것을 보고 평평하게 만들려고 하다가 뜻밖에도 벽돌 아래에 금과 은으로 만든 기물이 매우 많이 매장되어 있는 것을 발견하고는 모두 묶어서 다른 곳으로 옮겨갔다고 했다.

아! 황금이 복을 주려 해도 복이 없는 사람은 받을 수 없다. 갑은 진실로 사리가 분명한 주인이다. 자신이 박복하여 하루도 편안히 거주할 수 없음을 알았던 것이다. 귀신이 사람을 희롱함이 진실로 이와 같은 것인가?

『369소보』제287호「상원야화: 수박 귀신西瓜鬼」, 1933년 5월 9일, 도刀

때는 한여름 사방에 수박이 가득하여 무성한 넝쿨에 초록색 옥玉덩이가 열리고, 그것을 깨면 붉은 노을 같은 속이 선명하게 드러난다. 친한 친구 천금天錦 군이 나를 방문하여 들려준 수박 귀신에 관한 이야기다. 이제 이를 수마睡魔를 쫓기 위한 이야기 자료로 제공한다.

친구의 고향은 대나무가 우거지고 옥돌이 늘어섰으며 조릿대가 숲을 이뤄 피서하기 좋은 곳이다. 마을 서쪽 수백 걸음 되는 곳에는 물이 맑고 시원한 작은 시내가 있다.

행인들은 걸어서 그곳을 건너다가 발을 씻거나 갓끈을 씻기도 한다. 그러나 이곳 사정을 아는 사람들은 모두 귀신이 시냇물 해코지를 하며 때때로 행인을 해친다고 했고, 그 말을 들은 사람들은 두려워했다. 시냇물은 진실로 그림처럼 맑아서 헤엄치는 물고기를 셀 수 있을 정도인지라 오염된 다른 시내에 비할 바가 아니었다.

어느 날 달빛이 대낮같이 밝게 비치는 밤에 어떤 농부가 송아지를 끌고 집으로 돌아가고 있었다. 작은 시내에 이르러 바지를 걷고 건널 때 문득 물가를 바라보니 커다란 수박 두 통이 있었다. 농부는 어떤 행인이 잃어버린 물건으로 여기고 몰래 기뻐하며 그것을 주워가려고 했다. 물가로 다가가서 몸을 굽혀 주우려 하자 갑자기 수박이 총알처럼 손을 벗어나 하늘로 날아갔다. 농부는 깜짝 놀라 고개를 들고 사방을 둘러보며 수박을 찾았다. 그런데 그 수박은 나뭇가지 끝에 걸린 채 사람 머리로 변하여 농부를 향해 섬뜩한 웃음을 흘리다가 이어서 점점 참혹한 표정을 지었다. 농부는 기절초풍할 정도로 놀라서 집으로 돌아온 후에도 한 달 넘게 병을 앓았다. 지금도 그는 대낮에도 그 시내를 무서운 곳으로 여긴다.

『369소보』 제302호 「수마실회묵: 멍청한 귀신^{癡鬼}」, 1933년 6월 29일, 상원^{霜猿}

신풍군^{新豊郡} 산하 어느 마을의 농부 진^陳 아무개는 나이가 30여 세 정도일 때 과로로 병을 얻어 거의 목숨이 위태로워졌다. 마을이 시내에서 멀어 의사를 찾기 어렵자 그의 아내가 남편을 병원에 입원시켜 진료받을 계책을 세우고 마침내 돈을 좀 마련하여 고물차를 빌렸다. 아내는 남편을 싣고 시내로 들어가 큰 의원에 의뢰하여 입원시키고 약과 차를 조달하는 삶을 살아가게 되었다.

병원에 백의의 젊은 간호사가 있었는데 병상의 여신처럼 환자의 안부를 살피며 지극하게 간호했다. 진 아무개는 이런 보살핌을 받고 병세가 조금 회복되는 듯하다가 며칠 뒤에는 갑자기 악화되어 약을 쓸 겨를도 없이 죽고 말았다. 그의 아내는 본래 시골 사람인지라 남편이 갑자기 죽는 것을 보고 자신의 책임에서 벗어나기 위해 몰래 도주했다.

가족이 오지 않자 그의 시신을 병원 사람들도 어떻게 할 수 없었다. 그러자 젊은 간호사가 가련하게 여기고 염을 하기 위한 지분紙粉과 돈을 좀 마련하여 모자와 신발을 사서 그의 마지막을 장식한 뒤 마침내 소략하게 염을 하고 장례까지 치러줬다. 그렇게 일을 치르고 나서는 그 일을 다시 기억하는 사람이 없었다.

1년여를 지나 젊은 간호사에게 갑자기 광증狂症이 발생하여 피부를 잡아 뜯고 마구 날뛰며 물건을 내던지고 밤낮으로 울부짖었다. 가족들이 대경실색하여 자세히 조사해보니 진 아무개의 혼령이 들러붙어 있다고 했다. 진 아무개의 혼령은 젊은 간호사가 자신에게 연정을 품었다 오인하여 그녀에게 강제로 위패를 모시게 하고 길이 제사를 받들게 하면서 못다 한 인연을 이어가기를 바란다는 것이었다. 그 의원의 원장은 본래 정신과 의사였지만 약물을 투

여해도 치료할 수 없었다. 나중에 간호사의 집과 그 혼령이 무슨 약속을 했는지 모르지만, 간호사의 병이 조금씩 나아서 원상을 회복했다.

아! 귀신도 인식이 부족하단 말인가? 마음이 정에 이끌려 은혜를 원수로 갚다가 다시 손을 놓고 아무 결과도 보이지 않았으니, 이것이 무슨 마음이며, 무슨 정이며, 무슨 은혜이며, 무슨 복수인가? 죽어서도 미련에서 벗어나지 못했으니 비록 귀신이라 해도 멍청하다고 할 만하다.

75. 은산사鄞山寺의 수와혈 水蛙穴

소개

은산사鄞山寺는 신북시新北市 담수구淡水區에 있고 '정광고불定光古佛'을 모시는 사찰로 정주汀州 객가족客家族의 신앙 중심이다. 은산사의 건립에 관해서 기묘한 수와혈水蛙穴(풍수에서 말하는 개구리 혈) 전설이 전해온다. 그에 따르면 이 사찰은 수와혈 위에 건축되었는데 개구리는 물을 떠날 수 없으므로 이 사찰에 반월지半月池가 있고, 또 우물도 두 군데 있으며 그 우물이 개구리의 눈이라고 한다.

사찰이 완공된 뒤 문을 열고 종을 칠 때마다 근처 초조미草厝尾 마을에 화재가 발생하고 거리의 닭과 개에게도 탈이 났다고 한다. 초조미 주민들은 자신들의 마을이 지네혈蜈蚣穴(일설에는 모기혈蚊子穴)에 속하기에 은산사의 개구리가 지네(혹은 모기)를 잡아먹는 형상이라고 인식했다. 이에 초조미 주민들은 풍수사를 초청하여 대책을 상의하고 은산사의 수와혈 풍수를 극복하려고 했다.

풍수사는 낚시로 개구리를 낚는 '조수와釣水蛙'라는 대책을 마련했다. 밤중에 초조지 거리에 낚싯대를 세우고 낚싯대 끝에 불을 밝혀 미끼로 삼은 뒤 개구리를 낚는 방법이었다. 이런 방법을 써서 초조지 사람들은 낚싯바늘로 개구리의 눈을 꿰게 되었다. 이에 은산사의 개구리는 '외눈박이 개구리獨眼蛙'가 되었고 은산사의 우물 두 곳 중 한 곳은 탁수로 변했다.

원전

『대만 옛 관습, 습속, 신앙臺灣舊慣習俗信仰』「은산사와 관련된 풍수 전설關於鄞山寺的風水傳說」, 일본 스즈키 세이치로鈴木淸一郎 기록, 펑쭤민馮作民 번역

앞의 은산사 건립에 관하여 신기한 풍수 전설이 전해오고 있다.

원래 은산사의 소재지를 풍수 전설로 바라보면 소위 '수와혈水蛙穴'에 자리 잡았다고 한다. 즉 사찰 뒤의 우물 두 곳은 개구리의 눈에 해당하고, 사찰 앞 반월형 연못은 개구리의 입에 해당한다는 것이다.

이곳에 사찰을 건립하면 틀림없이 영험한 기운이 작동하여 사람들이 산천의 완벽한 도움을 받을 수 있으므로 정주 사람들이 바로 이곳에 사찰을 세우려고 계획했다.

그러나 초조지草厝地 거리의 주민들은 자신들이 사는 거리가 풍수 전설의 지네蜈蚣에 해당하기에 만약 개구리가 활동을 시작하면 초조미 거리는 악영향을 받아 장차 쇠락할 것이라고 여겼다. 이 때문에 정주 사람들의 사찰 건축 계획에 강력하게 항의했다.

그러나 정주 사람들은 전혀 상관하지 않고 계획에 따라 사찰을 세웠다. 과연 그 뒤로 초조미 거리에는 재앙이 빈번하게 발생했다.

주민들은 극도로 불안해하다가 풍수사를 초청하여 가르침을 청했다.

풍수사가 한 가지 대책을 제시했는데 그것이 바로 낚시로 은산사의 개구리를 낚는 방법이었다.

풍수사는 초조미 거리에 낚싯대를 높이 세우고 매일 밤 낚싯대 끝에 불을 밝혀 미끼로 삼게 한 뒤 일제히 풍악을 울리며 주문을 외우게 했다.

그 결과 정주 사람들이 매우 두려워하며 지네가 습격해오는 것이 아닌가 공포에 떨었다. 그들은 밤새도록 경계를 서며 개구리를 보호하려 했다. 그러나 결국 초조미 주민들에게 풍수 공격을 당했는데, 그 증거가 바로 은산사의 우물 하나가 탁수로 변한 일이었다.

이렇게 되자 정주 사람들은 더욱 공포에 떨며 긴급하게 큰 제사를 올리고 남은 개구리 눈 하나를 보호하려 했다. 하지만 은산사의 개구리는 결국 병든 개구리로 변했다.

바로 이렇게 되었기 때문에 그 뒤 사찰 관리인은 죽지 않는다 해도 중병에 걸린다는 이야기가 있다.

76. 닭에 관한 습속

대만의 다양한 민속 관념 중에서도 닭에는 상징적인 의미가 매우 풍부하게 담겨 있다. 특수한 민속 의례에서도 필수적으로 닭을 쓴다. 일본 통치 시대에 출판된 가타오카 이와오片岡巖의 『대만 풍속지』라는 책에도 닭에 관한 대만인의 '미신'이 몇 가지 나열되어 있다.

원전

『대만 풍속지』「자연 현상에 대한 대만인의 관념 및 미신, 동식물에 대한 대만인의 관념과 미신: 닭臺灣人對自然現象的觀念及迷信·對動植物的觀念與迷信: 雞」, 일본 가타오카 이와오片岡巖 기록, 천진톈陳金田 번역

① 대만에 "닭을 잡아 맹세하기斬雞誓咒"라는 속어가 있다. 이것은 쌍방의 분규를 해결할 방법이 없을 때 살아 있는 닭을 가져와서 함께 사당이나 사찰에서 신령에게 진심으로 맹세하는 것을 비유하

386   요괴 나라 대만 2

는 말이다. 만약 거짓으로 맹세할 때는 신령의 징벌을 달게 받고, 이 닭의 운명처럼 참수당하는 일도 감수하겠다는 것이다. 이것은 가장 엄중한 맹세 방법이다.

② 결혼 뒤에 처음으로 신부가 친정으로 갈 때 친정에서는 어린 닭 한 쌍을 신랑 신부에게 주어 돌아가게 한다. 그들은 집으로 돌아간 뒤 어린 닭 한 쌍을 탁자 위에 올려놓는다. 여기서 수탉이 먼저 탁자 아래로 달아나면 첫째 아이로 아들을 낳고 암탉이 먼저 달아나면 딸을 낳는다고 한다.

③ 어떤 사람이 닭발을 잘라 묶어서 처마 아래에 걸고 말렸다. 매번 닭을 잡을 때마다 닭발을 보탰다. 대략 닭발이 200개(100마리)가 되었을 때 그것을 갈아서 분말로 만들고 요리의 조미료로 썼다. 이런 요리를 먹는 사람은 각질脚疾을 앓지 않는다고 한다.

④ 사람이 사망한 뒤 염을 할 때 어떤 곳에서는 닭털을 함께 관 속에 넣는다. 이에 대해 다음과 같은 전설이 있다. 망자가 저승에서 이승으로 다니는 시간은 밤에서 다음 날 새벽닭이 울 때까지다. 이 때문에 망자에게 그 시간을 잊지 않도록 일깨우기 위해 닭털을 모자에 꽂는 용도로 쓰게 한다.

⑤ 생전에 싫어하던 사람이 죽으면 염을 할 때 달걀을 삶거나 오리알을 삶아서 망자의 손에 쥐어준다. 이것은 망자가 계란이 부화하는 것처럼 다시 돌아오라는 뜻이지만, 삶은 계란은 부화할 수 없으므로 결국 망자가 다시 돌아올 수 없게 하려는 의도다. 미신이 이런 정도에까지 이르렀다면 우스갯거리로 변했다고 할 만하다.

⑥ 암탉이 울면 불길한 조짐으로 인식되므로 즉시 암탉을 잡는다. 속담에 "암탉이 울면 참수한다"라는 말이 있는데 바로 이런 뜻이다.

⑦ 달 속에서 노인이 방아를 찧을 때 거세한 닭이 그 곁에서 튀어나온 쌀을 쪼아먹는다.

⑧ 결혼할 때 신랑 신부가 닭고기를 먹으면 집안이 흥성한다고 한다. 속담에 "닭고기를 먹으면 집안을 일으킬 수 있다"라는 말이 있는데 바로 이런 뜻이다.

⑨ 집에 악처가 있을 때 남편이 몰래 닭 머리를 마당 구석에 꽂아놓으면 악처가 온유한 성격으로 바뀐다.

77. 꽃을 심어서 태아의 성별을 바꾸다 栽花換斗

소개

이른바 '재화환두栽花換斗'는 바로 태아의 성별을 바꾸는 방법이다. 아들 얻기를 갈구하는 여성은 항상 도사나 무녀를 청하여 이런 법술을 행한다. 일본 통치 시대에 저명한 문학가 니시카와 미쓰루西川滿(1908~1999)는 일찍이 「재화환두栽花換斗」라는 글을 썼다. 이 글은 산문시와 같은 미감이 가득하다. 이 글에서 진주眞珠라는 여자는 임신한 뒤에 아들 낳기를 바라면서 맹인 점쟁이를 찾아가 자신을 위해 다음과 같은 의식을 집행해줄 것을 요청했다.

"그녀는 진주에게 규방에 눕게 하고 머리맡에 선홍빛 미인초美人蕉를 놓았다. 점쟁이는 침상 앞에서 대나무 산대를 흔들며 붓을 들어 부적을 그리고 금지金紙를 태움과 아울러 삼궤구배三跪九拜(세 번 무릎 꿇고 아홉 번 머리를 조아림)의 예를 행했다. 이렇게 태아의 성별을 바꾸는 의식을 진행하는 과정에 만약 불청객이 시시덕거리며 들어오면 무녀들은 크게 화를 내며 꾸짖는다. 오래지 않아 점쟁이는 그 미인초를 정원에 심고 물을 주면서 진주에게 말했다. '축하하네! 꽃이 말라 죽지 않게 주의하게!'"*

『대만 옛 관습, 습속, 신앙』「육아 풍속^{生育禮俗}」, 일본 스즈키
세이치로 기록, 펑쭤민 번역

이른바 '재화환두^{栽花換斗}'는 태아의 성별을 바꾸는 방법이다. 어
떤 여성이 딸만 낳고 아들을 낳지 못할 때 그녀가 다시 임신한 기
간에 '재화환두'라는 술법을 시행한다. 이러한 미신을 일반 여성들
은 모두 깊이 믿으면서 마음을 바꾸지 않는다.

이 방법은 먼저 무녀나 맹인 점쟁이를 초청한다. 그러면 그들은
'미인초^{蓮招花}(민남어^{閩南語} 발음으로 자우^招〔tsiau〕와 자우^鳥〔tsiáu〕는 발
음이 거의 같고 자우^鳥는 남자의 생식기를 뜻함)'를 임신부의 침실
로 갖다놓게 하고 침대 앞에서 기도를 올리며 부적을 그린다. 아
울러 금은지를 태우면서 임신부의 태아가 아들로 바뀌기를 기원
한다.

이런 방법을 끝낸 뒤에 미인초를 방 뒤에 심고 매일 물을 주면서
절대로 시들지 않게 한다. 이렇게 하면 태아를 아들로 바꿀 수 있다.

그러나 때때로 모종의 상황에서는 부용화^{芙蓉花}를 받쳐들고 사당

---

* 〔원주〕 이 글은 니시카와 미쓰루 원저, 치량일어공작실^{致良日語工作室} 편역, 『화려도 현풍
록^{華麗島顯風錄}』(致良出版社, 1999)에서 뽑았다.

재화
환두
栽花換斗

미인초를
심어서
태아를
아들로
바꾸다.

으로 가서 기도를 올릴 수도 있다. 방법은 다섯 되들이 화분에 심은 부용화를, 술법을 행하는 사람과 함께 사당으로 들고 가서 먼저 제육祭肉과 제주를 올리고 향을 피운다. 술법을 행하는 사람이 신령 앞에서 경전을 낭송할 때, 임신한 여인이 그 곁에 서서 분향하면서 금지金紙를 사르고, 삼배구고三拜九叩(三跪九拜)의 예를 행하면 아이의 성별을 바꿀 수 있다. 귀가한 뒤 계속 실내에서 사흘 동안 기도를 올린 뒤에 부용화를 정원에 심으면 태아의 성별 전환 수속을 완료한 것으로 친다. 이전에는 이렇게 하는 사람이 매우 많았다. 그 목적은 아들을 낳기 위함이었다.

이 밖에도 소위 '환두換肚(換斗, 배를 바꾼다는 뜻)'라는 방법이 있다. 즉 부인이 딸만 낳고 아들을 낳지 못하는 상황에서 시부모가 빨리 손자를 안아보고 싶을 때, 아이를 낳고 10일 안에 며느리에게 '돼지 배豬肚'를 요리하여 먹이면 이후에 아들을 낳을 희망이 있다고 한다. 이것은 물론 미신이다. 일반인들은 돼지 배를 먹으면 임산부의 배도 바꿀 수 있고, 이것은 길상의 상징이기 때문에 돼지 배(기실 돼지의 위장임)를 먹게 하는 것이다.

또 어떤 사람은 아내가 아이를 낳고 한 달 뒤에 남편에게 아내를 데리고 친정으로 가게 하면 아들을 낳을 수 있다고 믿는다. 이것이 바로 대만 사람들이 말하는 "푸른색을 밟으면 후생後生을 낳을 수 있다踏青青就能生後生"라는 속담이다. 즉 외출하여 푸른 풀을 밟으면 아들을 낳을 수 있다는 뜻이다. 민남어로 후생後生은 남자아이를 가리킨다.

78. 아이들의 말을 꺼리지 말라

소개

사쿠라 마고조^{佐倉孫三(1861~1941)}는 메이지 28년(1895) 5월에 대만으로 와서 경보과^{警保課} 고등경무괘장^{高等警務掛長}, 봉산현 타구^{打狗}의 경시^{警視}를 지냈고, 대만에서 경무 업무를 집행할 때 대북의 대도정, 의란, 팽호, 고웅 등지를 편력했다. 아울러 한문으로『대풍 잡기^{臺風雜記}』를 썼는데 이것은 일본 통치 시대 대만 풍속에 관한 기록이다.

이 책 속에 사쿠라 마고조는 대만의 기묘한 습속 한 가지를 기록해놓았다. 즉 대만인들은 항상 '동언막기^{童言莫記}'라는 네 글자를 종이에 크게 써서 방안의 벽에 붙여놓는다는 사실이다.

사쿠라 마고조는 처음에 그 원인을 몰랐으나 뒤에 대만 사람들에게 물어본 뒤에야 그 뜻을 분명하게 알게 되었다.

아이들은 말을 할 때 논리도 없고 심지어 금기어나 불길한 말까지 내뱉는다. 때때로 여자들은 더러 그 말을 듣고 싫어하거나 불편한 느낌을 받는다. 이 때문에 이 네 글자를 벽 위에 크게 써붙여 놓고 그런 말에 개의치 말자고 자신을 일깨우거나 이 글에 의지하여 액운을 해소하려고 한다.

『백화 도설 대풍 잡기白話圖說臺風雜記』「대만과 일본 풍속 100년:
동언무기臺日風俗一百年: 童言無忌」, 일본 사쿠라 마고조 기록, 린메이
룽林美容 편집

대만인들은 왕왕 '동언막기童言莫忌'라는 네 글자를 종이에 크게
써서 방안의 벽에 붙여놓곤 한다.
나는 처음에 그것이 무슨 이치인지 몰라서 뜻을 물어보았다. 그
러자 다음과 같이 대답했다.

"아이들의 말은 진실로 고정된 이치가 없고 때때로 금기어를 내
뱉거나 혐오스러운 말도 함부로 합니다. 여자들은 아이들의 말
에 얽매어 마음 아파하므로 이 말을 미리 써붙여놓고 쓸데없는
말에 얽매이는 습관을 경계하는 것입니다."

매우 주도면밀한 의도라 할 만하다.

79. 목살을 잡아당겨 병을 치료하다

소개

사쿠라 마고조의 『대풍 잡기』에 "목살을 잡아당겨 병을 치료하는抓肉治病" 기괴한 풍속이 기록되어 있다. 전해오는 말에 대만인들에게 만약 복통이나 치통이 생기면 증상을 완화시키기 위해 힘을 다해 턱 아래 목 부분의 목살 피부를 잡아당기며 긁는데 그들은 이것이 바로 병을 치료하는 방법이라고 여긴다.

원전

『백화 도설 대풍 잡기』「대만과 일본 풍속 100년: 목살을 잡아당겨 병을 치료하다抓肉治病」, 일본 사쿠라 마고조 기록, 린메이룽 편집

대만인들은 복통이나 치통이 발생하면 턱 아래 목살을 잡아당기는 것을 치료의 비법으로 삼는다. 이러한 까닭에 남녀의 턱 아래 목에 붉은 점과 같은 자줏빛 피멍이 있는 것을 볼 수 있다. 나는 그

것을 보고 괴이하게 생각했다.

어느 날 거리를 산책할 때 아아악 하고 비통하게 내지르는 소리를 듣고 가서 보니, 어떤 여성이 오른손으로 턱 아래 목살을 잡아당긴 채 이마를 찌푸리고 고통을 참으며 흐느꼈다. 나는 중풍에 걸린 사람이라 여겼으나, 이윽고 고통이 가시자 비로소 얼굴을 폈는데, 턱 아래 목에는 얼룩얼룩하게 자주색 피멍이 드러나 있었다.

뒷날 토박이에게 물었더니 이렇게 대답했다. "남녀가 복통이나 치통이 생기면 목살을 당겨 병 기운을 밖으로 몰아내려는 것입니다. 그렇게 하면 병이 반드시 낫습니다."

80. 복호福虎

소개

니시카와 미쓰루와 이케다 도시오가 공저한『화려도 민화집華麗島民話集』에는 흥미로운 대만 민담이 많이 수집되어 있다. 예를 들어「조왕신竈神」「호고파虎姑婆」「개 신선狗仙」「뱀술蛇酒」등이 그것이다. 이 책은 쇼와 17년 (1942)에 출판했고, 화가 다테이시 데쓰오미가 표지 장정과 삽화를 담당했다.

책에 실린 글「복호福虎」는 기괴한 민담이다. 전설에 따르면 어떤 무뢰한이 불교 공부를 하는 과정에서 스님에게 먼저 금식을 강요당하고 다음에 산꼭대기로 가서 땔감을 해 오는 일을 하게 되었다. 그런데 뜻밖에도 도중에 그를 잡아먹으려는 커다란 호랑이를 만났다. 무뢰한은 호랑이와 약속하기를 먼저 땔감을 사찰로 갖다놓고 와서 자신의 몸을 먹을 수 있게 하겠다고 했다. 그

● 니시카와 미쓰루, 이케다 도시오 공저『화려도 민화집』. 표지는 다테이시 데쓰오미가 그렸다.

러나 무뢰한이 다시 돌아오자 호랑이는 그를 등에 태우고 승천했다.

제2차 세계대전 이후에 장샤오메이^{江肖梅}가 편집한 『대만 민간 고사^{臺灣民間故事}』(춘집^{春集}, 1955)에도 이 이야기가 수록되어 있고, 현대 판화가 훙푸톈^{洪福田}은 이 이야기에 근거하여 판화 삽화본 『복호^{福虎}』를 창작했다.

● 「복호」 삽화, 다테이시 데쓰오미가 그렸다.

원전

『화려도 민화집』 「복호」, 일본 니시카와 미쓰루, 이케다 도시오 편저, 치량일어공작실^{致良日語工作室} 편역

이전에 산발치에 마을이 있었다. 마을에는 작은 사찰이 있었다. 사찰의 스님은 매일 세 끼조차 먹지 않았다. 사찰 마루 아래에는 복^福이라는 건달이 기거했다.

어느 날 복은 더 이상 사람들에게 손가락질당하는 건달로 살지 않고 스님의 제자가 되고 싶었다. 그는 이 일을 스님에게 이야기했다. 그러자 스님이 말했다. "좋다. 그럼 너는 먼저 7일 밤낮 동안

금식하면서 수행하거라." 복은 그러겠다고 고개를 끄덕이며 캄캄한 방으로 들어가서 자신을 가뒀다.

8일째 되는 아침에 스님이 복을 불러서 분부했다. "이 마을에는 땔감이 없으니 산꼭대기로 가서 땔감을 좀 해와서 밥을 하거라." 복은 기운이 거의 다 빠진 상태였지만 이것이 당당한 사람이 되는 과정에서 반드시 거쳐야 할 수행임을 분명하게 알았기에 스님의 말에 순종하며 나무하러 밖으로 나갔다.

중도에 그는 몸집이 큰 호랑이를 만났다. 복이 호랑이에게 물었다. "호랑이야! 나를 잡아먹고 싶으냐?" 호랑이는 고개를 세 번이나 끄덕였다.

복은 다른 방법이 없어서 호랑이에게 이렇게 부탁했다. "그럼 내가 산 위에서 땔감을 해서 우리 절에 갖다놓고 온 뒤에 나를 잡아먹으면 어떻겠느냐?" 호랑이는 또 세 번이나 고개를 끄덕였다.

이에 복은 서둘러 땔감을 사찰에 갖다 놓고 다시 돌아와 호랑이에게 자신을 잡아먹으라고 했다. 그 결과 호랑이는 복을 등에 싣고 승천했다.

81. 걸음을 걷지 못하는 아이

소개

『화려도 민화집華麗島民話集』에 「걸음을 걷지 못하는 아이不會走路的小孩」라는 글이 실려 있다. 이 글은 걸음을 걷지 못하는 아이가 거북을 타고 도처를 돌아다니며 노는데 아이와 거북이 매우 친하게 지내는 광경을 묘사했다. 어느 날 거북은 먼길을 가야 해서 떠나기 전에 아이에게 작별 인사를 하면서 신기한 눈물을 주었다. 아이는 거북의 눈에서 눈물을 닦아주기 위해 일어나 걸을 수 있게 되었을 뿐만 아니라 맑은 바다 속에 있는 사물도 볼 수 있게 되었다.

원전

『화려도 민화집』「걸음을 걸을 수 없는 아이」, 일본 니시카와 미쓰루, 이케다 도시오 편저, 치량일어공작실 편역

이전에 어떤 아이가 5~8세가 되도록 걸음을 걷지 못했다.

어느 날 아버지는 그를 업고 외지로 여행을 나갔다가 산 위에서

걸음을
걷지
못하는
아이

절을 찾아서 아이를 주지 스님에게 맡기고 자기 대신 돌봐달라고
했다.

주지 스님은 이 아이를 위해 성안으로 달려가서 커다란 거북 한
마리를 사가지고 왔다. 아이는 매일 이 거북을 타고 곳곳을 돌아다
니며 놀았다.

어느 날 거북이 아이에게 말했다. "나는 오늘 이 절을 떠나 먼
곳으로 가야 한다. 내가 떠난 뒤 너는 내가 지금 흘리는 눈물을 너
의 눈에 문질러라." 거북은 말을 마친 뒤 구름을 타고 푸른 하늘로
올라갔다.

이 아이는 거북이 흘린 눈물을 받아서 자신의 눈을 문질렀다. 마
침내 아이는 걸을 수 있게 되었을 뿐만 아니라 자유자재로 바다 속
사물도 볼 수 있게 되었다.

82. 망신芒神과 토우土牛

소개

옛날 대만의 춘우제례春牛祭禮는 입춘 하루 전에 망신芒神과 토우土牛에게 제사를 올리고, 입춘에는 다시 '편춘鞭春'을 거행했다. '망신'은 바로 봄의 신 '구망勾芒(句芒)'이다. 이때 사람들은 망신의 신상神像을 만들고, 또 진흙, 뽕나무, 버드나무로 토우를 제작했다.

● 미야타 야타로宮田彌太郎가 그린 소. 그림의 출전은 니시카와 미쓰루의 『대만 풍토기[합정본]臺灣風土記[合訂本]』(1940).

제전祭典 과정에서 문무백관은 망신과 토우를 향해 제사를 올렸고, 제전이 끝난 뒤에 비로소 망신과 토우를 성안으로 맞아들였으며, 아울러 성안의 아이들은 토우 몸의 진흙을 쟁탈하느라 바빴다.

전설에 따르면 토우 몸의 진흙은 소와 같은 가축의 병과 재앙을 막아줄 뿐만 아니라 튼튼하게 살이 찌도록 길러준다고 한다.

원전

오가 가쿠타로鉅鹿赫太郞, 「신편 세시절속新編歲時節俗」『대만 관습 기사』 제1권 제2호, 1901년 2월 20일 발행, 대만관습연구회 원저, 대만성문헌위원회 편역

봄을 맞이하기 위해 입춘 하루 전에 각 지방 장관들이 동쪽 교외에서 봄을 맞이하며 농사를 중시한다.

먼저 동문 밖에서 망신芒神과 토우土牛를 만든다. 그해의 간지干支를 살펴서 망신과 토우의 색깔을 정하고 생기를 맞아들여 한 해를 점친다.

망신의 형상을 살펴보면 길이가 3척 6촌 5푼인데 이는 365일을 상징한다.

토우는 높이가 4척인 것은 사계절을 상징하고, 길이가 8척인 것은 팔절八節*을 상징한다. 꼬리의 길이가 1척 2촌인 것은 12개월을

---

* [역주] 팔절八節: 사계절을 더 세분하여 춘春, 중춘仲春, 하夏, 중하仲夏, 추秋, 중추仲

상징하고, 채찍 길이가 2척 4촌인 것은 24절기를 상징한다.

토우는 뽕나무로 뼈대를 만들고, 채찍은 버드나무 가지를 쓴다.

이날 지방 장관은 자신의 부하를 이끌고 각각 관복을 착용한 채 여명 무렵 동문 밖으로 간다. 관리들은 먼저 망신과 토우 앞에 제상을 설치하고 향로, 촛대, 과일, 술을 진설한다. 그리고 제상 앞에 자리를 깔고 장관 이하 부하들은 모두 대열을 이뤄 늘어서서 일궤삼고두一跪三叩頭(무릎을 한 번 꿇고 머리를 세 번 조아림) 예를 행한다.

예를 마치고 비로소 망신과 토우를 맞이하여 성안으로 들어간다.

(…)

봄을 맞이하는 의례를 모두 마치면 민간의 아이들은 각각 토우의 흙을 쟁탈하여 돌아가 자신의 집 소 우리와 돼지우리에 뿌린다.

민간 신앙에 소나 돼지 같은 가축이 이 흙 기운을 받으면 병을 앓지 않고 건강하게 살이 찐다고 한다.

秋, 동冬, 중동仲冬으로 나눈 것이다. 또는 입춘立春, 춘분春分, 입하立夏, 하지夏至, 입추立秋, 추분秋分, 입동立冬, 동지冬至를 가리킨다고도 한다.

83. 음시陰屍: 썩지 않는 시체

소개

　죽은 이의 시신은 화장한 이후 몇 년 지나면 썩기 마련이지만 썩지 않는 시신이 있으면 대만 민간에서는 이를 '음시陰屍'라고 부른다.

　전설에 따르면 '음시'의 손톱, 이빨, 머리카락은 저절로 자라고, 눈알도

　● 니시카와 미쓰루 편編, 『대만회본臺灣繪本』(1943)에 실린 가와이 사부로川合三良(1907~1970)의 그림. 「분묘와 미신墳墓與迷信」 부록의 삽화다.

기이한 청록색을 드러낸다고 한다.

원전

「여시아문如是我聞」『대만 관습 기사』 제2권 제5호, 1900년 5월 23일 발행, 대만관습연구회 원저, 대만성문헌위원회 편역

청명절이 되면 관례에 따라 곳곳의 분묘에서 사람들이 유골을 수습한다. 대북 대가예보大加蚋堡의 덕화조德化厝에서 있었던 일이다. 시신을 매장하고 이미 7년이 지났는데, 가족들이 묘지로 가서 유골을 수습하려 하니 뜻밖에도 시신이 전혀 썩지 않았고, 이마에는 땀방울도 조금 맺혀 있었다. 토속에서 전하는 말에 매장 후 몇 년이 지나도 썩지 않은 시신을 '음시蔭屍'라 부른다고 한다. 땅의 기운에 의해 그렇게 되며, 이럴 때는 독주를 관 속의 시신에 뿌려 주고 다시 매장하면 다음해에 바로 백골이 된다. 신보자新報子는 다음과 같이 평한다. "음덕이 시신에게만 미치고 가족을 비호하지 않는다니 이런 설은 실제와 거리가 먼 듯하다."

84. 악몽을 팔다

  대만섬에는 옛날부터 '악몽을 판다賣惡夢'는 특이한 풍속이 있다.

  만약 악몽을 꾸면 악몽의 내용을 붉은 종이에 쓰거나 '악몽출매惡夢出賣 (악몽을 팝니다)'라는 네 글자를 써서 저잣거리에 붙인다. 이것을 많은 사람이 읽으면 악몽에 수반된 사악한 기운을 씻고 재앙을 없앨 수 있다고 한다.

  지금도 대남과 녹항 지역에 여전히 이런 민간 비법이 전해오고 있다. 2015년 신문 매체에도 창화 녹항노가鹿港老街의 전봇대에 '악몽출매'라는 종이가 붙어 있음을 알리는 기사가 게재되었다.

채풍생採風生, 「수필隨筆」 『대만 관습 기사』 제1권 상 제2호, 1901년 2월 20일 발행, 대만관습연구회 원저, 대만성문헌위원회 편역

거리에 나붙은 '악몽출매惡夢出賣'라는 종이쪽지는 지난밤 흉몽을 몰아내려는 자기 위안 방법이다. '내다 판다出賣'라는 두 글자가 자못 의미심장하다.

채풍생採風生, 「수필隨筆」 『대만 관습 기사』 제1권 하 제7호, 1901년 7월 22일 발행

'악몽출매'
꿈을 파는 것에도 여러 가지 방식이 있다. 어느 집 바깥벽에서 다음과 같은 시를 목격했다.

어젯밤에 이빨이 빠지는 꿈을 꿨는데	昨夜夢落齒
오늘 아침에 틀림없이 기쁜 일이 있으리라	今朝必有喜
왕래하는 군자들께서 읽으시면	往來君子讀
삿된 기운을 모두 없앨 수 있으리라	盡是解消除

이렇게 오언절구 네 구절이 씌어 있었다.

이빨이 빠지는 꿈은 대만인들이 가장 흉몽으로 여긴다. 전하는 말에 "가족이 사망하거나 집안이 파산하는 조짐"이라고 한다. 대만인들은 다른 사람이 흉몽의 내용을 읽으면 그 나쁜 조짐을 해소할 수 있다고 믿는다.

85. 아이의 밤 울음을 멈추다

소개

대만의 옛날 풍속에 아이가 밤중에도 잠을 자지 않거나 심지어 울음을 그치지 않을 때 누런 종이에 다음 구절을 써서 거리에 붙이면 아이가 한 밤 내내 편안하게 잠을 잔다고 한다.

"하늘도 캄캄하고, 땅도 캄캄한데 우리 집에는 밤에 우는 아이가 있습니다. 왕래하는 군자들께서 한 번 읽어보시면 우리 아이가 날이 밝을 때까지 잠을 잘 수 있을 겁니다 天玄黃, 地玄黃, 我家有個夜啼郎, 往來君子讀一遍, 我兒得睡到天光."

채풍생采風生, 「수필隨筆」 『대만 관습 기사』 제1권 하 제7호, 1901년 7월 22일 발행

대만 습속에 아이가 밤에 잠을 자지 않고 끊임없이 울면 누런 종이에 다음 다섯 구절을 써서 행인들의 왕래가 빈번한 곳에 붙인다.

"하늘도 캄캄하고, 땅도 캄캄한데 우리 집에는 밤에 우는 아이가 있습니다. 왕래하는 군자들께서 한 번 읽어보시면 우리 아이가 날이 밝을 때까지 잠을 잘 수 있을 겁니다天玄黃, 地玄黃, 我家有個夜啼郞. 往來君子讀一遍, 我兒得睡到天光."

이는 많은 사람이 이 글을 읽으면 여태까지 잠을 자지 않고 밤에 우는 아이의 습관을 없앨 수 있다고 여긴 것이다. 이 역시 일종의 '압승술壓勝術'*이라 할 수 있다.

---

* [역주] 압승술壓勝術: 주술을 쓰거나 주문을 외워 삿된 기운을 제압하는 방술方術이다.

86. 향을 피우며 다른 사람의 말을 듣다: 신기한 점술

서양에서는 교령회交靈會(Séance)가 있어 귀신과 소통할 수 있고, 일본에서는 곳쿠리술狐狗狸術이 있어 길흉을 점치고, 중국에서는 도사회道士會가 점괘를 써서 미래를 예언한다. 기실 대만에도 옛날부터 수많은 점술이 있었다. 그중에서 중추절 밤(혹은 대보름 밤)에 행하는 '청향聽香'이라는 점술이 있는데, 대만어로는 '청암괘聽暗卦'라고 한다.

'청향'의 기원은 당나라 때부터 존재한 '경청鏡聽'*이라고 해야 한다. 왕건王建(847~918)의 「경청사鏡聽詞」와 『요재지이聊齋志异』의 「경청鏡聽」에 모두 이 의식儀式이 언급되어 있다. 차이점이라면 '경청'은 거울을 품고 길거리로 나가서 다른 사람의 말을 듣는다는 점뿐이다.

달에게 절을 하며 '청향'하는 방법은 주로 여자들 사이에 성행한 점술이고, 또 민남閩南 지역(예를 들면 하문廈門, 대만 등지)에 유행한 독특한 풍속이다. '청향'을 행하는 과정은 다음과 같다.

---

* 〔원주〕경청鏡聽: 밤에 거울을 품고 길목에 나가서 행인들이 무의식적으로 내뱉는 말을 몰래 들으며 길흉을 점치는 일이다.

중추절 밤(혹은 대보름 밤)에 향 세 심지를 피우며 신령이나 불상 앞에서 기도를 올린 뒤 스스로 '청암괘'에 의지하여 미래를 알고 싶다는 말을 한다. 그리고 법력이 무한한 신령님과 부처님께서 지시해주시기를 요청한다. 기도처는 자기 집 신단이나 지방의 사당[사찰] 어디든 모두 가능하다. 기도를 마친 뒤 다시 세 심지의 향을 근처의 담장 구석 땅에 꽂고 향불 연기가 어느 방향으로 날아가는지 관찰한다. 연기가 날아가는 방향이 바로 이어서 가야 할 방향이다.(또 다른 방식은 '척효擲筊'*로 가야 할 방향이 어느 쪽인지 정한다.) 점을 치는 사람이 걸어가는 사이에 우연히 다른 사람의 말을 들으면 그 첫 번째 구절을 반드시 기억해야 하는데, 그것이 짧은 한마디나 한 글자라도 유효하다. 그 뒤에 다시 신령님과 부처님이 있는 곳으로 돌아와서 '척효'의 방법으로 신령님과 부처님께 그 말이 하늘이 부여한 '신의 계시神諭'인지 묻는다. 만약 '음양의 원리에 맞는' 성스러운 가르침을 얻었다면 거리에서 들은 말이 바로 점을 치는 사람이 얻고자 했던 예언을 대표한다.

지난날 대만의 소녀들은 '청향' 의식을 행했는데 대부분은 미래의 혼인이 마음먹은 대로 진행될 것인지를 알기 위해서였다. 이 때문에 대만의 민간에서는 저녁에 사람들이 어떤 아가씨가 길에서 수상한 짓을 하면 청향 의식을 진행하는 것이므로 반드시 화두를 돌려 듣기 좋은 말을 해서 얼른 인연이 성사되기를 기원한다. 왜냐하면 대만인들은 한평생 한 쌍의

---

* 〔역주〕척효擲筊: 흔히 즈자오라고 하는 점술이다. 초승달처럼 생긴 나무토막筊 한 쌍을 던져서 떨어지는 효의 모양을 보고 길흉을 판단한다. 떨어진 효가 하나는 바닥, 하나는 등이 나오면 길함을, 둘 모두 등이 나오면 흉함을 뜻한다. 둘 모두 바닥이 나오면 신의 뜻이 모호함을 나타내므로 다시 던져서 길흉을 판단한다.

달밤에
향을
피우며
길흉을
점치다.

좋은 인연을 이어주지 못하면 다음 생애에 '돼지치기牽豬哥'로 태어난다고 믿기 때문이다.

현대문명의 관념으로 보면 '청향' 의식은 매우 황당하지만, 옛날 대만에서는 이런 점술이 매우 성행했다. 전해오는 말에 따르면 1895년 전후하여 일본군이 대만에 들어온 초기, 섬이 병란에 휘말릴 때 대도정에 사는 어떤 사람이 도망가야 할지 어떨지를 몰라 '청향' 점을 쳐서 그 결과에 따라 집을 지켰다. 결과적으로 도망갔던 이웃 사람들은 모두 돌아오지 못했지만, 오직 그 사람만 환난에서 벗어났다.

메이지 34년(1901)에 이르러 『대만 관습 기사』에는 그 시절 어떤 부인의 '청향' 과정이 기록되어 있다. 여기에서도 이 의식이 당시에 여전히 성행했음을 알 수 있다. 1940년대에 출판된 『민속 대만』에도 이 민속 의식에 관한 기록이 남아 있다. 하지만 기록자 진금천陳金川은 이 의식이 점점 쇠미해져가고 있음을 언급했다.

제2차 세계대전 이후에 이르러 『민성일보民聲日報』에서는 '청향' 습속을 보도하면서 '전설'이라는 말을 썼다. 이를 보면 이러한 의식이 당시에 이미 상당히 쇠미해서 민중들이 정말 실행하지는 않았던 것으로 보인다.

「대속시보臺俗時報」『대만 관습 기사』제1권하 제11호, 1901년 11월 23일 발행, 대만관습연구회 원저, 대만성문헌위원회 편역

　중추절 밤에 여성들이 '청향聽香'하는 옛날 습속이 있었다. 여성들이 신령 앞에 향을 피우며 어떤 사람이나 어떤 일의 길흉, 또는 자신의 마음속 의문을 신에게 지시해달라고 점을 치는 의식이다. 신은 본래 말을 할 수 없으므로 향 한 심지를 들고 몰래 담장 구석으로 가서 사람들의 말을 엿듣는다. 이때 들은 말이 바로 신이 인간의 입을 빌려서 내리는 예언이므로 여성들은 그것을 믿는다.

　매년 이런 의식을 관례로 삼는다.

　올해 중추절에 성북城北의 어떤 여성은 남편이 장사하러 외지로 나가 몇 달 동안 돌아오지 않아서 남편 생각이 절실했다. 이에 마침 중추가절을 맞아 몰래 향을 피우고 문밖으로 나가 다른 사람 말소리를 들었다. 그때 어떤 사람이 '월출月出, 월출月出'이라고 말했다. 그 여성은 매우 기뻐하며 '월출月出이면 반드시 돌아올 것이다'라고 생각했다. '월출月出(yuechu)'을 대만인들은 한 달의 초순으로 인식한다(出chu와 初chu는 발음이 같다). 어떤 사람은 해석하기를 "나간 사람은 있었으나 들어오는 사람은 없었지만, 지금은 돌아오지 않는 사람이 없을 것이다"라고 했다. 그 여성은 또 슬픔이 마음속에서 우러나와 얼굴 가득 눈물을 흘리면서 이처럼 믿을 수 없는 일을 믿어야 했으므로 갑자기 환호작약하며 기뻐하다가도 갑자기

눈물을 흘리며 슬퍼했다. 이런 의식 역시 특별한 습속의 하나다.

『대만통사』「풍속지·세시」, 일본 통치 시대 연횡

음력 8월 15일을 중추라고 한다. 각각 토지신에게 제사를 올린 뒤, 등불을 켜고 전통 연희를 공연하는데 이는 음력 2월 초2일과 동일하다. 즉 봄에는 풍년을 기원하고 가을에는 신의 은공에 보답하는 의미다. 아이들은 탑을 만들어 등불을 밝히고 골동품을 진열한다. 선비들은 번갈아 주연을 베풀며 술을 마신다. 월병月餠을 만들어 붉은 글씨로 원元 자를 쓰고, 골패를 던져 홍색 골패가 넷이 나오면 중추절 과거시험에서 장원할 조짐으로 여긴다. 밤이 깊으면 여성들이 청향 의식을 행하며 길흉을 점친다.

『대만 풍속지』「자연 현상에 대한 대만인의 관념 및 미신」*, 일본 가타오카 이와오 지음, 진금전 번역

음력 8월 15일 밤 및 정월 15일 밤, 대만에는 '청향'이라는 풍속이 있다. 이것은 여성들의 행사다. 먼저 향 세 심지에 불을 붙여서 마을 머리나 거리 구석으로 가서 담벼락에 꽂거나 돌담 뒤에서 달

---

* 〔원주〕이 글은 『민속 대만』 2권 1호(1942년 1월 5일)에 수록되어 있다. 중국어 번역은 린촨푸林川夫가 새롭게 편역하여 『민속 대만』 중국어 번역본 제3집에 수록했다.

을 향해 절을 올린다. 그 뒤에 마음을 정숙하게 유지하면서 남몰래 다른 사람의 말을 엿듣는다. 우연히 들려온 말이 마음속으로 기원하는 경사와 행복에 부합하면 이후의 모든 일이 마음 먹은 대로 된다고 한다. 그런데 만약 불길한 말을 들으면 액운을 만난다는 것이다. 일찍이 '청향' 의식이 영험하게 들어맞아 재난에서 벗어난 실례가 있다.

대만을 일본에 할양할 때 대도정 일대에 병란이 심했다. 당시에 어떤 사람이 도망가면 일본 도적에게 살육당할까 두렵고, 도망가지 않으면 난민에게 습격당할까 두려운지라 진퇴양난의 상황에서 '청향' 점을 쳐보겠다고 생각했다. 의식에 맞춰 '청향' 점을 친 뒤에 다음과 같은 말을 들었다. "주변은 흐물흐물한데, 중앙은 단단하네四圍軟軟, 中央硬幗幗." 그는 집으로 돌아와서 "주변이 흐물흐물하다四圍軟軟"라는 것은 집 바깥이 불안정하다는 뜻이고, "중앙이 단단하다中央硬幗幗"라는 것은 집 안이 견고하다는 뜻이므로 집에서 떠나지 않기로 결심했다. 사후에 도망갔던 이웃집은 한 사람도 돌아오지 못했으나, 청향 점을 쳐서 신명의 뜻을 받든 이 선생만은 환난에서 벗어날 수 있었다.

이 일은 물론 매우 드문 요행이므로 일종의 미신이라고 할 수 있다. "주변은 흐물흐물한데 중앙은 단단하네"라는 구절은 이웃집 부녀가 첨과甛粿를 찔 때 첨과가 잘 익었는지 맛보면서 하는 말이다.

『민속 대만』「청향[대북시 만화]聽香[臺北市萬華]」, 일본 통치 시대 진금천

음력 정월 15일 및 8월 15일 밤에 '청향암聽香暗'이라고 부르는 미신을 행한다.

우리 집 근처 어떤 집의 엄마는 나이가 대략 50세 정도로 24세 된 딸이 있었다. 일찍부터 이리저리 여러 군데 부탁하여 사윗감을 찾으려 했으나 중매가 잘 이루어지지 않아 골머리를 앓고 있었다.

음력 8월 15일 밤에 그 엄마는 자기 집 신단神壇 앞에서 먼저 향불을 피운 뒤 이렇게 기원했다. "토지신을 부르오니 이곳에 오시어 청향을 주관해주시옵소서." 그런 뒤 계속 말했다. "토지신이시여! 우리 딸이 올해 24세입니다. 언제 이 혼사가 이루어질 수 있는지 모르겠습니다. 오늘밤 좋은 향을 한 심지 피우며 토지신을 초청합니다." 그리고 나서 밖으로 나가니 마침 너댓 명의 사람이 이야기를 나누며 그 집 문 앞을 지나가고 있었다. 그 엄마는 그들이 무슨 이야기를 하는지 몰래 엿들었다.

그중 한 사람이 말했다. "내년에는 운세가 좋을 거야!" 엄마는 그 말을 듣고 서둘러 집으로 돌아와 신명 앞에 아뢰었다.

"먼저 한 사람 이야기를 들었더니 내년에 정말 운세가 좋다고 말했습니다. 만약 이 이야기가 옳다면 토지신께서 한 번 조짐을 보여주십시오." 그런 뒤에 '배고杯筶'를 던졌다(척효擲筊 점술).

'배고'는 대나무 뿌리로 만든 점술 도구의 일종으로 두 개가 한

조組를 이룬다. 땅에 던졌을 때 만약 하나는 앞면이 나오고 하나는 뒷면이 나왔다면 이것은 호고好筶이므로 신명이 동의했음을 표시한다. 만약 두 개 모두 앞면만 나오면 소고笑筶라고 하여 신명의 웃음을 뜻하고 다시 한 번 더 던질 수 있다. 만약 두 개 모두 뒷면이 나오면 신명이 불쾌하게 생각하고 있음을 표시한다.

당시에 그 모친은 배고를 던져서 호고를 얻었다. 이 때문에 모친은 신이 나서 말했다. "와! 토지신께서 내년에 운세가 좋다고 말씀하셨다." 이에 중매가 들어오기를 기다렸다.

전하는 말에 이런 습속은 일찍이 아주 성행했지만 문화가 발달하면서 점점 사라졌다고 했다.

『민속 대만』 「상원고上元考」*, 일본 통치 시대 오괴吳槐

정월 대보름 밤에 사람들은 혼자서 신령 앞에 향을 피우며 점을 친다.

이때 대나무나 다른 나무토막으로 초승달 모양의 점술 도구를 만드는데 이것을 배효杯筊라 부르고, 간략하게 배杯라고도 칭하며 또 배전杯錢이라고도 한다.

배효를 던질 때 만약 하나는 앞면, 하나는 뒷면이 나오면 신명이

---

* [원주] 이 글은 『민속 대만』 3권 7호(1943년 7월 25일)에 수록되어 있다. 중국어 번역은 린촨푸가 새롭게 편역하여 『민속 대만』 중국어 번역본 제7집에 수록했다.

동의했음을 나타낸다.

이때 점을 치는 사람은 향불 연기가 가는 방향을 따라가서 다른 사람의 말을 듣는다. 그리고 마지막에는 신명 앞으로 돌아와 배효를 던져 다른 사람의 말이 해답인지 여부를 확인한다.

향을 이용하여 행사를 진행하기 때문에 '청향聽香'이라고 칭한다.

87. 홍모인紅毛人(서양인)이 보물을 훔치다

지난날에는 고웅에 수많은 보물이 있었다고 한다. 예를 들어 우물의 수질을 좋게 바꿔주는 흰색 물고기와 기이한 향을 발산하는 '자총莿葱' 등과 같은 것이 그것이다. 그러나 이런 보물들을 결국 서양인이 훔쳐 갔다고 한다.

원전

『민속 대만』「민속 탐방: 홍모인의 전설民俗採訪: 紅毛人的傳說」*,
일본 통치 시대 시성施成

고웅 산하 봉산가鳳山街 근교에 수질이 매우 좋은 우물이 있어서
차 농사에 종사하는 사람들이 심지어 아주 멀리서도 그곳에 가서

---

* 〔원주〕 이 글은 『민속 대만』 3권 4호(1943년 4월 5일)에 수록되어 있다. 중국어 번역은 린촨푸가 새롭게 편역하여 『민속 대만』 중국어 번역본 제4집에 수록했다.

물을 길어오곤 했다.

어느 날 우연히 흰색 물고기가 우물 속에서 헤엄치는 것을 보고 잡으려 했지만 아무리 해도 잡을 수 없었다.

어느 해 홍모인紅毛人(서양인) 한 사람이 식량을 갖고 그곳에서 노숙했다. 홍모인은 매일 먹고 남은 음식물을 현지 부락 사람들에게 주었고, 이에 사람들이 그를 그다지 배척하지 않았다.

시간이 한참 지난 어느 날 홍모인이 갑자기 보이지 않았고, 그날부터 우물의 수질이 나쁘게 변했으며 흰색 물고기도 보이지 않았다. 부락 사람들은 그제야 그 백색 물고기가 보배임을 알았다.

*

50년 전에 어떤 홍모인이 봉산현 근처 마을에 머물면서 사치스러운 생활을 했다. 홍모인은 마을 사람들의 호감을 얻기 위해 먹고 남은 음식물이나 물품, 금전 등을 그들에게 주었다. 그러나 마을 사람들은 홍모인이 그곳에 머무는 진정한 목적을 전혀 알 수 없었다.

어느 날 저녁 홍모인이 갑자기 보이지 않았다. 그 뒤 한 달 사이에 마을에 늘 맑은 향기가 풍겨오곤 했다. 나중에 조사를 거친 뒤에야 본래 마을 가운데 있던 나무 한 그루가 뿌리부터 잘려 나간 것을 알게 되었다.

그 나무는 키가 매우 컸는데 나무줄기에 돌을 뾰족하게 깎아서 박아놓은 듯한 가시가 있기 때문에 마을 사람들은 그것을 '자총^{莿蒽}'이라고 불렀다. 과거에는 그 키 큰 나무가 향기를 발산한 적이 없어서 특별히 주목하는 사람이 없었다. 그러나 그 나무가 뿌리부터 잘리고 향기를 발산하고부터는 사람들이 비로소 그것이 보배였음을 알게 되었다. 현재 마을 사람들은 그것을 '자총각^{莿蒽腳}(자총 나무의 발)'이라고 부른다.

88. 섬에서 발생한 기괴한 일

소개

　대만관습연구회가 편집한 『대만 관습 기사』에는 불가사의한 귀신 괴담이 많이 기록되어 있다. 예를 들어 그중에서 「대만 풍속에 관한 자질구레한 소문臺俗瑣聞」이라는 글에는 대도정에서 기괴한 불이 날아다닌 일, 맹갑에서 혼령을 모신 위패가 춤춘 일과 같은 괴담이 언급되어 있다. 작자는 이런 괴담이 '요괴박사妖怪博士'들의 연구 자료로 제공될 수 있을 것이라고 인식했다.

　이 글에서 언급한 '요괴'는 현대 대만인들이 보편적으로 알고 있는 개념 즉 '요괴는 괴이한 생물'이라는 개념과 조금 다르다. 이 글에서 언급한 '요괴'는 일본인 이노우에 엔료井上円了(1858~1919)의 요괴학에 근거한 개념으로, 세계에서 발생한 괴상하고, 기이하고, 비정상적인 현상을 모두 '요괴'로 부르고 있다.

이평생李坪生, 「대만 풍속에 관한 자질구레한 소문臺俗瑣聞」 『대만 관습 기사』 제2권 제12호, 1902년 12월 23일 발행, 대만관습연구회 원저, 대만성문헌위원회 편역

이 섬의 풍속은 사술邪術과 미신에 빠져서 재산을 낭비하며 신령에게 기도하고 귀신에게 푸닥거리하는 등 항상 무당과 도사 무리가 재물을 농단하는 경우가 상당히 많다. 이에 사고가 나면 돈을 벌 좋은 기회로 여기고 요술과 마법을 부리는 자가 더욱 많아지고 있으며 이 때문에 각양각색의 사람들이 요괴에 관한 이야기를 하는데, 이런 사례가 실제 문제를 일으켜 자주 사회를 시끄럽게 하고 있다.

멀리 메이지 28년(중화민국 17년), 대북 대도정 북가北街 진陳 아무개 집에 괴상한 불이 날아다니는 일이 있었고, 또 작년 11월 중항中港 근처 어떤 마을에서도 유사한 괴담이 발생했다. 그다음으로 올해 여름 맹갑의 신점미가新店尾街 아무개 거처에 혼령을 모신 위패가 춤을 추고 기와가 날아다니는 일이 발생했으며, 호미滬尾(淡水)에서도 일찍이 기와가 떨어지고 자갈이 비 오듯 쏟아진 일이 있었다.

현지인 중에서 실제로 이런 괴이한 일을 경험한 사람들은 하늘의 뜻으로 여기기도 하고 자연에서 발생한 일로 생각하기도 하지만, 그들의 공포심은 천재지변이 일어날 때와 다르지 않다. 다른

비평가는 말하기를 "이것은 무당과 도사들이 삿된 술법과 기괴한 마술을 부린 탓이다"라고 했다.

어떻든 요괴박사에게는 한번 돌아볼 만한 가치가 있는 일일 것이다.

89. 어부가 비를 점치다

소개

지난날 대만 어부들은 바다에 그물을 친 결과를 가지고 하늘에서 비가 내릴지 여부를 점쳤다. 전설에 따르면 그물을 쳐서 검은 물고기를 잡으면 비가 올 조짐이고, 붉은 물고기를 잡으면 날씨가 덥기만 하고 비는 오지 않을 조짐이라고 한다.

원전

「동서남북東西南北」『대만 관습 기사』제3권 상 제2호, 1903년 2월 23일 발생, 대만관습연구회 원저, 대만성문헌위원회 편역

해안 지역에서는 어부가 그물을 쳐서 그 결과로 강우의 여부를 점친다.

그물을 쳐서 검은 물고기를 잡으면 길조로 여기는데, 이를 통해 하늘에 먹구름이 끼어 장차 비가 올 조짐으로 생각하고, 만약 붉은 색 물고기를 잡으면 흉조로 여기면서 태양이 붉게 타올라 비가 오

지 않을 것으로 예측한다는 것이다.

이 때문에 검은색 물고기를 잡으면 신상神像을 현지의 사당이나 민가에 안치하고 비가 내리기를 기다려 풍악을 울린다.

만약 붉은색 물고기를 잡으면 신상을 가마에 싣고 돌아와 다른 대책 없이 천명만을 기다린다.

90. 발을 묶는 저주

　기이한 능력과 술법은 흔히 오묘하고 불가사의하다. 일본 통치 시기에 사람들이 전한 말에도 이 같은 일이 있다. 임제종臨濟宗 호국사護國寺의 스님이 발을 묶는 주술에 통달했는데, 어떤 절도범이 스님의 시계를 훔쳤다가 스님이 자신의 발을 묶는 주술[박족주縛足呪]을 걸까봐 줄곧 두려워하며 마침내 파출소에 가서 자수했다고 한다.

　「대만인에게 발생하는 관능정신병의 한 가지 사례臺灣人官能精神病之一例」『대만 관습 기사』제3권 하 제8호, 1903년 8월 23일 발행, 대만관습연구회 원저, 대만성문헌위원회 편역

　대북의 대룡동大龍峒에 왕로왕王老旺(34세)이란 사람이 있었다. 그는 성격이 포악한 데다 절도죄를 범해서 감옥에 갇혔다가 만기 출소했지만 여전이 악습을 고치지 못했다.

그는 근간에 용동산龍峒山 아래 임제종 호국사에 주석하는 매산梅山 스님의 방으로 들어가 시계를 훔쳐 대도정에 가서 팔았다.

그 뒤에 그는 그 스님이 고승대덕高僧大德으로 특히 발을 묶는 비법에 통달했으며 매번 다른 사람의 비밀을 통찰한다는 사실을 알고 두려움을 금치 못하여 대북에서 멀리 떠나 종적을 감출 생각을 했다.

7월 20일 아침에 일어나 행장을 꾸리고 삼장三張 방향으로 가려고 했다. 그런데 이상하게도 수십 보를 걸었지만, 대도정 거리 밖으로 조금도 벗어나지 못하고 걷고 또 걸어도 지나온 길을 계속 맴돌 뿐이었다.

왕로왕은 자신이 스님의 발 묶는 주술에 걸렸다 생각하여, 더욱 두려워하고 당황하며 결국 파출소로 가서 자수했다.

91. 신선神船이 해안에 닿다

소개

신선神船이 바로 '왕야선王爺船'이다. 이것은 왕야에게 제사를 지내는 배로, 배 위의 의자에 왕야의 신상을 안치하고 도사가 경문을 읽은 뒤에 다시 배를 바다에 띄워 물결 따라 흘러가게 하거나 배를 불태우기도 한다.

대만의 민간 전설에 따르면, 옛날에 네덜란드인이 해안에 가까이 온 왕야선을 적선으로 오인하여 격파했다가 도리어 징벌을 받아 수많은 네덜란드인이 연이어 병사했다고 한다.

왕야선은 왕야에게 제사를 지내는 신선神船인데 배 위에는 사람이 하나도 없지만 자유롭게 항만을 출입할 수 있고 심지어 닻을 올리고 내리기까지 한다고 한다. 일단 신선이 해안에 닿으면 그 지역 사람들은 길조로 인식하여 성대한 제전을 벌이기도 하고 또 신선에서 모셔온 신상에 제사를 지내기도 한다.

이 밖에도 대남의 안평安平 연해에도 '채선探船'이라고 불리는 특이한 전설이 전해오고 있다. 린페이야林培雅가 편집한 『대남시 고사집臺南市故事集』 권5(2013)에 현지인 리쩡난李增南이 이 일에 대해 진술한 내용이 실려 있다.*

안평 사람들은 어떤 사람이 갑자기 병에 걸리면 신명에게 까닭을 묻는데, 그 결과 본래 이 사람이 이른바 '채선採船'을 당해서 몸이 아프다는 사실을 발견하는 경우가 있다. 말하자면 인간 세상이 아닌 무형의 세계를 떠도는 왕선王船에 뱃사공 등과 같은 작업 인원이 부족하면 해안에 배를 대고 상륙한 뒤, 사람을 잡아가서 왕선 운행에 협조하도록 한다는 것이다. 왕선에 선발된 사람들은 대부분 어업 관련 일에 종사하는 사람이거나 체격이 건장한 사람이다. 이 때문에 왕선에서 그들을 잡아두는 것이다.

만약 양陽의 세계인 이승의 사람이 '채선'을 당하면 목숨이 아침저녁을 다투다가 결국 사망할 수 있다. 일단 어떤 사람이 '채선' 당한 상황을 만나게 되면 서둘러 법력이 높은 왕야王爺를 초청해야 사람을 배에서 빼앗아 올 수 있다. 이 밖에도 전설에 '채선'을 자행하는 왕선은 정파가 아니고 사악한 외도를 자행하며 이승의 사람들에게 해악을 끼치는 자들이라고 한다.

* 〔원주〕이 밖에도 린페이야가 편집한 『대남시 고사집』 권5(2013)에도 묘수궁妙壽宮 관리위원 어우차이룽歐財榮과 리허취안李河泉이 진술한 '채선採船' 이야기가 실려 있다.

「천주 지역의 신선泉州地區的神船」 『대만 관습 기사』 제3권 하 제9호, 1903년 9월 23일 발행, 대만관습연구회 원저, 대만성 문헌위원회 편역

표류해올 때의 상황:

1903년 8월 11일, 외포장外埔莊 사람들이 해변에서 어구漁具를 수선할 때 육지와 가까운 바다 위에 선체를 화려하게 채색한 배가 남풍을 타고 담수 방향으로 향하고 있었다. 정오가 되어 갑자기 바람이 북풍으로 바뀌자, 그 배도 반대 방향으로 진로를 바꿨다. 이에 마을 사람들이 바다로 내려가 그 배를 육지로 끌어올렸다. 배 안을 살펴보니 사람이 하나도 없어서 외포장의 보정保正*인 여평呂坪 등 네 사람이 현지 경찰 파출소에 신고했다.

배 안의 설비:

배는 목선으로 화물이 없어서 전복될 우려가 있었다. 배의 하부 바닥에는 돌을 실었고, 선체 중앙 갑판에 세 개, 선미에 네 개의 신단을 설치하여 목상木像을 봉안했는데 그 앞에 각종 제물을 진설하고 못으로 고정시켜두었다. 이는 보통 상선의 제사 방법과 크게 다

---

* 〔역주〕 보정保正: 청나라 기본 행정제도인 보갑제保甲制 보장保長의 다른 이름이다. 10호戶는 1패牌, 10패牌는 1갑甲, 10갑甲은 1보保가 된다. 각 단위마다 패장牌長, 갑장甲長, 보장保長을 둔다. 보장을 보정이라고도 한다.

른 점이다.

(…)

신선이 표류하여 닿은 곳에서는 상서로운 일로 여기고 사당을 건립하여 신상에 제사를 지냈을 뿐만 아니라 성대한 제전을 거행하여 복을 받아들였다.

지금부터 30년 전에 외포장에 신선이 표류해온 적이 있고, 당시에 새로운 사당을 건립하여 제사를 올렸는데, 지금의 왕야궁이 그것이다.

신선神船이
해안을
떠돌다

92. 소가 말을 한다는 미신

소개

옛날 대만에 소가 사람처럼 말을 하며 재난을 예언했다는 전설이 있다. 예를 들어 청나라 때 사장리장四張犁莊이라는 마을의 일소가 대조춘 사건을 예언했다고 한다. 또 일본 통치 시기에 대도정 거리 바깥의 어떤 농가에서도 밭 가는 소가 그해 7월 15일 전에 대재난이 발생한다고 예언했다고 한다.

원전

「소가 말을 한다는 미신牛語的迷信」『대만 관습 기사』제4권 하 제9호, 1904년 9월 23일 발행, 대만관습연구회 원저, 대만성문헌위원회 편역

전해오는 말에 따르면 메이지 원년* 봄에 창화 사장리장四張犁莊

---

* 〔원주〕메이지 원년은 1868년이다. 그러나 임호의『동영기사』에 따르면 사장리 마을의

의 일소가 "그만두어라, 씨 뿌릴 밭은 있지만, 거둘 벼는 없다免咻, 有田播, 無稻收"라는 말을 했다고 한다. 이해에 소가 참언을 말하자 중도에 대만생戴萬生(대조춘)의 난이 일어나 양민들이 모두 생업을 잃고 도탄에 빠졌다.

이 미신 일화와 완전히 동일한 풍문이 근래에도 대북에서 발생했다.

대도정 거리 바깥 우거포장牛車埔莊 농가의 일소가 갑자기 다음과 같이 사람 말을 했다. "5월 5일은 있으나, 7월 15일은 없다有五月五日, 無七月十五日."

일소가 말을 한 사건은 1862년에 발생했다고 하며 바로 이해에 대조춘 사건이 일어났다.

93. 부활 괴담

관도^{關渡} 지역에 고라^{高羅}라는 부인이 있었다. 수십 년간 마조천비^{媽祖天妃}를 숭배했기 때문에 이 여신의 도움을 받았다. 그녀는 생애 앞뒤로 악한 에게 잡혀갔을 때, 대홍수를 당했을 때, 독사의 공격을 받았을 때 등 여러 차례 마조의 도움을 받아 곤경에서 벗어났다고 한다. 나중에 또 그녀 나이 55세에 목숨이 다해 숨이 끊어졌지만, 뜻밖에도 입관한 뒤에 다시 부활했다.

고라의 기억에 따르면 적야^{赤爺}와 백야^{白爺}가 자신을 데리고 저승으로 들어갔는데, 그녀가 마조를 독실하게 믿었기에 마조가 그녀의 성심에 감동하여 수

● 적야^{赤爺}와 백야^{白爺}가 바로 칠야^{七爺}와 팔야^{八爺}다. 칠야는 얼굴이 창백하기 때문에 백야라고 칭하고, 팔야는 얼굴이 검붉기 때문에 적야라고 칭한다. 이 그림은 일본 통치 시기의 아동문학가 황봉자^{黃鳳姿}가 쓴 『칠야팔야^{七爺八爺}』(1940)의 표지다.

명을 늘려준 결과 다시 이승으로 돌아올 수 있었다고 한다.

원전

『대만 일일신보』 1906년 7월 11일, 「부활 괴담復生奇談」(한
문판)

　관도關渡 160번지에 사는 임활林活의 아내 고라高羅는 올해 55세
인데, 결혼할 때부터 천상성모天上聖母를 믿었고, 임활에게 시집온
이후 30여 년간 하루도 숭배를 쉬지 않았다.

　스스로 말하기를 자신은 이 신령의 도움을 세 번 받았다고 했다.

　첫 번째는 20세 때다. 그녀는 당시에 향을 피우러 마조묘媽祖廟
로 가다가 도중에 악당 둘을 만났다. 악당들은 사탕수수밭에서 갑
자기 튀어나와 그녀를 안고 강변으로 가서 음란한 짓을 하려 했다.
그러자 홀연히 세찬 바람이 강변의 모래를 날려 두 악당의 눈을 가
렸고, 이 틈에 탈출할 수 있었다.

　두 번째는 20년 전 대홍수가 발생했을 때다. 인근 사람들이 모
두 배를 타고 높은 언덕으로 피난했지만 고라 부부는 배를 탈 수
없어서 지붕으로 올라가 대피했다. 그때도 고씨가 일심으로 성모
에게 기도를 올렸다. 그 뒤 양쪽 이웃들은 모두 홍수에 휩쓸려 갔
지만 고씨 부부만 온전하게 살아남을 수 있었다.

　세 번째는 13년 전 3월 성묘할 때다. 도중에 독사를 만났으나 독
사가 고씨는 물지 않고 뒤에 오는 사람을 물어서 며칠 뒤에 그 사

람은 결국 사망했다.

이 세 가지가 모두 성모의 신령이 보호해준 일이라 여기고, 고씨는 더욱 간절하게 성모를 믿었다.

올해 지난달 하순에 고씨는 불행하게도 병으로 자리에 누웠다가 같은 달 30일 오후 7시경에 숨이 끊어졌다.

남편은 친척들을 모아 염을 하고 매장증埋葬證을 받아 다음 날 오후 5시에 안장하기로 결정했다.

그런데 그날 밤 갑자기 관 속에서 소리가 들렸다. 사람들이 모두 경악하는 가운데 고씨 스스로 관에서 일어났다.

좌우 사람들이 모두 상복 입은 것을 보고 고씨는 비로소 자신이 죽었다가 부활했음을 알았다. 그녀가 말했다. "기이하다! 처음에 나는 적야와 백야 같은 두 신령을 보았다. 두 분이 둥근 부채로 나에게 바람을 보내자, 나는 갑자기 현기증을 느꼈다. 눈앞이 어질어질한 가운데 그들을 따라갔다. 이윽고 내가 굳게 믿는 성모께서 나를 구해주시지 않겠나라고 생각하니 과연 성모께서 문득 내 앞에 나타나셨다. 내가 그분의 무릎을 안고 애원하자 성모께서 말씀하셨다. '네 수명은 본래 다했지만, 네 성심에 보답하기 위해 잠시 네 목숨을 늘려주겠다.' 그리고 바로 입에 노란 과일 하나를 넣어줬다. 점차 먼 곳에서 나팔 소리와 바람 소리가 들리며 떠들썩해지는 가운데 갑자기 숨이 막히더니 몸이 이미 이곳에 있었다."

사람들은 그 말을 듣고 성모의 신령함이 아니었다면 다시 이곳에 오지 못했을 것이라며 이 일을 널리 전했다.

근래에 본섬 사람도 이 소문을 듣고 스스로 성모를 믿으면 죽었
다가도 부활할 수 있다고 여겨 그 마조묘에 참배하러 가는 사람이
더욱더 많아졌다.

94. 마수경磨水鏡이란 주술로 판단하다

소개

마수경磨水鏡이란 신神이 판단을 내리도록 요청하는 주술의 일종이다. 먼저 두 거울의 앞면을 마주 보도록 겹쳐놓고 그 중간에 백지 한 장을 끼운다. 입에 맑은 물을 머금고 거울과 종이를 향해 뿜으면 범인의 얼굴이나 실마리가 백지 위에 나타난다고 한다. 이것은 모산파茅山派*의 기이한 술법에 속하는데, 대만으로 전래된 이후 수많은 도사가 시행하는 주술이 되었다고 한다.

일본 통치 시기에 발간된 『대만 일일신보』의 기사를 보면 당시에 경찰도 이 방법으로 절도 사건의 범인을 조사한 적이 있다고 한다.

---

* 〔역주〕모산파茅山派: 흔히 모산종茅山宗이라고 한다. 중국 도교의 한 유파다. 중국 강소성 江蘇省 모산茅山을 중심으로 교세를 확장했기에 '모산종'이라는 명칭으로 불린다.

『대만 일일신보』1905년 9월 15일, 「훌륭한 탐정探偵可兒」(한
문판)

　지난달 31일, 대도정 신흥가新興街 39번지의 차상茶商 이양석李養
錫의 집에서 도둑이 금고를 파괴하고 현금 194원 61전을 훔쳐 간
사건이 발생했다.

　훔친 행적으로 비춰볼 때, 그 도둑은 동거하는 사람은 아니지만
그 집을 출입하는 사람임이 틀림없는 듯했다.

　그러나 대북청의 형사 담당 탐정이 동분서주하며 수소문해보았
으나 사건의 실마리를 찾을 수 없었다.

　어떻게 손을 대야 할지 고심하다가 뜻밖에도 모 형사가 문득 한
가지 계책을 생각해내어 마치 주머니에서 물건을 꺼내듯 범인을
잡았다.

　탐정의 진술을 들어보니 이양석이 의심한 사람 다섯을 한 방에
모아놓고 '마수경磨水鏡'이라는 술법을 시행했다고 한다.

　대체로 그중 셋은 이씨 집안의 고용인이었고, 나머지 둘은 모두
다른 집 사람이었다. 그 두 사람이 원통하게 누명을 썼음을 알고,
탐정은 오로지 고용인 셋의 거동에 주목했다.

　거울에 백지 한 장을 붙인 뒤 다섯 사람에게 거울을 향해 서도록
했다. 그리고 술법을 행하는 사람이 낭랑하게 주문을 외우면서 다
시 사발에 물을 채운 뒤 다섯 사람으로 하여금 각각 물을 한 모금

입에 물고 차례대로 거울 면을 향해 뿜도록 했다.

이 방법은 본섬 사람들의 미신인데, 물을 뿜은 뒤에 진짜 도적의 초상이나 성씨 등이 거울 가운데의 백지에 나타나지 않는 경우가 없다고 여긴다.

탐정은 거울 곁에서 주시하다가 그중 양박楊粕이란 사람을 도둑으로 몰래 추측하고 급히 거울과 백지를 제거하면서 이제 내가 범인을 알았다고 했다.

그리고 즉시 양박을 체포해가려 하자 양박은 매우 두려워하며 탐정에게 20원을 줄 테니 일을 폭로하지 말아달라고 간청했다.

탐정은 상세한 내막을 알아보려고 거짓으로 그의 말을 들어주었다. 얼마 지나지 않아 양박이 과연 20원을 가지고 왔다.

이에 이 탐정은 양박을 조사한 뒤에 나머지 사람들을 불러 모든 상황을 심문한 결과 나머지 사람들은 그곳에서 물건을 훔친 일이 없음을 알게 되었다. 양박도 이 일에서 벗어날 수 없음을 알고 다시 탐정에게 30원을 주면서 비용이 더 필요하면 얼마든지 주겠다고 했다. 참으로 어리석은 자라고 하겠다.

현재 양박은 이미 경무과에서 심문을 기다리고 있다. 진술에 따르면 그가 훔친 금액은 본래 190여 원이 아니라 기실 174원이고, 그중 29원은 반지 네 개를 만들 때 썼으며, 이 때문에 탐정은 사건을 맡은 초기에 반지 네 개와 현금 116원을 당장 금액대로 회수했다고 한다.

주문을
낭송하며
물을 뿜고
신을 초청하여
사견을
판단하게 한다.

수경
磨水鏡

「마수경磨水鏡」『대만 관습 기사』제5권 제10호, 1905년 10월 13일 발행, 대만관습연구회 원저

예전부터 대만에서는 신에게 사건의 판단을 맡기는 기풍이 전해왔는데 이를 '마수경'이라고 한다.

예를 들어 어떤 가정에서 금붙이와 같은 물건을 분실했을 때, 밖에서 도적이 들어온 흔적은 전혀 없고, 한 가정 사람의 소행으로 의심될 때 '마수경'이라는 방법을 쓴다.

먼저 거울 앞면을 위로 향하게 놓고 그 위에 백지 한 장을 깐다. 그리고 다시 다른 거울 앞면을 아래로 향하게 하여 앞의 거울을 덮는다. 이렇게 하면 백지가 상하 두 거울 사이에 끼게 되는데, 그 위에 물을 가득 담은 다완을 놓는다.

집안의 혐의자들을 거울 주위에 세우고 규정된 주문을 함께 낭송하게 한 뒤, 순서에 따라 다완의 물을 입에 머금고 거울 면을 향해 뿜게 하면 범인의 초상이 거울 사이의 백지에 뚜렷하게 나타난다고 한다.

95. 번육番肉: 한족이 사람 고기를 먹다

소개

대만 한족들은 옛날에 '번육番肉(원주민의 인육人肉)'을 먹는 습속이 있었을 뿐만 아니라, '번고番膏(원주민의 뼈를 고아 만든 기름 덩이)' '번편番鞭(원주민 남성의 생식기)' '번하수番下水(원주민의 내장으로 만든 수프 같은 요리)' 등과 같은 다양한 요리도 먹었다.

호전胡傳(1841~1895)은 호적胡適(1891~1962)의 부친이다. 그는 1891년 칙지를 받들고 대만에 부임했고, 대만에 도착한 뒤 바로 섬의 전체 상황을 조사하기 시작했다. 그는 포리埔里 지역에서 놀랍게도 인육人肉(사람 고기)을 파는 사람을 발견했다. 현지의 한족들은 원주민을 잡아 죽인 뒤 그 고기를 잘라 먹거나 심지어 팔기도 했다.

호전은 1892년 일기에 한족들이 번육番肉과 번고番膏를 식용한다는 기록을 남겼다.

> "포리埔里 소속으로 남번南番과 북번北番이 있다. 남번은 중국으로 귀화한 지 오래되어 밖으로 나와도 사건을 일으키지 않으나, 북번이 나오면 군사들과 백성이 다투어 그들을 죽이는데, 관에서 무마하려 해

도 백성이 따르지 않는다. 아마도 무마한 뒤에는 저들의 출입을 금지할 수 없고, 또 저들은 길도 잘 알기에 다시 제지할 수 없을까봐 두려워하는 듯하다. 백성은 번番(원주민)을 죽이고 나서 그 고기를 잘라서 판매한다. 인육 1냥兩에 20문文인데도 사는 사람이 다투어 몰려와 순식간에 동이 난다. 또 원주민의 뼈를 고아서 기름膏을 만드는데, 그것을 '번고番膏'라 하며 매우 비싸다. 관에서 금지 명령을 내렸지만 백성이 따르지 않는다."

대만의 한족들은 '번육'을 먹으면 신체를 건강하게 할 수 있고, 기운을 강화할 수 있다고 믿었다. '번육' 외에도 남은 뼈와 내장 등을 전부 모아 맑은 물을 붓고 한약재로 고아서 '번고'를 만든다. 이는 상한傷寒이나 열병熱病을 치료하는 보약으로 쓰였다. '번심番心(원주민의 심장)'은 심신불안을 치료할 수 있고, 가격이 30문에 달하는 '번담番膽(원주민의 쓸개)'은 도상刀傷이나 총상을 치료하는 특효약이며, '번오완番烏腕(원주민의 팔다리)'은 각질脚疾을 치료할 수 있다고 했다.

'생번生番(중국화하지 않은 원주민)'의 신체는 상체와 하체가 모두 유용한데, 대장, 소장, 머리카락만 쓸모없기에 한족의 속담에 "생번 한 명을 잡으면 사슴 몇 마리를 잡는 것보다 낫다"라는 말이 있을 정도다.

● 대동 잉어산鯉魚山 위에 설치된 호전胡傳 상

이 밖에도 민간에는 원주민의 피와 고기를 먹기만 하면 '출초出草'*를 방지할 수 있다는 말도 전해온다. 왜냐하면 원주민의 인육을 먹으면 몸에서 원주민 특유의 냄새가 나기 때문에 산속의 원주민이 이 냄새를 맡고 상대의 목을 자르지 않는다는 것이다.

관에서는 한족이 원주민을 살해하여 그들의 뼈와 인육을 먹는 행위를 줄곧 금지했지만 아무 효과가 없었다.

가타오카 이와오의 『대만 풍속지』에도 한족이 원주민의 인육을 먹는 사실이 기록되어 있으며, 『대만총독부 공문 유찬臺灣總督府公文類纂』에도 한족이 원주민의 인육을 먹는다는 기록이 있다.

양조양楊照陽 등이 편찬한 『대중시 민간문학 채록집臺中市民間文學采錄集』 권4(1999)란 책의 「불성첨不姓詹」이란 장章에서도 대모포大茅埔의 첨첨재詹添財 선생이 번육 먹는 이야기를 해주었다고 했다.

타얄족이 사람 머리를 사냥하러 가는 과정에서 아복자阿福仔라는 노인을 살해했다. 첨조詹厝에 사는 사람이 복수를 하기 위해 거짓으로 먼저 타얄족과 화해한 뒤 상대가 경계를 풀 때까지 기다렸다가 기회를 보아 타얄족 10여 명을 죽였다. 그리고 그들의 종아리 고기를 잘라내어 '번육탕番肉湯'을 끓였다. 첨첨재의 구술에 따르면 일찍이 '번육'을 먹어본 사람들은 "사람 고기는 짭짤하면서 맛있다"라고 했다는 것이다. 또한 인육으로 탕을 끓일 때 많은 수포水泡가 발생했다고 한다.

---

* 〔역주〕출초出草: 대만 원주민이 외부인을 사냥하여 머리를 베어가는 습속이다.

『매케이 박사의 회고록馬偕博士回憶錄(From Far Formosa: The Island, its People and Missions)』*, 1895년, 조지 레슬리 매케이 George Leslie Mackay

수십 명의 사람이 그곳으로 간 것은 원주민의 인육을 일부라도 얻어 먹거리와 약으로 삼기 위해서였다.

원주민이 만약 내륙에서 피살되면 보통 그의 심장을 파내고, 신체의 살점도 하나하나 잘라내며, 뼈도 고아서 아교처럼 만든 뒤 그것을 보존하여 학질을 치료하는 특효약으로 쓴다.

『대만 관습 기사』 제5권 제12호, 1905년 12월 13일 발행, 대만관습연구회 원저, 대만성문헌위원회 편역

원주민 영역 경계에 사는 본섬 인사들에게는 불구대천의 원수인 원주민을 죽였을 때 그들의 인육을 다투어 먹는 기풍이 있다.

고산에 사는 원주민 인육을 먹으면 원주민에게 살해되지 않고 그들을 제압할 수 있다는 전설이 있다.

원주민이 한족의 목을 자르고, 한족이 원주민의 인육을 먹는 것은 미신의 영향이 큰데 매우 공포스럽다.

---

* 〔원주〕 Mackay, George Leslie, *From far Formosa: the island, its people and missions* (New York, 1895).

『대만 풍속지』「신체 및 정신 이상과 관련된 미신有關身體及精神 異狀的迷信」, 가타오카 이와오 기록, 진금전 번역

　남투청南投廳 포리사埔里社는 북쪽으로 원주민 지역과 인접해 있는데 주민들이 만약 원주민을 죽이면 마을을 지키는 사람들이 와서 경축 인사를 하며, 원주민의 수급을 창끝에 꽂아 앞에서 들고 간다. 그러면 마을의 청년들이 북과 징을 치고 환호하며 거리를 행진한다. 또 다른 마을의 초청에 호응하여 행진한 뒤에 수급을 매달아둔다.

　어떤 사람은 또 원주민의 시체를 잘게 잘라 익혀서 모든 사람에게 나눠서 먹게 하고, 때로는 이웃 마을에 나눠주기도 한다.

96. 여자아이를 살해하다

소개

대만 한족이 영아를 살해하는 습속은 대항해시대부터 기록이 남아 있다.

17세기에 대만에 거주한 적이 있는 알브레히트 헤르포르트 Albrecht Herport(1641~1730)는 「대만 여행기」라는 글에서 한족의 영아 살해 습속에 대해 다음과 같이 설명했다.

● 1980년대 이래 어떤 사람이 영아의 혼령을 위로하자는 신앙을 제창했다. 이 일은 심지어 '영령금嬰靈金'이라는 지전紙錢으로 발전했고, 이를 이용하여 아직 태어나지 않았거나, 태어난 지 얼마 지나지 않아 살해된 영아의 혼령을 구제하려 했다.

"중국인들은 본처를 한 명만 두지만 동시에 첩은 몇 명이라도 마음대로 둘 수 있다. (…) 첩들이 낳은 아이는 부친의 가업을 받을 수 없고 아들은 노예처럼 간주된다. 첫 번째와 두 번째로 낳은 딸은 낳자마자 바로 물에 빠뜨려 죽이거나 어머니가 다른 곳으로 보낸다. 세 번째 딸은 집에서 기르면서 다른 아들의 시중을 들게 한다."

팽호도에는 '호선당好善堂'이라는 비석이 있다.* 팽호청 통판通判 당세영唐世永이 광서 6년(1880)에 세웠다. 비문에는 팔조오八罩澳 지역 유지가 돈을 출연하여 구제 조직을 만든 뒤 여아, 거북, 노쇠한 일소를 보호하고 문자가 적힌 종이를 아끼자는 내용을 기록했다. 그 글의 주요 부분을 뽑아 보면 다음과 같다.

"사람들이 해변에서 성장했기 때문에 백성이 매우 어리석어 여자아이를 아낄 줄 모르고, 또 산촌의 일소나 바다의 거북도 가련히 여길 줄 몰라 왕왕 살해하곤 한다. 사람들이 그 광경을 목격하고 마음이 아파 이에 앞장서서 의연금을 내자고 제창하여 마침내 함께 자금을 조금씩 모아 매년 이자를 늘리며 구조활동의 보조금으로 삼았다. 글자가 적힌 종이를 수습하여 보호하는 비용으로 매년 6000전을 지급하고, 여자아이 보호 비용으로 1인당 1000전을 지급하고 노쇠한 일소 보호 비용으로 한 마리당 매년 2000전을 지급했다."

일제 통치 시기에 이르러서도 여자아이를 익사시킨 일이 때때로 발생

---

* 〔원주〕 이 비석은 본래 땅에 깊이 묻혀 있었는데 나중에 망안국중望安國中의 증문명曾文明 교사 등이 이 비석을 발굴했다.

하곤 했다. 예를 들어 『대만 관습 기사』에도 당시 대중臺中 감옥에서 복역하던 여성이 영아를 살해한 죄를 지은 것이 그러하다.

정정처鄭正澈가 '고웅의 작은 이야기高雄小故事'라는 인터넷 사이트에* 발표한 글 「여자아이를 살해하다殺女嬰」에도 영아 살해를 언급했다. 전설에 따르면 일본인이 대만을 통치하기 전에 고웅의 가정茄萣 지역은 어업을 생업으로 하며 어렵게 살았기에 아이를 낳아 기르기 쉽지 않았다. 이 때문에 딸을 낳으면 살해하는 습속이 있었다. 그 방법은 돗자리로 여자아이를 싸서 바다에 던지거나 물을 가득 채운 나무통에 넣어 익사시켰다.

---

* 〔원주〕 고웅시립역사박물관高雄市立歷史博物館에서 민담을 수집하기 위해 설립한 인터넷 사이트다.

「관습 일기」『대만 관습 기사』제7권 제6호, 1907년 6월 13일 발행, 일본 대만관습연구회 원저, 대만성문헌위원회 편역

어떤 젊은 부인이 고의로 살인한 중범죄를 지어 대중의 감옥에서 복역하다가 사면의 특전을 받았다.

사건의 진상은 미신에 의해 야기된 것으로 소문을 정리하면 그 경과는 다음과 같다.

이 섬의 전설에 딸이 얼굴을 아래로 향하여 태어나면 산모가 요절할 수 있다고 한다. 또 만약 태어난 영아의 목에 탯줄이 감겨 있으면 이 아이가 장래에 반드시 목을 매어 죽는 운명에 처하게 된다고 한다. 이런 전설을 알았기에 진색陳色이라는 신부는 처음 아이를 낳을 때 불행하게도 아이의 목에 탯줄이 감겨 있자 이렇게 생각했다.

'아! 큰일났다! 성장한 뒤 명예롭지 못한 불행이 발생하는 것보다 지금 보내주는 것이 더 낫겠다.'

이에 잔인하기는 하지만 당장 아이를 압사시키기로 결정했다. 시체를 돗자리로 싸서 작은 강물에 버리고 아무도 모르게 했다.

그러나 뜻밖에도 아이가 태어날 때의 울음소리가 이미 이웃집에 전해졌기에 결국 체포되어 죄를 자복하기에 이르렀다.

97. 관삼고闢三姑

소개

관삼고闢三姑는 최면의 역량을 갖춘 술법으로, 영매의 안내에 따라 대상
자를 저승으로 들어가게 하여 망자와 만날 수 있게 한다. 때로는 이 법술
로 자신의 운명을 점치거나 발병 원인을 탐색하기도 한다.

원전

『민속 대만』「계동乩童에 관한 연구(중)乩童的研究(中)」*, 고쿠부
나오이치國分直一

B: 낙악부落嶽府

종교 조사 보고서에 근거해보면 '낙악부'를 '낙지부落地府' 또는
'하지부下地府'라고도 칭한다. 사람들은 인간에게 질병이 발생하는

---

* 〔원주〕이 글은 『민속 대만』 1권 2호(1941년 8월 10일)에 수록되어 있다. 중국어 번역
본은 린촨푸가 새롭게 편역하여 『민속 대만』 중역본 제1집에 수록했다.

것은 바로 귀신(영혼)이 육체를 이탈하여 지부地府 안에서 길을 잃기 때문이므로 반드시 지부로 내려가서 찾아와야 한다고 여긴다.

도사가 정청正廳 안의 식탁 앞에서 도홍색桃紅色 헝겊 끈을 자신의 이마에 묶은 뒤에 무소의 뿔로 만든 각고角鼓라는 피리를 불면서 신을 초청하는 주문을 낭송한다. 가족들은 부처님을 모신 탁자 앞에서 고자지鼓仔紙를 태우는 동시에 상하로 흔든다.

대략 30분이 지나고 나면 신명이 계동乩童(신과 인간을 매개하는 영매의 일종)에게 강림한다. 이때 도사는 바로 '낙악부탐궁과落嶽府探宮科'라는 주문을 외운다. 이 주문은 지옥으로 가는 도중의 상황을 설명한다.

본섬 주민들은 명부冥府의 일에 흥미가 많기 때문에 이 기회를 이용하여 이 글을 전부 번역하여 전하고자 한다. 도사가 '탐궁과'를 낭송할 때, 계동은 지부로 가서 염라대왕에게 상세한 상황을 탐색한 뒤 염라대왕의 지시를 받아 돌아온다. 이때 법사가 그 지시를 우리가 알아들을 수 있는 말로 번역하는 것이다. 그러나 그들의 번역은 모두 먼저 계동과 약속한 암호와 비슷하므로 한 번만 말해도 바로 통한다. 하지만 어떻든 그 원인이 이런 과정을 통해 밝혀진다.

『민속 대만』「관삼고﹝關三姑﹞」*, 일본 이케다 도시오

관삼고는 최면술의 일종이다. 영매의 인도로 저승﹝陰府﹞으로 가서 망자와 만난다. 때로는 자신의 운명을 점치거나 병의 원인을 찾기도 한다.

관삼고의 '관﹝關﹞'은 술법을 시행한다는 뜻이다. 전설에 나오는 삼고﹝三姑﹞는 어린 나이에 세상을 떠난 여자아이다.『대만 관습 관혼상제와 연중 행사﹝臺灣舊慣冠婚葬祭與年中行事﹞』에도 삼고에 관한 일화가 기록되어 있는데, 내용은 맹갑의 의자고﹝椅子姑﹞ 이야기와 대동소이하며 점술 방법도 유사하다. 어쩌면 삼고와 의자고의 원시 사건이 같았는지 알 수 없지만, 맹갑 지역에서는 이 두 가지가 근본적으로 다른 사건으로 인식하고 있다.

남녀 성별이나 연령에 제한 없이 어떤 사람도 관삼고에게 가서 교시를 청할 수 있다. 하지만 어떤 사람들은 교시를 청한 뒤에 부적을 얻지 못할 수도 있는데, 이때는 도력이 비교적 높은 사람에게 도움을 청해야 한다. 이 밖에도 날짜에 제한 없이 수시로 의식을 거행할 수 있다. 어떤 사람들은 왕이﹝旺姨﹞와 같은 무녀와 동행하지만, 대부분은 이 술법에 익숙하지 않기에 경험자와 동행한다.

신령이 강림하도록 요청하는 사람을 도두﹝棹頭﹞라고 부른다. 도두

* 〔원주〕 이 글은『민속 대만』 1권 3호(1941년 9월 20일)에 수록되어 있다. 중국어 번역본은 린촨푸﹝林川夫﹞가 새롭게 편역하여『민속 대만』 중역본 제1집에 수록했다.

에게는 사례를 할 필요 없이 의식을 마친 뒤에 간식을 좀 주면 된다. 그러나 왕이와 같은 무녀에게는 반드시 사례를 해야 한다.

관삼고의 종류로는 '탐망친探亡親' '탐화총探花欉' '탐원신探元神' 등이 있다. 무술巫術 시행 방법은 모두 같은데, 아래에 서술하겠다.

부탁받은 도두가 먼저 이나차李羅車의 신상에 제물을 올리며 요청한다. 이나차는 바로 태자야太子爺나 나타태자哪吒太子로 칭하는 신명인데, 일곱 동자를 인솔한다. 소문을 들어보면 일반적인 무당들은 모두 이 신을 믿으면서 사악한 귀신을 진압할 수 있다고 인식한다.

시간은 거의 야간을 선택하여 방안의 등불을 끄고 캄캄하게 만든다. 인원수는 전혀 제한이 없으며 교시를 요청한 사람은 모두 긴 의자에 앉는다.

대다수 사람은 친구가 데려오거나 동행이 되어서 온다. 탁자 위에 쌀을 담은 그릇, 거울, 집게, 자尺 등의 물품을 준비한다. 교시를 요청한 사람은 먼저 금지金紙로 손을 닦고 또 더러는 수건으로 눈을 가리기도 한다. 이때 도두가 황고자지黃古仔紙에 불을 붙여 교시를 요청한 사람 면전에서 끊임없이 흔들며 주문을 암송한다. 오래지 않아 자로 탁자를 두드리고 아울러 박자에 맞추어 주문을 외운다. 이렇게 하면 교시를 요청한 사람이 최면 상태에 빠져든다.

최면 상태에서 두 손으로 주먹을 쥐고 끊임없이 무릎을 두드리는데, 일부 상황에서는 좌우의 다리를 부단히 교차하며 흔든다. 도두는 이때도 여전히 주문을 외우며 최면에 빠진 사람을 데리고 저승으로 들어간다. 이렇게 저승의 계단으로 들어가는 과정을 '관락음關落陰'이라고 부르고, 여기에 이르러 첫째 단계가 마무리된다. 그러나 이런 술법으로도 저승으로 진입할 수 없는 사람이 있다. 이 때는 눈을 가린 수건을 풀어내고 장외로 물러가게 한다.

이 술법에 어떤 의문을 품으면 절대로 저승으로 들어갈 수 없기 때문에 교시를 요청하러 온 사람은 나이 많은 여성이 대부분이다.

이어서 도두와 최면에 걸린 사람 사이에 일문일답이 오고 간다. 그들이 목격한 내용은 서로 다르다. 일반적으로 가장 흔한 상황은 '탐망친探亡親'이다. 즉 최면에 걸린 사람을 데리고 저승으로 가서 이미 사망한 친척의 영혼과 만나는 일이다. 그들이 묻고 답하는 내용은 예를 들면 다음과 같다. 도두가 "당신은 지금 무엇을 보고 있습니까?"라고 물으면, 최면에 걸린 사람은 "사당이 보입니다"라고 대답한다. 만약 "관세음보살을 만났습니다"라고 대답하면 도두는 얼른 예의를 표시하고, 최면에 걸린 사람도 고개를 숙이고 답례한다. 자신이 만나고 싶은 망자의 영혼을 만났을 때는 최면에 걸린 사람에 의해 인도되던 망자의 가는 목소리가 울음으로 변한다. 그 뒤 그가 세상을 떠난 뒤의 집안 상황을 이야기해주고 아울러 그에게 저승의 생활 형편이 어떤지 묻는다. 예를 들어 그에게 지금 저승에서 무슨 직업에 종사하는지 물으면 망자의 영혼이 약을 판다고 대답하는 것 등이 그것이다. 그들의 말을 들어보면 저승의 생활 환경과 인간의 생활 환경은 크게 다르지 않다.

만약 병에 걸렸을 때는 '탐원신探元神'이라는 의식을 진행해야 한다. '원신元神'은 바로 사람의 정기正氣다. 대만 사람들의 인식에서 인간의 육체는 이 세상에서 생활하지만 원신은 저승에 있으므로 '관낙음關落陰'이라는 의식을 통해 원신을 만날 수 있다고 한다. 보통 환자를 통해 원신이 스스로 앞으로 나오는데, 만약 환자가 어린 아이일 경우에는 부모가 그 역할을 대신할 수 있다. 이 의식은 12지지地支를 기준으로 삼아 진년辰年 생은 용에 속하고, 묘년卯年 생은 토끼에 속하므로 이해에 태어난 사람에게는 용이나 토끼와 같은 동물이 나타날 수 있다. 이 밖에도 저승에 열두 접시의 요리, 의자, 식탁 등의 물건이 나타나고 이 물건들의 상태에 따라 질병의 원인이 무엇인지 탐색할 수 있다. 이에 대해서는 의식을 진행하기 전에 미리 저승에 차린 접시가 더러우면 눈병의 원인이다 등과 같은 여러 상황에 대해 말을 맞춰둔다.

그리고 '관낙음'으로 운명을 점치는 것을 '탐화총探花欉' 또는 '탐수총探樹欉'이라고 한다. 전설에 따르면 저승에서 여자의 원신은 꽃이고 남자의 원신은 나무이기 때문에 이런 이름이 붙었다고 한다. 따라서 '탐화총'은 여자에게 시행하고, '탐수총'은 남자에게 시행한다.

지금 여성을 예로 들어보겠다. 만약 저승에 자란 꽃이 꽃봉오리를 맺었으면 이 여자가 이미 임신했음을 표시하고, 화려한 꽃이 만발했으면 장차 아들을 많이 낳는다는 의미다. 꽃에는 붉은 꽃과 흰 꽃이 있다. 만약 딸 둘을 낳을 운명이면 붉은 꽃 두 송이가 피고, 아들 셋을 낳을 운명이면 흰 꽃 세 송이가 핀다. 이 밖에 만약 이 여자가 유산한 적이 있다면 꽃봉오리 하나가 떨어질 수 있다. 또 꽃나무 위에 거미가 집을 짓거나 벌레가 꽃을 갉아먹으면 이 여자의 운명이 매우 불행함을 나타낸다. 이때는 직접 저승의 화공花公 (꽃을 담당하는 신령)에게 구원을 요청하여 벌레를 제거하거나 새 꽃을 심어달라고 해야 한다.

　왕이尪姨를 청하여 관삼고 의식에 동행하게 하는 것은 비교적 특수한 사례다. 통상적으로는 왕이에게 동행을 요청하여 탐망친을 대신하게 한다. 일반인들은 탐망친을 견망牽亡이라고 하는데, 견망이란 바로 관낙음 의식을 통해 망자의 영혼을 데려오는 것이다. 왕이는 다른 사람의 도움 없이도 직접 저승의 망자와 소통할 수 있고, 이승의 가족과도 대화할 수 있다. 이러한 상황에서 왕이는 쩡징라이 선생이 『대만 종교와 미신 폐습臺灣宗教與迷信陋習』이라는 저서에서 언급한 무술巫術 의식을 시행한다. 먼저 바늘에 흰 실을 꿰어 한끝은 망자의 위패에 묶고, 한끝은 자신의 머리카락에 묶는다. 이같이 하는 이유는 망자의 영혼을 저승에서 불러낼 수 있는 시간이 유한하기 때문이다. 시간의 흐름에 따라 망자의 영혼이 천천히 왕이를 향해 이동하면 왕이는 흰 실을 통해 대화 시간을 통제한다. 최후에 망자의 영혼이 왕이에게 직접 가족과 대화하고 싶다고 부탁하면, 가족들은 왕이를 통해 망자와 대화를 나눈다. 통상적으로 가족들은 대부분 눈물이 가득한 얼굴로 망자의 영혼이 저승에서 살아가는 다양한 상황에 대해서 묻는다.

　왕이는 망자의 영혼을 이끌어오기 전에 먼저 한편으로 주문을 외우면서, 다른 한편으로는 가족에게 망자를 염殮할 때 입혔던 복장, 망자의 성명, 연령 등을 묻는다. 때로는 가족들에게 묻지 않고 왕이 자신이 망자의 성명을 판단하기도 한다. 이는 왕이가 사전에 사람을 보내 이미 부탁한 사람의 가정 상황을 조사하거나 자신이 술법을 시행할 때 주위 사람들의 말을 듣고 망자의 성명을 파악했기 때문이다. 그러나 어떤 경우라도 왕이는 늘 신령의 높은 법력으로 가장한다.

기실 왕이는 타인의 말을 잘 모방하거나 타인의 말에 임기응변으로 영합하면서 그들의 말끝을 받아 대화를 이끌어갈 뿐이다. 즉 왕이는 대화자의 뜻을 추측하여 대답하다가 판단할 수 없는 상황에 직면하면 자신의 의견에 의지하여 상황에 맞는 말을 꾸며댄다. 이 때문에 민간에서는 거짓말을 하는 사람이나 말을 잘 꾸며대는 사람을 왕이라고 칭한다.

사람들의 생활수준이 높아짐에 따라 이런 무술도 점점 사라지고 있다. 현재 소수만이 여전히 이런 일을 믿고 있으나, 왕이의 존재는 일찌감치 사람들의 기억에서 사라졌다.

『민속 대만』「민속 탐방, 관삼고民俗探訪, 關三姑」*, 요 후키코余富貴子

이 섬 사람들은 사람이 죽은 뒤에 저승陰府(陰間)으로 간다고 믿는다. 저승은 극락과 지옥으로 나뉘고 옥황대제가 관장하면서 12전殿

---

* 〔원주〕이 글은 『민속 대만』 4권 10호(1944년 10월 1일)에 수록되어 있다. 중국어 번역본은 린촨푸가 새롭게 편역하여 『민속 대만』 중역본 제5집에 수록했다.

염라왕閻羅王을 파견하여 지옥을 다스린다. 염라왕은 지옥에 온 망자가 생전에 지은 죄를 판단한다. 망자의 영혼은 반드시 제1전第一殿에서 시작하여 각 전을 거쳐 제12전까지 가야 하고 각 전에서 상이한 형벌을 받는다. 포공包公이 제3전의 염라왕인데, 성격이 매우 인자하기 때문에 항상 망자의 영혼이 다시 태어나도록 돕는다. 그러나 다시 태어나는 영혼이 갈수록 많아지자 옥황대제가 포공을 제8전으로 옮겼다. 일반적으로 제8전에 당도한 망자는 시체가 이미 부패했기 때문에 포공도 그들을 도와 다시 태어나게 할 수 없다고 한다.

상가에서 만약 망자의 모습을 다시 보고 싶거나 다시 사자와 대화를 하고 싶으면 반드시 관삼고의 술법에 의지해야 소원을 이룰 수 있다.

옛날에 삼고三姑라는 비구니가 덕망이 있었는데, 선행을 많이 하여 사후에 하늘로 올라갈 수 있었다. 그곳 사람들이 모두 삼고에게 저승으로 자신들을 인도하여 망자의 영혼과 만날 수 있게 해달라고 간청했다.

관삼고는 비구니이므로 여성에 속한다고 해야겠지만 내가 목격한 바로는 관삼고의 역할을 대신하는 남성도 있었다. 술법을 행하는 자를 도두라고 한다. 그는 먼저 보자기나 목욕 수건을 대상자 머리에 씌우고 의자에 앉게 한다. 그 뒤에 주문을 외우며 삼고를 향해 원하는 것을 요청한다. 앉아 있는 사람이 갑자기 의자에서 일어나 손을 흔들고 발을 구르며 어지럽게 춤을 춘다. 주문을 빨리 외우면 외울수록 발길도 더욱 빨라진다. 이같이 하면 삼도하三途河를 건너고 산 고개를 넘어 자신이 찾으려는 망자의 영혼을 찾을 수 있다. 그런 뒤에 삼고는 춤추는 사람과 일문일답을 나누며 찾으려는 망자의 이름을 부른다. 춤추는 자가 "맞습니다"라고 말하면 이미 망자의 영혼을 찾았다는 뜻이다.

이어서 삼고는 망자에 관한 일들을 묻기 시작한다. 춤추는 사람은 망자의 영혼을 대신하여 대답한다. 또 가족 중에서 이름이 불리는 사람이 있으면 즉시 대열 밖으로 나와서 제단을 향해 기도하거나 예의를 행해야 한다.

어떤 사람은 관삼고를 믿지 않고, 어떤 사람은 깊게 믿는다. 이 밖에도 망자의 영혼과 대화할 때 큰 소리로 우는 사람도 적지 않다.

관삼고 의식을 행할 때는 반드시 희생犧牲과 술을 준비해야 한다. 생각해보면 이런 의식은 좀 모순점이 있는 듯하다. 비구니는 모두 채식을 하기 때문이다. 따라서 제물을 올릴 때 술이나 육류를 피해야 옳다. 그러나 아마도 관삼고로 분장한 자가 스스로 먹고 싶은 것을 제물로 올리는 듯하다.

98. 사림土林의 전설

차오융허曹永和(1920~2014)는 대만의 저명한 역사학자로 대만 역사에 대한 연구를 진행하기 위해 영어, 일어, 불어, 스페인어, 네덜란드 고어 등의 언어에 정통했다. 17세기 대만 역사에 대한 연구를 매우 깊이 있게 진행했고, 일찍이『질란디아 일지』의 편집, 주석, 교열, 번역 작업에 참여했다. 그가 제기한 '대만섬 사관臺灣島史觀'은 국제적인 시각에서 대만 역사를 정립한 견해로 후세에 큰 영향을 끼쳤다.

차오융허는 대북의 사림土林(대북시 북부 사림구土林區)에서 태어나 현지의 관습, 문학, 역사를 매우 익숙하게 알고 있었다. 그는 1941년 12월에 발간된『민속 대만』잡지의「사림 특집호土林特輯號」에「사림의 고비土林的古碑」「사림의 전설土林的傳說」「사림사묘지土林寺廟誌」「사림청서土林聽書」등 사림에 관련

●『민속 대만』의「사림 특집호土林特輯號」표지

● 지산암芝山巖 사진. 출전은『일본 지리 대계』「대만편」(1930)

士林に傳はる傳說口碑は、怪談をも入れて數へれば相當の數
にのぼると思はれるが、採訪の時間がさうなかつた關係上、次
に代表的なものだけを數篇揭げて見る事にした。
お氣みになれば直ぐ御氣付きの事と思ふが、士林の傳說の特
色は、何んと云つても芝山巖を中心に、分類械鬭にまつはるも

士林の傳說

曹永和

● 차오융허曹永和가 쓴 「사림의 전설士林的傳說」

士林聽書

芝山巖は好し地・理・所・在で、
其の證據には昔廟が燒け、再び
改築する時、地基を掘つた所、
云つて喜び合つたさうである。
○
芝山巖に、大正末年、靈泉の

曹永和

● 차오융허가 쓴 「사림청서士林聽書」

된 네 편의 글을 발표했다.

원전

『민속 대만』「사림의 전설」*, 일본 통치 시기 차오융허

사림 지역의 전설은 지산암芝山巖을 중심으로 전개되고, 계투械鬥 (치명적인 무기로 공격하는 분쟁)로 분류된 투쟁과 얽혀 있는 것이 많다. 이런 점에서도 지산암이 팟시란八芝蘭(Pattsiran, 士林) 사람들의 생활에서 얼마나 중요한 지위를 점하는지 알 수 있다. 사실상 지산암은 팟시란 사람들의 상징으로 양자는 밀접하게 연관되어 있다. 그곳에는 선조의 혼백이 머물고, 선조의 피가 배어 있다. 팟시란의 지산암은 또한 문인가文人街로 시인 묵객들이 모이는 장소였다. 이 밖에도 지산암 꼭대기에는 육씨선생六氏先生**의 피도 남아 있어서 매우 비장하다. 이곳에 퇴적된 지산암 정신은 비장하면서 숭고하다.

1. 석마石馬

지산암 산길 입구 옆 채마밭 속에 몸체는 둥글고 전체는 방형方形

---

* 〔원주〕 이 글은 『민속 대만』 1권 6호(1941년 12월 5일)에 수록되어 있다. 중국어 번역본은 린촨푸가 새롭게 편역하여 『민속 대만』 중역본 제1집에 수록했다.

** 〔원주〕 육씨선생六氏先生: 1896년 일본 국적 교사 여섯 명이 항일 투사들에게 살해되었다. 이들을 육씨선생이라고 부른다.

이면서 대각선으로 절개된 돌이 있다. 그것은 마치 아래의 반 덩이가 위의 반 덩이를 싣고 있는 모습인데 이것이 바로 그 석마다.

전설에 의하면 이 석마는 개장성왕開漳聖王의 어마御馬로 팟시란의 장주漳州 사람과 맹갑艋舺의 천주泉州 사람이 불화할 때 개장성왕의 신령이 모습을 드러내어, 이 석마를 타고 장주 사람(팟시란가가 바로 장주 사람들의 거리다)의 선두에 서서 맹갑 사람을 격파했다고 한다. 이후로 맹갑 사람들은 계책을 마련한 뒤 한 사람을 석옥石屋에 묵게 하고 밤에 몰래 팟시란으로 잠입하여 칼로 석마의 옆 복부를 가르게 했다. 석마가 지탱하지 못하고 사망하자 그 뒤로는 개장성왕이 다시는 석마를 탈 수 없게 되었으며, 천주 사람들과 싸울 때도 모습을 드러내지 않았다. 소문에 따르면 지금도 석마의 복부에 한 줄로 갈라진 틈이 있으며 또 붉은 혈흔도 있다고 한다.

전설에 석마는 성왕의 어마이기는 하지만, 항상 밤에 논밭의 작물을 훔쳐 먹었기에 농민들이 화가 나서 석마의 복부에 구멍을 뚫었는데, 이것이 바로 석마가 채마밭 가운데에 방치된 원인이고, 그 뒤로는 농작물이 더 이상 망가지지 않았다고 한다.

2. 선각적仙脚跡

지산암에서 석각石角을 향한 하동세下東勢 방향의 산기슭 및 채마밭에 암석 몇 덩이가 있다. 그중 하나가 유아의 발육을 보호해주는 바위이기에 이 바위를 석두공石頭公이라 존칭하며 숭배한다고 한다. 이 암석 위에 사람의 발자국과 같은 우둘투둘한 흔적이 있고,

이것이 바로 신선의 발자국이라고 한다.

이곳은 지난날 풍경이 상당히 아름답고 한적해서 신선들이 항상 내려와 쉬는 곳이었다고 한다. 어느 날 어떤 여인이 이곳으로 와서 자신의 아이가 죽었다고 슬피 울었는데, 이 여인이 울음을 그치지 않자 신선들이 그 시끄러움을 견디지 못하고 다시는 오지 않게 되었다고 한다.

3. 화상교 和尚橋

지산암으로 가는 옛길이 바로 오늘날의 구가舊街라는 곳이지만 지금은 이곳이 사라졌고, 오직 화상교만 남아 있다.

옛날 지산암에 천주 출신 스님 하나가 살았다. 어느 날 계동乩童이 성왕의 지시를 받고 이 스님이 맹갑의 간첩이므로 반드시 제거해야 한다고 하자 사람들이 모두 동의했다. 이에 스님은 서둘러 도망칠 수밖에 없었지만 끝내 계동의 손바닥을 벗어나지 못하고 이 다리 위에서 피살되었다. 그 이후로 사람들은 이 다리를 화상교라고 불렀다.

또 다른 전설에 따르면 스님은 결코 다리 위까지 추격당했다가 발견되어 살해된 것이 아니고 다리 위에까지 잡혀 와서 살해되었다고 한다. 왜냐하면 지산암은 신령한 곳이어서 그곳에서는 사람을 죽여서는 안 되기 때문이라는 것이다.

4. 탁수류 濁水流

지산암에서 석각으로 가는 길옆에 물이 매우 혼탁한 작은 시내가 있다. 이 시내는 하동세의 번자정 藩仔井에서 발원하고, 상류는 매우 물이 맑다.

이곳에 이르러 수질이 혼탁하게 된 원인은 다음과 같다. 이전에 맹갑 사람들이 계투械鬪를 벌일 때, 장주 사람들이 모두 지리적 이점에 의지하여 지산암을 근거지로 삼자. 맹갑 사람들은 한 가지 계책을 마련했다. 즉 그들은 화해를 청하는 척 가장하며 이렇게 말했다. "여러분들은 5인 1조로 뒷머리를 묶어 표지로 삼고, 성문(지산암에 성문이 있음)에서 나와 투항하시오. 그럼 생명이 위험하지는 않을 것이오." 장주 사람들은 이 말을 듣고 갑론을박을 그치지 않았으나, 그날 밤 성왕공聖王公이 다음과 같이 알렸다. "절대 나가서는 안 된다. 나갔다가는 틀림없이 피살될 것이다." 그러나 이 경고를 듣지 않은 사람들이 모두 5인 1조로 뒷머리를 묶고 성문으로 나갔는데, 과연 매복해 있던 맹갑 사람들에게 살해되었다.

이 때문에 그들의 피가 지산암의 작은 시내를 물들였고, 이것이 혼탁한 시내의 유래가 되었다고 한다.

5. 금압모 金鴨母(황금색 오리 암컷)

지산암으로 가려면 도중에 반드시 작은 다리를 지나야 하고 그 곁에 작은 도랑이 있다. 이곳의 물도 계속 혼탁한데 소문에는 금압모가 물속에서 퍼덕이며 놀기 때문에 물이 맑을 날이 없다고 한다.

6. 풍수지리를 망치다 敗地理

옛날에 지산암에서는 매달 초하루와 보름에 등불을 하늘 높이 거는 습관이 있었다. 등불을 높이 걸면 맹갑에 반드시 화재가 발생한다고 한다. 지산암이 외지의 풍수지리를 관장하는 신령한 땅에 해당하기 때문이다. 이에 맹갑에서는 풍수지리사를 초청해와서 지산암의 풍수지리를 어떻게 망칠 것인지 살펴보게 했다.

지산암에는 큰 무덤이 있는데, 이것은 옛날 장천계투 과정에서 희생된 팟시란 사람의 분묘다. 이 무덤 앞은 급격한 경사지여서 어떤 사람이 무덤을 참배하는 사람들에게 말했다. "이곳을 평평하게 깎아내면 제사를 올리는 장소가 넓어질 수 있을 것이오."그 뒤 사람들이 경사지를 깎아서 평평하게 만들었지만 이후로는 박쥐蝙蝠 (복을 부르는 상서로운 동물)가 현저하게 줄었고, 지산암도 옛날처럼 성황을 이루지 못했다. 본래 지산암은 박쥐가 모여 사는 복지福地여서, 맹갑 사람들이 초청해온 풍수지리사가 그곳을 평평하게 깎아내라고 건의했음에 틀림없다.

99. 명혼冥婚: 죽은 여인과 혼인하다

소개

　명혼冥婚을 민간에서는 '취신주패娶神主牌(신주의 여자를 아내로 맞다)' 라고 하는데, 바로 '사람과 귀신이 혼인을 맺는 것人鬼聯婚'으로 대만 민간에 전해오는 기이한 민속이다.

　대만 민간의 습속에 따르면 만약 처녀가 결혼하기 전에 세상을 떠나면 그 위패를 조상의 위패와 함께 모시고 제사를 지낼 수 없다. 사망한 미혼 여성은 사당에서 제사를 지낼 수 없어서 쉽게 들판을 떠도는 무주고혼이 되기 때문에, 가족들은 그 혼령을 도와 시댁을 찾아주어, 의지할 데 없는 미혼 여성의 혼령에게 귀의할 곳을 마련해주려고 한다.

　남자가 여자 귀신과 혼인하겠다고 약속하는 경우는 몇 가지 상황이 있을 수 있다. 예를 들어 점쟁이가 남자에게 '쌍처명雙妻命(두 아내를 둘 운명)'이 있다고 점괘를 뽑으면, 그 남자는 명혼이라는 방식으로 장래의 운명과 화해한다. 혹은 남자의 여자친구나 미혼처未婚妻가 불의의 사고로 사망하면 쌍방이 명혼을 거행한다. 또 매우 드문 경우이긴 하지만 남자가 의도치 않게 어떤 미혼의 젊은 여자를 살해한 경우 쌍방 가정의 합의하에 명혼의 방식으로 이 일을 해결하기도 한다.

이 밖에도 비교적 유명한 명혼 방식이 있다. 미혼으로 요절한 여자의 가족이 여자의 사주팔자를 적어서 붉은 봉투(혹은 보자기로 돈과 붉은 봉투를 싸기도 함)에 넣고, 그것을 일부러 길목에 가져다둔다. 만약 어떤 남자가 이 물건을 주우면 그가 그 여자의 운명에 정해진 낭군을 대표하기 때문에 쌍방이 명혼 의식을 진행할 수 있다.

대만의 전통사회에서 미혼의 요절한 여자를 위해 반려자를 찾아주려는 가족은 명혼을 원하는 남자에게 통상적으로 풍성한 결혼 예물을 준비한다. 이 때문에 가난하고 실의한 남자의 경우 경제적인 요인 때문에 귀신 아내를 받아들일 가능성이 있다.

이 밖에도 대만에는 '엄마 귀신이 사위를 찾아주는鬼母找女婿' 전설도 있다.* 대남 염수진鹽水鎭의 만년촌萬年村에 지난날 도박이 성행할 때, 어떤 남자가 귀신에게 도박으로 일확천금을 따게 해달라고 매우 영험한 여자 귀신 '중주마中洲媽'의 사당에서 잠을 잤다. 그 결과 중주마가 남자에게 자신의 데릴사위가 되어, 이미 귀신이 된 자신의 딸을 아내로 맞아달라 요청하면서, 그 요청을 받아들여야 일확천금으로 보답하겠다고 했다. '중주마'와 그녀의 딸은 본래 중주 근처에서 일을 하다가, 불의의 사고로 농막에서 불에 타서 죽었다. 사후에 두 사람의 귀신이 현지에서 해코지를 하자 사람들이 자금을 모아 두 모녀를 위해 '삼편벽三片壁'** 한 채를 지어줬다.

---

* 〔원주〕린웨이빈林瑋嬪의 「'엄마 귀신이 사위를 찾아주다': 귀신, 삼편벽, 탐욕에 대한 연구'鬼母找女婿': 鬼·三片壁·與貪婪的硏究」 참조(『고고인류학간考古人類學刊』 제75기, 2011).

** 〔원주〕삼편벽三片壁: 삼면을 벽으로만 둘러친 제사 공간으로 건축 형식이 비교적 단순하다. 공간 안에 보통 신상은 설치하지 않고, 혼령의 이름만 벽이나 나무판에 써둔다.

사람과 귀신이 혼인하는 민속은 매우 특이하기에, 대만의 창작자들은 이 독특한 명혼 습속을 자주 창작의 제재로 삼았다. 예를 들어 대만의 저명한 공포 영화 대가 야오펑판姚鳳磐(1932~2004)은 신문에서 다음과 같은 뉴스를 읽었다. 당시에 어떤 대학생이 거리에서 붉은 봉투를 주웠는데, 그 속에 죽은 여자의 사주팔자, 머리카락, 사진이 들어 있었다. 게다가 이 여자의 가족들이 길가에서 급하게 달려와 대학생에게 그 여자와 명혼을 해 달라고 요청했다. 이 기이한 뉴스를 보고 야오펑판은 창작의 영감을 얻어 1976년에 귀신 영화『귀신이 시집가다鬼嫁』를 촬영했다. 이 영화의 주제가 바로 명혼이다.

　『귀신이 시집가다』는 상영된 후 한때 크게 유행하여 많은 사람을 극장으로 불러모았고, 이 영화를 본 사람들은 입에 침이 마르도록 칭찬을 아끼지 않았다. 대만의 시골에서 가장 흔한 괴담인 '귀신의 손이 변소에서 올라온다'는 공포 이야기가 바로 이 영화의 줄거리에서 나온 것이다. 영화『귀신이 시집가다』의 줄거리를 간단하게 소개하면 다음과 같다.

　청즈다程志達라는 철학과 학생이 친구들과 함께 산 위에서 고기를 구워 먹으며 캠핑을 한다. 땔감을 줍다가 그는 공교롭게도 숲속 모처의 돌계단에서 명혼 봉투를 줍는다. 그 뒤에 그는 돌계단을 따라 걸어가다가 자신도 모르는 사이에 신비한 옛날 별장으로 들어간다. 그는 집 안에서 표정이 신비하고 예쁜 여자 메이눙美儂과 그녀를 돌보며 함께 사는 그녀의 이모를 만난다. 날이 밝을 무렵 그는 산에서 내려와 집으로 돌아온다. 그는 이 신기한 일을 여자친구 핑핑萍萍에게 이야기하고, 이 일로 두 사람은 크게 다툰다. 그 뒤 청즈다는 다시 산으로 올라가 순조롭게 메이눙과 다시 만나 서로 좋은 감정을 이야기한다. 그러나 청즈다는 잠에서 깨어 자신이 무덤 곁에서 잔 것을 발견하고 깜짝 놀라 서둘러 그곳을 떠난다. 청즈다는 메이눙이 살아 있는 사람이 아님을 깨닫지만, 시간이 지날수록 온화한 메이눙을 더욱 사랑하게 된다. 청즈다에게서 냉대를 받은 핑핑은 청즈다와 기세 싸움을 하기로 결정한다. 그녀는 자신의 아버지에게 여자 귀신이 사는 산언덕을 사서 메이눙과 이모의 무덤을 파괴하도록 요청한다. 핑핑의 행위는 메이눙의 분노를 야기한다. 메이눙은 보복을 전개하며 핑핑 일가의 개와 닭까지 편안한 삶을 살지 못하도록 한다. 결국 핑핑의 아버지는 사람을 불러와 귀신을 쫓아내고 메이눙과 이모의 시신까지 훼손하여 두 사람의 혼령이 흩어지게 만든다. 청즈다는 세찬 불길 속에서 애인의 시신이 불타는 것을 지켜보기만 할 뿐 아무것도 하지 못한다.

원전

『민속 대만』 「취신주娶神主」*, 일본 통치 시대 진기유陳期裕

대만의 결혼 의식 중에서 '취신주'는 일종의 변태적인 결혼 형태다. 신주神主는 죽은 사람의 위패라는 뜻이다. 중국 대륙에서도 소위 명혼이라는 풍속이 있고, 아직 혼례를 올리지 않은 장래 며느리가 사망했을 때 거행한다. 이러한 결혼의 조건은 다음과 같다.

1. 아직 정식 약혼은 하지 않았으나 사전에 이미 부모들 간에 자

---

* 〔원주〕이 글은 『민속 대만』 3권 5호(1943년 5월 5일)에 수록되어 있다. 중국어 번역본은 린촨푸가 새롭게 편역하여 『민속 대만』 중역본 제2집에 수록했다.

식들이 결혼 적령에 이르면 짝을 맺어주자고 약속한 사이인데, 여자가 소녀 시절에 사망한 경우다. 이런 때는 여자의 나이가 결혼 적령에 이르면 명혼을 거행한다.

2. 약혼 후의 남녀가 결혼식을 하기 전에 여자가 사망했을 경우, 남자 측에서 반드시 여자의 신주를 받아들여야 한다. 이와 반대로 남자가 사망했을 경우는 여자가 남자 집으로 들어가 며느리의 의무를 다해야 한다. 하지만 혼인은 여자의 삶과 행복에 큰 영향을 미치는데, 이렇게 여자가 평생토록 과부로 사는 것은 지나치게 가련한 일이다. 따라서 대부분은 여자의 자유 의지에 따라 명혼 의식을 거행한 뒤에 스스로 재혼할지 여부를 결정하게 한다. 매우 드물지만 특수한 사례도 있다. 만약 남녀 쌍방이 모두 사망했을 경우는 여자의 신주를 남자 집에 보내 남자의 신주와 함께 봉안하여 제사를 지낸다. 이처럼 순수한 위패 결혼은 남자 측이 여자 측을 아내로 맞아 저승에서도 두 사람이 부부가 되도록 하는 의식이다.

(⋯)

신주를 아내로 맞이할 때의 일반적인 상황은 이렇다. 남자 집에서 여자 집에 약간의 결혼 지참금을 보내면 여자 측은 남자 집에서 쓸 제사 비용을 보내는 동시에 여자의 신주를 남자 집에 시집보낸다. 이 때문에 신주를 아내로 맞이하는 남자는 대부분 가난뱅이다. 자신의 집이 빈궁하여 아내를 맞이할 여력이 없기에, 신주를 맞이할 때의 제사 비용을 받아 자신의 정식 결혼 비용으로 삼으려는 것이다.

신주를 맞이하는 의식은 남자 측에서 정식 결혼식 당일에 거행한다. 당일에 먼저 신부의 꽃가마를 준비하여 중매쟁이의 가마와 함께 신주를 맞이하러 보낸다. 여자 측에서는 붉은 천으로 신주를 싸서 신부의 저고리인 듯 꾸민다. 그 뒤에 그것을 쌀을 담은 말[斗] 속에 넣고 그 말[斗]을 가마에 실어 남자 집으로 보낸다. 가마가 남자 집에 도착하면 남자 측에서는 그 말[斗]을 신방으로 들여보내 방 중앙에 안치한다.

이 행사가 끝난 뒤에 신주를 싣고 온 가마를 정식 아내로 맞이할 살아 있는 신부집에 보내 신부를 태우고 온다. 신부는 신방으로 들어가 신랑과 함께 신주를 향해 향을 피우고 절을 하면서 정실부인[신주]에게 인사를 한다.

신주는 신방에 사흘 동안 안치하고 매일 신혼부부가 향을 피우고 절을 올린다. 사흘 뒤에 신주를 대청으로 옮기고 나면 신주를 맞이하는 혼례가 끝난다.

(…)

신주를 아내로 맞이하는 일에 관한 흥미로운 전설이 있다.

쌀을 담은 말[斗] 속에 신주를 넣은 뒤 그것을 신방에 안치하고 젊은 부부가 절을 올릴 때의 일이다. 남자는 자신이 가난하여 신주와 함께 보내온 제사 비용으로 새 신부를 맞이했기 때문에, 마음속으로 부끄러움을 느끼고 신주에게 화가 나서 신주를 경멸하는 태도를 드러냈다. 그는 분향하고 절을 올릴 때 중지中指로 신주를 향해 손가락질을 했다. 대만에서 중지로 손가락질하는 것은 상대를 바보라고 모욕하는 짓이기에 매우 예의 없는 행위에 속한다. 그런 무례한 행위가 당시에는 아무런 반응이 없었지만, 신랑 신부가 함께 신혼방에서 첫 식사를 한 뒤 신부 혼자 방에 남았을 때 신부는 신혼방 구석에서 어떤 여자의 모습을 발견했다. 그 여자는 증오에 찬 얼굴로 새 신부를 노려보다가 점점 자취를 감췄다. 깜짝 놀란 신부는 외마디 비명을 지르며 기절했다. 가족들이 신방으로 들어가보니 신부가 새하얗게 질린 얼굴로 방바닥에 쓰러져 있었다. 이유를 묻자 그녀는 불길한 일을 당했다고만 말했다. 그러나 신부는 2~3일 계속해서 밤중에 결혼 당일에 보았던 부인이 남편의 옆에서 자는 것을 목격했다. 처음에는 개의치 않았으나 매일 밤 똑같은 상황이 반복되었다. 마음속으로 불쾌함을 느끼고 신부는 마침내 남편에게 그 사실을 알리고 방을 바꿔달라 요구했다. 그 뒤로는 그런 환각이 사라졌으나, 신부가 낳은 아이가 죽고, 남편도 늘 병에 시달리면서 나날이 몸이 쇠약해졌다. 심지어 남편의 형수도 몸이 아프기 시작했다. 형수는 무녀를 청해와서 '견왕이牽尪姨(關三姑)'의 방법으로 병의 원인을 알아보려 했다. 무녀가 망자의 영혼을 맞이해왔을 때 마침내 그 신주의 영혼이 나타나 말했다.

"형님! 저는 형님과 인연이 닿지 않았던 아랫동서입니다. 지금 형님에게 한 가지 일을 말씀드릴게요. 제 남편이 바로 형님의 시동생입니다. 기쁘게 저를 이 집 대문으로 맞아와서는 결혼 당일에 중지로 저를 가리키며 경멸했어요. 저는 남편의 무례한 행위에 불만을 품었기에 몇 번 몸을 드러내어 행복한 신부를 놀라게 했습니다.

또 신부가 아이를 낳았을 때도 저를 정실로 대우하지 않았기에 이 것도 저에 대한 모욕으로 여기고 그 아이를 죽게 했어요. 가족이 병에 걸린 것, 예를 들어 남편이 병에 걸리고 형님이 병에 걸린 것 도 모두 제가 해코지를 했기 때문입니다. 형님이 알고 싶어하시는 병의 원인도 모두 제 탓입니다. 형님! 제 남편에게 알려주세요. 이 후에 다시 아이를 낳고 제 말을 사실대로 남편에게 알리시면 제가 아이를 보호해줄 수 있습니다. 그러나 다시는 저에게 무례한 짓을 하면 안 됩니다. 이렇게 하면 전 가족의 병이 씻은 듯이 낫겠지만 그렇지 않으면 제가 이전보다 더 심하게 해코지를 할 겁니다."

말을 마치고는 몸을 감췄다. 형수는 깜짝 놀라 시동생에게 달려 가 사실을 알리고 반성하라고 재촉했다. 그도 공포에 질려 악몽에 서 깨어난 것처럼 성의를 다해 신주에게 제사를 올리며 자신의 무 례한 행위를 너그럽게 용서해달라고 간청했다. 이렇게 하여 일가 족은 무사하게 되었고, 건장한 아이까지 낳아 신주의 제사를 계속 이어갈 수 있게 되었다.

100. 대남의 항간 전설

소개

니가키 고이치新垣宏一(1913~2002)
는 일본 통치 시대 고웅에서 출생
한 만생灣生* 문학가다. 대북제국
대학臺北帝國大學 문학과를 졸업한
뒤 대남제이고등여학교臺南第二高等
女學校와 대북제일고등여학교臺北第
一高等女學校에서 교사로 재직한 적
이 있다. 그는 니시카와 미쓰루가
창간한 잡지『마조媽祖』와『문예
대만文藝臺灣』에 시, 산문, 소설을
많이 발표했다.

니가키 고이치는 잡지『민속

● 대만예술사臺灣藝術社가 편집한『대만 지방 전설
집臺灣地方傳說集』(1943)에 도바 히로시가 그린「달
이 귀를 자르다月亮割耳」삽화가 들어 있다. 니가키
고이치가 이 민간 전설을 기록했다.

---

* 〔원주〕만생灣生: 일본 통치 시기에 대만에서 태어난 일본인이다. 여기에는 또 대만인과 일
본인 사이에 태어난 자녀도 포함된다.

대만』에 「항간 전설^{巷間傳説}」이라는 글을 써서 대남 현지의 민속 관습을 간단하게 서술했다. 이 글에서 그는 가족이 망자의 시신에 눈물을 떨어뜨려서는 안 되며, 이를 어기고 눈물을 떨어뜨린 자는 미치광이가 된다고 말했다. 대만에는 또 다른 전설이 있다. 눈물을 흘려 시신을 적시면 망자의 영혼이 육신을 떠날 수 없고 심지어 망자가 움직이는 강시로 변하거나 망자가 저승으로 들어간 뒤에도 고난을 당할 수 있다. 예를 들어 일본 통치 시기의 『대만 일일신보』에도 「악귀가 해코지를 하다^{厲鬼爲祟}」라는 제목의 뉴스가 실렸다. 이 글에는 남편이 세상을 떠난 뒤 어떤 부인이 울다가 남편의 옷에 눈물을 떨어뜨렸는데, 나중에 남편이 귀신으로 변해 해코지를 했다는 내용이 담겨 있다.

원전

『민속 대만』「항간 전설」*, 일본 니가키 고이치^{新垣宏一}

나는 여기에서 대남에서 수집한 속설을 열거해두고자 한다. 만약 다른 곳의 미신과 비교해보면 매우 재미있을 것으로 생각한다. 따라서 손 가는 대로 나열했을 뿐 세심한 분류는 하지 않았다.

① 여자나 아이가 담배를 피우면 가슴 속이 검게 변할 수 있다.

---

* 〔원주〕 이 글은 『민속 대만』 2권 3호(1942년 3월 5일)에 수록되어 있다. 중국어 번역본은 린촨푸가 새롭게 편역하여 『민속 대만』 중역본 제3집에 수록했다.

② 아이가 달에게 손가락질하면 달이 그의 귀를 자를 수 있다.

③ 만약 화장을 지우지 않고 잠을 자면 조모鳥母(삼신할매)가 얼굴을 알아보지 못해 당신을 해칠 수 있다('조모鳥母'가 '상모床母'일까? 대남 지역의 민담 채집자는 대부분 '조모鳥母'라고 썼다).

④ 상서로운 날에 밥공기를 깨서는 안 된다. 밥공기를 깨면 불길한 일이 일어난다.

⑤ 오른쪽 눈에 '눈병'이 났을 때, 왼손 중지에 검은 실을 매어두면 낫는다.

⑥ 자신이 아이를 낳을 수 없으면 아마도 자신의 집에 심어놓은 나무가 싹이 트지 않았기 때문일 가능성이 있다. 이 때문에 나무통 속에 묘목을 심고 사당으로 가서 신명에게 싹이 트도록 기원하면 아이를 낳을 수 있다.

⑦ 아내가 죽었을 때 남편이 자신의 짐과 우산을 들고 아내의 관을 넘어가면 죽은 아내가 유령이 되어 남편을 잡지 않는다.

⑧ 아침에 하늘에 구름이 있으면 좋은 일이 생길 조짐이고, 밤이 가까워올 때 구름이 생기면 손님이 올 조짐이다.

⑨ 집안에서 우산을 쓰면 안 된다. 이를 어기면 좀도둑이 들 수 있다.

⑩ 여인은 쟁반이나 큰 사발로 밥을 먹어서는 안 된다. 이를 어기면 추한 아이를 낳을 수 있다.

⑪ 여인은 버선이나 신발을 만들 때 당일에 완성해야 한다. 그렇지 않으면 완성된 신발을 신고 먼길을 갈 수 없다.

⑫ 밥을 먹을 때 자리를 옮겨서는 안 된다. 이를 어기면 시집간 뒤에 이혼하거나, 다른 집에 개가하여 밥을 먹을 수 있다.

⑬ 음식을 먹으면서 거울을 보면 안 된다. 이를 어기면 장래에 말을 멍청하게 하여 다른 사람이 알아들을 수 없게 된다.

⑭ 친척 간에 고양이와 개를 주고받아서는 안 된다. 그렇게 하면 불화가 발생할 수 있다.

⑮ 시집간 지 1년 안에는 저녁에 머리카락을 풀어 헤쳐서는 안 된다. 이를 어기면 목매 죽은 귀신을 볼 수 있다.

⑯ 정월 초하루(설날)에 청소를 해서는 안 된다. 이를 어기면 집 안의 금붙이가 쓸려 나간다.

⑰ 8월 15일(중추절)에 땅콩을 먹으면 손가락 관절이 강해질 수 있고, 수명도 늘 수 있다. 이날 사탕수수를 먹으면 척추가 튼튼해질 수 있다.

⑱ 제야에는 조개 종류를 먹고 껍데기를 식탁 아래에 버려야 한다. 이것은 재물과 보물을 불러오고 돈을 벌 수 있다는 뜻이다.

⑲ 범띠에 속한 사람은 결혼식에 참가해서는 안 된다. 이를 어기면 신혼부부가 불화하여 임신을 하지 못한다.

⑳ 어떤 사람이 보증된 관직을 박탈당하는 것은 조상의 기일에 제육을 올리는 일을 잊었거나 금은지를 사르는 것을 잊었기 때문이다.

㉑ 어린아이가 발육이 더딜 때는 닭똥을 이마에 붙이면 성장을 빠르게 할 수 있다.

㉒ 가족이 망자의 몸에 눈물을 흘리면 미치광이가 될 수 있다.

㉓ 임산부는 방 안 벽에 못을 박아서는 안 된다. 이를 어기면 아이의 이마에 상처가 생길 수 있다. 또 물도랑을 청소해서는 안 된다. 이를 어기면 아이가 토끼 입술이 될 수 있다.

101. 난양蘭陽의 속설

소개

난양蘭陽은 의란宜蘭의 별칭이다. 『민속 대만』에 의란 지역에 전해온 민속 관습을 서술한 글 「난양의 속설蘭陽俗信」이 실려 있다. 이 글에는 특히 반신飯神(음식의 신), 탁신桌神(식탁의 신)이라는 개념과, 뇌신雷神(우레의 신)이 음식을 낭비한 사람을 처벌하는 일이 언급되어 있다.

이 밖에도 「난양의 속설」 필자는 대나무 장대 위에서 말린 옷을 개지 않고 바로 입으면 '죽간귀竹竿鬼(대나무 장대 귀신)'가 될 수 있다고 말했다. 이 말은 키가 장대처럼 크게 된다는 뜻이다. 대만 민간 전설에서 '죽간귀(혹은 죽고귀竹篙鬼나 죽귀竹鬼라고도 부른다)'는 특수한 귀신의 하나다. 평소에는 대숲에 숨어 있기를 좋아하고, 만약 사람이 대숲을 지나가면 대나무를 굽혀서 길을 막기도 한다. 일단 대나무 귀신에게 잡힌 사람은 자신의 혼백을 빼앗길 수 있다.

『민속 대만』「난양의 속설蘭陽俗信」*, 일본 통치 시대 진씨조자陳氏照子

① 밥을 먹을 때 그릇을 부딪쳐서 소리를 내지 말아야 한다. 이를 어기면 반신飯神이 달아나서 집안이 가난해질 수 있다.

② 3년 이상 쓴 식탁에는 이미 탁신桌神이 깃들어 있기 때문에 성년 여자가 식탁에 올라가서는 안 된다. 이를 어기면 탁신에게 벌을 받을 수 있다.

③ 밥알을 변소나 더러운 곳에 한 알도 버려서는 안 된다. 이를 어기면 우레에 맞아 죽을 수 있다. 밥알을 밟거나 쓰레기통에 버려서는 안 되고 닭이나 오리에게 먹일 수는 있다. 밥알을 아끼는 사람은 장수할 수 있고, 늙거나 곤궁하게 되었을 때도 먹을 것이 있다.

④ 복덕성왕福德聖王의 탄생일, 즉 음력 8월 15일 이후에 자란 생강은 너무 단단하여 맛이 없다.

⑤ 임신 중에 게를 먹으면 태어난 아이가 사람 꼬집기를 좋아할 수 있다.

⑥ 임신 중에 새끼 줄을 태우면 태어난 아이가 침을 흘릴 수

---

* 〔원주〕이 글은『민속 대만』 2권 3호(1942년 3월 5일)에 수록되어 있다. 중국어 번역본은 린촨푸가 새롭게 편역하여『민속 대만』중역본 제3집에 수록했다.

있다.

⑦ 영아가 까닭 없이 젖을 토하거나 설사를 할 때 붉은 실을 손에 묶어주면 아무도 모르는 사이에 치유될 수 있다. 남자아이는 오른손에 묶고, 여자아이는 왼손에 묶는다.

⑧ 다른 사람의 몸을 뛰어넘으면 절름발이가 될 수 있고, 그렇게 당한 사람은 몸이 자라지 않을 수 있다.

⑨ 별을 세어서는 안 된다. 만약 다 세지 못하면 나병에 걸릴 수 있다.

⑩ 빗자루나 젓가락으로 사람을 때려서는 안 된다. 이를 어기면 미치광이가 될 수 있다.

⑪ 말린 옷을 대나무 장대에서 걷은 뒤에 개지 않고 입으면 죽간 귀竹竿鬼가 되어 키가 장대처럼 변할 수 있다.

⑫ 글자가 있는 종이를 밟아서는 안 된다. 이를 어기면 눈이 멀거나 자손들이 책 읽기를 좋아하지 않을 수 있다.

⑬ 다른 사람이 대소변 보는 것을 훔쳐봐서는 안 된다. 이를 어기면 눈병이 생길 수 있다.

⑭ 눈가에 아무 까닭 없이 붉은 종기가 나면 도사에게 가서 신령스러운 부적을 한 장 발급받아서 불에 태우고 그 재를 도사가 준 물과 섞어서 붉은 종기에 문지르면 눈이 깨끗하게 나을 수 있다.

⑮ 손톱 양끝이 갈라지는 것은 변소에 갔다가 손을 씻지 않았다는 증거다.

⑯ 머리가 둘 달린 뱀을 본 사람은 죽을 수 있지만 만약 그 사람

이 제때에 머리카락을 잘라서 뱀을 향해 던지면 무사할 수 있다.

⑰ 뱀 두 마리가 엉켜 있는 것을 보면 겉 바지의 단추를 떼서 뱀에게 던져야 한다. 그렇지 않으면 병이 날 수 있다.

⑱ 연이어 비가 내릴 때 지진이 발생하면 사흘 내에 틀림없이 날이 갠다. 그러나 연이어 날이 맑을 때 지진이 발생하면 사흘 안에 비가 내릴 수 있다.

⑲ 꼬리가 보이지 않는 무지개(절반이 잘린 무지개)가 나타나면 갑자기 태풍이 다가올 수 있다.

⑳ 땅 밑에 있는 지우地牛가 몸이 가려워서 몸을 흔들면 지진이 발생한다.

㉑ 태양 주위에 흰 안개가 덮이면 연속해서 비가 내릴 수 있다.

102. 대중 남둔南屯의 속설

소개

남둔南屯은 대중시의 서남쪽에 위치해 있다. 옛날 이름은 이두점犁頭店으로 대중에서 매우 일찍 개발된 지역이다. 청나라 옹정雍正 연간에 순검巡檢을 설치해 지키면서 한족들이 이곳을 개척했다. 이곳에 농업을 기반으로 마을이 생기면서 농기구나 보습 등을 만드는 대장간이 많았기 때문에 이두점이라는 이름이 붙었다.

이 지역은 1920년에 인근 지역과 합쳐져서 '남둔장南屯莊'이 되어 대중주臺中州 대둔군大屯郡에 예속되었고, 제2차 세계대전 이후에는 남둔향南屯鄉으로 바뀌었다. 그 뒤 다시 남둔구南屯區로 개칭되어 대중시에 소속되었다.

남둔에는 유명한 민속 축전이 많다. 예를 들어 만화궁萬和宮의 '노이마성친요경老二媽省親繞境(노이마가 친척을 방문하러 고을 경내를 돈다는 뜻)'*

---

* 〔원주〕노이마성친요경老二媽省親繞境: 『남둔 향토 조사南屯鄉土調查』라는 책에 다음 기록이 있다. 서둔西屯 요廖 아무개의 딸이 어느 날 집에서 편안히 앉아서 세상을 떠났다. 당시에 어떤 상인이 서둔과 남둔 경계의 도로에서 그녀를 만났다. 그녀가 자신의 어머니에게 알려달라고 그에게 부탁하기를 "모은 돈은 반짇고리籤仔에 넣어두었어요"라고 했다. 그리고 그녀는 이두점의 마조媽祖 점안 행사를 보러 간다고 했다. 상인과 그녀의 가족은 모두 매우 놀랐다. 나

494   요괴 나라 대만 2

과 이두점노가^{犁頭店老街}의 '천목극, 찬릉리^{穿木屐, 躦鲮鯉}(나막신을 신고 천산갑을 탄다는 뜻)'**와 같은 단오절 행사는 모두 향토 색채가 지극히 풍부하다.

1932년 남둔공학교^{南屯公學校}에서는 향토교육을 위해 남둔의 역사, 지리, 습속 등의 문학과 역사 자료를 조사하기 시작하여 마침내 『남둔 향토조사^{南屯鄉土調查}』라는 책을 편찬했다. 이 책 「미신^{迷信}」편에 현지의 기이한 풍속을 다양하게 기록하면서 귀신 신앙에 관해서도 언급하고 있다. 예를 들어 남둔 사람들은 어떤 이가 물속에서 죽었다면 물귀신에게 살해되었을 가능성이 있다고 인식한다. 남둔을 경유하는 벌자계^{筏子溪}, 대두산^{大肚山} 발치의 지고천^{知高圳}***에는 지난날 항상 사람들이 익사했는데, 그 지방에 전해오는 말에 따르면 물귀신^{水鬼}이 물속에 숨어서 저지르는 짓이라고 한다.

물귀신 전설에 관해서는 또 특수한 믿음이 전해온다. 스즈키 세이치로가 지은 『대만의 옛 관습: 관혼상제와 연중행사^{臺灣舊慣: 冠婚葬祭と年中行事}』(1943)의 설명에 따르면 대만 민간에서는 물에 빠져 허우적대며 곧 익사하려는 사람은 물귀신이 자신의 대체자로 지목했기 때문에 이때는 위험을 무릅쓰고 구조에 나서서는 안 된다고 인식한다. 왜냐하면 구조를 위해

중에 모두 그 소녀가 만화궁에 협시 상으로 모셔져 있는 두 번째 마조 신상^{二媽}임을 발견했다. 그 뒤 3년마다 만화궁에서는 노이마를 서문으로 보내 친척을 방문하게 한다.

** 〔원주〕천목극, 찬릉리^{穿木屐, 躦鲮鯉}: 남둔의 전설에 따르면 이두점 지하에 '금릉리^{金鲮鯉} (황금색 천산갑)' 한 마리가 살고 있는데 매년 겨울이 되면 동면을 하고, 여름이 되면 사람들이 큰 소리를 내면서(예컨대 나막신 소리) 이 신령한 동물을 깨워 남둔 고을에 행운을 가져다주기를 바란다고 한다.

*** 〔원주〕허징야오^{何敬堯}: 『요괴 대만 지도^{妖怪臺灣地圖}』(聯經出版社, 2019) 참조.

함부로 물속으로 들어갔다가는 물귀신에게 사로잡혀 죽을 수 있기 때문이다.

원전

『남둔 향토 조사南屯鄉土調查』「일본 통치 시기 사료 편역日治時期史料編譯」, 남둔공학교南屯公學校 편찬, 멍샹한孟祥瀚 편주編注, 쉬스룽許世融 번역

제8편 향토민의 생활鄉土民的生活: 미신

◎ 동계童乩(乩童)가 신명에게 여러 상황을 묻는다.

◎ 아이가 달에게 손가락질하면 (달에게) 귀를 잘릴 수 있다.

◎ 하늘의 별을 세면 버짐이 필 수 있다.

◎ 별을 셀 때 끝까지 다 세지 못하면 벙어리가 되거나 심지어 죽을 수도 있다.

◎ 비는 용이 바닷물을 들이마셨다가 내뿜는 것이다.

◎ 지렁이가 땅 위에서 꿈틀대거나 개미가 자신의 집을 부수면 비가 내릴 수 있다.

◎ 서쪽에서 거듭 붉은 구름이 나타나면 큰바람이 불 수 있다.

◎ 새들이 비교적 낮은 나뭇가지에 둥지를 트는 것은 그해에 큰바람이 불 조짐이다.

◎ 정월 초하루에 감자를 먹으면 장차 가난뱅이로 변할 수 있다.

◎ 단오절 정오에 길어온 물은 오랫동안 놔둬도 악취가 나지 않

고, 환자가 그 물을 마시면 유익하다.

◎ 우물을 팔 때는 상복 입은 사람이 보아서는 안 된다. 상복 입은 사람이 보았다면 어떻게 해도 물이 나오지 않는다.

◎ 저녁에 개가 오래 짖으면 근처에 귀신이 있다는 신호다.

◎ 죽은 고양이를 나무 위에 걸어두지 않으면 상해傷害가 영아에게 미친다.

◎ 꿈속에서 뱀을 보면 돈을 잃을 흉조다.

◎ 천지가 혼돈 상태일 때 큰 호박 한 덩이가 있었는데, 반고盤古라는 사람이 그것을 쪼개서 남자와 여자를 태어나게 했다.

◎ 사람의 한쪽 다리털을 가져다놓으면 수십 명의 귀신을 방비할 수 있다.

◎ 꿈속에서 이빨이 빠지거나 돼지를 보면 가족 중의 한 사람이 세상을 떠날 수 있다.

◎ 꿈속에서 측간(변소)에 빠지면 돈을 주울 수 있다.

◎ 열 살 넘은 여자아이가 혼인도 하지 못하고 세상을 떠나면 신부 귀신이 될 수 있다. 신부 귀신이 되지 않으려면 그 위패와 결혼 지참금 수십 엔円에서 수백 엔에 이르는 돈을 미혼 남자에게 보내거나(대부분 가난한 집안의 남자) 미혼에 죽은 동년배 남자의 위패와 결혼을 시켜야 한다.

◎ 임신한 여자는 송곳이나 바늘로 천이나 종이를 뚫어서는 안 된다. 이를 어기면 눈먼 아들을 낳을 수 있다.

◎ 여성이 아이를 업고 교량이나 강을 건널 때, 이 아이의 이름

을 부르지 않으면 아이에게 병이 생길 수 있다.

◎ 개나 고양이가 자신의 집으로 도망쳐 들어오면 부자가 될 수 있지만 돼지가 도망쳐 들어오면 재수 없는 일이 생길 수 있다.

◎ 환자가 사당의 향불 재를 물에 섞어 마시면 바로 병이 낫는다.

◎ 죽은 사람을 매장할 때 햇빛이나 달빛이 관 속에 비치면 요괴로 변할 수 있다.

◎ 여성은 원숭이가 환생한 것이다.

◎ 밤에 휘파람을 불면 귀신이 나올 수 있다.

◎ 사람이 익사하는 원인은 물귀신에게 살해되기 때문이다.

◎ 미신의 관례:

신령님과 부처님의 도움을 빌기 위해 늘 아이의 목에 향불(일종의 평안부平安符)을 걸고 신령님과 부처님의 양자로 삼게 하는데, 이렇게 하면 특별한 도움을 받을 수 있다고 한다. 병이 났을 때 무당을 초청하여 환자의 혼을 위로하거나 신령님이나 부처님을 향해 길흉화복을 판정하는 참시讖詩를 내려달라고 기원하는 사람이 상당히 많다.

각 농가에서는 음력 정월과 8월 15일에 복덕정신福德正神에게 오곡의 풍년을 기원한다. 이 밖에도 금방禁房(禁厭)이라는 것은 신령이 환자에게 지시한 금기 사항으로, 환자가 4~6일 등 일정한 기간 내에 절대 방문객을 만나서는 안 되는 풍속이다.

103. 환생 신앙

소개

황봉자黃鳳姿는 대북 맹갑 사람으로 일본 통치 시기의 저명한 문학소녀
다. 지도교사 이케다 도시오의 격려하에 대만의 민속과 전설에 관한 많은
글을 써서 『대만 풍토기臺灣風土記』『문예 대만文藝臺灣』『민속 대만』 등의 간

● 황봉자가 『민속 대만』에 쓴 「맹갑의 소녀」 시리즈   ●『칠야팔야』의 부록에 실은 황봉자의 사진
부분 페이지

행물에 게재했다.

황봉자는 용산공학교^{龍山公學校}에서 공부하던 11세 때 첫 번째 작품『칠낭마생^{七娘媽生}』을 출판했고, 12세 때『칠야팔야^{七爺八爺}』를 출판했다. 통속적인 문자로 대만의 독특한 향토 풍속을 그려내어 사람들의 다양한 찬사를 받았다.

황봉자는 공학교를 졸업한 뒤 대북주립제삼고등여학교^{臺北州立第三高等女學校}에 진학하여 계속해서『민속 대만』에「맹갑의 소녀^{艋舺的少女}」시리즈와 같은 글을 투고했다. 그중에는 대만인의 환생 신앙을 다룬 글도 1편 있다. 대만의 민속 관념에 따르면 사람은 죽은 뒤에 생전의 선악 행위에 따라 다음 생에 환생할 곳이 결정된다고 한다.

원전

『민속 대만』「지난 일^{往事}」*, 일본 통치 시대 황봉자

「살생^{殺生}」

나는 지난날 소고기를 먹지 않았다. 증조부께서 소고기를 먹으면 바보가 된다고 말씀하셨기 때문이다. 내가 공학교 6학년에 일본으로 졸업여행을 갔을 때 여관에서 소고기 요리를 내왔다. 이때 나뿐만 아니라 모두들 싫어하며 먹으러 가지 않았다. 이 장면을 본

---

* 〔원주〕이 글은『민속 대만』 2권 9호(1942년 9월 5일)에 수록되어 있다. 중국어 번역본은 린촨푸가 새롭게 편역하여『민속 대만』중역본 제3집에 수록했다.

여선생님께서 우리를 한바탕 훈계하시며 대만 섬사람들은 정말 야만적이라고 말씀하셨다. 처음에는 감히 먹을 마음을 내지 못했으나 아주 빠르게 익숙해져서 나중에는 전혀 개의치 않게 되었다.

대만에서는 사람들이 소고기 먹는 걸 혐오하는데, 이는 소가 인간을 위해 힘들게 일을 해주며 인간에게 많은 도움을 주는데도 소를 잡아먹는 것은 양심에 거리끼는 일일 뿐 아니라 너무 몰인정한 처사라고 인식하기 때문이다. 다시 말해서 '우지사, 부지주牛知死, 不知走'라는 말이 있듯이 소는 사람이 자신을 잡으려고 하면 슬퍼서 눈물을 흘릴 줄 알지만, 도망칠 줄 모르는 동물이다. 이와 반대로 돼지에게는 '저지주, 부지사豬知走, 不知死'라는 말이 있다. 즉 돼지는

●『증회 전도 옥력보초 권세문增繪全圖玉歷寶鈔勸世文』(1920) 부록에 실린 '육도윤회六道輪迴' 그림

맹목적으로 달아날 줄만 알 뿐 목에 칼이 들어와도 자신에게 위험이 닥친 줄 모른다. 이것이 소와 아주 다른 점이다.

중락^{中落}의 숙모는 닭을 잡을 때마다 입으로 이런 구절을 중얼거린다. "닭이 되고 새가 되어 시간을 낭비하지 말고, 세상에 나가서 부잣집 자식으로 태어나거라做雞做鳥無了時, 出世富家人子兒." 어린 시절에는 불가사의하게 느꼈지만 나중에야 그 의미를 알게 되었다. 즉 닭이나 새가 되어 살기보다 일찌감치 세상으로 나가 부잣집 자제로 환생하라는 뜻이다. 나는 이 말이야말로 생물을 자비롭게 생각하는 본 성^省(원문은 본도本島라고 했음. 대만인을 가리킴) 사람들의 심정을 진실하게 표현한 것이라 생각한다. 늘 닭이나 오리를 잡을 때, 칼로 목을 자른 뒤 피가 다 빠지고 완전히 죽은 것을 확인하면 재빨리 다리를 묶은 줄을 풀어준다. 이것은 닭이나 오리가 가능한 한 빨리 다른 세상으로 가라는 자비심의 발로다.

본 성에서 일반인들은 사람이 죽은 뒤에 생전에 행한 선악의 결과에 따라 부잣집 자녀나 돼지, 고양이 등과 같은 동물로 환생할 수 있다고 여긴다. 지은 죄가 더욱 심하면 거미 등으로도 윤회할 수 있다. 또 물을 아끼지 않으면 고양이로 태어난다는 속설도 있다. 중락의 숙모는 이러한 속설을 매우 깊게 믿고 있다. 아마 이런 연유로 닭을 잡을 때 그런 말을 중얼거렸을 것이다. 숙모는 또 마음 아픈 일을 만날 때마다 이렇게 중얼거린다. "나는 전생에 틀림없이 거짓말을 했을 거야, 그러니 오늘 이렇게 고통스러운 일을 당하지."

104. 죽은 부인이 아이를 낳다

소개

　대만 민간 전설에는 흔히 '죽은 사람이 아이를 낳을 수 있다'는 기이한
소문이 있다. 예를 들어 『민속 대만』 잡지에도 신죽^{新竹}의 어떤 산파가 여
자 귀신의 아이를 받았다는 이야기가 실려 있다.

　이와 유사한 신령스러운 전설이 대만 각지에서 끊임없이 생산되어 수
시로 그 소문이 들리곤 했다. 아래에 두 가지 사례를 소개한다.

　1. 『대만 지방 전설집』(1943)에 나카다 에이치^{中田榮一}가 쓴 대남 귀인
장^{歸仁庄} 전설 「귀왕^{鬼王}」이 실려 있다. 전설에 따르면 관묘^{關廟}에 일찍이 성
씨가 호씨^{胡氏}인 부인이 있었는데, 안씨^{顏氏} 집으로 시집갔다. 그러나 임신
한 채 불행하게도 병으로 사망했다. 부인의 관을 묘지로 옮길 때 갑자기
천지가 어두워지더니 광풍이 불고 길옆의 땅이 함몰했다. 가족들은 내친
김에 관을 그곳에 안장하려 했다. 그런데 뜻밖에도 부인의 아들이 관 속
에서 태어났다. 아이를 잘 기르기 위해 이미 귀신이 된 엄마는 항상 밤에
국수 가게로 가서 먹거리를 사다가 아이에게 먹였다. 귀신이 된 엄마는
돈이 없어서 자신이 안씨 집 사람임을 밝혔다. 나중에 국수 가게 주인이

안씨 집으로 가서 돈을 요구하자 안씨 집에서 이상하게 생각하고 파묘한 뒤 관에서 아이를 꺼냈다. 아울러 그 아이의 이름을 '귀왕鬼王'이라고 지었다. 전쟁 뒤에 강초매가 이 이야기를 『대만 민간 고사』 권2(1955)에 게재했다.

2. 『후리향지后里郷志』(1989)에 후둥하이胡東海가 쓴 대중 후리后里의 「귀모혈鬼母穴」 이야기가 실려 있다. 후리의 묘자갱貓仔坑에는 100년이 된 옛 무덤이 있고 그 묘비에 다음과 같은 글자가 새겨져 있다. "현비 순자 정숙 황모 장씨 분묘顯妣純慈貞淑黃母張氏墳墓" 무덤의 주인공은 황씨黃氏 집 며느리 장씨張氏다. 그녀는 아이를 낳다가 난산으로 사망해서 속칭 '계모부자雞母孵子(어미 닭이 알을 품는 혈)'라는 산발치에 묻혔다. 산수의 영험한 기운이 왕성해서 장씨의 혼백은 신령함을 드러내며 현지의 돼지고기 식육점에서 고기를 샀다. 나중에 식육점 주인이 황씨 집에 가서 돈을 요구하자 황씨 집 사람들이 깜짝 놀랐다. 장씨가 또 고기를 사러 왔을 때 황씨 집 주인이 그녀를 추궁하자 장씨는 다음과 같이 대답할 뿐이었다. "아직 때가 되지 않았으니, 억지로 요구하지 마십시오." 황씨 집에서는 기다리지 못하고 서

● 나카다 에이치가 쓴 「귀왕」. 부록에 토바 히로시가 그린 그림이 실려 있다. 귀신이 된 엄마가 사람이 되어 국수 가게에서 먹거리를 얻어가는 모습이다.

둘러 장씨의 관을 열었다. 장씨의 용모는 여전히 살아 있는 듯했고 또 아이까지 낳아두고 있었다. 옷은 절반만 걸치고 있었는데 아마도 아이에게 젖을 먹이기 위함인 듯했다. 얼른 먼저 아이를 안아올리고 이어서 장씨를 부축했는데 잠시 실수하여 장씨가 다시 관속으로 넘어져서 두 모자가 모두 죽었고 다시 살려낼 수 없었다. 이것이 바로 「아들을 아끼고 엄마는 아끼지 않는다愛子不愛娘」는 이야기라고 한다. 하지만 이런 결말을 제외하고도 현지 전설에 두 가지 상이한 판본이 전해오고 있다. 첫째, 파묘할 때 장씨의 목소리가 들렸다고 한다. "아직 때가 되지 않았으니 다시 며칠을 기다리셔요. 억지로 요구하지 말고요." 비록 이 말을 들었지만 가족들은 두려움 없이 더 빠르게 무덤을 팠다. 관을 열어보니 장씨의 용모가 살아 있는 듯했고, 또 아이까지 낳아두고 있었다. 그러나 애석하게도 아직 신발 하나를 꿰지 못하고 있어서 모든 노력이 수포로 돌아갔고 모자도 다시 살아날 수 없었다. 둘째, 관을 연 뒤에 장씨의 다음과 같은 목소리가 들렸다고 한다. "아들을 원하셔요? 엄마를 원하셔요?" 그 남편은 아내가 이미 사망한 지 오래되었음을 생각하고 얼른 '아들을 원하오!'라고 대답했다. 그러자 관 속에서 한바탕 울음소리가 들렸다. 관을 열어보니 장씨의 용모가 살아 있는 듯했고 아이까지 낳아두고 있었다. 그러나 애석하게도 모자 두 사람을 다시 살릴 수 없었다. 전설에는 "엄마와 아들을 모두 원하오"라고 대답했어야 장씨 모자를 살릴 수 있었을 것이라고 한다.

원전

『민속 대만』「민속 탐방·죽은 부인이 아이를 낳다死人産子」*, 일본 통치 시대 여씨이영余氏李英

신죽시 남문정南門町에 이씨李氏 산파가 있었다. 어느 날 심야 2시경에 어떤 사람이 문을 두드렸다. 산파가 깨어나 문을 열어보니 문밖에 어떤 소녀가 숨을 헐떡이며 말하기를 "아이가 곧 태어나려 하니 산파께서 속히 가주세요"라고 했다. 이에 산파는 아이를 받을 도구를 챙겨서 서둘러 소녀 뒤를 따라갔다.

아마도 심야였던 까닭에 산파는 도대체 얼마나 먼길을 걸었는지 알지 못했고, 다만 마지막에 황야에 멋진 건물 한 동이 서 있는 것을 보았다. 기괴한 것은 그렇게 큰 건물에 산고에 시달리는 임산부를 제외하고는 아무도 없었다는 사실이다.

산파는 불가사의하게 느껴졌지만, 아이를 받기 위해 계속해서 임산부를 도왔고, 마침내 임산부는 귀여운 남자아이를 낳았다.

아이를 받고 나서 산파가 손을 씻으려 하자 산모는 물이 없다 했고, 앞서 심부름하던 소녀도 보이지 않았다. 산파는 마음속으로 불쾌함을 느끼면서 손에 묻은 피를 집밖의 바위에 닦았다.

산모는 산파에게 후한 사례금을 주었을 뿐만 아니라 몇 마디 의

---

* [원주] 이 글은『민속 대만』4권 11호(1944년 11월 1일)에 수록되어 있다. 중국어 번역본은 린촨푸가 새롭게 편역하여『민속 대만』중역본 제5집에 수록했다.

례적인 인사말을 하며 산파를 배웅했다.

산파는 앞서 왔던 길이 생각나지 않아서 꿈길을 헤매는 듯 이리저리 헤매며 집으로 돌아왔다.

다음 날 새벽에 하녀가 쌀을 사오겠다고 하며 산파에게 돈을 달라고 했다. 산파가 피로한 몸을 일으켜 서랍을 열자 그 속에 은지銀紙(지전紙錢의 일종임)가 가득 쌓여 있었다. 산파는 깜짝 놀라 어제 갔던 곳으로 다시 가보려고 했다.

그러나 어제의 큰 건물은 보이지 않았고 피가 묻은 바위만 여전히 길옆에 서 있었다.

다른 사람이 산파에게 말했다. "그 산모는 임신한 채 세상을 떠났고, 아마 출산 예정일에 산파를 불러 아기를 받게 했을 것입니다."

산파는 그 말을 듣고 얼른 어젯밤의 금은지金銀紙를 갖고 나와서 불태웠다. 그 뒤로 산파는 다시 밤에 감히 아이를 받으러 갈 수 없었다.

필자는 대만의 민간 전설 중 이 「죽은 부인이 아이를 낳는다」는 이야기가 대표적인 민담의 하나라고 생각한다.

105. 북문서北門嶼의 전설

소개

　대남의 북문구北門區는 옛날에 '북문서北門嶼'라고 불렸다. 원래 물살이
급한 시내 밖의 모래섬이었는데, 나중에 모래가 심하게 쌓이면서 육지와
연결되었다. 이곳이 상전벽해처럼 환경이 변한 상황은 민간 전설에도 남
아 있다. 즉 '북문서'는 기실 바다 속에서 솟아오른 작은 산이었고, 전설
에 따르면 이 작은 산의 정상에 매우 보기 드문 흰색 마마등馬瓜藤(馬鞍藤)이
있었다고 한다. 이 흰색 마마등은 평범한 식물이 아니어서, 기이한 빛을
발산할 뿐만 아니라 바닷물을 민물로 바꾸는 특효 작용도 있다고 한다.

『민속 대만』 「북문서의 전설 北門嶼的傳說」*, 일본 통치 시대 왕

벽초 王碧蕉(1915~1953)

약 300년 전에 소롱蕭瓏과 마두麻豆 일대는 여전히 해변이었으

나, 지금의 북문장北門莊 일대는 망망한 대해였다. 한번은 지금의

북문 동북쪽 500미터 지점에 엄청난 양의 모래가 맹렬하게 분출하

더니 언덕이 모습을 드러냈다. 소북문小北門(지금의 대남)에서 바라

보면 높은 산이 있는 것 같았다. 갈수록 모래가 더욱 많이 쌓여 마

침내 면적이 상당히 넓은 섬이 형성되었고, 나중에 소북문 사람들

은 이 작은 섬을 북문서라고 부르게 되었다.

그 높은 산은 석정각石井脚이라 칭해졌고, 산 정상에는 매우 희귀

한 흰색 마마등馬麻藤(뿌리에서 잎까지 모두 순백색인 해변식물)이

자랐다. 흰색 마마등이 있었기 때문에 산도 세월의 흐름에 따라 점

점 지층이 높아졌다.

일반인의 눈에는 이 흰색 마마등이 보통 식물로 보일 뿐이었다.

어느 날 영국 선박이 북문서 근처에 당도하여 선원들이 망원경으

로 석정각을 조망할 때 산 위에 우산과 같은 식물이 있는 것을 발

견했다. 그 식물은 밝은 빛을 발하며 사람들을 유혹했다. 이에 선

---

* 〔원주〕 이 글은 『민속 대만』 2권 7호(1942년 7월 5일)에 수록되어 있다. 중국어 번역본
은 린촨푸가 새롭게 편역하여 『민속 대만』 중역본 제6집에 수록했다.

장은 선원 5~6명을 불러 모아 함께 작은 배를 타고 북문서로 갔다. 그들은 석정각으로 올라갔으나 흰 마마등 한 그루를 제외하고는 밝은 빛을 내는 우산형 식물을 찾을 수 없었다. 선장은 팔짱을 낀 채 골똘히 생각했으나 이해할 수 없었다. 그런데 갑자기 무슨 생각이 떠올랐는지 선장은 즉시 선원들에게 명령을 내려 흰색 마마등을 뿌리째 캐라고 한 뒤 그것을 싣고 배로 돌아왔다.

그날 밤 석정각이 우르릉 소리를 내더니 산과 땅이 갈라졌다. 그 뒤 석정각은 소롱과 마두 일대의 육지와 연결되어 광대한 새 땅을 형성했다. 또 주자미州子尾(洲仔尾)의 염전은 홍수로 자주 모래에 묻히더니 비옥한 평원이 되었다. 이에 본래 이곳 주자미에서 염전을 하던 사람들은 바깥으로 이주를 시작하여 일부는 주남州南(지금의 포대布袋), 일부는 주북州北(지금의 북문), 일부는 뇌동瀨東(지금의 정자각井子脚)으로 가서 계속 염전을 개발했다. 이것은 이미 90년 전의 일이다.

한편 흰색 마마등을 가져간 영국인들은 나중에 이 식물의 기묘한 효용을 발견했다. 그들은 항해 중에 물 부족 문제에 부딪힐 때, 바닷물을 길어 흰색 마마등 잎을 띄우면 바닷물이 즉시 담수로 변한다는 걸 알아냈다. 이처럼 귀한 보물을 얻은 선장과 선원들이 매우 기뻐했음은 말할 것도 없다.

나중에 그들이 다시 출항해서 어떤 해역에 이르렀을 때 갑자기 우르릉 굉음이 울리더니 배가 당시의 석정각이 함몰하는 것처럼 해저로 침몰했다. 물론 흰색 마마등도 배와 함께 바다 밑으로 깊이 들어가서 그곳에 자리 잡고 뿌리를 내렸다. 전설에 따르면 그 뒤에 그 근처의 바닷물은 그곳을 경계로 담수해淡水海로 변하여 그곳을 지나가는 수많은 선박에게 혜택을 주고 있다고 한다.

106. 신선神船이 밤에 떠돌다

소개

가타오카 이와오의『대만 풍속지』에 대남 만리장灣裡莊의 전설이 기록되어 있다. 이에 따르면 현지의 왕야묘에 있는 신선神船(신령이 주재하는 배) 두 척은 비바람이 치는 밤이면 바깥 바다로 나가서 표류한다고 한다.

원전

『대만 풍속지』「대만인의 기이한 일과 기괴한 민담臺灣人的奇事怪談」, 가타오카 이와오 기록, 진금전 번역

대남 만리장의 왕야묘에는 신선神船이 두 척 있다. 이전에 폭풍우가 몰아치는 밤마다 이 두 척의 배가 저절로 왕야묘 밖으로 표류하여 어떤 사람의 조종도 없이 운하를 떠돌았다. 심지어 이층행계二層行溪까지 흘러가는 등 위아래로 끊임없이 표류했다.

107. 고양이가 쥐를 낳다

소개

가타오카 이와오의 『대만 풍속지』에 「고양이가 쥐를 낳았다^{貓生鼠}」라는
괴담이 기록되어 있다. 전설에 1914년 대북 대도정의 진^陳 아무개 집 고
양이가 뜻밖에도 쥐 한 마리를 낳았는데, 이 일을 본 사람들은 공포에 젖
어 분분한 의견을 제시했고, 심지어 앞으로 그곳에 페스트가 발생할 것으
로 추측했다고 한다.

원전

『대만 풍속지』「대만인의 기이한 일과 기괴한 민담^{臺灣人的奇事}
^{怪談}」, 가타오카 이와오 기록, 진금전 번역

민국 3년(다이쇼 3, 1914) 7월 28일 오전 5시에 대북시 대도정
방료가^{坊寮街}의 진금사^{陳金獅}라는 사람 집고양이가 쥐 한 마리를 낳
았다. 이 때문에 사람들이 모두 이와 연관된 유언비어를 퍼뜨렸다.
"이제 이곳에서부터 페스트가 유행할 것이다."

108. 뿔이 둘 달린 큰 거북 雙角大龜

소개

진봉창陳鳳昌(1865~1913)은 자가 복오ᵇ五 또는 국보鞠譜이고 호는 소우小愚
다. 성격이 호방하고 재능이 뛰어났다.

진봉창은 7세 때, 부친을 따라 복건성 남안南安에서 대만으로 와서 대남
간서가看西街에 거주했다. 대만민주국臺灣民主國*이 성립된 뒤 의군義軍 조직
준비에 협조했으나 일본군의 위세가 파죽지세와 같아서 장한 뜻을 이루
기 어려웠다. 그 뒤 자택에 은거하며 시문詩文에 마음을 기탁하다가 때때
로 세태를 논평하기도 했다.

진봉창이 남긴 작품은 많지 않다. 전해오는 말에『습타拾唾』4권을 지었
다고 하나 지금은 겨우 잔권殘卷만 남아 있다.**『습타』에 실린 작품은 역

---

* 〔역주〕대만민주국臺灣民主國: 1894년 청일전쟁 이후 청나라가 대만을 일본에 할양하자,
1895년 5월 25일 당경숭唐景崧과 구봉갑丘逢甲을 중심으로 대북臺北에서 대만민주국臺灣民
主國(Republic of Formosa)을 건국하여 이에 항거했다. 일본의 공격을 받고 당경숭과 구봉갑
이 중국 하문廈門으로 패주하자, 다시 유영복劉永福이 1895년 6월 26일 대남臺南에서 대만민
주국 정부를 이었으나 일제의 강력한 군사력에 패주를 거듭하다가 1895년 10월 21일 멸망
했다.

** 〔원주〕황저융黃哲永·우푸주吳福助 편,『전대문全臺文』제64책(文听閣圖書出版, 2007)
참조.

사와 개인 감정에 관한 글을 제외하고도 지괴志怪(요괴와 귀신 등을 다룬 기록)에 관한 글이 많다. 이런 글은 구성이 복잡하고 기괴하여 많은 사람이 기이하다고 칭송한다.

예를 들어 그가 쓴「거북龜」이라는 글을 간략하게 소개한다.

나는 갑오년(1894) 가을 과거시험에 낙방하고 귀가할 때, 마궁항媽宮港에서 뿔이 둘 달린 큰 거북 한 마리를 목격했다. 모양이 매우 신기했는데 애석하게도 결국 서양인이 매입하여 거북 껍질 조각품을 만들어 빗을 장식하려는 것 같았다. 사람들이 끊임없이 풀어주라고 권유했는데도 그 큰 거북은 여전히 죽음에서 도망치기 어려워 보였다. 괴이한 것은 거북 머리가 잘려서 쇠꼬챙이에 꽂혀 있는데도 거북 머리의 눈은 움직였고 입도 뻥긋거렸다. 서양인이 거북 머리를 바다에 버리자, 놀랍게도 물속을 헤엄쳐 갔다.

원전

『습타拾唾』「거북龜」, 일본 통치 시기 진봉창陳鳳昌

갑오년(1894) 가을, 내가 과거시험에 낙방하고 귀가할 때, 대항臺港의 파도가 거칠고 높아서 기선이 항구로 들어갈 수 없는지라, 팽호도 마궁항媽宮港에 정박했다. 그때 어떤 선비가 그물로 큰 거북을 잡았는데 길이가 전후 5척이 넘었고, 좌우 폭은 길이의 3분의 2, 상하 높이는 길이의 절반이나 되었다. 전신에 꽃무늬가 이어졌고, 누런 머리털은 도롱이와 같았고, 머리에는 육질로 된 뿔이 두 개 솟아 있었고, 전체가 심황색이라 서양인들은 자라로 오인하고 있었다. 그들은 800전으로 거북을 사서 백정에게 맡겼다.

나는 그 기이한 모양에 놀라 같은 배를 탄 몇 사람과 함께 거북의 목숨을 살려달라고 간청했다. 그때 대만 토속어를 자못 능숙하게 구사하는 서양 부인이 나서서 이유를 물었다.

내가 말했다. "이 동물은 용과 같은 부류이므로, 오래지 않아 많은 비를 내려 만민에게 혜택을 줄 테니, 마땅히 살려줘야 합니다."

서양 부인이 말했다. "나는 거북 무늬를 좋아합니다. 이걸로 조각하여 빗을 장식하고 싶습니다. 그러니 마땅히 죽여야 합니다."

내가 말했다. "그렇지 않습니다. 이는 백룡白龍이 어류로 변하여 물속에서 놀다가 예차豫且*에게 잡힌 것과 같은데, 이런 어류에게 칼을 댄다는 말은 들은 적이 없습니다. 죽여서는 안 되고, 살려야 합니다."

서양 부인이 좀 화를 내며 말했다. "이것은 내 돈으로 산 것이니

---

* [역주] 예차豫且: 원본에는 '예단豫且'으로 되어 있으나 '예차豫且'의 오류다. 한漢나라 유향劉向의 『설원說苑』「정간正諫」에 나오는 이야기의 주인공이다. 백룡白龍이 물고기로 변해 연못에 나왔다가 예차가 쏜 화살에 눈이 맞았다. 백룡은 하늘로 올라가서 천제에게 예차를 처벌해달라고 호소했다. 천제가 "너는 무슨 모습을 하고 있었느냐?"라고 묻자 백룡은 "물고기 모습이었습니다"라고 대답했다. 그러자 천제는 "물고기는 본래 사람이 쏘아서 잡는 어물인데 예차에게 무슨 잘못이 있느냐"라고 했다. 여기에서 '백룡어복白龍魚服'이라는 고사성어가 나왔다. 즉 백룡이 물고기 옷을 입었다는 뜻으로 신분이 높고 귀한 사람이 남의 눈에 띄지 않게 몰래 다니다가 뜻하지 않게 봉변을 당하는 일을 비유한다.

죽이든 살리든 내 마음이오. 다른 것은 상관하지 않겠소."

사람들이 모여들어 거북을 구경할 때, 거북은 머리와 꼬리를 움츠려 몸 안으로 숨겼다. 그런데 내가 서양 부인과 논쟁을 벌이자, 머리를 빼서 상황을 엿보았다. 눈알을 횃불처럼 번득이며 눈물을 주르르 흘렸고, 입을 뻥긋거리며 소리를 냈다. 마치 자신은 죄없이 죽게 되었으니, 제발 목숨을 구해달라고 호소하는 듯했다.

사람들은 더욱 측은하게 여기며 주머니에서 돈을 조금씩 출연하여 이 돈을 줄 테니 그 대신 거북을 풀어달라고 간청했다. 그러나 이런 요청이 서양 부인의 뜻을 더욱 거슬렀고, 이에 즉시 백정에게 거북을 도살하라고 명령했다.

백정은 내 말에 마음이 흔들려 합장하고 염불했으나 그만둘 수 없자 선원들을 불렀다. 하지만 그들은 이리저리 몸을 피하며 말했다. "우리는 물 위에서 살아가는 사람인데 어찌 신령한 동물에게 죄를 지어 스스로 파멸을 재촉하겠습니까?"

서양 부인은 더욱 심하게 화를 냈다. 그 여자의 남편이 바로 그 기선의 기관사였다. 이에 서양인들을 두루 모아 쇠갈고리로 거북을 끌어내려 했다. 몇 사람이 온 힘을 다 기울여서야 비로소 거북의 머리를 끌어낼 수 있었다. 날카로운 칼을 한 번 휘두르자 길게 빼낸 목이 바로 잘렸고 피가 화살처럼 세차게 흘러나왔다. 서양인들의 옷은 모두 피에 젖었는데, 그때가 정오 12시였다.

저물 무렵 어떤 사람이 변소에 갔다가 변소 지붕에 쇠꼬챙이가 꽂혀 있는 것을 발견했다. 쇠꼬챙이 끝에 거북 머리가 꿰어 있었지만 여전히 눈동자를 굴리고 입을 벌리면서 소리를 내고 있었다. 깜짝 놀라 미친 듯이 소리를 지르자 서양인들도 싫어하면서 거북 머리를 바다로 던졌다. 거북 머리는 피로한 듯 머뭇거리다가, 마른 땅에 있던 물고기가 다시 물을 만난 듯 의기양양하게 한참 동안 헤엄치다가 물속으로 가라앉았다. 이것은 혼백의 힘이 강하여 몸의 한 부분으로라도 그 생명을 끝까지 유지할 수 있었던 것인가? 아니면 원한에 사무쳐 오랫동안 그 혼령이 흩어지지 않은 까닭에 이런 괴변이 일어난 것인가? 이 모든 것을 알 수 없었다. 배는 항구로 진입한 뒤 돛의 방향을 바꾸어 홍콩으로 돌아갔는데, 서양 부인은 배에서 갑자기 역병으로 사망했고, 1년이 지나 그 남편도 사라졌다. 그의 생사를 진실로 짐작하기 어려워 그 배의 기관사를 바꾸었다고 한다.

진국보陳鞠譜는 말한다.

"코끼리는 상아 때문에 몸이 불태워지고, 사향노루는 배꼽 때문에 목숨을 잃는다. 필부는 죄가 없어도 화씨벽和氏璧을 품으면 죄를 얻는데, 이는 이상한 일이 아니다. 거북과 같은 동물은 온몸에 갑옷을 입고 진흙탕에서 꼬리를 끌며 몸을 움츠리고 비틀비틀 움직이니, 그 부인과 사사로운 원한을 맺을 수 없고 모습 역시 추할 뿐이다. 그런데 물가에서 포박될 때 결국 어깨와 등의 화려한 무늬로 인해 규방의 사랑을 받을 줄이야 어찌 생각이나 했겠는가? 비록 거북 자신을 알아주는 사람이 외지에서 왔는데도, 자신을 중시함이 보통 사람의 마음과 달랐다. 그러니 자신의 몸은 부서져 사라졌지만, 그 감정은 진실로 기쁨에 겨웠을 것이다. 쓰라리도다! 거북이여! 응당 내 말도 들을 수 있을 테니 이제 눈물을 그치고 웃을 수 있겠는가?"

기이한 사물 奇物之章

109. 석장군 石將軍

소개

안평安平의 개대천후궁開臺天后宮에 한 쌍의 '석장군石將軍'이 봉안되어 있다. 연횡의 말에 따르면 그중 하나는 평포족平埔族의 반신상이고, 다른 하나는 정성공 분묘 앞에 있었던 석옹중石翁仲(무인석)이라고 한다.

린페이야가 편저한 『대남시 고사집臺南市故事集』권11(2015)의 기록에 근거해보면 이 두 석인石人은 본래 석문국민소학石門國民小學 근처에서 풍수의 살기를 제압하는 역할을 했다고 한다. 나중에 국민소학을 짓고 나서 학교 측에서 석인을 아직 다른 곳으로 옮기지 않았을 때는 교정에 작은 사당을 세워 제사를 올렸다고 한다.

지난날에 학생의 몸이 불편하면 어른들이 이 두 석인에게 소원을 빌고 그 뒤 아이로 하여금 석인에게 절을 올리게 하여 두 석인을 양아버지와 양어머니로 삼게 했다. 석인의 영험함에 대한 사적은 상당히 많다. 전설에 따르면 시험을 치기 전에 석인을 만지면 성적이 갑자기 급상승한다고 한다. 이 밖에도 아이들 사이에서는 석인 근처에 암퇘지 귀신이 출몰한다는 유언비어도 나돌고 있다.

그 뒤 석인을 천후궁의 장군전將軍殿으로 초청해오기 위해, 사당 측에서 점을 쳐서 교시를 청하니, 장군이 스스로 두 석인을 '장군공將軍公'과 '장군마將軍驛'로 불러달라 했다고 한다. 석장군은 아이들의 학업 성적을 높이는 데 도움을 줄 수 있기 때문에 문창제군文昌帝君(문학과 시험을 주관하는 신령)도 석장군과 같은 대열의 신위로 모신다.

연횡의 연구에 따르면 그중에서 석인 한 분은 본래 정성공 분묘 앞의 석옹중이었다고 한다. 석옹중은 고대에 존귀한 사람들의 분묘 앞에 안치하던 석인상으로 이를 통해 망자가 생전에 세운 공적과 신분 지위를 표창할 수 있다. 석인 외에도 석수石獸(예컨대 범, 말 등)를 함께 설치할 수도

● 네덜란드국립박물관에 소장된 19세기 중엽 사진. 중국식 분묘에 석양石羊, 석호石虎, 석마石馬, 석옹중石翁仲이 설치되어 있는 것으로 보아 분묘 주인의 존귀한 지위를 알 수 있다.

● 적감루 안에 안치된 석마. 다리에 절단 흔적이 있다. 석마가 밤에 뛰어나와 인근 밭의 농작물을 짓밟았기 때문에 주민들이 다리를 절단했다고 한다.

있다. 대남의 민간 전설에 따르면 정성공 분묘는 대남의 주자미^{洲仔尾}에 있었고, 그 묘도^{墓道}에 본래 많은 석상이 있었으며, 그중에서 석마 한 마리가 요괴로 변하여 야간에 묘도를 뛰쳐나가 인근의 농작물을 훔쳐 먹었다고 한다. 그 뒤 마을 사람들이 석마의 다리를 절단하자 백마의 정령이 자유롭게 활동할 수 없게 되었다는 것이다. 목전에 이 석마는 이미 적감루로 옮겨놓았다.

정씨 분묘 앞의 석상은 나중에 '석장군'이 되었고, 사람들은 이 석상이 그 지방을 비호할 수 있다고 믿게 되었다. 이것은 매우 독특한 안평^{安平} 신앙이다. 하지만 대만 다른 지역 분묘 앞의 석상은 때때로 지역 민담에서 사람을 불쾌하게 하는 요괴로 변하기도 한다.

예를 들어 묘율현의 정숭화^{鄭崇和} 분묘 및 가의 육각향^{六脚鄉}의 왕득록^{王得祿} 분묘의 석마와 석호 등의 석수는 밤에 장난꾸러기 괴물로 변신하여 인근 논밭의 농작물을 훔쳐 먹기도 하며, 그곳의 석옹중은 근처 마을의 여성들을 희롱하기도 한다고 한다.

원전

『아언』, 일본 통치 시대 연횡

안평의 옛 천후궁^{天后宮} 뒤에 석상이 둘 있는데 소위 석장군이다. 내가 일찍이 그 석질을 조사해보고 조각을 관찰해보니 하나는 네덜란드 성당의 물건이었고, 다른 하나는 정성공 분묘 앞의 석옹중이었다.

안평의 천후궁은 네덜란드 성당 터였고, 대만이 청나라로 귀속된 이래로 그곳에 천후 사당을 지었기에 석상이 그곳에 있게 된 것이다.

돌은 천주석泉州石으로 평포족의 반신상을 조각했는데, 길이는 약 1척 8촌이다. 천으로 이마를 싸고 또 어깨를 덮었다. 두 손은 가슴에 모아 칼자루를 잡고 있다. 그 눈을 살펴보면 중국인과 다르고, 새겨놓은 손 모양도 중국인과 다르다. 이를 통해서도 이것이 네덜란드 사람들의 물건임을 알 수 있다.

연평군왕 정성공은 처음에 대만에 안장되었고, 구지舊志에는 안장 지점을 밝히지 않았지만, 당시의 대세를 살펴보면 응당 소북문 밖 주자미에 묻혔을 것이다. 그곳이 안평과 가깝고 물길이 통하므로 이 석상이 여기에 있게 되었으리라. 100여 년 전에 석상을 안평 제표관堤標館 앞으로 이전하여 수해를 진압하게 했고, 그 뒤 다시 이곳으로 옮겼다.

이 석상은 팽호석으로 만들었는데 지금은 이미 절단되어 머리에서 가슴까지의 상부만 남아 있고 길이는 약 3척 2촌으로 옛 무사의 복장을 하고 있다. 남경 효릉孝陵(명 태조 주원장의 능묘) 및 북경 장릉長陵(명 성조成祖의 능묘)의 석상과 형태가 같다. 체제는 조금 작지만 마땅히 왕분의 석물로 간주해야 한다.

대만 300년 역사에서 정성공은 성姓을 하사받고 왕에 봉해진 유일한 사례이므로 이런 예법을 쓴 것이다. 본래 정성공의 분묘 앞에 무인 석상 한 쌍이 있었겠지만 지금 하나가 보이지 않는 것은 아마도 바닷가 모래에 묻힌 듯하다. 대체로 안장한 이후 아무도 관리하지 않아서 시간이 오래 지나자 폐허로 변했으리라. 그러므로 이 두 석상은 모두 희대의 보물로 고고학적 자료일 뿐만 아니라 당시의 미술 특징도 살펴볼 수 있는 자료다.

110. 석감당石敢當으로 귀신을 진압하다

석감당石敢當(돌장승의 일종)은 마을이나 길목에서 흔히 볼 수 있는 일종의 수호신으로 벽사辟邪와 방재防災 및 현지의 나쁜 기운을 진압하는 역할을 한다.

석감당의 조형은 단순한 것도 있고 복잡한 것도 있는데, 석비의 상단에 '석감당'이란 세 글자만 새긴 것이나 '태산泰山'이란 두 글자만 새겨놓은 것도 있다. 여기에 검사劍獅(칼을 물고 있는 사자)와 짐승 머리의 조각 형상을 보탤 수 있다.

● 의란 두성頭城의 석감당. 고택 문 앞에 세웠다. 석비 위에 검사劍獅를 조각했다.

● 의란 숭성가崇聖街의 석감당　　　　● 의란 성후가聖後街의 기둥 모양 석감당

원전

『아당선생여집雅堂先生餘集』「대만 췌언臺灣贅譚」, 일본 통치 시대 연횡

'석감당石敢當' 세 글자는 좁은 골목 입구에서 자주 볼 수 있다. 노인들에게 물어보면 귀신을 진압하는 데 쓴다고 하지만 그 출처는 알지 못하겠다.

『민속 대만』「대남의 석감당臺南的石敢當」*, 일본 통치 시대 석양저石陽雎

　석감당은 벽사 용도로 쓰이며 석재에 조각을 하여 만든다. 재료는 일반적으로 포석浦石(하문석廈門石)을 쓰는데 재질이 상당히 단단하다. 석감당은 보통 후미진 소로小路나 골목 및 굽이진 거리 모퉁이에 안치한다. 이런 곳에는 왕래하는 행인이 비교적 드물고 사람의 기운도 왕성하지 못해서 악마가 쉽게 모여든다. 혹은 주택의 정면 모서리 맞은편에 모퉁이가 있으면, 그 주택에 거주하는 사람이 악마의 해코지를 당할 수 있으므로 특별히 동지 뒤의 갑진일, 병진일, 무진일, 경진일, 임진일, 갑인일, 병인일, 무인일, 경인일, 임인일 중에서 하나를 골라 돌에 '석감당'이란 세 글자를 새긴다. 여기에서 말하는 진辰은 물론 용을 가리킨다. 용은 비늘이 있는 영물靈物이다. 인寅은 호랑이를 가리킨다. 호랑이는 백수百獸의 왕으로 악마도 호랑이가 두려워 감히 접근하지 못한다. 제야가 되면 소고기 세 덩이로 석감당에 제사를 올린다. 정월 초하루 인시寅時(오전 3시에서 5시)에 다른 사람이 보지 않을 때 정문 옆에 세우거나 벽 사이에 안치하면 상서로운 일이 생길 수 있다고 한다.

---

* 〔원주〕 이 글은 『민속 대만』 2권 5호(1942년 5월 15일)에 수록되어 있다. 중국어 번역본은 린촨푸가 새롭게 편역하여 『민속 대만』 중역본 제3집에 수록했다.

권3 일본 통치 시대(1895~1945)　527

111. 나병충癩病蟲

소개

나병癩病이 바로 마풍병痲瘋病이다. 이것은 피부와 그 주위 신경에 발생하는 만성 질병으로 피부가 짓무르고 신경이 마비되며 심지어 지각이 사라지기도 한다. 이 질병은 전염병으로 나균癩菌에 의해 야기된다. 오래전부터 이 병은 악명화되었고, 환자도 항상 사회적 멸시를 받아왔기에 의학계에서는 '한센병Hansen's Disease'으로 불러달라고 의견을 제시하고 있다.[*]

지난날 대만인들은 나병의 발생 원인을 몰랐으므로 이 질병을 매우 두려워했고, 심지어 좋지 않은 연상을 이어가며, '나병충癩蟲'에 의해 야기되는 질병으로 인식했다. 풍산당風山堂은 『대만 토어 총지臺灣土語叢誌』라는 글을 통해 당시 대만 민간에서는 나병충을 파리처럼 날개가 있는 소형 괴물로 인식한다고 소개했다. 그의 글에 따르면 나병충은 연기를 좋아하고 인체로 들어온 뒤 사람에게 공포의 나병을 전염시킨다고 한다.

---

[*] 〔원주〕한센병Hansen's Disease: 19세기 노르웨이 의사 한센Gerhard Henrik Armauer Hansen이 나균을 발견했기 때문에 나병을 한센병이라고도 부른다.

『대만 답사 일기臺灣踏査日記』「팽호 답사澎湖踏查」, 메이지明治 34
년(1901) 1월 5일, 일본 이노 가노리伊能嘉矩(1867~1925) 원저, 양
난쥔 역주

　팔조도八罩島는 바람이 많고 비가 적다. 기온은 따뜻하여 겨울철
기온도 화씨 50도(섭씨 1도) 이하로 내려가지 않는다. 이 섬에는
염분이 없는 맑은 물이 솟아나기 때문에 풍토병이 없다.

　본래 팽호도에는 다음과 같은 습속이 있다. 섬사람들이 나병 환
자를 매우 꺼리며, 만약 고을 안에 나병 환자가 발생하면 고을 밖
의 작은 집으로 격리한다.

　나병으로 환자가 죽으면 시체를 무인도에 버리고, 이후 고을의
모든 집은 12일 동안 취사를 하지 않는다(지방마다 취사 금지 일
수에는 차이가 있다). 취사 금지 기간에는 다른 곳에서 음식물을
날라온다. 그들은 망자의 혼이 취사 연기를 보면 그것을 타고 고을
안으로 들어온다고 인식한다.

　이런 풍속은 특히 팔조도에서 성행했다. 전설에 따르면 이 섬
에 주재한 일본 경찰관이 백방으로 설득했지만, 고을 사람들은 여
전히 옛 습속을 버리려 하지 않았다고 한다. 경찰관이 간섭할 때
고을 사람들은 신령에게 방안을 묻고, 계동乩童이 전달한 신령의
뜻에 따라 사당 밖에 화로를 매설하고 취사를 했는데, 이렇게 하
여 야기된 혼잡한 상황은 정말 필설로 형용할 수 없을 정도였다고

한다.

「대만의 미신」『대만 관습 기사』 제2권 제4호, 메이지 35년 (1902) 4월 23일 발행, 대만관습연구회 원저, 대만성문헌위원회 편역

나병 환자의 죽음

대만 본섬 서쪽에 바둑돌처럼 점점이 흩어져 있는 팽호열도에 나병 환자가 비교적 많다는 사실은 의심할 바 없다.

이에 따라 이 병을 두려워하고 기피하는 정도도 매우 심하다.

만약 고을에 환자가 발생하면 그 집 한 모퉁이에 작은 방을 마련하고 환자를 유폐한 뒤 절대로 다른 사람과 접촉하지 못하게 한다.

팔조열도 중 먼 곳에 있는 작은 섬에서는 심지어 민가와 멀리 떨어진 고을 밖에 왜소한 집 한 채를 지어놓고, 병고에 시달리는 가련한 부모와 자녀를 그 왜소한 집에 격리한 뒤 가족들이 음식물을 그곳으로 날라다줄 뿐이다. 지난날 이사산^{崎捨山}에서 들은 이야기도 이와 같았는데, 정말 몰인정이 극치에 달한 폐습이라고 할 만하다.

이렇게 하여 이 환자의 운명이 다해 세상을 떠나면 가슴을 치고 곡을 하는 상례 절차도 내버려두고, 혼백을 불러오는 의례도 진행하지 않으며, 결국 고을 안의 묘지에도 매장하지 않는다.

다만 흐느끼며 무인도로 싣고 가서 폐기할 뿐이다. 게다가 이 병

을 두려워하고 기피하는 관습이 미신의 도화선이 되어, 사자의 혼백이 연기를 좋아한다고 하면서 온 고을 사람들이 전혀 불을 피우지 않는데, 그 기간이 많게는 12일, 적게는 2~3일에 이른다. 마치 목숨 걸고 아편을 좋아하던 사람들이 굳은 마음으로 아편을 끊고 다시 피우지 않는 것과 같다. 그러나 중독된 사람들은 다시 한 모금 피우다가 어쩔 수 없이 먼 타향으로 가서 돌아오지 않는 이도 있는 것처럼, 그곳에서 불을 피우다가 들킨 사람도 그러하다. 하루 세 끼 음식은 모두 타향의 지기知己에게서 날라오거나 고을 밖 외진 곳에서 음식을 만든다고 한다.

또 대만 본섬에서도 비록 이처럼 극단적인 악습에까지 이르지는 않았지만, 이와 유사한 풍습이 있다. 회원인 풍산당風山堂 선생이 일찍이 이 풍습의 대강을 기술하여 『대만토어총지臺灣土語叢誌』에 게재한 적이 있으므로 아래에 인용한다.

"저들이 말했다. '나병은 벌레가 야기합니다. 그 벌레는 지극히 작지만 형체는 파리와 같고 날개가 있습니다. 짙은 녹색 잎을 가장 두려워하고 연기를 가장 좋아합니다. 나병 환자가 아직 사망하지 않았을 때는 그 벌레가 환자를 떠나 날지 못하지만 환자가 일단 사망하면 사방으로 흩어져 날아가다가 연기가 나는 곳에 이르러 인체로 들어갑니다. 다만 시체를 매장한 뒤에는 그 벌레가 날지 못합니다.' 이 때문에 어떤 거리에서 나병 환자가 위독하다는 소문이 퍼지면 모든 집에서 용수榕樹의 잎을 꺾어 대문

양쪽에 꽂고 갖은 수단을 동원하여 문을 단단히 잠근 뒤 환자의
사망 소식을 기다린다. 사망 소식이 전해지면 모든 불을 끄고 집
안에 연기가 피어나지 않게 한다. 집에서 음식을 하지 않고 대부
분 먼 마을의 친한 사람 집에서 날라와 먹는다. 나병 벌레가 연
기에 섞여 밥 속으로 들어올까봐 겁이 나서 그렇게 한다는 것이
다."*

『대만 풍속지』「자연 현상에 대한 대만인의 관념 및 미신臺灣
人對自然現象的觀念及迷信」, 가타오카 이와오 기록, 진금전 번역

팽호도에는 나병 환자가 많다. 육안으로는 나병의 원인이 되는
세균을 볼 수 없다. 저들은 세균이 연기를 아주 좋아하여 연기가
피어오르는 곳으로 집중해서 모여든다고 믿는다. 나병 환자가 사
망하면 근처에 사는 사람들은 모두 밥을 하지 않고 먼 곳의 친척이
나 친구의 집에서 날라와 먹는다. 망자의 시신은 산골짜기나 먼 섬
에 갖다 버리거나 작은 배에 실어서 바다 속으로 던져넣는다. 나병
환자는 생전에 부자간이라도 함께 머물지 않으며, 나병 환자를 산
채로 묻으면 신이 된다는 미신도 있다.

---

* [원주] 이 글은 풍산당風山堂의 「이틀 밤의 잡소리雨夜雜話」에서 인용했다. 이 글의 원본
은 『대만토어총지臺灣土語叢誌』 제5호(臺北, 博文堂, 1900)에 수록되어 있다. 풍산당風山堂
은 현재 그 성씨가 와타나베渡邊인 것만 알려져 있다. 다른 필명은 '풍산당주인風山堂主人'
이며, 대만어학동지회臺灣語學同志會의 회원이다.

112. 용은龍銀이 날아다니다

옛날에 대만인들은 용은龍銀에 신령이 깃들어서 사방을 날아다닐 수 있다고 믿었다.

용은이란 화폐에 용의 형상이 들어 있는 돈이다. 청나라 시기와 일본 통치 시기에 이런 돈이 유통되었으며, 일본 용은도 '용양龍洋'이라 칭했고, 그 가치는 1원圓에 해당했다.

일본 통치 시대에 대만인들은 정교하게 주조된 고가의 은전을 본 적이 없기 때문에, 습관적으로 일본 은전을 진기한 보배로 여겼다. 그 영향이 지금까지도 이어져 대만 각지의 시골 마을 민담에 일단 '보물'이나 '재산' 등의 스토리가 출현하면 늘 '용은'을 금전의 대명사로 여길 뿐만 아니라, 왕왕 용은에 신령한 기운이 서려 있어서 마치 정령처럼 하늘을 날

● 일본 용은의 앞면, 용의 문양을 새겼다.

아다니고 땅으로 숨을 수 있다고 인식한다.

용은에 대한 기괴한 전설은 일본 통치 시대의 잡지 『민속 대만』에도 기록이 남아 있다. 황계목黃啓木은 「날아다니는 돈飛錢」이라는 글에서 용은이 복이 있는 사람을 향해 날아간다는 이야기를 다뤘다. 그는 자기 조부의 사례를 들었다. 즉 자신의 조부가 어린 시절에 수목이 높이 자란 숲에서 어떤 물체가 휙 하고 날아가는 것을 보았는데 흡사 작은 새처럼 남쪽으로 날아갔다고 한다. 조부는 그것이 날아다니는 돈 용은이라고 장담했다고 한다.

황계목은 또 복이 없는 사람이 용은을 발견하면 재앙을 당한다고도 말했다. 예를 들면 어떤 목동이 날아가는 용은을 보고 대나무 장대로 쳐서 떨어뜨렸지만, 용은이 오히려 그의 복사뼈에 상처를 냈기에, 고약을 사서 치료해야 했다. 그는 용은 두 닢을 쓰고서야 상처를 치료할 수 있었다. 분수에 없는 재산은 바라서는 안 된다는 것이 대만 민간의 용은 이야기를 통해 흔히 발견할 수 있는 도덕적 교훈이다.

장페이쥔姜佩君의 『펑호 민간 전설澎湖民間傳說』(1998)이란 책에도 용은이 도망갔다는 이야기를 다루면서, 어떤 집의 용은이 이웃집으로 도망갔다고 서술했다. 린량저林良哲는 자신의 저작 『5전의 신부五角新娘』(2011)에서 용은 스토리에 더욱 신기한 내용을 가미했다. 그는 전설을 인용하여 특정한 시각이 되자 용은에 날개가 돋아 하늘로 날아갔다고 했다.

용은은 우연히 만날 수는 있지만 억지로 구할 수 없는 진귀한 보배다. 만약 정말 용은과 마주치면 어떻게 해야 잡아둘 수 있을까? 대만 민간에 전해오는 비법은 바로 '용은을 삶는 것'이다.

예를 들어 임량철이 『5전의 신부』에서 언급한 바에 따르면 어쩌다 용은을 잡았을 때는 즉시 찜통 안에 넣고 즉시 뜨거운 불로 삶아야 용은이 도망칠 수 없다고 한다. 고웅의 민간 전설에 따르면,[*] 일본 통치 시대의 대사구大社區에 허량마許良馬라는 선생이 용은을 한 무더기 발굴한 적이 있는데, 그는 바로 찜통으로 이 용은들을 삶아서 작은 포대 여러 개에 넣은 뒤, 작은 포대를 하나씩 꿰어서 대문 밖에서 집 안까지 이어지게 했다. 이는 재산이 대대로 이어짐을 상징한다.

---

* 〔원주〕 류룽정劉榮正이 '고웅의 작은 이야기高雄小故事'라는 인터넷 사이트에 발표한 글 「대사 가족의 전설: 용은 전설大社家族傳說: 龍銀傳說」 참조. 이 사이트는 고웅시역사박물관이 민간 전설을 수집하기 위해 개설했다.

원전

『민속 대만』 「날아다니는 돈飛錢」[*], 일본 통치 시대 황계목

용은은 일반적으로 복이 있는 사람에게 날아가므로, 이것을 얻은 사람은 틀림없이 선한 덕을 쌓은 사람이라고 한다. 즉 토지신이 하늘의 뜻에 의지하여 복이 있는 사람에게 보내주는 상이다. 반대로 만약 복이 없는 사람이 발견하면 용은이 벌이나 구더기로 변할 수 있고, 설령 손에 넣었다 하더라도 모종의 원인으로 즉시 잃을

---

* 〔원주〕 이 글은 『민속 대만』 1권 5호(1941년 11월 5일)에 수록되어 있다. 중국어 번역본은 린촨푸가 새롭게 편역하여 『민속 대만』 중역본 제1집에 수록했다.

수 있을 뿐만 아니라 재앙을 당할 수도 있다. 이 때문에 부자는 하룻밤에 가난뱅이가 될 수 있고, 가난뱅이는 하룻밤에 부자가 될 수 있다. 이것은 모두 하늘의 뜻이므로 해석할 수 없다. 나이가 많은 분들은 지금까지도 이런 현상이 있다고 깊이 믿으며 의심하지 않는다. 사실 어떤 사람은 자신의 눈으로 직접 용은을 본 적이 있다고 한다.

우리 할아버지는 이미 67세이지만, 13~14세 무렵 어느 날 밭에서 농작물을 살펴보다가 대나무 숲 높은 곳으로 어떤 물체가 획하고 날아가는 것을 보았는데, 그것은 작은 새처럼 남쪽을 향해 날아갔지만 새는 아니었다고 한다. 또 어떤 할머니는 30년 전 맹갑정신가頂新街의 영태잡화점永泰雜貨店에서 일할 때, 지붕 위에서 어떤 물체가 두 줄로 늘어서서 태양 빛을 가리며 동북쪽으로 날아가는 것을 보았으며, 당시에 10여 명의 점원도 이 광경을 함께 보았다고 한다. 나는 그들이 새 종류의 물체를 잘못 본 것이라고 생각하지만, 우리 할아버지와 그 할머니가 거짓말이나 망언을 한 것은 아니라고 봐야 한다.

*

소를 치는 어떤 아이가 소를 타고 놀다가 머리 위로 어떤 물건이 날아가는 것을 보고 손에 들고 있던 대나무로 그것을 쳐서 떨어뜨렸다. 그런데 용은 두 개가 떨어지면서 그의 다리에 상처를 냈다.

어쩔 수 없이 아이는 고약을 사서 붙였지만, 계속 낫지 않아서 용은 두 개를 다 쓰고 난 뒤에야 점점 상처가 아물었다고 한다. 이 밖에도 우리 집 머슴은 일찍이 밭에서 용은 18매를 발굴하여 그중 12원으로 아내를 얻었지만 바로 몸이 아파서 일어나지 못하다가 남은 6원을 다 쓰고 나서야 호전되었을 뿐만 아니라, 그의 아내도 죽었다는 소문이 있다. 이러한 일은 모두 분수에 없는 재산에 의해 야기된 재앙이다.

오조정吳藻汀이 편찬한 『천주 민간 전설 1집泉州民間傳說一集』의 기록에 따르면 흥화현에 비전리飛錢里란 지명이 있다고 한다. 송나라 치화致和 연간에 날아가던 돈이 두 번이나 진씨陳氏 집에 떨어졌고 이 때문에 크게 명성을 떨쳐 이를 기념하기 위해 '중래당重來堂(돈이 두 번 날아왔다는 뜻)'이라는 서재를 지었는데 소문을 들으니 그 서재가 지금도 남아 있다고 한다.

*

날아다니는 돈에 관한 전설은 매우 많지만 모두 선행을 권하는 이야기다. 아래에 그 한 가지를 들어보겠다.

어떤 신혼부부가 상당히 가난했지만, 품성이 매우 정직하고 선량했다. 어느 날 남편이 용은이 들어 있는 독을 발견했다. 그가 이 일을 아내에게 말하자 아내는 옛사람들이 말한 것처럼 우리가 돈을 얻을 기회가 온 것 같다고 했다. 한편 이 가정은 최근 2~3일

동안 좀도둑의 목표가 되었지만, 부부가 한밤중까지 부지런히 일하고, 또 아침 일찍 일어났기 때문에 좀도둑이 아무리 해도 기회를 잡을 수 없었다. 좀도둑 패거리는 집 밖에 숨어서 조용히 기회를 엿볼 수밖에 없었다. 그런데 갑자기 부부의 대화를 듣고 그들은 환호작약했다. 그들은 서둘러 용은을 찾아서 그 독을 열었지만, 그 속에는 용은이 아니라 벌떼가 들어 있었다. 이에 얼른 뚜껑을 닫았다.

좀도둑들은 어렵사리 사흘 밤을 기다리고도 아무것도 얻지 못한 채 불쾌한 일만 당하자 그대로 떠나고 싶지 않았다. 이 때문에 고심 끝에 복수의 계책을 세웠다. 그들은 벌떼를 잡아 병에 넣고 부부의 집으로 가서 지붕으로 올라갔다. 그들이 지붕 위에 서서 기회를 보아 벌떼를 집안으로 풀려는 순간 뜻밖에도 지붕이 무너져서 벌떼를 담은 병을 떨어뜨렸다. 그런데 벌떼가 용은 두 매로 변했다. 좀도둑들은 매우 후회하며 아까워했지만 이제는 방법이 없었다. 이 부부는 용은이 하늘에서 떨어지는 것을 보고 하늘이 내려주는 것으로 여기고 매우 기뻐했다. 그들은 이 돈으로 한평생 안락하게 생활했다.

113. 혼람자魂籃仔, 혼옹자魂甕仔

소개

대만 한족의 전통 습속에 다음과 같은 것이 있다. 즉 집안에 어린아이가 있으면 집 정청正廳 대들보에 '혼람자魂籃仔(혼을 담은 바구니)'와 '혼옹자魂甕仔(혼을 담은 독)'를 안치하기도 한다. 만약 어린아이가 몸이 아프거나 운이 좋지 않으면 도사를 초청하여 '혼옹자'를 만들고 여기에 의지하여 어린아이가 무사히 잘 자라도록 기원한다.

원전

『민속 대만』「촌락의 역사와 생활村落的歷史和生活」*, 일본 통치 시대 고쿠부 나오이치·황욱초黃旭初·장상경張上卿

5. 신앙의 습속과 민담: 혼람자, 혼옹자

---

* 〔원주〕이 글은 『민속 대만』 1944년 6월 1일 호에 수록되어 있다. 중국어 번역본은 린촨푸가 새롭게 편역하여 『민속 대만』 중역본 제1집에 수록했다.

고대의 일반 가정이나 부농의 정청에는 반드시 혼을 담은 독^{魂甕}ff을 안치한 혼람자^{魂籃仔}가 대들보에 매달려 있었다. 이것은 어린 아이에게 행운을 가져다주고 아이에게 병이 생기지 않도록 기원하기 위한 물건이다.

사람들은 대부분 인간의 영혼이 육체의 윗부분에 부착되어 있다고 믿는다. 어떤 사람의 영혼이 육체를 떠났다면 그 사람은 죽은 것과 같다. 혼옹자는 바로 영혼을 갈무리하여 달아나지 못하게 하려는 장치다.

전설에 사람에게는 7혼^魄이 있으므로 혼옹자라는 항아리 안에 쌀알 일곱 개를 넣는다(붉은 종이로 항아리를 덮은 뒤 검은 실로 묶는다). 이는 어린아이가 아프거나, 요절하거나 악운에 휘말리지 않도록 기원하기 위한 장치다. 아이가 성장하여 16세가 되면(고대에는 성인으로 간주함), 다시 도사(박수무당)를 초청하여 혼옹자를 연다. 마치 고양이나 개의 목줄을 풀고 주위 환경에 적응하게 하려는 것과 같다.

혼옹자를 봉할 때도 도사에게 부탁하여 술법을 행한다. 먼저 붉은 혼지^{魂紙}로 혼옹자의 입구를 덮고 검은 실로 단단히 묶는다. 그 뒤에 붉은 혼지 위에 쌀알 일곱 개를 놓고, 붉은 종이 중앙에 구멍을 하나 뚫는다. 도사가 한편으로 징을 치며 한 편으로 주문을 외우면 쌀알이 한 알씩 구멍을 통해 독 속으로 떨어진다. 사람들은 독으로 떨어진 것이 사람의 7혼이라고 믿는다. 사람들은 도사라는 직업을 존중하지 않지만, 그가 시행하는 술법은 모두 의심하지 않고 믿는다.

　과학적인 관점으로 살펴보면 주문을 외우는 소리가 징소리와 함께 쌀알에 영향을 끼쳤거나 본래 붉은 종이가 좀 기울어 있어서 쌀알이 한 알씩 독 속으로 떨어졌을 것이다. 그러나 진실을 모르는 사람들은 모두 도사가 법력으로 '7혼'을 독으로 들어가게 했다고 여긴다.

　'7혼'이 모두 독으로 떨어지면 도사는 다시 주문을 써놓은 붉은 종이로 독 입구를 막고 검은 실로 단단히 묶는다.

　어떤 사람은 매일 향을 피우고, 어떤 사람은 초하루와 보름에만 향을 피운다. 부모와 조부는 향을 피울 때 늘 아이를 위한 기도를 잊지 않는다. 절을 다 올리고 난 뒤 향은 혼람자에 꽂아둔다(일정한 방향은 없음). 이 때문에 대들보에 매달린 혼람자에는 마치 한 가닥 한 가닥 촉수처럼 향이 꽂혀 있다.

기이한 장소 ^{奇地之章}

114. 고양이산^{貓山}과 잉어산^{鯉魚山}

소개

대동의 가장 유명한 요괴 전설은 바로 산 고양이 정령과 잉어 정령이 적대하며 싸운 이야기다. 이 두 정령은 서로 눈에 거슬리는 원수여서 각각 고양이산^{貓山}과 잉어산^{鯉魚山}에 나누어 살았고, 전설에 이 두 산도 기실 두 요괴 정령의 화신이라고 한다.

일본 통치 시대에 한시 작가 이석경^{李碩卿}은 「고양이산^{貓子山}」과 「잉어산^{鯉魚山}」이라는 시를 통해 민간 전설에서 고양이와 잉어가 싸우는 내용을 묘사

● 『대만 옛날이야기』 제2집에 실린 「고양이산과 잉어산^{貓山與鯉魚山}」의 삽화. 그린 사람은 도바 히로시.

한 적이 있다. 1943년 대만예술사臺灣藝術社에서 출판한『대만 옛날이야기』
제2집에도 이 이야기가 상세하게 기록되어 있다. 작가는 고양이가 잉어
를 잡아먹기 위해 싸웠다고 언급하고 있을 뿐만 아니라 잉어가 현지 마을
여성들이 걸핏하면 쌍둥이를 낳도록 해코지를 했다고 말했다. 사람들은
쌍둥이를 흉조로 간주하여 잉어산의 잉어 눈을 파내버렸다고 한다.

● 대동 잉어산의 잉어 머리 부분에 타원형의 구멍이 있다. 전설에 잉어 눈이 있던 자리인데,
그 눈을 사람들이 이미 파냈다고 한다.

● 대동의 묘산. 모양이 활처럼 구부정한 고양이 등과 같다.

스추이펑施翠峰이 1976년에 출판한『사고유정집思古幽情集』제2책 신화 전설편에 고양이가 잉어를 뒤쫓는다는 대동의 전설이 실려 있다. 대동의 노인들은 고양이산과 잉어산은 풍수에서 말하는 활혈活穴(살아 움직이는 혈)이라고 인식한다. 본래는 산이지만 천천히 위치를 옮길 수 있으므로, 고양이산이 이동할 때마다 잉어산은 해안으로 도망친다는 것이다. 이 밖에도 작가는 현지에 전해오는 또 다른 판본의 전설을 인용하고 있다. 옛날 잉어산 아래는 원주민 부락이었다. 그 부락의 어떤 청년이 잉어산의 동굴에서 금빛이 반짝이는 보배 옷을 발견했다. 그가 그 옷을 입은 뒤, 동족 사람들은 그가 보배 옷을 입었을 뿐 아니라 말도 매우 영험하게 하는 것을 보고 그를 왕으로 여겨 부락의 수령으로 추대했다. 그러나 어느 날 홍모인(네덜란드인)이 도착하여 대동평원을 점거하려 하자 이 수령이 사람들을 이끌고 적을 쫓아냈다. 나중에 홍모인들은 방법을 바꾸어 진주와 마노를 원주민 수령에게 주고 방심하게 한 뒤 결국 수령의 보배 옷을 속임수로 빼앗아 달아났다. 그는 보배 옷을 잃은 뒤로 말을 더 이상 영험하게 하지 못했고, 이에 부락민들은 더 이상 그에게 복종하지 않았다. 오래지 않아 그들은 부족 내의 태아, 소, 양들이 모두 눈이 먼 상태로 태어난다는 것을 발견했다. 사람들은 잉어산의 눈에 해당하는 두 개의 큰 보석(바로 잉어 활혈의 두 눈)을 홍모인들이 파가서 잉어혈의 영기가 사라진 것으로 의심했다. 이런 상황에 직면하자 부락의 민심이 흉흉하게 되어 사람들은 그곳을 떠나기로 결정했다.

『동대음초東臺吟草』「고양이산貓子山」, 일본 통치 시대 이석경李
碩卿

누가 고양이를 이 사이에 풀어놓았나	誰把貓兒放此間
잉어를 노리다가 오래되어 산으로 변했네	伺魚日久化爲山
가련케도 고양이 몸은 작은데 잉어는 너무 커서	憐他身小魚偏大
잡을 능력 없으니 먹을 것 찾기도 어렵네	攫取無能覓食艱

『동대음초』「잉어산鯉魚山」, 일본 통치 시대 이석경

산세는 분명히 잉어를 닮았으니	山勢分明似鯉魚
동해에서 갓 뛰어온 듯 의심스럽네	疑從東海躍來初
비단 비늘은 결국 물에 살기 적합할 테니	錦鱗畢竟宜於水
지느러미 움직여 미려尾閭*로 돌아가길 바란다	願汝揚鰭返尾閭

『대만 옛날이야기』제2집「고양이산과 잉어산貓山與鯉魚山」, 일
본 통치 시대 이나다 인稻田尹

대동 시가 근처에 모습이 고양이 같아서 '묘산貓山'이라 불리는

---

* 〔원주〕미려尾閭: 중국 전설에 바닷물이 마지막으로 모여드는 곳이라고 한다.

산이 있다. 이 밖에도 대동신사臺東神社가 있는 그 산은 '잉어산'이라 불린다. 이 두 산에 관해서 옛날부터 아래의 이야기가 전해온다.

1

옛날 옛적 고양이산에 고양이 한 마리가 살았다. 이 고양이는 매일 저녁 산 위에서 엉금엉금 기어 시내로 가서 잉어를 잡아먹으려 했다. 그러나 그 잉어는 보통의 잉어가 아니었고, 잉어의 요괴였다. 이 때문에 민첩한 고양이라 해도 쉽게 그 잉어를 잡아먹을 수 없었다. 따라서 잉어의 정령을 잡아먹으려는 고양이는 항상 잉어의 정령과 싸워야 했다.

하지만 고양이는 잉어의 정령을 잡아먹고 싶어 안달이 나서 매우 맹렬하게 공격했기에 잉어의 정령은 늘 싸움에서 패배했다. 잉어의 정령은 싸움에 지면 바로 해안으로 달아났다.

이와 같은 싸움이 오래 지속된 뒤 해안에 밤이 다가오면 불가사의한 불빛이 반짝이곤 했다.

2

그때부터 다음 이야기가 시작된다.

이 근처 산속에 사는 주민들 사이에 기묘한 일이 발생하기 시작했다.

산속 주민이 낳은 자녀가 모두 쌍둥이였다. 그러나 산속 주민들은 쌍둥이를 매우 싫어했다. 가련하게도 쌍둥이를 낳은 여성은 모두 집에서 쫓겨났고, 쫓겨난 여성은 갈수록 많아졌다.

산속 마을의 두령은 사정을 알고 나서 마음속으로 깊이 고민하며 이 일을 해결하려 했다.

그 뒤 두령은 백방으로 노력하며 이 일의 발생 원인을 찾으려 했다. 그는 어느 해 가을에 마침내 원인을 찾았다.

기실 잉어 정령의 두 눈이 일으킨 일이었다.

3

이에 산속 마을의 두령은 주민 전체 회의를 소집하고 잉어산을 두루 뒤져 마침내 잉어의 두 눈을 파냈다.

그 뒤로는 산속 주민들에게서 늘 태어나던 쌍둥이가 더 이상 태어나지 않았다.

지금도 잉어산의 잉어 머리 부분에 동굴과 같은 흔적이 남아 있는데, 이 둥근 동굴 흔적이 바로 잉어 정령의 눈이었다고 한다.

115. 악마의 바다 모험기 魔海奇遇記

소개

오래전부터 흑수양의 낙제落漈(앞에 상세한 내용이 소개됨) 전설의 명성이 원근에 널리 알려져 있다. 진봉창이 남긴 저작『습타』에 실린 글「낙제落漈」에도 성이 곽씨郭氏인 사공이 낙제의 외로운 섬에서 겪은 기이한 모험기가 실려 있다. 일본 통치 시대에 이 글은「국보유고: 낙제鞠譜遺稿: 落漈」 (1933)라는 제목으로『369소보』에 연재되었다. 진봉창의 친구 연횡의 『아당선생여집雅堂先生餘集』에도 이 이야기가 간략하게 서술되어 있다.

진봉창이 쓴「낙제」는 내용이 괴상하고 기이하다. 간략한 내용은 다음과 같다. 뱃사공 곽郭 아무개의 배가 실수로 낙제로 들어가서 마지막에 무명 고도孤島에 닿았다. 식량이 떨어졌기에 조난자들은 서로를 살해하여 사람 고기로 배를 채웠다. 곽 아무개는 분쟁에 휘말리고 싶지 않아서 무리를 떠났다. 그는 뜻밖에도 황야에서 해골을 발견하고 그것을 수습하여 묻어주었다. 귀신들은 곽 아무개의 선행에 감동하여 그를 도와 고기를 잡아주었고, 또 맛있는 샘물의 위치를 알려주었다. 그 뒤에 낙제 일대를 다스리는 진군眞君이 곽 아무개의 '남을 배려하는 마음과 자애로운 행동'을 인정하고 이곳에서 죽게 해서는 안 된다고 여겨, 그를 도와 월粵 땅 동남쪽

오진澳鎭으로 돌아가게 했다.

『습타』「낙제落漈」, 일본 통치 시대 진봉창

대만에는 낙제에 관한 이야기가 전해오지만, 그것이 어디 있는지는 끝내 자세히 조사할 수 없었다. 청나라 기효람紀曉嵐의 『열미초당필기閱微草堂筆記』에서는 유구琉球의 경내에 있다 하고, 어떤 사람은 팽호 흑구黑溝의 물이 흘러내려 지극히 깊은 곳이 되었다고 했는데 그것이 사실인지 여부는 알지 못하겠다.

기선이 아직 중국에 들어오기 전에 중국 내지의 상선들은 교대 병사를 싣고 육지의 성省에서 대만으로 건너와야 했다. 그런데 흑구에 이르러 바람에 막히면 며칠 동안 밤낮없이 파도에 부침하다가 몇천만 리인지 모를 곳을 표류하곤 했다. 이윽고 바람과 파도가 더욱 사나워지면, 돛과 노와 짐을 모두 물속으로 던지고도 익사의 위험이 닥칠까 전전긍긍했다.

그때 갑자기 쿵 하는 소리가 들리더니 선체가 아교풀처럼 달라붙어 움직이지 않았다. 사람들이 모두 일어서서 앞다투어 선창으로 나가 살펴보니 누런 모래가 눈에 가득 들어왔고 흐르는 물도 질펀했는데 깊이가 얕아서 1척도 되지 않았다. 방금 온 곳을 돌아보니 바닷물이 절벽처럼 높이 솟아 있었다. 배가 저 높은 곳에서 아래로 떨어졌으니 가루가 되지 않은 것만 해도 실로 다행이었다.

함께 배에 탄 사람들은 다시 살아난 일을 축하하며 각각 음식에 대한 계책을 세우려 했다. 그들은 서로 함께 배를 버리고 여기저기 다니다가, 백사장 가에서 발에 걸리는 무엇을 발견했다. 주워서 살펴보니 금과 은과 해골이었다. 부식이 심하여 형체가 모호했으며, 썩은 돛과 부러진 노가 그사이에 어지럽게 섞여 있었는데, 이루 헤아릴 수 없을 정도로 많았다. 밥을 먹고 나자 할 일이 없어서 사람들은 물이 질퍽이는 백사장에서 금과 은을 걸러냈다. 얼마 지나지 않아 식량이 떨어져서 배 전체에 큰 소동이 일어났다.

어떤 사람이 도끼를 들고 돌진하며 질책했다. "우리를 이곳으로 오게 만든 자는 조타수다. 그자를 살려둬서 무엇하겠나?"

조타수가 도망치려 했으나 도끼가 이미 그의 뇌를 부수었다. 이에 그의 고기를 삶아서 배를 채웠다. 그 뒤로 기아가 닥치면 반드시 소동이 일어났고, 소동이 일어나면 반드시 사람을 죽여서 고기를 먹었다. 처음에 살해된 자는 모두 뱃사람이었으나, 뱃사람이 모두 죽자 같은 배를 타고 온 사람 중에서 강자가 약자를 죽였고, 다중이 소수를 죽였으며, 꾀가 많은 자가 어리석은 자를 죽였다. 그러다가 같은 부류 사이에서도 서로를 죽이는 일이 날이 갈수록 더욱 심해졌다.

뱃사공 곽 아무개는 평소에 고기와 술을 입에 대지 않고 늘 불교의 대비주大悲呪를 암송하며 지극히 경건하게 살았다. 이날도 뱃머리에 꿇어앉아 대비주를 암송하다가 조타수가 살해되는 것을 직접 목격했다. 그는 참화가 반드시 자신에게 닥칠 것이라 예상하고 몰래 의복 몇 가지를 갖고 심야에 밖으로 도주했다. 몇 리 밖에서 난파한 배를 만나 마침내 그곳에 몸을 숨겼다.

그 배 앞뒤로 이미 죽은 지 여러 해가 지난 마른 시신 4~5구가 이리저리 엎어져 있었다. 몸체와 사지는 뱀과 새에게 뜯어먹혀서 큰 뼈만 남아 있었다. 며칠 지나지 않아 저 뼈들과 한 무리가 될 것이라고 스스로 생각하자 두려움이 없어졌다. 다만 지금 저 배를 점거하고 있는 자들은 이제 곧 틀림없이 저 배를 자신들의 관으로 삼을 터였다. 뒷날 뱀과 새가 시체의 비린내를 맡고 다시 오면 오래된 시체 위에 새 시체가 쌓일 것이니 미리 조치를 취해 두는 것이 합당할 것으로 여겨졌다. 그는 뒷날 이곳에 와서 내 시체를 처리하는 자가 내가 지금 앞 사람의 시체를 처리하는 것처럼 해주기를 바랄 뿐이었다.

배 근처에서 지세가 좀 높은 곳이면서, 더러운 물이 닿지 않은 곳을 선택하여 커다란 구덩이를 팠다. 부지런히 손발을 놀려 구덩이에 선창의 나무 함을 운반해 관으로 삼고 다시 각 시신을 돗자리로 싼 뒤 일일이 구덩이 속에 넣고 묻었다. 매장을 타당하게 마치고 배로 돌아와 편안히 누웠다. 처음에는 공복이 우렛소리처럼 울리며 배고픔을 참기 어려웠으나 시간이 오래 지나자 마침내 편안해졌다. 그러나 너무 피곤하여 정신을 수습하지 못하고 몸을 뒤척이다가 점점 꿈속으로 빠져들었다.

잠이 깼을 때는 날이 이미 황혼 무렵이어서 선창 틈으로 저녁 빛이 새들어왔다. 고개를 들어 바라보니 수면에 인광燐光이 여기저기서 번득였다. 큰 것은 달처럼 밝았고, 작은 것도 별처럼 반짝였다. 작은 불 여러 개가 모여서 큰불이 되기도 하고, 큰불이 흩어져서 작은 불 여러 개로 나뉘기도 했다. 이리저리 형체가 흐릿하게 변화하다가 높고 낮게 서로 뒤쫓기도 했다. 이윽고 음산한 바람이 갑자기 불어오며 작은 불은 모두 꺼지고 오직 몇몇 큰불만 남아서 바람을 타고 배 위로 굴러왔다.

불 속에서 사람이 하나씩 나타났다. 곽 아무개는 그것이 귀신임을 알고 놀라서 물었다. "그대들은 어디서 왔소?"

귀신이 말했다. "우리는 모두 종전에 폭풍을 만나 이곳에서 죽은 사람들이오. 이제 우리 뼈를 묻어준 은혜에 사례하러 왔소."

곽이 탄식하며 말했다. "뒷일은 모름지기 뒷사람이 해야 하는 법이오. 내가 호미와 삼태기로 미미한 힘을 보탠 일이 무슨 은혜라 할 것이 있겠소? 다만 뒷날 나를 묻어줄 사람이 누구인지 모를 뿐이오."

귀신이 말했다. "공은 이곳 사정을 아는 사람이 아니오. 만약 배고픔과 목마름을 걱정한다면 물속에 물고기와 새우 등이 지극히 많으니, 우리가 물고기를 몰아주면 공께서 손으로도 잡을 수 있을 것이오. 또 동쪽으로 수백 보 떨어진 곳에 아주 맛이 좋은 천비천天妃泉이란 샘이 있으니 먹고 마시는 일에 도움을 받을 수 있을 것이오. 마음을 고요히 하고 인내하면 진군께서 이곳으로 돌아오실 때 저절로 집으로 돌아갈 방법이 생길 테니 가히 축하할 만한 일이 있을 것이오." 그럼 천비천은 무엇인가? 귀신이 말했다. "옛날에 천비께서 익사자를 구하러 이곳에 와서 단절된 땅에 아무 도움이 없음을 가엾게 여기고 특별히 맛있는 샘물 한 줄기를 내리시어 아직 죽지 않은 사람의 목숨을 이어갈 수 있게 하시고, 진군으로 하여금 관리하게 하셨소. 진군이란 분은 정해후靖海侯*의 비장으로 유국헌劉國軒**과 전투를 치르다 팽호도에서 죽었소. 죽은 뒤에 세상에서 세운 공으로 여러 번 봉군을 받아 진군에까지 이르렀소. 얼마 전에 또 용왕과 백천사명百川司命(강물을 주재하는 신령)을 두루 배알하고 이분들과 합동으로 제천帝天께 상주하여 해마다 익사자를 줄여 달라고 간절히 호소하기 위해 멀리 나가 있을 뿐이오."

다음 날 곽은 귀신의 말에 따라 옷의 실을 풀어서 그물을 만들어 던지니 과연 큰 물고기 여러 마리를 잡았다. 또 항아리를 들고 물을 길어 나가니 어지러운 짠물 속에서 별도의 물 한 줄기가 찰랑찰랑했는데, 그 색깔이 유독 맑았고 맛을 보니 담수여서 마침내 그 물을 가득 담아 돌아왔다. 선체 안에 옛날부터 솥이 있었으므로, 썩은 갑판을 뜯어내서 땔감으로 삼고 마음대로 요리를 해서 먹었

---

* 〔역주〕 정해후靖海侯: 시랑施琅(1621~1696)을 가리킨다. 본래 정성공 휘하의 장수였으나 나중에 청나라에 항복하여 군사를 이끌고 정성공 부대의 장수 유국헌劉國軒(1828~1693)과 정성공의 손자 정극상鄭克塽(1670~1717)을 정벌했다. 대만을 평정한 공으로 정해후에 봉해졌다.

** 〔역주〕 유국헌劉國軒(1628~1693): 정성공의 군대를 지휘한 대장이다. 정성공을 도와 네덜란드군을 격파하고 대만을 점령했다. 정성공의 맹장으로 활약하다가 시랑施琅의 공격을 받고 전군이 전멸했다. 나중에 청나라에 항복하여 천진위총병天津衛總兵 등 관직을 지냈다.

다. 그는 이제 더 이상 자비심에 기대 잡아먹힐 것을 경계하지 않았다.

밤이 되어 전날의 귀신이 다시 오자, 무릎을 대고 마주 앉아 진심을 쏟으며 기쁜 마음으로 밤새도록 이야기를 나눴다. 또 몇 곳의 귀신 영웅들이 소문을 듣고 그를 흠모하며 전날의 귀신에게 소개를 부탁하여 그에게 교제를 받아들여달라고 은근하게 요청했다. 곽이 모든 이를 허심탄회하게 맞아들이며 조금도 개의치 않자 귀신들은 매우 기뻐했다. 그들은 모두 곽의 거처에 식량이 많이 없음을 가엾게 여기며 땔감을 안고 온 자도 있었고, 살아 있는 물고기를 가져다준 자도 있었고, 배 안으로 새를 몰아와 잡게 해준 자도 있었다.

곽은 오직 주방일만 맡아서 풍요로운 음식을 앉아서 즐겼다. 때로는 남은 음식을 야간에 귀신 친구들에게 제공했다. 귀신들은 냄새만 흠향할 뿐 목으로 삼키지는 않았다. 다만 음식물 중에서 그들이 냄새를 맡은 것은 아무 맛도 없어져서 입에 넣어봐도 거의 밀랍을 씹는 것 같았다. 『좌전左傳』에 이르기를 "약오若敖의 귀신이 굶주릴 것이다"*라고 했으니, 대저 귀신도 굶주림을 안다면 음식에 대

---

* [역주] 월초越椒: 춘추시대 초楚나라 사람 투월초鬪越椒가 태어날 때 영윤令尹 자문子文이 그의 아버지 투자량鬪子良에게 "이 자식은 곰과 호랑이의 형상이고 이리의 목소리이니 죽여야 합니다. 죽이지 않으면 반드시 약오씨若敖氏를 멸망시킬 것입니다"라고 했다. 이들은 모두 약오씨若敖氏의 후손이다. 뒤에 투월초는 과연 초왕楚王을 공격하다가 실패하여 멸문지화를 당했다. 이로써 약오씨의 제사가 끊겨 그 귀신들이 굶주리게 되었다(『좌전左傳』, 선공宣公 2년).

한 수요가 있음이 분명하다. 그러므로 제사에 제수를 진설할 때 어찌 단지 마음의 성의와 공경으로만 그칠 수 있겠는가?

어느 날 하늘은 씻은 듯이 맑고, 물은 기름보다 푸르렀다. 푸른 물빛이 하늘과 이어지며 상하 천지가 유리세계가 되었다. 이곳에서 새 귀신은 몸이 크지만 옛 귀신은 몸이 작아지는데, 그 귀신들이 꿈틀거리며 파도 속에서 뛰어나왔다. 그들이 앞다투어 곽에게 말했다. "진군께서 오시는데 앞에서 인도하는 분들이 이미 흑양을 지났소." 이에 부두에서 열을 지어 목을 빼고 발돋움하며 진군 마중에 나섰다. 곽 아무개도 그 사이에서 몸을 놀리며, 귀신이 엎드리면 함께 엎드렸고, 귀신이 일어나면 함께 일어났다. 잠시 후 또 귀신들이 시끌벅적하게 떠들며 진군을 따르는 기마행렬의 성대함과 의장대의 화려함을 일제히 찬양했다. 곽도 그들에게 부화뇌동하며 잠시 달나라에서 항아를 수행하는 토끼처럼 행동했으나 기실 그의 눈에는 아무것도 보이지 않았다. 다시 고개를 돌렸을 때는 드넓은 바다와 휑한 하늘에 귀신의 모습은 완전히 사라지고 없었다. 이에 묵묵히 이렇게 생각했다. '귀신의 도道는 아득하기만 한데, 설령 진군이 나를 살아서 돌아가게 한다 한들, 물을 건너려 해도 교량이 없으니 어찌 파도를 평지처럼 밟고 갈 수 있겠는가? 만약 파손된 배를 튼튼하게 수리한다 해도 파도가 저렇게 사나운데 장차 누구의 힘을 빌려 육지로 올라갈 수 있겠는가?'

생각이 여기에까지 미치자 마음속에서 우러나는 근심을 금할 수 없어서 마치 넋을 잃은 듯 우두커니 앉아 있었다. 그때 봉창 밖에서 어떤 사람이 묻는 목소리가 들렸다. "곽 아무개, 여기 사시오?" 대답도 하기 전에 질문자가 이미 배 위로 올라서고 있었다. 그는 간절하게 자신과 함께 가기를 요청했고, 곽도 그의 뒤를 따라갔다.

길은 모두 전에 다닌 적이 없는 길이었다. 구불구불 돌아서 어떤 관아에 도착했다. 호위병들이 창을 들고 빽빽하게 서 있는데 그 기상이 삼엄했다. 당상에 앉은 관리는 수염이 짧고 얼굴이 네모꼴이었으며 현 조정의 의관을 갖추고 있었는데 바로 진군이었다. 그가 곽을 앞으로 나오라고 불러서 이렇게 유시했다. "너는 마음 씀씀이가 본래 선량하여, 이번에도 마른 해골에게까지 은택을 베풀며 죽은 뒤에 남에게 누를 끼치는 일을 참지 못했다. 마음은 너그럽고 행동은 자애로우니 죽지 않을 수 있다. 내가 장차 서쪽 강의 흐름을 터서 동쪽 바다의 물결을 일으키고 한 돛대 가득 좋은 바람을 빌려 네가 안전하게 바다를 건너 귀항하도록 돕겠다." 말을 다 마치지도 않았는데 어떤 관리가 몸을 굽히고 아뢰었다. "흑구의 소용돌이에 시체가 쌓여 있고, 바닷물이 세차게 끓어오릅니다. 그러니 틀림없이 표류하여 살아남지 못하게 될 것입니다. 다른 좋은 방법을 마련하는 것이 타당할 듯합니다."

진군이 오래 생각하다가 곽에게 말했다. "너는 바다 생활에 익숙하니, 8월에 뗏목 띄우는 일을 들어봤겠지?" 곽이 모른다고 대답하자 바로 관리에게 명령했다. "공문을 보내 천상의 성조星曹(별을 관리하는 관청)에 요청하라. 옛날에 북두성과 견우성을 범했던 뗏목을 빌려 곽을 싣고 은하수로 당겨 올려라. 아울러 이 일에 기대 세상 사람들을 권면하여, 사람이 순수하고 선량한 마음을 먹는다면 평지에서 하늘로 오르는 일도 어려운 일이 아님을 알게 하라. 소박한 밥 1곡斛을 하사하니 때를 기다리는 동안 음식 재료로 삼아 본래 살던 곳으로 돌아가게 하라."

문득 곽이 자신을 돌아보니 이미 자신의 거처인 배 안에 있었다. 몸이 선창 문밖으로 반걸음도 나가지 않았는데, 자신이 방금 겪은 일이 역력하게 떠오르며, 눈앞에 그림처럼 걸려 있는 듯했다. 매우 다행인 것은 진군이 과연 나를 몰래 돕는다는 사실이었다. 저 옛 동료들이 사람을 죽여 고기를 먹는 일을 어찌 오래 지속할 수 있겠는가? 나에게는 식량이 있으니 함께 배불리 먹는다 해도 무슨 방해가 되겠으며, 나에게는 배와 노가 있으니 함께 돌아간다 해도 무슨 방해가 되겠는가? 진실로 진군께서 어짊과 사랑으로 품어주시니 틀림없이 나에게 마음대로 행동한 죄를 더하지 않으시리라. 생각을 정하고 마침내 몸을 일으켜 진흙탕을 허우적거리며 이전의 배를 향해 어정어정 걸었다.

도착해보니 부러진 돛대에는 제비가 집을 지었고, 차가운 주방에는 개구리가 살고 있었다. 이끼가 이리저리 덮여 있었고 머리카락과 해골이 낭자했다. 함께 바다를 건너온 110명은 일찌감치 형체도 없고 소리도 사라져서 허무의 세계로 돌아갔다. 켜켜이 쌓인 재물은 모두 죽은 자들이 백사장 가에서 얻은 것이지만 황천으로는 갖고 갈 수 없었다. 선체 안의 굶어죽은 시체와 말라빠진 뼈는 소금에 절여 말린 고기와 같았다. 각각의 혼령은 모두 저 시신의 몸에서 탈출해버렸다. 이 몇 명은 사람들의 고혈을 빨아먹으며 단지 잠깐의 목숨을 연장했지만 끝내 스스로 생명을 보전할 수 없었으니, 역시 이번 살육의 세계에 자신의 한 몸을 보탠 것이 아니겠는가?

　곽은 이 참상을 목격하고 가슴팍까지 눈물을 흘렸다. 그리고 바로 한두 명 친지의 유골을 등에 지고 자신의 배로 돌아왔다. 옛날 배로 서너 번 오고 가다가 우연히 갑판 아래에서 거친 현미 반 자루를 찾아냈다. 그것은 곽이 단식할 때 조타수가 감춰두고 몰래 스스로 먹으려 한 것이다. 그런데 그 현미로 밥을 짓기도 전에 조타수 자신의 몸이 다른 사람 배를 채울 줄이야 어찌 예상이나 했겠는가? 슬프다! 곽은 스스로 이 쌀자루를 얻자, 진군의 하사라 여기고 절을 올렸다. 그는 식사마다 죽을 한 그릇씩 끓이고, 물고기로 반찬을 삼았다. 전에는 꿈에서 물고기를 잡으라 하더니, 지금은 다시 이 백성에게 쌀을 내려주셨다.

　이같이 또 몇 달이 지나고 문득 어느 날 밤, 하늘에서 바람이 세게 불더니 배가 저절로 방향을 바꿨다. 그러자 이전의 귀신들이 떼지어 몰려와서 뱃전을 두드리며 흐느꼈다. "공은 오늘 귀향하십니다. 우리도 모두 내지 사람인데, 생전에 죄를 지어 죽은 뒤 바다에 침몰했습니다. 슬프게 고향 산천을 바라보니 처량함만 더할 뿐입니다. 공이 귀향한 뒤 만약 천제와 부처의 힘에 의지하여 고해 속의 무수한 원혼을 구출해주실 수 있으면 대대로 삶을 이어가며 영원히 결초보은하겠습니다."

부탁을 마치고 모두 주인 없는 재물을 주워서 곽을 위해 전별했다. 황금과 백은을 배에 가득 실으니 흡사 고호賈胡(장사를 하는 외국 상인)가 보배를 실은 듯했다.

얼마 지나지 않아 바람의 위력이 더욱 맹렬해지며 사람의 힘이 없이도 항구를 벗어나 노와 키가 저절로 움직였다. 하늘 가득 가랑비가 부슬부슬 내리며 매서운 추위가 뼛속까지 스몄다. 곽은 이상함을 느끼고 선창 구석에 엎드려 배가 가는 대로 맡겨두었다. 날이 밝아 주위를 가늠해보니 배는 이미 월粵 땅 동남쪽 오진澳鎭에 정박해 있었으며 배에 싣고 돌아온 금은보화는 그대로였다. 천지의 해골이 진토가 된 것은 강풍罡風(도가에서 말하는 가장 높은 곳에서 부는 바람)에 바스러져서 그렇게 된 듯했다.

곽은 민인閩人(복건성 사람)인지라 배를 바꿔 귀향해서 금방 거부가 되었다. 조정 사찰의 명승名僧이 수륙도량水陸道場을 세우고 49일 동안 귀신들을 제도했으나 물나라의 옛 유람처로 갈 수 있을지는 알 수 없었다. 곽도 전에 약속한 것은 없다고 했다.

진국보는 말한다.

"눈앞의 인과因果가 바로 보리심을 증명한다. 세상에서 염불하고 정진하며 겉으로만 수행한다는 자들은 거의 지옥을 천당으로 오인하지 않던가? 곽이 먹을 것이 없어서 물고기를 먹은 것은 양 무제武帝(464~549)가 적에게 포위되어 계란을 먹은 것과

같은 상황이다. 그러나 양 무제는 본래 한 나라에 군림하는 임금
으로 맛있는 음식을 버리고 채식을 한 것은 바로 맹자가 말한 어
진 은혜가 금수에게까지 미친 경우지만 그 공이 백성에게는 이
르지 않았다.

곽과 같은 사람은 힘써 일하는 백성으로 눈이 있어도 책을 읽
을 줄 모르고, 신변에는 여분의 물건이 없었으며, 죽음이 경각
에 달렸고, 기아가 잠깐 사이에도 절실하게 들이닥쳤다. 그런데
도 홀로 만나는 사물마다 은혜를 베풀었고, 만나는 사람마다 두
루 사랑했다. 성인의 도道는 충서忠恕(충실과 용서)를 숭상하고,
부처의 가르침은 자비를 위주로 한다. 뱃사공이 어떤 사람이기
에 이들의 가르침을 겸전하고 꿰뚫었나? 저 허공 끝까지 가서
푸른 하늘로 날아올라 황금을 싣고 흑해를 건넌 것은 마땅한 일
이다!"

(천하의 기이한 경지는 대부분 환난 속에서 얻는다. 보물이 무
더기로 쌓여 행인의 발에 걸리는 상황에 이르렀다. 만약 마음대
로 왕복할 수 있었다면 세상에서 그런 곳으로 분주하게 달려가
는 자들이 신금산新金山이나 구금산舊金山*에 모인 사람들보다 많
았을 것이다.[천추薦秋가 의견을 쓰다.]

---

* [역주] 신금산新金山은 오스트레일리아의 멜버른, 구금산舊金山은 미국의 샌프란시스코
다. 모두 대항해시대 이래로 황금몽을 꾸는 사람들이 모여드는 곳이었다. 또는 '금산金山
이 '황금의 산'이라는 뜻이므로 이를 유머러스하게 인용하여 돈과 욕망에 탐닉하는 인간들
을 풍자했다고도 볼 수 있다.

저런 무리는 모두 이익을 다투고 재물을 탈취하느라 자신의 몸이 사지에 빠지는 것도 모른다. 그러나 곽은 홀로 그렇게 하지 않고도 거부가 될 수 있었지만, 저런 무리는 그렇게 하고도 모두 죽었으니, 세상에 이와 같은 자들이 적지 않을 것이다.〔부동不動이 의견을 쓰다.〕)

116. 암오 지역 모험기 暗澳奇遇記

소개

진봉창의 저작 『습타』에는 괴담이 많이 실려 있다. 그중에서 「암오暗澳」라는 글의 내용이 경이롭고 흥미진진하므로 아래에 간략하게 소개한다.

대만 후방의 산으로 암오라는 섬이 있는데 그곳은 1년의 절반이 낮, 절반이 밤이다. 일찍이 외지인들이 그 섬에 들어갔을 때는 본래 인간 세계의 선경으로 여겼으나, 나중에야 그곳이 가공할 만한 악마의 세계이고, 산골짜기 안에 늘 거대한 이무기가 날아다니는 것을 발견했다. 청나라 때 어떤 조주潮州 사람이 대만에서 장사를 하려고 했지만, 뜻밖에도 자신이 탄 배가 태풍을 만나 전복되고 말았다. 그는 큰 환난을 겪고도 죽지 않고 기괴한 여자에게 구조되어 암오까지 갔다. 나중에야 그는 그 여자가 바로 용녀龍女임을 알고 서로 결혼하여 아이 하나까지 낳았다. 그 뒤 그는 아이를 데리고 귀향했다가 60세에 이른 뒤 비로소 다시 용녀의 곁으로 돌아갔다.

진봉창은 자신의 글 「암오」에서 대만의 암오 전설과 옥산玉山 전설을 융합했는데, 이 두 가지 이야기는 모두 청나라 때 대만에 널리 알려진 민간 괴담이다.

암오의 초기 전설은 초대 제라현諸羅縣 지현인 계기광季麒光의 글에 보인다. 그는 일찍이 『대만잡기臺灣雜記』에 신기한 '암양暗洋(暗澳)' 이야기를 기록했다. 암양은 대만 동북쪽에 있다. 어떤 홍이족이 그곳에 정박해보니 밤과 낮이 없었다. 산은 밝고 물은 수려한 곳에 온갖 꽃이 가득했으나 산 위에는 사람이 살지 않았다. 홍이족은 그곳이 살 만한 곳이라 여기고 마침내 200명을 남겨 1년 치 식량을 주고 살게 했다. 다음해에 다시 가보니 산속이 모두 긴 밤처럼 변해 있었다. 남겨둔 사람은 이미 한 사람도 남지 않았다. 횃불을 들고 찾아보니 돌 위에 글자가 남아 있었다.

　　"일단 가을이 오면 바로 캄캄한 밤이 되었다가 봄이 되어야 아침이 밝아온다. 캄캄할 때는 모두 귀신 세계에 속하므로 사람들이 마침내 점차 실종되었다. 대체로 1년이 하나의 낮과 하나의 밤으로 이루어져 있다."

　　옥산 전설에 관해서 말하자면 옛날에 사람들은 그 산이 높아서 오를 수 없다고 인식했다. 멀리서 바라보면 정상이 눈처럼 희고 밝게 빛나므로 바라볼 수는 있지만 미칠 수 없는 신선 세계로 생각했다. 전설에 따르면 이 산 깊은 곳에 기이한 옥 광맥이 숨어 있어서 정왕鄭王(정성공)이 일찍이 이 산으로 들어가서 옥을 캤다고 한다. 책호는 「옥산기玉山記」에서 다음과 같이 묘사했다.

　　"복건성 노문鷺門에서 동쪽으로 먼바다를 건너면 대만인데 그곳에 1군郡 4현縣이 설치되어 있다. 남쪽에서 북쪽까지 1000여 리에 이른다. 큰 산이 뒤에서 장벽처럼 버티며 여러 봉우리를 감싸안고 있다. 수목이 그늘을 드리운 가운데 산맥이 끊어질 듯 이어진다. 그 산 이름이 옥산이다. 산속에 거친 계곡이 있고, 나뭇잎이 물 위에 떨어져 여러 해 동안 5~6척이나 쌓인 채 썩어 있으므로 접근할 수 없다. 어부와 나무꾼이 썩은 물에 접촉했다가 바로 사망했다. 정성공 시절에 1만여 금을 들이고서야 처음으로 아름드리 옥을 얻었다. 그것을 얻기 어려움이 이와 같다. 날씨가 청명한 날에 햇볕이 구름 끝에 비치면 하얀 비단이 푸른 하늘에 가로로 걸려 있는 듯하다. 그러나 전모를 보아서는 안 되고, 전모를 보면 불길하다."

원전

『습타』「암오暗澳」, 일본 통치 시대 진봉창

대만 후방의 산으로 암오라는 섬이 있고, 전하는 말에 따르면 1년에 오직 한 번의 낮과 한 번의 밤이 있다고 한다. 봄과 여름은 낮이고 가을과 겨울은 밤이다. 기이한 지역이 황폐해 있으므로 사람이 살지 않아 적막하다.

건륭 연간에 서양인들이 지역을 탐사하다가 이곳에 이르렀다. 때는 마침 봄날이라 바람은 따뜻하고 햇볕은 고왔으며, 초목은 신선하고 화려했다. 이 때문에 그윽한 경치에 마음을 뺏겨 배를 정박하고 해안으로 올라갔다. 배 위의 사람들을 나누어 산으로 들어가 나무를 베어와 평원에 집을 지었다. 나머지는 돛의 방향을 바꿔 귀국한 뒤 처자식, 가축, 곡식, 의복, 쟁기 등을 싣고 와서 성밖에 도읍을 건설할 준비를 하고 무릉도원의 백성으로 살려고 했다.

다시 왔을 때는 이미 가을과 겨울을 지나고 있었기에 바다 안개가 자욱하여 지난번에 왔던 곳을 알 수 없었다. 나침반으로 측량하고서야 다시 그곳을 밟을 수 있었다. 긴 밤이 망망하게 이어지며 캄캄한 하늘에는 해가 뜨지 않았다. 아울러 지난번에 집을 지었던 사람들도 모두 허무의 세계로 돌아간 뒤라 경악을 금할 수 없었다.

횃불을 들고 샅샅이 수색하다가 계곡 입구 큰 나무가 잘린 곳에 글자 몇 줄이 쓰여 있는 것을 발견했다. 아마도 집을 지은 사람들이 죽음에 임해서 남긴 글인 듯했다. 대략 다음과 같다.

"이곳은 6월부터 하늘이 어두워지며 하루의 저녁처럼 변한다. 가을로 들어서면 완전히 캄캄해지고 얼어붙은 눈발이 분분히 날린다. 솜옷을 입어도 따뜻하지 않고, 땔감으로 불을 피워도 열기를 낼 수 없다. 배고픔과 추위가 교차하니 죽지 않고 어쩌하겠는가? 뒤에 오는 사람들은 배를 돌리기 바란다."

사람들은 읽기를 마치고 함께 통곡하다가 마침내 서로 뒤를 따라 계곡으로 들어가서 장차 사람들의 해골을 지고 돌아오려 했다. 구불구불 깊은 산속으로 들어가자 비린 바람에 불이 꺼져서 산을 넘고 물을 건너기가 어려웠다. 어쩌할 수 없는 상황에 처했을 때 문득 반짝이는 빛이 계곡 입구에서 쏟아져 들어왔다. 그들은 동료들이 나타났다고 매우 기뻐했으나 감히 전진하지는 못하고 왔던 길을 따라 빠른 걸음으로 계곡을 빠져나왔다.

멀리서 바라보니 높은 봉우리 위에 한 쌍의 횃불이 걸려 해와 달처럼 반짝이고 있었다. 의아함을 느끼는 사이에 갑자기 천둥소리가 연이어 들리며 거대한 이무기 한 마리가 꿈틀꿈틀 몸을 솟구치다가 시간이 지나자 바다 속으로 몸을 던져 자취를 감췄다. 앞서의 밝은 빛은 이무기가 고개를 들고 산마루를 탐색할 때 비친 눈빛이었다. 사람들은 더욱 놀라서 다투어 자신의 배로 들어가 닻줄을 풀고 서둘러 그곳을 떠났다.

완유원阮維元이란 자는 조주 사람이다. 부친이 일찍 세상을 떠나 모친 봉양에 지극정성을 다했다. 집안이 가난하여 소박한 음식도 마련할 수 없었다. 그는 대만에서 장사하기가 비교적 쉽다는 소문을 듣고 다른 사람을 따라 바다를 건너 장차 대만에서 장사하는 광동성 상인에게 의지하려 했다. 바다로 나갔다가 태풍을 만나 키가 꺾이고 돛대도 부러졌다. 상황이 익사할 지경에 이르자 같은 배에 탄 사람들은 모두 참담한 심정으로 하늘을 불렀다.

완유원은 수시로 노모가 마음에 걸려 그 두려움이 다른 사람보다 더욱 심했으며, 놀란 마음이 극에 달해 목숨이 끊어질 지경이었다. 귓전에 사람들의 비명소리가 시끄럽게 들리는 가운데 자신을 돌아보니 이미 거대한 파도 속으로 빠져들고 있었다. 두 손으로 부서진 배 조각을 단단히 잡고 눈을 감은 채 파도의 부침에 몸을 맡길 뿐이었다. 정신이 혼미한 가운데 어떤 사람이 자신을 배로 끌어

올리는 느낌을 받았다. 그 사람이 웃으며 말했다. "바보 낭군이시여! 놀라서 간이 떨어졌나요?" 급히 눈을 뜨니 어떤 소녀가 꽃처럼 자신의 곁에 앉아 섬섬옥수로 옷 위의 물기를 대신 닦아주고 있었다. 이에 신음하며 말했다. "목숨을 구해준 은혜는 나를 낳아준 은혜와 같소. 그대는 노를 젓는 뱃사공 여인이요? 아니면 물고기를 잡는 어부 미녀요?" 여인은 미소를 지으며 대답하지 않았다. 한 하녀가 노를 저으며 배 뒤에 서 있었는데 양쪽 발등이 모두 붉어서 흡사 산화대散花隊(꽃을 뿌리는 부대) 소속 대원 같았다.

잠시 후 녹색 백양나무에 배를 매었으나 완유원은 몸이 피곤해서 일어나지 못했다. 그 여인이 하녀에게 완을 업으라고 명령했다. 완은 하녀의 몸이 가냘파서 자신의 무거운 몸을 지탱할 수 없을까 걱정했다. 하녀는 강제로 그를 업었고 그 여인이 옆에서 부축하며 달리는데, 그 빠르기가 치달리는 말과 같아서 순식간에 한 곳에 도착했다. 그곳의 고대광실은 널찍하고 아름다웠다. 시녀 수십 명은 모두 굽이 높은 평평한 신발을 신었는데, 초승달처럼 작은 발을 가진 여자는 없었다.

좌정하자 술을 마련하여 융숭하게 손님을 접대했다. 완은 복부가 팽팽한 상태라 자리를 피하고 주연을 사양하려 했다. 그 여인이 완에게 단약丹藥 한 알을 주며 씹어서 삼키라고 했다. 그렇게 하자 완은 즉시 짠물 여러 되升를 토하고 바로 평소 상태를 회복했다.

주연 중간에 여인의 씨족을 물으니 여인이 대답했다.

"말씀드릴 테니 놀라지 마십시오. 첩은 용녀龍女입니다. 첩의 모친은 광윤왕廣潤王의 공주로 연성세자灜聖世子에게 시집가서 비妃가 되었습니다. 동해의 보물을 관장하다가 지공선사志公禪師의 속임수에 걸려 양무제에게 여주驪珠를 바쳤습니다. 연성이 소문을 듣고 첩의 모친이 배를 불릴 뇌물을 탐하느라 망령되게도 귀중한 보물을 사람에게 주었다고 분노하여 궁중에 유폐하고 굶겨 죽이려 했습니다. 첩은 당시에 아직 어렸으나 날마다 음식을 훔쳐서 모친을 봉양했습니다. 그러자 연성이 더욱 분노하여 동남쪽의 극한 변방으로 모친을 귀양 보냈고 이에 첩은 궁궐을 나와 모친을 찾아 나섰습니다. 그곳에 당도했을 때는 모친이 목숨을 다한 지 오래였습니다. 이 때문에 울분과 원한을 품은 채 돌아가지 않고 이곳에 몰래 숨었는데 손꼽아 보니 이미 천 년이 되었습니다. 저는 조부 광윤왕에게 죄를 지었다 생각하고 옛 궁궐에 다시 들어가지 않았습니다. 다만 이곳에서 때에 맞게 단비를 흡족하게 내려 이곳의 농작물을 보호하며 이전의 과오를 씻으려 할 뿐입니다. 오늘 낭군과 만난 것은 바로 천첩의 인연이 충만하여 진실로 지금이 이 인연을 이을 시기이기 때문입니다."

그리고 시녀에게 완을 인도하여 바깥채로 가서 목욕을 시키고 옷을 갈아입게 하라고 명령을 내렸다. 다시 하녀의 인도에 따라 안으로 들어가니 피리를 불고 칠현금을 타는 가운데 화촉을 환하게 밝혀놓았다. 두 사람은 부부로서 서로 맞절을 하며 혼례를 올렸다.

여인의 음식, 호흡, 언동은 보통 사람과 같았다. 다만 평소 성격이 목욕을 좋아했다. 목욕할 때는 반드시 후원의 큰 연못 속에 몸을 담그고 후원의 출입문을 단단히 잠가서 다른 사람이 엿보지 못하게 했다. 만약 연못의 물이 찰랑이는 소리를 듣고도 금방 발길을 돌리지 않으면 여인은 머리카락을 한쪽으로 늘어뜨린 채 옷깃을 여미며 밖으로 나왔다.

이때 방안에는 늘 대낮처럼 환하게 불을 밝혀놓았다. 배가 고프면 밥을 먹고, 눈이 피곤하면 잠을 잤다. 눈썹을 그리는 여가에는 문밖으로 나와 먼 곳을 바라보았다. 사방에 산봉우리가 우뚝했고, 시냇물이 구불구불 감싸며 흘렀다. 기괴한 돌을 비스듬히 배치했고, 난만한 꽃잎이 어지럽게 휘날렸다. 고목 중간에 구름이 걸렸고, 껍질과 줄기는 거무튀튀하여 쇠로 만든 나무와 같았다. 학보다 큰 바닷새는 빽빽한 숲속에 둥지를 틀었다. 목을 빼고 한 번 울면 그 소리가 귀신이 울부짖는 것 같았다. 들풀은 이리저리 우거져 오솔길을 덮었는데, 줄줄 흐르는 시냇물만 그 속에서 들풀을 적시며 가득 넘쳐흘렀다. 영원히 인적이 없을 뿐만 아니라 짐승의 자취도 늘 있는 것은 아니었다. 때때로 폭풍이 갑자기 몰아치면 밀물 같은 검은 안개가 뭉실뭉실 바다에서 몰려왔다. 천지가 그로 인해 경관을 바꾸면 사람이 마주 서 있어도 얼굴을 볼 수 없을 정도였다.

완은 이처럼 기이한 경관을 마주하자 어머니 생각이 배가 되어 방으로 들어가서 여인에게 울며 호소했다. 여인이 말했다. "어머님은 연세가 높으신데, 만약 봉양을 부족하지 않게 하려면 아들의 직무도 부족하지 않아야 합니다. 첩은 낭군과 혼인하고 나서 뱃속에 가짐佳朕(좋은 조짐, 임신)이 있는 듯합니다. 이 아이가 걸을 수 있을 때까지 기다려서 부자가 함께 귀향해도 늦지 않을 것입니다." 완이 말했다. "내가 고향집 문을 나설 때 부엌에는 명아주 잎과 콩잎 몇 말만 있었고, 그밖에 다른 식량은 없었소. 이번에 돌아가지 않으면 노모께서 아사하실까 두려운데, 무슨 봉양을 운운할 수 있겠소?" 여인이 말했다. "첩이 잘 처리해둔지 오래되었으니 낭군께서는 걱정하지 마십시오."

얼마 지나지 않아 옅은 구름이 하늘을 가리고 차가운 광풍이 뼛속까지 스몄다. 여인은 하녀에게 행장을 꾸리라고 독촉하며 매우 촉박한 모습을 보였다. 완이 까닭을 묻자 여인이 말했다. "이곳은 암오입니다. 곧 음산한 계절이 닥쳐오면 따뜻한 피와 살을 가진 낭군의 몸이 어떻게 오래 견딜 수 있겠습니까? 또 첩이 장차 아이를 낳아서 맑고 깨끗한 곳에서 키우면 아마도 천지의 정기를 받아 일대의 위인이 될 수 있을 것입니다." 어디로 옮기냐고 물으니 이렇게 말했다. "옥산에 옛날에 살던 집이 있습니다. 그곳은 춥기는 하지만 아침마다 햇볕이 비치니, 진실로 복지입니다."

이에 배와 노를 잘 수리하여 부부가 선창 중앙에 타고 시종들은 좌우로 나뉘어 늘어섰다. 출발에 임해 한 하녀가 뱃머리에 서서 뱃사공을 부르니 역사カ士 넷이 수면을 밀치며 뛰어나왔다. 모두 물고기 옷을 입고 새우 수염이 있었으며, 팔뚝을 드러낸 채 어깨로 배를 지탱하고 수면 위에서 헤엄치자 배가 비로소 해안을 벗어났고, 삽시간에 산처럼 거대한 파도가 키의 뒤에서 용솟음쳤다. 완이 깜짝 놀라 안색이 변하자 여인이 말했다. "신하들입니다. 첩의 행

차를 배웅하러 왔습니다." 그리고 하녀에게 잠수하여 배를 호위하라고 명령했다.

또 채색 구름이 찬란하게 배 앞에 드리웠는데, 가까이 다가갈수록 더욱 낮게 가라앉았다. 구름 속에서 또 어떤 미녀가 나타나 웃음을 머금고 옷깃을 여몄다. 여인이 말했다. "이 사람은 옥봉玉峰(玉山)의 신녀神女인데, 첩과는 자매 항렬입니다. 첩이 오는 것을 알고 특별히 마중 나온 것입니다." 손을 들어 사양하니 문득 채색 구름이 미녀를 감싸서 아득한 구름 속으로 날아 들어갔다.

잠시 후 옥산에 머물며 그곳을 지키던 노복이 주인이 온다는 소식을 듣고 미리 해안 곁에 서서 기다리고 있었다. 여인과 뱃사공들을 보고 말했다. "군주郡主께서 낭군님과 함께 오셨군요." 기쁜 웃음으로 맞으며 모두 주인을 옹위하여 뭍으로 올랐다.

완이 대문으로 들어서서 저택을 살펴보니 이전의 집과 비교하여 더욱 규모가 웅장하고 장식도 화려했다. 저택 뒤에는 역시 여인이 목욕하는 연못이 마련되어 있었는데 한결같이 암오에 살 때와 같았다. 밤이 되자 집에 큰 구슬을 걸어서 촛불을 대신하니 털끝 하나도 비춰볼 수 있을 정도로 밝았다. 새벽 첫닭이 울 때 옥봉 정상으로 올라가 아침 태양을 마주하고 그 정기를 들이마시는데 추위에 이빨이 부딪쳐 소리가 났다. 완은 동해에서도 가장 동쪽 끝 바다를 마음껏 바라보았다. 하늘로 뻗어오른 빛이 일만 마리 황금 뱀처럼 맑은 날씨를 과시했고, 치솟는 태양은 수레바퀴처럼 파도 속에서 뛰어오르며 숨었다가 다시 모습을 드러내기도 했는데, 한

떨기 구름이 아래에서 받들어 올리자 마침내 하늘로 솟아올랐다. 성스러운 신령이 지극히 높은 자리에 임함에, 온 하늘 아래 세상은 황폐한 벽촌이라 해도 함께 태평성대를 경하했으며, 기후 역시 이와 같았다.

어느 날 저녁 빽빽한 구름이 덮이고 비가 내리려 하는 가운데 번개도 치고 천둥도 울렸다. 여인은 가슴에 손을 얹고 미간을 찌푸리면서 말했다. "첩의 배 속에서 태동이 느껴지니 아이가 곧 태어나려는 것 같습니다."

몸을 일으켜 정원 안 내실로 들어갔다. 완도 따라가려 했으나 불가하다고 했다. 그대로 정원의 문이 닫히고 아무 소리도 없이 적막이 흘렀다. 오래 지나자 거대한 천둥소리가 집을 뒤흔들고 소나기가 쏟아붓듯이 내리면서 빗줄기가 튀어오르는 소리가 끊이지 않았다. 그때 시녀가 달려와서 보고했다. "군주께서 분만하셨습니다. 아들입니다."

잠시 후 여인이 당도했다. 숨을 헐떡이며 땀을 흘렸고 머리카락도 어지럽게 헝클어져 있었다. 여인이 완의 품에 기대 흐느꼈다. "첩은 이번이 초산이라 아이를 낳고 기르는 고통을 몰랐는데, 이번에 거의 목숨을 잃을 뻔했습니다." 한 시녀가 아이를 포대기에 싸서 뒤를 따랐다. 완은 서둘러 아이를 받아 안았다. 아이는 눈알이 튀어나오고 턱이 넓었으며, 이마는 돌출했고 벌써 이빨이 나 있어서 형상이 괴이했다. 완은 말은 하지 않았지만 마음에 들지 않았다.

여인은 이미 그 사실을 알고 아이의 정수리를 만지며 말했다. "이 아이는 신령한 준재로 인간 세상의 지극한 지위에는 오르지 않고 천상의 청렴한 관리의 반열에 들 것입니다. 이른바 추한 겉모습으로 아름다운 뼈를 감싸고 있는 아이이니, 보배로 여기고 사랑하며 천시하지 말아야 합니다." 아이의 첫돌이 되자 물속 나라의 신령과 왕비들이 각각 축하 예물을 갖추고 어룡魚龍을 타고 도착했다. 대청으로 올라와 엄지로 아이의 코를 누르며 이름을 증수增壽라고 했다. 3~4세 무렵에 이미 몸집이 장대했고 나는 듯이 빨리 달릴 수 있었다.

완은 어머니 생각이 간절하여 마침내 아이를 잡고 배에 올랐다. 여인은 밝은 구슬 한 자루를 꺼내 행장을 꾸려줬다. 물가에서 손을 잡고 작별하며 아이를 타일렀다. "할머니가 돌아가신 뒤에 아버지를 모시고 돌아와야 한다. 물과 구름이 깊은 곳이 바로 네 고향이니 조금이라고 망설이지 말고 이 길을 따라오너라." 선체 안에는 돛과 노가 없었으나 물 위의 갈매기처럼 가볍게 떠서 다음 날 아침에 벌써 조주의 경계에 당도했다.

집에 도착하니 대문과 뜰이 화려했으나 주저하며 들어가지 못했다. 이웃 노인들이 다투어 들어가라고 권해서 집으로 들어갔다. 두 시녀가 휘장 속에서 모친을 모시고 비단 이불을 따뜻하게 하고 밥과 고기를 배불리 드시게 하며 인생 만년의 봉양을 극진하게 하고 있었다. 안부 인사를 마치고 음식과 가재도구가 어디서 났는지 물었다. 모친이 말했다. "네가 외지로 나간 뒤에 어떤 사람이 네 배가 뒤집혀 익사했다는 소식을 전해서 이 늙은 어미는 숨이 끊어질 정도로 슬펐다. 어느 날 끼닛거리도 떨어졌는데, 마침 편지를 갖고 온 사람이 있었다. 그 사람이 말하기를 '네가 대만에서 장사를 잘 하여 돈을 꽤 많이 벌었다고 하더구나. 그리고 시녀와 돈은 모두 네가 몇 해 동안 계속 보냈다고 하니 어찌 거짓으로 여기겠느냐?'" 완이 어리둥절한 모습으로 어찌할 바를 모르자 두 시녀가 틈을 보아 군주께서 한 일이라고 알려주었다. 완은 비로소 여인이 전에 이미 잘 처리해두었다고 한 말이 바로 이 일임을 알게 되었다.

자루 속의 구슬을 팔아서 막대한 재산을 얻자, 원근 각지의 사람들이 모두 그의 부유함을 우러러보며 딸을 시집보내겠다고 다퉜으나 모두 사절했다. 그러다가 첩 하나를 두어 아들을 낳았다. 그 뒤 모친은 팔순까지 장수하다가 세상을 떠났다.

완유원의 나이가 환갑이 되자 둘째 아들도 이미 성년에 이르러 급히 결혼을 시키고 집안 살림을 맡겼다. 둘째 아들은 더욱 효성스럽게 매일 새벽에 일어나 부친의 침상 휘장으로 들어가 잠자리를 살폈다. 그런데 어느 날 부친이 보이지 않았다. 형에게 알리러 달려갔지만, 형도 사라지고 없었다. 이상한 생각이 들어 배를 띄워 급히 추격했다. 하늘에서 불어오는 바람에 물결은 출렁이고, 바다와 산은 끝없이 푸른데 돛 그림자는 한 조각도 보이지 않았다. 둘째 아들은 통곡하며 돌아왔다.

진국보는 말한다.

"암오와 옥산은 모두 바다 동쪽의 기이한 곳으로 지금까지 그곳에 갈 수 있는 사람은 없었다. 아침에 태양이 떠오를 때 고개를 들고 멀리 동쪽을 바라보면 바다 위로 봉우리 하나가 우뚝 솟아 하얗게 빛나는데, 그것이 바로 옥산이다. 소문에는 정씨가 대만에 궁궐을 지은 초기에 군사에게 옥산으로 들어가 옥을 채취하게 했다고 한다. 중도에 산속 바위가 가파르고 벌레들이 더럽게 꿈틀거려서 들어갈 수 없었다. 밤에 어떤 노인이 군영 문을 두드리고 옥대玉帶를 바치며 군사를 물려달라고 권하기에 행군을 중지했다. 이런 말은 황당무계하여 믿을 수 없다. 원주민 마을에서 어떤 노인은 사람들에게 이렇게 말했다. '옥산은 옥으로 된 산이 아닙니다. 사방에 눈이 쌓여 여름에도 녹지 않고, 산봉우리 사이의 얼음덩이는 더욱 커서 멀리서 바라보면 옥과 같이 보일 뿐이기에 그렇게 부릅니다.' 이후 일본인이 측량해보고, 옥산 최고봉이 그들 나라의 후지산富士山보다 높고 태평양군도의 봉우리 중에서 으뜸이라고 했다. 과연 그런지는 알지 못하므로 여기에 기록하여 견문이 넓은 여러 군자에게 질정을 바라는 바다."

(우리 고을은 팔민八閩*의 곡창지대여서 땅이 비옥한 데다, 때맞춰 비가 내리고 햇볕이 비친다. 농사는 1년을 두 계절로 삼아 수확한다. 이른 계절은 6월이나 8월을 겨울로 삼고, 늦은 계절은

---

* 〔역주〕 팔민八閩: 송나라에서 청나라까지 대부분 복건에 8부府, 즉 복주福州, 건녕建寧, 연평延平, 소무邵武, 흥화興化, 천주泉州, 장주漳州, 정주汀州를 설치했으므로 복건을 흔히 팔민八閩이라고 부른다.

본래의 한겨울을 겨울로 삼는다. 더러 이 사이에 용녀 신령의 가호가 있음에도 대만 사람들은 알지 못하고 하인들도 그 덕망에 향불 한 줄기 사르며 술 한 잔도 올리지 않는다. 그런데도 용녀를 끌어들이는 것을 자신의 임무로 삼고 시종일관 변함없이 행동하니, 아! 이것이 용녀를 위한 방법일까?(천추薦秋가 의견을 쓰다.))

타얄족 泰雅族

117. 태양을 정벌한 이야기

소개

대만 원주민에게서 흔히 발견되는 '태양을 쏜다는 전설射日傳說'은 보통 다음과 같이 전개된다. 하늘에 두 개의 태양이 떠서 밤낮없이 대지를 비춰 땅이 타고 기온이 급상승하여, 농작물을 마르게 할 뿐만 아니라 사람도 편안하게 살 수 없다. 이에 부락의 용사가 떨쳐 일어나 태양을 정벌하는 여정에 나서기로 결정한다.

타얄족 전설에서 태양을 쏘는 용사 이야기는 여러 가지 버전이 있다. 『원주민 부족 조사 보고서蕃族調査報告書』에는 대안계大安溪 상류 지역에 분포한 북세北勢 무영사武榮社의 전설이 실려 있다. 상고시대 이전에 하늘에 태양 하나가 떠서 밤낮없이 하늘을 돌자 대지가 까맣게 말랐다. 당시에 두 명의 용사가 모험에 나섰다. 그중 하나는 등에 어린아이를 업고 있었다. 여행 도중에 한 사람이 죽었으나 남은 부자는 계속해서 노력했다. 최후에 태양이 있는 곳에 도달했을 때, 아버지는 지나치게 흥분하여 사망했으나 아들은 슬픔을 참고 곰의 음경을 화살에 꽂아 태양을 쐈다. 결과적으로 태양은 둘로 갈라져 하나는 태양이 되고 하나는 달이 되었다. 이 때문에 세상에 낮과 밤의 구분이 생겼다.

이 밖에도 타얄족 북세 마필호사顺必浩社의 태양을 쏘는 이야기는 이렇다. 하늘에 두 개의 태양이 떠서 마침내 용사가 다람쥐의 음경을 꽂은 화살로 태양을 쏘아서 그중 하나를 맞췄고, 그 태양이 빛을 잃고 달로 변했다.

● 시오쓰키 도호鹽月桃甫가 『생번 전설집』(1923)에 삽입한 판화 「태양 정벌太陽征伐」

『원주민 부족 조사 보고서蕃族調查報告書』「태양을 정벌한 이야기征伐太陽的故事」(타얄족), 대만총독부 임시 대만 옛 습관 조사회臺灣總督府臨時臺灣舊慣調查會 원저, 중앙연구원 민족학연구소中央研究院民族學研究所 번역

태고 시대 하늘에 두 개의 태양이 떠서 극심한 빛과 열을 발산했고 대지에는 낮과 밤의 구분이 없었다. 이에 선조들이 사람을 파견하여 태양을 쏘게 했다. 명령을 받은 사람들은 서쪽을 향해 수십 년 동안 수천 리를 걸어 마침내 태양이 있는 서쪽 끝에 도달했다. 원래는 보통 화살로 태양을 쏘려 했으나, 효과가 없을 것으로 생각하고 bahot다람쥐의 음경을 화살에 꽂아 태양을 쏘기 시작했다. 화살이 태양에 명중하자 태양은 피를 쏟으며 점차 빛을 잃었다. 오늘날의 달이 바로 당시 화살에 맞은 태양이고 대지에는 그때부터 밤낮의 구분이 생겼다.

(북세 원주민 Mabrahaw社*)

---

* 〔원주〕Mabrahaw社: 타얄족 북세의 '마필호사麻必浩社'다. 지금의 묘율苗栗 태안향泰安鄉 상비촌象鼻村이므로 상비부락象鼻部落이라고도 칭한다. 현지에서는 '마필호麻必浩'의 뜻이 분명하지 않다고 여겨 '영안永安'으로 바꿔 부른다.

태양을
정벌
하다

『원주민 부족 조사 보고서』「태양을 정벌한 이야기」(타얄족), 대만총독부 임시 대만 옛 습관 조사회 원저, 중앙연구원 민족학연구소 번역

태고 시대에는 하늘에 달이 없었고 하나의 태양만 밤낮 구분 없이 운행했다. 따라서 기온이 매우 뜨거워서 사람들이 편안하게 쉴 수 없었다. 그 뒤 선조들이 함께 상의하여 태양을 정벌하기로 하고 두 젊은이를 선발했다.

두 사람은 식량을 죽관 竹管에 넣어 동쪽을 향해 출발했다. 그중 한 사람은 어린아이를 업었고, 다른 한 사람은 곰의 음경을 지녔다. 길이 정말 멀어서 두 사람이 10여 년 동안 걸었음에도 목적지의 절반에도 도달하지 못했다. 그 사이에 두 사람 중 하나가 노쇠하여 길에서 사망했다. 생존한 두 부자는 전혀 주눅 들지 않고 계속해서 10여 년을 걸은 결과 마침내 태양이 있는 곳에 당도했다.

두 부자는 기쁨에 겨워 소리를 질렀다. "우리 부자가 곧 사명을 완수하게 되었구나!" 그러나 지나치게 흥분한 탓인지 아버지가 갑자기 땅에 쓰러져 숨을 거두었다. 아들은 그 모습을 보고 매우 슬퍼하며 말했다. "여기까지 이렇게 어렵게 왔거늘 아버지 이렇게 돌아가시다니요? 아무리 삶과 죽음이 예정된 것이라지만, 임무의 10분의 9를 해냈거늘. 우리 임무가 물거품처럼 사라지길 원하신 건가요? 왜 마지막 승리도 보지 않고, 저를 내버려두고 가셨나요?" 아들은 얼마나 오래 울었는지 몰랐다.

드디어 아들은 정신을 단단히 차리고 곰의 음경을 화살 끝에 끼워서 태양이 절벽 위로 얼굴을 내밀 때 즉시 조준한 뒤 온 힘을 다해 발사했다. 그 결과 화살은 태양의 중심에 명중했고, 태양은 마침내 둘로 갈라지며 빛을 잃었다.

이때 태양의 절반이 다른 절반에게 말했다. "이후에 나는 낮에 떠서 세상을 비출 테니, 너는 밤에 나오너라!" 이와 같이 약속한 뒤 그 의견을 제기한 절반의 태양이 하늘에 뜰 때, 다른 절반의 태양은 본래 장소에 머물다가, 반쪽 태양이 서산으로 진 뒤에야 얼굴을 내밀었다.

아들은 순조롭게 임무를 완성하고 밤낮없이 길을 달려 마을로 돌아와 사람들에게 보고했다. "제가 화살로 태양을 쏘아서 둘로 나눴습니다. 이후에는 병에 걸리는 사람이 틀림없이 줄어들 것입니다. 모두 기뻐해주십시오!" 이에 사람들은 주연을 크게 열고 축하했다.

(북세 원주민 Buyung社*)

---

* 〔원주〕Buyung社: 타얄족 북세北勢의 '무영사武榮社'로 대안계大安溪 지류인 설산갱雪山坑 고지에 자리 잡고 있다. 지금의 묘율 대호향大湖鄉 무영촌武榮村이다.

118. 거인 Halus 이야기

대만 원주민 전설에는 늘 거인이 등장한다. 예를 들어 타얄족 사이에 널리 알려진 거인 Halus*에 관한 신기한 이야기가 있다.

『원주민 부족 조사 보고서』에 기록된 타얄족 트리크사Tgliqᴬᴵᴸ의 전설에 따르면 아주 오랜 옛날에 Halus라는 거인이 살았는데, 그는 자신의 거대한 음경으로 심지어 다리를 만들어 사람들을 지나가게 할 수도 있었다고 한다. 하지만 Halus는 여성들이 다리를 건널 때만 협조할 뿐 남성이 지나가면 공격하여 강물 속으로 빠뜨렸다. Halus는 몸집도 크고 입도 커서 사슴을 한입에 삼킬 수도 있었다. 늘 위협에 시달려온 부락 사람들은 거인을 제거하기로 결심하고 그를 속여서 뜨겁게 달군 바위를 삼키게 하여 절명하게 만들었다.

---

* 〔원주〕 Halus: 보통 '하루쓰哈魯斯' '하레이쓰哈雷斯' '하루쓰哈路斯'로 번역한다.

원전

『원주민 부족 조사 보고서』「Halus 이야기Halus的故事」(타얄족), 대만총독부 임시 대만 옛 습관 조사회 원저, 중앙연구원 민족학연구소 번역

옛날에 Halus라는 거인은 거대한 음경을 갖고 있었다.

매번 소나기가 내려 산에 갑자기 홍수가 날 때마다 부락 사람들은 모두 그 거인을 초청하여 그의 음경으로 다리를 만들어달라고 청했다.

하지만 Halus는 늘 좋은 마음을 먹지 않고 남자가 다리를 건널 때는 일부러 음경을 흔들어 강물 속으로 빠뜨렸다.

그런데 여성이 지나가면 편안하게 맞은편으로 건너갈 수 있게 했다.

Halus는 몸집이 컸으므로 입도 물론 작지 않았다. 그가 산 아래에서 큰 입을 벌리고 있으면 늘 사슴들이 동굴로 오인하고 입속으로 뛰어들었다. 이 때문에 그는 힘들이지 않고 사슴을 잡아먹을 수 있었다.

모든 일에 이익이 있으면 반드시 폐단이 있고, 얻는 것이 있으면 잃는 것이 있기 마련이지만 이익은 적게 주고 손해만 많이 끼치면 반드시 멸망하게 된다. Halus가 산속 짐승들을 거의 다 잡아먹었기 때문에 부락 사람들은 자신들의 생존을 위해 어쩔 수 없이 거인을 제거해야만 했다.

어느 날 사람들은 산꼭대기에서 바위를 뜨겁게 달구어 Halus에게 먹을 수 있는 사슴이라 속이고 그 뜨거운 바위를 산 아래로 굴렸다. Halus는 자연스럽게 입을 크게 벌리고 뜨거운 바위를 삼키다가 목숨이 끊어졌다.

(합환合歡 원주민 Tgliq社*)

---

* 〔원주〕Tgliq社: 타얄족 합환 일대의 부락으로 중국어로는 '테리쿠사鐵立庫社'로 번역한다. 지금의 도원 부흥향復興鄉 삼광촌三光村이다.

119. 여인사女人社

소개

타얄족 사이에 유포되어 있는 여인사女人社(여인만 사는 부락) 이야기에는 몇 가지 버전이 있고, 그 지점이나 부락도 'Syuma' 'Kiwawan' 'Kulubiyo' 'Syoluma' 등의 다른 이름으로 불리기도 한다.

타얄족 백모사白毛社의 전설에서는 여인사를 'Kilubawgan'으로 부르고 있다. 전설에 따르면 여인사의 여인들은 두 다리를 벌리고 바람을 받아들이면 딸을 임신할 수 있다고 한다. 다만 남자가 여인사의 영역 안으로 들어오면 부락의 여인들이 남자를 강압하여 서로 교합한다. 일찍이 다른 부락 용사들이 여인사를 공격하려 했지만 여인사의 여인들이 용감하게 싸움을 잘하는 데다 지략도 뛰어나서 어떤 사람도 여인사의 영역 안으로 한 발짝도 들어올 수 없었다.

『원주민 부족 조사 보고서』「Kilubawgan 이야기 ^{Kilubawgan的故}事」(타얄족), 대만총독부 임시 대만 옛 습관 조사회 원저, 중앙연구원 민족학연구소 번역

옛날 깊은 산 속에 Kilubawgan이라고 불리는 여인사가 있었다. 그곳 여인들은 자식을 얻고 싶을 때 다리를 크게 벌리고 바람을 맞아들이면 바로 딸을 잉태할 수 있었다. 어느 날 어떤 남자가 사냥하러 나섰다가 사냥개가 길을 잃었는데, 그는 사냥개가 뛰어가는 방향으로 뒤쫓아가서 Kilubawgan에 도착했다.

부락 여인들은 그를 보고 벌떼처럼 몰려와서 자신의 집으로 잡아가려 했다. 이때 어떤 노부인이 젊은 여자들을 밀어제치고 큰 걸음으로 남자 앞에 가서 남자 다리 사이의 그 물건을 잡고 자신의 다리 사이 그곳에 삽입했다. 남자는 잠깐 사이에 힘을 모두 소모하고 땅바닥에 쓰러졌다. 여인들이 다시 그를 에워싸고 몰려들었지만 그의 물건은 더 이상 등장할 수 없었다. 이 때문에 어떤 여인이 낫을 들고 그의 물건을 잘라버렸다.

한편 남자가 소속된 부락에서는 며칠이 지나도록 그가 돌아오지 않자 무슨 수상한 일이 발생한 것으로 짐작하고 한 무리 남자들이 Kilubawgan으로 가서 복수할 준비를 했다. 그러나 갑자기 수많은 벌이 날아와서 그들이 여인사로 진입할 수 없게 했고, 이에 그들은 밤이 되어서야 여인사를 공격했다. 그러나 여인들이 일찌감

여인사
女人社

치 바나나 껍질을 산비탈에 깔아뒀기에 그들은 그것을 밟자마자 깊은 계곡으로 미끄러졌고, 전군이 몰살하여 아무도 살아 돌아오지 못했다. 이후로는 감히 Kilubawgan을 공격하는 자가 없었다.

(남세 원주민 백모사*)

---

* 〔원주〕 남세 원주민 백모사南勢蕃白毛社: 타얄족 남세 지역 백모사로 별명은 '백모대白毛臺'다. 지금의 대중시 신사구新社區 복흥리福興里에 위치하고 있다.

120. 곰과 표범의 상호 염색

소개

　타얄족의 재미있는 전설로 곰과 표범이 서로 염색해주는 이야기가
있다.

　오래전에 곰과 표범의 털 색깔은 모두 흰색이었지만 흰색은 쉽게 더러
워지기 때문에 곰과 표범이 서로 상대의 털을 염색해주기로 결정했다. 곰
은 솜씨가 뛰어나서 표범을 아주 멋지게 염색해주었고, 이 때문에 표범의
털 색깔은 매우 아름답게 되었다. 이어서 표범이 곰에게 염색해줄 때는
손에 온통 먹을 칠하고 곰의 몸을 맹렬하게 문질렀다. 그 동작이 매우 거
칠어서 결과적으로 곰은 전신이 모두 검은색으로 변했다. 게다가 표범이
염색할 때 곰이 몸을 쭈그리고 앉아 있었기에 목 아래 부분만 검은색이
칠해지지 않았다. 나중에 곰은 물가에서 자신의 몸을 비춰보고 온통 검게
변한 것을 발견하고는 매우 화가 났다.

　그러나 타얄족 학쿨군Hakul群(福骨群, 白狗群)에서 이야기하는 곰과 표범의
염색 이야기는 이와 다르다. 옛날에 곰이 밭에서 친구를 죽였기에 보복
을 당할까 두려워서 산속에 숨었다. 당시에 곰이 입었던 옷에 검은 진흙
이 묻어서 전신이 검게 변했다. 표범은 기실 여자가 변한 짐승이었다. 그

여자는 본래 집에서 베를 짜다가 어느 날 갑자기 이렇게 살다가는 영원히 고기를 먹을 수 없다는 생각이 들어 알록달록한 천을 몸에 걸치고 산속으로 들어갔다가 표범으로 변했다.

원전

『원주민 부족 조사 보고서』「곰과 표범의 이야기熊和豹的故事」 (타얄족), 대만총독부 임시 대만 옛 습관 조사회 원저, 중앙연구원 민족학연구소 번역

옛날에 곰과 표범이 길에서 우연히 만났다. 표범이 제의했다. "우리 서로 털을 염색해주면 어떨까?" 곰은 즉시 찬성했다.

먼저 곰이 표범의 털을 염색해주면서 매우 세심하게 흑백의 알록달록한 반점을 넣어주었다.

표범은 염색된 자신의 무늬를 보고 매우 기뻐하면서 말했다. "이제는 내가 네 털을 염색해줄게." 그리고 손에 먹물을 묻히고 곰의 몸을 세게 문질렀다. 곰의 털은 온통 검게 변했다. 곰은 검게 변한 자신의 털을 보고 매우 화가 가서 고개를 들고 표범을 물려고 했다. 표범은 얼른 사과했다. "내가 일부러 그런 것이 아니고 기술이 부족해서 그렇게 됐어! 나중에 사슴을 잡으면 꼭 네게 보내줄게. 부디 내 잘못을 용서해다오."

그 뒤로 표범은 사슴을 잡으면 반드시 땅속에 묻어놓고 곰이 먹기를 기다렸다.

(합환 원주민 Tgliq社)

초우족 鄒族(Cou)

121. 신비한 탑산 塔山

소개

초우족은 사람이 세상을 떠나면 영혼이 탑산塔山으로 간다고 믿는다. 탑산은 천신天神이 거주하는 곳이자 조상의 영혼이 돌아가는 신성한 곳이라고 한다.

초우족의 탑산 전설에 연애 괴담 한 가지가 들어 있다. 이 이야기는 온유한 소녀와 망자의 영혼 간 러브스토리로 내용이 감동적이다. 전설은 이렇다. 옛날에 서로 사랑하는 한 쌍의 남녀(부부)가 있었다. 남자가 불행하게도 병에 걸려 죽자, 여자는 슬픔 속에서 남자의 혼령이 찾아오기를 바라며 탑산으로 갔다. 여자는 남자의 혼령과 탑산에서 행복한 날을 보내면서 아들까지 낳았지만, 그 아들은 외조모의 손에 닿자마자 나무뿌리로 변했다. 나중에 여자는 자신이 죽기 전에 흰색 물건(전설에 따르면 여자의 흰색 옷이나 흰색 수건)이 탑산의 절벽에 걸릴 것이라고 공언했다. 과

● 일본 통치 시대의 아리산阿裏山 사진. 탑산은 초우족의 성산으로 아리산의 여러
봉우리 속에 자리 잡고 있다. 이 사진의 출처는 『일본 지리 대계』「대만편」(1930).

연 며칠 후 그 절벽에 흰색 물건이 나타났고, 그 물건도 나중에 바위로 변
했다.

원전

『원주민 부족 조사 보고서』「제4장: 종교第四章: 宗教」(초우족),
대만총독부 임시 대만 옛 습관 조사회 원저, 중앙연구원 민족
학연구소 번역

사람이 죽은 뒤에 그 영혼은 반드시 탑산으로 간다. 산 위에 흙
으로 만든 집이 있고 선조의 영혼이 그곳에 거주하며 우리와 마찬
가지로 부지런히 일한다. 우리 같은 후손이 죽으면 모두 다시 집을
지을 필요 없이 선조가 지은 집으로 들어갈 수 있다. 그곳으로 가

는 길은 평탄하여 걷기에 좋다. 도중에 강물이 있고 외나무다리가 놓여 있지만 결코 위험하지 않다. 〔남자각만사楠仔脚萬社〕

『원주민 부족 조사 보고서』「망령 이야기亡靈的故事」(초우족), 대만총독부 임시 대만 옛 습관 조사회 원저, 중앙연구원 민족학연구소 번역

옛날에 서로 사랑하는 한 쌍의 남녀(부부)가 있었다. 그들은 매일 밤 손을 잡고 밖으로 나가서 놀았고, 그들을 본 사람은 모두 부러워했다.

그러나 옛날부터 호사다마好事多魔라는 말이 있듯이 이 사랑하는 부부도 예외가 아니었다. 남자가 작은 병에 걸렸다가 뜻밖에도 병세가 악화되어 결국 황천객이 되었고, 이제 다시는 아내와 만날 방법이 없게 되었다. 여자는 형언할 수 없을 정도로 슬퍼하면서 매일 사랑하는 사람을 그리워하는 노래를 불렀다.

어느 날 여자가 평상시처럼 사랑의 노래를 부르고 있을 때 눈앞에 갑자기 죽은 남편의 모습이 나타났다. 여자가 기뻐하며 물었다. "사랑하는 이여! 어찌하여 나를 남겨놓고 혼자 떠나셨나요? 우리는 일찍이 산과 바다에 맹세하며 황천에도 함께 가기로 하지 않았나요? 당신은 내가 이 세상에 혼자 있으면 아무 즐거움도 없다는 사실을 잘 아시잖아요? 사람들은 늘 남자는 모두 무정하다고 하지만 당신만은 그렇지 않다고 여겼어요. 그런데 당신도 이렇게 박정한 남자인 줄 생각지도 못했네요. 내가 어째서 당신 같은 사람에게 시집갔을까요?" 여자는 남편의 몸을 움켜잡고 하소연했다.

남자가 말했다. "당신 말이 맞소. 이제 나와 함께 갑시다." 그는 이렇게 말하면서 아내의 손을 잡고 앞으로 걸어갔다. 여자가 말했다. "당신과 함께 있을 수 있다면 하늘 끝 바다 끝이라 해도 무섭지 않아요." 그러고는 남자를 따라갔다.

그런데 다른 사람의 눈에는 남자의 모습이 보이지 않고 여자의 행동만 보일 뿐이었다. 그들은 모두 여자가 미쳤다고 생각했다. 한편 사람들은 모두 여자가 정신적으로 큰 타격을 받았음을 알고 그녀의 행동에 전혀 상관하지 않았다.

조금 뒤 여자는 남자를 따라 탑산에 도착했다. 여자가 바라보니 산 위에 집 한 채가 있었고, 그 안에는 많은 사람이 거주하고 있었다. 이에 여자는 그곳에서 몇 달을 머물렀다. 하지만 이 기간에도 여자는 여전히 자신의 집을 왕래하며 술을 비롯한 여러 가지 물품을 산 위로 가져갔다. 동시에 남자 집에서도 늘 여자 집에 술을 가져다주었다. 다만 가족들은 술을 가져오는 사람을 본 적이 없기에 술독 스스로 발이 달려 걸어오는 것으로 여겼다.

어느 날 여자는 사랑스러운 아기를 안고 돌아왔다. 여자의 모친이 손을 뻗어 외손을 안으니, 뜻밖에도 아이가 나무뿌리로 변했다. 모친은 깜짝 놀라 소리를 지르며 나무뿌리를 땅바닥에 팽개쳤다. 여자가 말했다. "어머니! 어떻게 이렇게 매정할 수가 있어요?" 그러면서 여자는 땅에 떨어진 나무뿌리를 안아 올렸다. 나무뿌리는 즉시 아이의 본래 모습을 회복했다. 여자가 아이의 귀여운 뺨을 쓰다듬자 아이는 까르르 웃었다.

어느 날 여자가 말했다. "내일 술을 탑산으로 가져가야겠어요." 여자의 모친은 많은 사람에게 술을 탑산 기슭까지 운반해달라고 부탁했다. 당시 산 아래에 긴 창 한 자루를 세워두었는데, 사람들이 술독을 그 창 옆에 갖다놓으면 갑자기 공중에서 몇 사람의 손이 내려와 술독을 가져갔다. 이런 일이 수십 차례나 발생했다.

어느 날 여자가 갑자기 집에 와서 말했다. "내가 죽을 때 탑산 절벽에 흰색 물건이 걸릴 거예요." 여자는 말을 마치고 다시 떠났다. 며칠 후 탑산 절벽에 과연 여자의 말대로 흰색 물건이 나타났다.

이후 여자는 원주민 마을로 돌아오지 않았다. 그 흰색 물건은 바위로 변해 지금도 여전히 탑산 위에 남아 있다. 이 때문에 Lalaci사流流柴社* 사람들은 모두 탑산을 '요괴산hohcʉbʉ'**이라고 부른다.

(류류시사流流柴社)

---

* 〔원주〕Lalaci사流流柴社: 초우족 내길來吉 부락이다.

** 〔원주〕요괴산hohcʉbʉ: 『원주민 부족 조사 보고서』에서 탑산을 '요괴산'이라고 언급했다. 이것은 일본 작가가 한자 개념으로 탑산을 번역한 것으로 이때 '요괴산'은 기괴한 산이라는 뜻이다. 메이지와 다이쇼 연간에 일어 '요카이妖怪'에는 '괴이한 현상, 비정상 상태'라는 뜻이 들어 있었다. 초우족 언어에서는 신성한 탑산을 'hohcʉbʉ'라고 부른다.

122. 거인 이야기

소개

초우족 거인은 거대한 음경이 있는 타얄족 거인 Halus와 달리, 오히려 자신의 모친에게 거세당한 뒤 몸이 끝도 없이 자라기 시작하여 마침내 거인으로 변했다고 한다.

초우족의 이 거인은 몸집이 너무 커서 본가에서 살 수 없었기에 산속 동굴에 가서 거주했다. 이 거인은 어머니가 자신을 거세하여 이렇게 추악한 모습으로 자라게 한 뒤 산속에 외롭게 거주하게 한 일에 원한을 품고 어머니를 죽이기로 결심했다. 전설에 따르면 그는 어머니가 자신에게 밥을 날라온 틈에 밧줄로 목을 졸라 나무에 매달아 죽였다고 한다.

거인은 모친 살해 범죄를 저질렀지만, 몸집이 거대했기에 사람들은 그를 어떻게 할 수 없었다. 그러나 나중에 거인이 병에 걸려 몸이 허약해지자 많은 곰이 그를 물어 죽였다고 한다.

『원주민 부족 조사 보고서』「거인 이야기^{巨人的故事}」(초우족),
대만총독부 임시 대만 옛 습관 조사회 원저, 중앙연구원 민족
학연구소 번역

어떤 집에 몸집이 왜소한 남자가 있었다.

어느 날 남자의 모친이 그의 고환을 거세하자 남자의 몸이 해마
다 크게 자라났다.

결국 남자가 방에 누웠을 때 두 다리는 대문에 닿고, 머리는 후
문에까지 이를 정도로 크게 자랐다.

이런 지경에 이르자 집에서는 살 수 없어서 산 위의 동굴로 가서
거주할 수밖에 없었다.

그러나 혼자 동굴에서 살아가는 날들은 너무나 적막해서 그 괴
로움을 말로 표현할 수 없었다. 이 때문에 하루하루 모친에 대한
원한이 쌓여 결국 거인은 어머니를 살해하는 엄청난 범죄를 저지
르고 말았다.

그런데 그런 거인도 어느 날 심한 병에 걸리자 몸이 쇠약해지기
시작했다. 마침 그때 산 위에서 수많은 곰이 내려와서 그를 물어
죽였다. 전설에 따르면 옛날 곰들은 늘 10~20마리씩 떼를 지어
산속에서 살았다고 한다.

(류류시사)

123. 산사태 이야기

소개

초우족에게는 신비한 술법이 한 가지 있었다고 한다. 산 위에서 강철을 땅에 찔러넣고 토지신에게 기도한 뒤 다시 강철을 단단히 잡고 뒤로 젖히면 거대한 산사태가 일어난다는 것이다. 이런 술법을 전쟁에 운용하면 적을 교란시킬 수 있다.

원전

『원주민 부족 조사 보고서』「산사태 이야^{山崩的故事}」(초우족), 대만총독부 임시 대만 옛 습관 조사회 원저, 중앙연구원 민족학연구소 번역

전설에 따르면 산 위로 올라가 강철을 땅속에 찔러넣은 뒤 Ak'emameoi*에게 기도하고 두 손으로 강철을 단단히 잡고 뒤로

---

* 〔원주〕Ak'emameoi: 초우족의 토지신이자 부락 수호신이다.

쓰러뜨리면 산사태가 일어난다고 한다. 이 때문에 지모로사知母勝社(Tfuya)가 달방사達邦社(Tapang)와 전쟁을 할 때 지모로사의 Voyu Yasiungu라는 자가 이 술법으로 산사태를 일으켜 적을 교란시켰다.

지금도 때때로 산사태가 일어나는 것은 바로 과거의 지주地主가 일찍이 이 술법을 썼기 때문이다. 하지만 신명에게 기도하면 원상을 회복할 수 있다는 전설도 있다.

(류류시사)

124. 죽은 사람 이야기

소개

초우족의 상고시대 전설에 따르면 옛날에는 여신의 신비한 술법에 의
지하여 인류가 죽었다가 다시 살아나면서 모두 다섯 번 삶을 반복할 수
있었는데, 악작극을 벌이는 신이 개입한 탓에 다시 부활할 수 없게 되었
다고 한다.

원전

『원주민 부족 조사 보고서』「제1장: 총론第一章: 總論」(초우족),
대만총독부 임시 대만 옛 습관 조사회 원저, 중앙연구원 민족
학연구소 번역

「지모로사知母勝社」

태곳적에 여신 Nivnu*가 신고산新高山에 강림하여 인류를 창조했

---

* 〔원주〕ivnu: 초우족이 존경하는 여신이다. 겉모습이 아름답고 고상할 뿐만 아니라 마

다. 당시의 인류는 상당히 장수하면서 거의 장생불로의 경지에 이르렀다고 한다. 마치 아리산에서 무성하게 자라는 회수檜樹처럼 항상 활력이 넘치고 건강했다. 설령 사고로 죽는다 해도 Nivnu 여신이 신비한 술법을 시행하면 바로 기사회생할 수 있었는데, 이렇게 다섯 차례 술법을 시행할 때까지 죽지 않았다.

어느 날, Nivnu 여신이 두 번째로 죽은 사람을 침상에 혼자 남겨두고 외출했다. Soesoha**라는 신령이 이때 나타나서 너무나 비통하여 바로 마당에 구덩이를 파고 그 시체를 묻고 흙을 덮은 뒤 무덤가에서 슬퍼하며 눈물을 흘렸다.(지금도 그곳 사람들이 죽은 사람을 집 안에 묻고 그 곁에서 슬퍼하는 것은 바로 여기에서 기원했다.) Nivnu 여신은 귀가하여 그 광경을 보고 깜짝 놀랐다. 그러나 Soesoha 신령이 이미 곡을 했으므로 술법을 시행해도 효과가 없기에 더 이상 억지로 손을 쓸 수 없어서, 그 사람은 결국 목숨을 잃고 영생할 수 없게 되었다. 그 뒤로는 다른 사람도 두 번째로 목숨을 잃을 때 모두 황천객이 되었다.

Soesoha 신령은 Nivnu 여신의 선행을 보고 따라해보려고 했다. 그러나 결과적으로는 여신에게 미치지 못했을 뿐만 아니라 오히려 자신의 행위가 악행이 되어 '악신惡神'이라 불리게 되었다. 어느 날 Soesoha 신령은 Nivnu 여신이 겨우 쌀 한 톨을 솥에 넣고도 얼

음도 선량하고 인자하다. 전설에 따르면 이 여신이 인류를 창조했다고 한다.
** 〔원주〕 Soesoha : 악작극을 벌이는 신령.

마 지나지 않아 한 솥 가득 밥을 해내는 것을 보았다. Soesoha 신령도 그대로 해보았지만 잠시 후에 솥에서는 참기 어려운 악취가 풍겨 나왔다. 솥뚜껑을 열고 살펴보니 솥 안에 돼지 똥과 개똥이 끓어오르고 있었다. 또 한 번은 Nivnu 여신이 술을 담그면서 쌀 두세 톨만 병에 넣었는데 금방 한 병 가득 향기로운 술을 빚어내는 것을 보았다. Soesoha 신령도 그 방법에 따라 쌀 두세 톨을 병에 넣었지만, 결국은 돼지 똥이 섞인 술이 빚어져서 한 모금도 마실 수 없었다.

『원주민 부족 조사 보고서』「죽은 사람이 땅에서 나온 이야기 死人出土的故事」(초우족), 대만총독부 임시 대만 옛 습관 조사회 원저, 중앙연구원 민족학연구소 번역

옛날에 어떤 집에서 아침을 먹고 남은 음식을 치우지 않고 그대로 마당에 남겨두고 밭에 가서 일을 했다. 저녁에 돌아와 아침에 남겨둔 음식을 먹으려 했으나 음식이 보이지 않았다. 그들은 '집을 나설 때 집에 가득 남아 있던 음식을 쥐가 먹어버린 것일까? 개가 먹어버린 것일까?' 이렇게 중얼거리며 의아하게 생각했다. 내막을 알아보기 위해 다음 날 가족이 모두 밖으로 나갔을 때 한 남자가 이불 속에 숨어서 상황을 엿보았다. 그때 집에는 개 한 마리조차 없었다.

잠시 후 마당에 매장했던 망자들이 전부 천천히 기어 나와 음식

을 찾기 시작했다. 심지어 마당에 떨어진 밥알까지 모두 주워서 먹었다. 정말 무서운 광경이었다. 남자는 망자들에게 발견되지 않도록 이불 한 자락을 단단히 움켜잡고 몸을 움츠린 채 숨을 죽였다. 이어서 망자들은 화로 옆으로 가서 자신의 다리를 구워 먹었다. 망자들은 껍질과 뼈만 남겨 놓았다. 그들의 푸르딩딩한 얼굴을 보니 더욱 무서워서 온몸이 부들부들 떨렸다.

그들은 계속해서 자신들의 다리를 불꽃이 이글이글 피어오르는 화로에 넣고 구워서 먹었다. 남자는 그 모습을 보고 모골이 송연하여 아무 소리도 내지 못한 채 끊임없이 몸을 떨면서 몸을 뒤로 움츠렸다. 망자들은 사람의 움직임을 느끼고 집안에 개가 있는 줄로 여기며, 다시 무덤 안으로 숨어 들어갔다. 이때 남자는 얼른 집 밖으로 도망쳤다. 가족들이 돌아올 때까지 기다리다가 함께 집으로 들어가서 자신이 아침에 보았던 모든 광경을 이야기했다.

이전에는 이런 종류의 이야기가 끊임없이 만들어졌다. 그러나 지금은 사람이 죽으면 유족들이 모두 roifo(무당)를 초청하여 망령을 쫓아내기에 더 이상 망자를 본 사람은 없다.

(류류시사)

125. 도깨비불 이야기

도깨비불은 불가사의한 현상이다. 옛날 탑산에 도깨비불이 날아다녔는
데, 기실은 망령이 산속을 오고 가는 것이었다고 한다. 『원주민 부족 조사
보고서』에도 초우족 도깨비불 이야기가 기록되어 있다. 어떤 모친의 아들
이 갑자기 사망한 뒤 그 모친이 아들의 화신인 듯한 도깨비불을 본 적이
있다고 한다.

『원주민 부족 조사 보고서』「도깨비불 이야기鬼火的故事」(초우
족), 대만총독부 임시 대만 옛 습관 조사회 원저, 중앙연구원
민족학연구소 번역

옛날에 두 모자가 밭에서 함께 일을 했다. 그런데 귀신의 장난이
었는지 아들이 갑자기 죽었다. 그날 저녁 어머니는 산 위에서 묵었

다. 다음 날 아침 어머니는 물을 긷기 위해 계곡으로 내려갔다. 돌아오는 길에 어머니는 문득 사람 모양의 도깨비불이 날아가는 것을 목격했다. 어머니는 이상하게 느껴져 줄곧 그것을 주시했다. 그런데 뜻밖에도 그 도깨비불이 어머니가 묵은 작은 집에 부딪혔고, 이 때문에 작은 집이 불에 타서 잿더미가 되었다. 어머니는 혼불이 날아다니는 현상에 겁을 먹고 정신없이 도망쳤다. 그러나 다음 날 어머니가 다시 그곳에 가보았을 때는 작은 집이 원래의 모습대로 서 있었다.

(류류시사)

사키자야족 撒奇萊雅族(Sakizaya)

126. 여인도女人島 이야기

소개

일본 통치 시대에 사키자야족撒奇萊雅族(Sakizaya, 귀화사歸化社)* 사이에 '여인도女人島'에 관한 이야기가 널리 퍼져 있었다. 이 이야기는 다른 원주민의 '여인사女人社'나 '여인국女人國' 이야기와 다르다. 어떤 남자가 자신의 뜻과 달리 여인도에 도착하니 그곳은 아름다운 낙원이었다. 남자는 귀한 손님으로 대접받으며 매일 다 먹을 수 없는 산해진미에 빠져 지냈다. 하지만 나중에 남자는 고향 생각이 간절하여 큰 고래를 타고 귀향해보니 뜻밖에도 세월이 이미 몇십 년이나 지난 뒤였다.

여인도에 관한 전설은 아미스족에게도 널리 퍼져 있지만 주인공이 섬

---

* [원주] 사키자야족Sakizaya族: 화련花蓮의 기래평원奇萊平原에 거주한다. 일본 통치 시대에 '귀화사歸化社'로 불렸으며, 남세南勢 아미阿美에 속하는 것으로 인정되었다. 2007년에 정식 명칭을 사키자야족撒奇萊雅族(Sakizaya)으로 정했다.

● 화가 시오쓰키 도호가 『생번 전설집』(1923)에 그린 삽화 「여호도女護之島」

에서 잘 대접받는 것이 아니라 돼지처럼 사육되었다는 것이 가장 큰 차이다.

현재 사키자야족 여인도에 관한 이야기는 오직 수풍향壽豐鄕 수련부락水璉部落에만 전해올 뿐 다른 곳에서는 찾아보기 어렵다. 아래에서 수련부락 차이진무蔡金木 선생이 들려준 여인도 이야기의 개요를 소개한다.[*]

이전에 '마구구馬久久'라는 남자가 형과 함께 산에 가서 땔감을 하다가 큰물에 휩쓸려 바다에까지 표류했다. 그는 뜻밖에도 섬 주민이 모두 여자인 '바라이산巴萊珊(Balaisan)'이라는 섬에 도착했다. 나중에 마구구는 잡혀가서 여왕을 만났다. 여왕은 그를 감옥에 가두라고 명령했는데, 감옥에는 이미 남자 몇 명이 더 있었다. 본래 남자는 이곳에서 사육되어 여인

---

[*]　〔원주〕류슈메이劉秀美, 『화신이 보살펴준 밝은 미래: 사키자야족에 구전되어온 이야기火神眷顧的光明未來: 撒奇萊雅族口傳故事』(秀威資訊, 2012)

국의 대를 잇는 도구가 될 운명이었다. 마구구는 그 뒤 기회를 잡아 도망치다가 그곳 사병들에게 발견되었고, 이에 다시 바다 속으로 도주해 들어갔다. 그때 큰 고래가 나타나 마구구를 싣고 그의 마을로 돌아왔다. 전설에 큰 고래는 해안에 도착하여 자신의 꼬리로 수련부락의 한 곳을 휩쓸어 삼면을 산으로 둘러싸고 한 면만 바다로 향하게 한 항구를 만들었다고 한다. 큰 고래는 마구구로 하여금 앞으로 젓갈, 빈랑檳榔, 술, 억새 이삭, 찹쌀떡으로 자신에게 제사를 지내달라고 요구했다. 왜냐하면 큰 고래는 바다의 신 카피트卡飛特(Kafit)였기 때문이다.

원전

『원주민 부족 조사 보고서』 「여인도女人島的故事」(초우족), 대만총독부 임시 대만 옛 습관 조사회 원저, 중앙연구원 민족학 연구소 번역

옛날에 Maciwciw라는 사람이 강에서 고기를 잡다가 발을 헛디뎌 강물에 빠졌고, 격류에 휩쓸려 바다에까지 표류했다.

Maciwciw는 살려달라고 소리쳤으나 아무도 응답하지 않았으며, 다만 파도가 해안에 부딪히는 소리만 들려올 뿐이었다.

어떻게 할 수 없었던 Maciwciw는 파도 속을 표류할 수밖에 없었다. 황혼 무렵 Maciwciw는 갑자기 먼 수평선에 작은 섬이 떠 있는 듯한 느낌을 받았다. 이에 그는 피로한 몸으로 헤엄쳐 갔지만 어떻게 해도 닿을 수 없었다. 그는 체력을 소모하기보다 하늘에 운

명을 맡기기로 하고 계속해서 하늘을 보며 수면에 떠서 물결 따라 흘러갔다.

오래지 않아 Maciwciw는 사람 소리를 듣고 고개를 돌렸다. 어쩐지 가까운 해안에 많은 사람이 그를 가리키며 수군거리고 있었다.

그는 그곳이 식인도라 하더라도 바다에서 물고기밥이 되는 것보다 낫다 생각하고 손발을 놀려 해안으로 헤엄쳐 갔다. 그는 해안으로 올라간 뒤에야 그 섬에 남자는 없고 여자만 있다는 사실을 발견했다. 여자들은 마치 귀한 보배를 얻은 것처럼 그의 몸을 둘러쌌다.

그 뒤 여자들은 그를 휘황찬란한 궁궐로 데려가는 한편 과연 이 진귀한 남자를 누구의 남편으로 삼을 것인지 토론하면서 그를 희롱했다.

이 여인도는 Falaysan이라 불리고, 그곳에는 산해진미가 산더미처럼 가득했다. Maciwciw는 비로소 그곳 생활에 즐거움을 느꼈지만, 시간이 지나면서 고향 생각이 짙게 우러났다.

어느 날 Maciwciw는 몰래 해변으로 달려가서 멀리 고향을 바라보며 탄식했다. "아이고! 우리 아내! 우리 어머니! 지금 어떻게 살고 있는지? 이 대해에 막혀 있지 않다면 천만리 밖이라 해도 어머니와 아내를 만날 수 있을 텐데!"

이때 수면에 갑자기 큰 고래가 나타나 Maciwciw에게 말했다. "그렇게 슬퍼하지 말고, 내 등에 올라타라! 내가 너를 고향으로 데

여인도

기이한 섬에
표류했다가
고래를 타고
돌아왔다.

려다주겠다."

Maciwciw는 기쁜 마음에 즉시 신령에게 제사를 지내고 고래의 등에 뛰어올랐다.

고래는 신속하게 흰 파도를 헤치고 순식간에 그의 고향 해변으로 데려다줬다.

Maciwciw는 불과 몇 년 동안 고향을 떠나 있었다고 생각했지만 고향의 모습은 완전히 변해 있었다. 자신의 집에 가보았으나 가족을 한 명도 찾을 수 없었다. 많은 말을 주고받은 이후에야 어떤 사람이 Maciwciw라는 이름을 기억해냈다. 그 사람이 그에게 말했다. "우리 할아버지 대에 Maciwciw라는 분이 있었습니다. 그분은 어느 날 강으로 고기 잡으러 갔다가 돌아오지 않았습니다. 이 집이 바로 Maciwciw의 집입니다."

큰 고래는 Maciwciw를 해안으로 데려다줄 때 말했다. "닷새 뒤에 돼지 다섯 마리, 술 다섯 병, 빈랑 다섯 꿰미를 가지고 해변으로 와서 제사를 지내라." 닷새 뒤에 Maciwciw는 약속한 대로 해변으로 가서 고래에게 제사를 올렸다. 전설에 따르면 그때 조선술^{造船術}을 원주민들에게 전했다고 한다.

파이완족 排灣族(Paiwan)

127. 임신한 부인이 바위로 변하다

 소개

파이완족은 대만섬 남부의 산악과 평원 일대에 거주하는 부족으로 이 부족 안에 많은 신화 전설이 전해온다. 예를 들어 『원주민 부족 관습 조사 보고서番族慣習調査報告書』에 임신한 부인이 바위로 변한 이야기가 그것이다.

원전

『원주민 부족 조사 보고서』「임신한 부인이 바위로 변하다孕婦化爲石頭」(파이완족), 대만총독부 임시 대만 옛 습관 조사회 원저, 중앙연구원 민족학연구소 번역

Drekai 원주민 Capungan社가 처음 창건되었을 때, 그 아래 부

락에 사는 원주민 부인이 임신한 몸으로 Kalesengan으로 놀러가려 했다.

산비탈을 올라갈 때 도중에 갑자기 우뚝 솟은 큰 바위를 만나 길을 잃었다. '후hu'하고 한숨을 쉬며 잠시 휴식하다가 생각지도 못한 상황에서 그 상태 그대로 바위가 되었다. 전설에 따르면 그 바위가 지금도 있다고 한다.

128. 원숭이와 천산갑 이야기

소개

　원숭이와 천산갑 사이에 발생한 은혜와 원한 이야기는 파이완족 사이에 전해오는 재미있는 전설이다.

　전설에 따르면 원숭이와 천산갑은 친한 친구이기는 하지만 쌍방 간에 약간의 거리감도 있었다. 원숭이가 물고기를 잡을 때 천산갑이 그를 속여서 돌멩이로 새끼손가락을 찧었고, 이 때문에 원숭이는 고통을 참지 못했다. 천산갑은 원숭이를 놀렸을 뿐만 아니라 원숭이가 잡은 물고기를 훔쳐 먹었다. 원숭이는 천산갑의 속임수에 불쾌함을 느끼고 천산갑과 함께 과일을 딸 때 자기 혼자 큰 과일을 다 먹었다. 나중에 천산갑도 한 가지 방법을 생각해서 원숭이를 초원으로 나오게 속인 뒤 다시 불을 질러 원숭이를 태워죽였다. 그 뒤에 천산갑이 원숭이 시신에서 심장과 쓸개를 빼내고 주문을 외우자 원숭이가 다시 살아났다. 원숭이는 부활한 뒤에 너무 배가 고파서 자신의 내장(심장과 쓸개)을 먹었고, 천산갑은 입을 벌리고 상대방을 비웃었다.

『원주민 부족 조사 보고서』「원숭이와 천산갑 이야기^{猴子和穿}_{山甲的故事}」(파이완족), 대만총독부 임시 대만 옛 습관 조사회 원저, 중앙연구원 민족학연구소 번역

옛날 어느 날 원숭이와 천산갑이 함께 시냇물에 들어가 물고기를 잡았는데, 천산갑은 아주 많이 잡았으나 원숭이는 한 마리도 잡지 못했다.

원숭이가 천산갑에게 비결을 가르쳐달라고 청하자 천산갑이 말했다. "물속에서 돌멩이로 네 새끼손가락을 쩧으면 물고기가 저절로 모여들 것이다." 원숭이는 다시 물속에 들어가서 돌멩이로 자신의 새끼손가락을 쩧었고, 이 때문에 손가락이 아파서 견딜 수 없었다. 하지만 결국 물고기를 좀 잡기는 했다.

원숭이는 미친 듯이 기뻤다. 그는 잡은 물고기를 갖고 소리를 지르며 강변으로 뛰어 올라가서 천산갑과 함께 구덩이를 파서 돌을 넣고 그 돌을 불로 달구어 다시 물고기를 그 위에 얹은 뒤 진흙으로 덮어서 물고기를 쪘다. 잠시 후 원숭이가 소변을 보러 가자 천산갑은 그 틈에 옆에 다른 구덩이를 파고 그곳에서 물고기가 있는 구덩이로 몰래 들어가서 큰 물고기만 모두 먹어치웠다. 원숭이는 본래의 자리로 돌아오면서 물고기가 다 익었을 것이라 생각하고 진흙을 걷어내고 살펴보았다. 그러나 돌 위에는 작은 물고기만 남아 있고, 큰 물고기는 한 마리도 남아 있지 않았다.

원숭이는 화가 나서 두 눈을 부라리며 말했다. "네가 곁에서 지키고 있었잖아! 그런데 큰 물고기가 어째서 보이지 않니? 네가 훔쳐먹었지?" 천산갑이 대답했다. "아니! 틀림없이 다 타버렸을 거야!"

원숭이가 어찌 수긍할 수 있겠는가? 그는 대변을 검사하여 진상을 밝히자고 제의했다. 천산갑은 거절할 방법이 없어서 승낙할 수밖에 없었다. 검사해본 결과 물고기를 안 먹은 원숭이의 대변은 양이 적었으나, 큰 물고기를 먹은 천산갑의 대변은 무더기가 매우 컸다. 원숭이는 그것을 보고 분노를 삭이지 못하고 천산갑을 때리기 시작했다.

천산갑은 싸움으로는 원숭이의 상대가 될 수 없음을 인정하고 샛길로 도망쳤으며, 원숭이는 그 뒤를 추격했다. 한참 시간이 지나고 나서 원숭이는 싸워봤자 천산갑이 먹어 치운 물고기를 다시 찾을 수 없다는 생각이 들어 이제 둘이 싸우지 말고 잘 지내기로 약속했다.

이어서 원숭이와 천산갑은 함께 과일을 따러 가기로 했다. 원숭이는 이때야말로 복수할 기회라고 생각했다. 원숭이는 나무에 올라가 잘 익은 ruduru 과일을 따서 자신의 입에 넣고, 아직 덜 익은 과일은 땅 위로 던져서 천산갑에게 줍게 했다.

원숭이는 과일을 배부르게 따 먹고 유유히 나무에서 내려왔다. 천산갑은 자신이 큰 손해를 본 것을 알고 울화가 치밀어 통렬하게 복수해야겠다고 몰래 다짐했지만 겉으로는 아무렇지 않은 척했다.

천산갑은 좋지 않은 마음을 품고 원숭이를 속여서 풀밭으로 끌어낸 뒤 원숭이로 하여금 불을 좀 질러보라고 했다. 원숭이는 천산갑의 의도도 모르고 그의 말에 따라 불을 질렀다. 뜨거운 화염이 천산갑이 본래 서 있던 곳을 지나갔지만 천산갑은 아무 일도 없었다.

원숭이가 물었다. "너는 어떻게 불에 타지 않느냐? 좀 가르쳐다오." 원숭이는 이렇게 말을 하면서 초원으로 걸어갔다. 천산갑은 원숭이가 부르지도 않았는데 다가오자 즉시 초원 전체에 불이 번지게 했고, 결국 원숭이는 산 채로 타죽었다.

천산갑은 원숭이의 불탄 시체를 찾아서 배를 갈라 심장과 쓸개를 꺼내고 다시 봉합한 뒤 주문을 외우자 원숭이가 다시 살아났다. 다시 살아난 원숭이는 매우 배가 고팠다. 눈을 뜨고 살펴보니 자신의 몸 옆에 고기 두 덩이가 있어서 손을 뻗어서 고기를 들고 먹었다.

천산갑은 박수를 치며 원숭이를 조롱했다. "세계를 다 뒤져봐도 자기 입으로 자기 고기를 먹는 놈은 없을 거다!" 원숭이는 천산갑의 말에 뼈가 들어 있다 여기고 다시 다그치며 물었다. 그러자 천산갑이 대답했다. "내가 말한 건 네가 아니고, 어떤 놈이 자기 고기를 먹는다는 얘기야!"

부눈족 布農族(Bunun)

129. Qaipis새가 불씨를 가져온 이야기

소개

다음과 같은 상고시대 전설이 있다. 대홍수가 전 세계를 덮어서 대지가 물에 잠기자 원주민들은 탁사대산卓社大山 정상으로 피난을 갔다. 홍수가 갑자기 닥쳤기 때문에 사람들은 미처 불씨를 준비하지 못했다. 이때 어떤 사람이 하늘을 나는 새에게 불씨를 가져오게 부탁하자고 제의했다.

사람들이 많은 새에게 도움을 청했으나 그 새들은 불씨를 가져오는 과정에서 모두 실패했다. 마지막에 사람들은 희망을 Qaipis새에게 기탁했다. 이 새는 사람들의 여망을 저버리지 않고 순조롭게 불씨를 물어왔기에 부눈족이 존경하는 성조聖鳥가 되었다.

Qaipis새가 바로 홍취흑필紅嘴黑鵯*이다. 이 새는 뾰족한 부리로 불씨를

---

* 〔역주〕홍취흑필紅嘴黑鵯 : 직박구리의 일종. 학명은 'Hypsipetes madagascariensis'이다.

물었는데, 불씨가 너무 뜨거워서 때로는 두 발로 잡기도 했다. 이 때문에
홍취흑필의 부리와 두 발은 불씨에 달궈져서 주홍색으로 변했으며 날개
도 불에 그을려서 검은색으로 변했다.

원전

『원주민 부족 조사 보고서』「Qaipis새가 불씨를 가져온 이야
기Qaipis鳥取火的故事」(파이완족), 대만총독부 임시 대만 옛 습관 조
사회 원저, 중앙연구원 민족학연구소 번역

고대에 대홍수가 발생하여 사람들이 모두 높은 산 위로 피란을
떠났다. 그러나 너무 서둘다가 불씨 가져오는 것을 잊어서 생활이
너무 불편했다. 이 때문에 Qaipis새를 보내 불씨를 가져오게 했다.
이것이 바로 이 새의 부리가 붉은색으로 변한 까닭이다. 전설에 따
르면 이 새의 울음소리를 들은 사람은 옷이 불탄다고 한다.
(달계멱가번達啓覓加蕃*)

---

* 〔원주〕달계멱가번達啓覓加蕃: 탁수계濁水溪 중류 카사계卡社溪 연안에 거주하는 부눈족
사군社群이다.

주요 참고 자료와 편자·저자 간략 소개(가나다순)

[0]

■ 『369소보三六九小報』: 1930년(쇼와 5) 9월 9일에 창간했다. 일본 통치 시대의 간행
물로 매월 날자 끝이 3일, 6일 9일이면 발간했다. 한문을 통용어로 썼다. 당시 널리
보급된 통속 문화 간행물로 매우 중요한 대중 신문 역할을 했다.

[나]

■ 『남둔 향토 조사南屯鄉土調查』: 남둔공학교南屯公學校에서 일본 쇼와昭和 7년(1932)에
편찬했다. 근래에는 명상한孟祥瀚이 새롭게 주석을 달고 쉬스룽許世融이 번역하여 대
중시정부臺中市政府 문화국文化局에서 2015년에 출판했다.

■ 니시카와 미쓰루西川滿(1908~1999)와 이케다 도시오池田敏雄(1923~1974)의 『화려
도 민화집華麗島民話集』: 니시카와 미쓰루의 히코야마보출판사日孝山房出版社에서 발행
하고, 쇼와 17년(1942)에 출판했으며, 다테이시 데쓰오미立石鐵臣(1905~1980)가
삽화와 장정을 담당했다. 대만 민담 24편이 포함되어 있다. 니시카와 미쓰루는 대
만 거주 시기에 이케다 도시오와 2인 합동으로 이 책을 기획했는데, 당시 대만 전체
소학생을 대상으로 한 공모 글에서 민담에 관한 것을 골라 뽑았다. 1999년에 치량
일어공작실致良日語工作室에서 번역하여 치량출판사致良出版社에서 출간했다.

[다]

■ 대삼기戴三奇의 『금쾌운하기신가金快運河記新歌』: 1935년 한진옥서부漢珍玉書部에서 발
행했다.

■ 도계선屠繼善의 『항춘현지恒春縣志』: 청나라 항춘현의 지방지로 광서 20년(1894)에
완성되었다. 주편자는 항춘현 지현 진문위陳文緯이고, 총편찬자는 절강성 사람 도계
선이다.

[마]

- 매케이[George Leslie Mackay(馬偕)]의 『포르모사 기사: 매케이의 대만 회고록福爾摩沙紀事: 馬偕臺灣回憶錄』: 매케이(1844~1901)는 대만에서 선교, 의료, 교육에 종사하면서 교회와 병원을 개설했다. 대만 사람들은 그를 '흑수 마해黑鬚馬偕'로 존칭했다. 그는 1895년에 이 회고록을 출판했으며, 나중에 린완성林晚生이 중국어로 번역했다.

- 매케이의 『매케이 일기馬偕日記(The diary of George Leslie Mackay)』: 매케이가 1871년에서 1901년까지 쓴 일기를 수록했다. 중국어 번역자는 왕룽창王榮昌, 왕징링王鏡玲, 허화구이何畫瑰, 린창화林昌華, 천즈룽陳志榮, 류야란劉亞蘭이다.

- 『민속 대만民俗臺灣』: 1941년에서 1945년까지 발간한 대만 민속자료 전문 모음집이다. 기 간행물에 포함된 작자로는 대만 작가와 일본 민속학 학자가 포함되어 있다. 『민속 대만』은 린촨푸林川夫가 재편집하여 번역했다.

[바]

- 『바타비아 일기巴達維亞城日記』: 이 책은 현재 인도네시아 국립 공문서관Arsip Negara, Jakarta에 소장되어 있다. 전체 명칭은 『바타비아에 보존된 바타비아 및 네덜란드 소속 동인도 각지에서 발생한 사건 관련 일기, 1624~1807巴達維亞城所保存有關巴達維亞城及荷屬東印度各地所發生的事件日記, 一六二四年至一八〇七年』이다. 이 책은 17세기 대만 역사 연구에 필요한 주요 자료다. 바타비아 무역 상황 및 대만과의 교류·연계 상황을 기록했다.

[사]

- 사야마 유키치佐山融吉(?~?)와 오니시 요시히사大西吉壽(1893~?)가 편찬한 『생번 전설집生蕃傳說集』: 다이쇼大正 12년(1923)에 출판했다. 이 책에는 대만 원주민의 각종 이야기, 예를 들면 창세신화, 구전, 괴담 등의 전설이 많이 포함되어 있다.

- 사쿠라 마고조佐倉孫三의 『대풍잡기臺風雜記』: 작자 사쿠라 마고조(1861~1941)는 호가 다쓰산達山으로 후쿠시마현福島縣 니혼마쓰二本松 출신이며 1861년에 태어났다. 사쿠라는 메이지明治 28년(1895) 5월에 대만으로 와서 한문 기록인 『대풍잡기』를

남겼다. 전후戰後에 린메이룽林美容이 이를 새롭게 편집한『백화 도설 대풍 잡기白話圖說臺風雜記』를 2007년 12월 국립편역관출판사에서 출판했다.

- 사토 하루오佐藤春夫의『식민지 여행殖民地之旅』: 사토 하루오(1892~1964)가 1932년부터 1936년까지 기록한 작품을 수록했다. 중국어 판본은 추뤄산邱若山이 번역하여 2002년에 초근출판사草根出版社에서 출판했다.

- 손원형孫元衡의『적감집赤嵌集』: 손원형(1661~?)은 중국 청나라 관리로 안휘성安徽省 동성桐城 사람이다. 강희康熙 44년(1705) 대만부해방포도동지로 임명되어 녹이문鹿耳門 바다 입구를 조사하고 소금 정책을 책임졌으며 도적을 잡고 바다 방위 업무를 강화하는 등 행정을 담당했다. 또한 대만현臺灣縣, 봉산현鳳山縣, 제라현諸羅縣을 감독하며 치안 업무도 책임졌다. 그는 강희 46년(1707) 대만부 대만현 지현으로 전임되었다. 이보다 앞서 강희 42년(1703)에『적감집』을 완성했다.

- 스즈키 세이치로鈴木清一郎의『대만의 옛 관습: 관혼상제와 연중행사臺灣舊慣: 冠婚葬祭と年中行事』: 대만의 결혼, 장례, 경사, 제례 등등의 풍속을 기록하여 1935년에 출판했다. 전후戰後에 중국어 번역본『대만 옛 관습, 습속, 신앙臺灣舊慣習俗信仰』이 나왔다.

- 심무음沈茂蔭의『묘율현지苗栗縣志』: 심무음은 광서光緒 18년(1892) 대만 묘율 지역으로 부임하여 묘율현 지현知縣을 담당했다.『묘율현지』의 편찬자이기도 한다.

[아]

- 야호선실주野狐禪室主: 본명은 홍곤익洪坤益(1892~1947)으로 대남 사람이다. 자는 철도鐵濤, 호는 야호선실주다. 일본 통치 시대의 저명한 시인이며,『369소보』에 많은 괴담을 게재했다.

- 연횡連橫(1878~1936): 대남臺南 사람으로 일본 통치 시기의 시인 겸 역사학자다. 저작으로『대만통사臺灣通史』『대만어전臺灣語典』『대만시승臺灣詩乘』『검화실시집劍花室詩集』『아당문집雅堂文集』이 있다.

- 오자광吳子光의『대만 기사臺灣紀事』: 오자광(1817~1883)은 호가 운각芸閣이고 별도로 운학雲壑이라고 서명하기도 했으며, 만년의 호는 철매노인鐵梅老人이다. 객가족客

家族으로 도광道光 17년(1837)에 처음으로 대만에 왔고, 도광 22년(1842)에 세 번째로 대만에 와서 담수청淡水廳의 묘율보苗栗堡 동라만銅羅灣 장수림장樟樹林莊 쌍봉산雙峰山(지금의 묘율현 동라향銅羅鄉)에 거주하면서 쌍봉초당雙峰草堂을 세우고 학문을 가르쳤다. 일찍이『담수청지淡水廳志』편찬에 참여했다.

■ 욱영하郁永河(1645~?): 1696년 금문도金門島를 거쳐 대만에 와서 대만의 유황을 탐색하고 9개월 동안 대만에서 겪은 경험을 기록하여『비해기유裨海紀遊』를 완성했다. 이 책은 첫 번째로 대만 북부의 인문지리를 기록한 전문 서적이다.

■ 이나타 다다시稻田尹의『대만 옛날이야기臺灣むかし話』제2집: 1943년 대만예술사臺灣藝術社에서 이 책을 출간했다. 대만의 민간 이야기가 많이 수록되어 있다.

■ 이노 카노리伊能嘉矩(1867~1925)의『대만 답사 일기臺灣踏查日記』: 양난쥔楊南郡이 역주하여 원류遠流에서 1996년에 출판했다.

■ 임서林紓(1852~1924): 복건성福建省 사람 임서는 세 번 바다 건너 대만으로 왔다. 첫 번째는 동치同治 6년(1867)에 와서 대만 북쪽 담수에 거주했다. 그는 부친을 도와 상업 활동을 하면서『외려쇄기畏廬瑣記』를 저작했는데 이 책에 그가 당시에 대만에서 보고 들은 내용을 기록했다.

■ 임점매林占梅(1821~1868): 자는 설촌雪邨이고 호는 학산鶴山으로 청나라 때 대만 담수청 죽참竹塹(지금의 신죽시新竹市)의 저명인사다.

■ 임호林豪(1831~1918): 자는 가탁嘉卓, 호는 차포次逋로 금문金門 사람이다. 일찍이 임점매의 초청을 받아 잠원潛園으로 와서 서석西席(가정교사)을 맡았고,『담수청지淡水廳志』와『팽호청지澎湖廳志』를 편찬했으며, 계속해서 그의 부친 임혼황林焜熿이 저작한『금문지金文志』를 수정했다.

[자]

■ 정소의丁紹儀의『동영지략東瀛識略』: 정소의(1815~1884)는 자가 행령杏輪으로 강소江蘇 무석無錫 사람이다. 청나라 도광道光 27년(1847)에 대만에 왔다.

■ 조지 테일러George Taylor(喬治 泰勒):「포르모사의 원주민福爾摩莎的原住民(Aborigines of Formosa)」은『중국 평론 혹은 원동 기사와 자문中國評論或遠東記事與詢問』제14기(1886)

에서 발췌했다. 조지 테일러는 실제로 대만의 원주민을 관찰했는데, 그 범위는 서남부를 넘어서지 못했다. 특별한 것은 항춘반도^{恒春半島} 일대의 원주민 문화를 집중적으로 조사했다는 점이다. 그의 또 다른 글「대만 원주민의 민속 전설^{臺灣原住民的民俗傳說}」은『민간고사기간^{民間故事期刊}』제5기(1887)에서 발췌했다. 이 글에서 그는 항춘반도 원주민에게 전해오는 신화, 전설 이야기를 서술했다. 이 책의 번역문은 모두『1880년대 남부 대만의 원주민: 남갑 등대지기 조지 테일러 저작 문집^{一八八〇年代南臺灣的原住民族: 南岬燈塔駐守員喬治·泰勒撰述文集}』에서 발췌했다. 이 문집은 셰스중^{謝世忠}과 류루이차오^{劉瑞超}가 번역했고, 두더차오^{杜德橋}가 편집했으며 순익의 대만원주민박물관^{臺灣原住民博物館}에서 2010년에 출판했다.

- 주새^{周璽}의『창화현지^{彰化縣志}』: 주새는 도광 6년(1826) 3월에 창화현 지현으로 부임했고, 사직한 뒤인 도광 10년(1830)에『창화현지』를 편찬하기 시작했다.

- 주종선^{周鍾瑄} 주편,『제라현지^{諸羅縣志}』: 주편자는 제라현 지현 주종선(1671~1763)이지만 실제 편찬자는 장포현^{漳浦縣} 감생^{監生} 진몽림^{陳夢林}, 봉산현학^{鳳山縣學} 늠생^{廩生} 이흠문^{李欽文}과 제라현 세공생^{歲貢生} 임중계^{林中桂}다. 이 책은 옹정^{雍正} 2년(1724)에 간행했다.

- 진봉창^{陳鳳昌}(1865~1913): 자는 복오^{卜五} 또는 국보^{鞠譜}이고 호는 소우^{小愚}다. 7세 때 부친을 따라 복건성 남안^{南安}에서 대만으로 와서 대남 간서가^{看西街}에 거주했다. 대만민주국 성립 후에 의군 조직 준비에 협조했다. 저서로『습타^{拾唾}』4권을 지었다고 하나 지금은 겨우 잔권^{殘卷}만 남아 있다. 그의 글은 황철영^{黃哲永}, 오복조^{吳福助}가 편찬한『전대문^{全臺文}』제64책에 보인다.

- 『질란디아 일지^{熱蘭遮城日誌}(De Dagregisters van het Kasteel Zeelandia)』: 기록 기간은 1629년에서 1662년까지다. 네덜란드가 대만을 통치하던 시기의 기본 사료로 네덜란드 사람들이 대만에서 전개한 통치, 무역 등 관련 활동을 온전하게 기록했다. 차오융허^{曹永和}(1920~2014), 장수성^{江樹生} 등 학자들이 정리, 번역, 주석하여 대남시 정부에서 중국어 번역본 4책으로 출판했다.

[차]

■ 책호瞿灝: 자는 입산笠山으로 청나라 관리다. 본적은 중국 산동山東이며 건륭乾隆 58
년(1793) 어명을 받들고 대만으로 왔다. 저작으로『대양필기臺陽筆記』가 있다.

[카]

■ 가타오카 이와오片岡巖의『대만 풍속지臺灣風俗誌』: 가타오카 이와오는 일본 통치 시
대인 다이쇼大正 10년(1921) 2월에『대만 풍속지』를 출판했다. 대남지방법원臺南地
方法院 검찰관檢察官의 통역관으로 재직하면서『대만 풍속지』를 써서 대만일일신보
사臺灣日日新報社에서 간행했다. 그는 이 책에 대만 주민의 생활 예절, 가정생활, 구
전, 풍문, 괴담, 속담, 민요, 종교를 수록했다. 대만 문화 연구 분야에 필수 중요 자
료다.

■ 캠벨William Campbell(甘爲霖)의 『포르모사 소묘素描福爾摩沙』: 윌리엄 캠벨William
Campbell(1793~1864)은 영국 스코틀랜드 글래스고Glasgow에서 태어났다. 장로교 선
교사로 1871년 12월 20일 타카우Takau(打狗)에 도착하여 대만 선교 생활을 시작했
다. 그 기간이 장장 45년에 이른다. 캠벨의 발자취는 대만 전역에 퍼져 있고, 1891
년 10월에는 대남에서 대만 사상 첫 번째 맹인학교인 '훈고당訓瞽堂'을 개교했는
데, 이는 대만 맹인 교육의 선구적 업적이다. 아울러 대만의 풍토와 민속을 기록했
을 뿐만 아니라 200년 전 네덜란드 문헌을 영어로 번역하기도 했다. 그의 기록『포
르모사 소묘』는 1915년에 출판되었다. 그는 1917년에야 대만을 떠났다.『포르모
사 소묘: 윌리엄 캠벨의 대만 필기甘爲霖臺灣筆記』는 윌리엄 캠벨이 썼고, 린훙쉬안林
弘宣, 쉬야치許雅琦, 천페이신陳珮馨이 번역했다. 번역본은 전위출판사前衛出版社에서
2009년 10월에 출판했다.

[파]

■ 피커링William Alexander Pickering(必麒麟, 1840~1907)의 『포르모사 모험歷險福爾摩沙:
PIONEERING IN FORMOSA, Recollections of Adventures among Mandarins, Wreckers & Headhunting Savages』:
저자는 피커링이다. 역자는 천이쥔陳逸君으로 전위출판사前衛出版社에서 1999년 1월

출판했다.

- 필리푸스 다니엘 메이 반 메이엔스틴Philippus Daniel Meij van Meijensteen(非力普 梅)의 『매씨 일기: 네덜란드 토지측량사가 본 정성공梅氏日記: 荷蘭土地測量師看鄭成功』: 원문은 네덜 란드 헤이그 공문서관에 소장되어 있다. 17세기 네덜란드 지리측량사 필리푸스 메 이가 1661년 4월에서 1662년 2월까지 대만에서 겪은 견문을 기록했다. 이 기간 그 는 국성야 정성공의 포로가 되었기에 정성공을 가까이에서 관찰할 수 있었다. 이에 그는 정씨 군대의 활동을 곁에서 관찰하여 기록했다. 이는 당시 네덜란드와 정성공 간의 전쟁에 관한 제1차 진귀한 보고서다. 2003년 장수성江樹生이 네덜란드어 원문 에 근거하여 중국어로 번역했으며, 영문한성출판사英文漢聲出版社에서 출판했다.

[하]

- 호전胡傳의 『대만일기와 품계臺灣日記與稟啓』: 호전(1841~1985)은 본명이 수산守珊 이고, 자는 철화鐵花이며, 안휘 사람으로 호적胡適의 부친이다. 호전은 광서 17년 (1891)에 대만으로 와서 '전대영무처총순全臺營務處總巡'직을 담당했다. 당시에 가 족들도 대만으로 건너왔는데 아들 호적과 호적의 모친도 대만으로 왔다.
- 황숙경黃叔璥의 『대해사사록臺海使槎錄』: 황숙경(1682~1758)은 자가 옥포玉圃이고 호는 독재篤齋다. 초대 순대어사巡臺御史로 임명되어 강희 61년(1722)에 대만으로 왔다. 그는 항상 대만 각지를 순행하며 민속과 풍토를 관찰하고 나서 『대해사사록』 을 썼다.

    나는 1993년 처음 대만에 갔다. 당시 경북 구미 방송대학교 중국어과 배낭 여행단을 인솔하고 대만 북부와 중부 일대를 돌아봤다. 책에서만 읽었던 다양한 유물을 고궁박물관에서 직접 보는 일정도 매우 인상 깊었지만, 그보다 더 놀랐던 것은 화련花蓮에서 트루쿠협곡Truku太魯閣夾谷을 거쳐 대만 중앙의 고산준령을 넘어가는 동서횡관공로東西橫貫公路 여정이었다. 트루쿠협곡은 대만에 대한 나의 상식을 뛰어넘는 험준한 깊이와 높이를 보여주었다. 하늘을 찌르는 수직 절벽과 그 발치를 흐르는 옥빛 계곡물 그리고 절벽 허리를 깎아서 만든 암벽 도로에 나는 놀라움을 금치 못했다. 이어서 버스를 타고 급경사 산허리로 이어지는 아슬아슬한 동서 횡단 도로를 넘어가는 동안 나는 자칫하면 버스가 추락할 것 같은 공포심에 마음을 졸여야 했다.

    해발 3000미터에 가까운 고산 지대의 휴게소에 버스가 잠시 정차하자 각종 토산물을 들고 고산족이 몰려들었다. 깊고 깊은 계곡을 거쳐 도달한 높고 높은 산 위에서 끈질긴 생명을 이어가는 그들을 보며 대만이라는 땅이 내가 그때까지 피상적으로 인식한 한족들의 생활 터전만이 아님을 실감할 수 있었다. 마치 사진 속에서나 보았던 알프스의 푸르스름한 산빛 같은 그곳 준령의 이색적인 풍경도 지금까지 뇌리에 깊이 각인되어 있다. 다시 준령을 넘어 급경사의 도로를 타고 내려가는 동안 속도를 억제하며 안전을 지키느라 끊임없이 밟아대는 버스 기사의 브레이크 작동으로 타이어에서는 매캐한 냄새와 뿌연 연기가 피어올랐다. 동서횡관공로의 끝은 드넓은 대중분지臺中盆地였다. 대만 동부와 중앙부의 험준한 산악 지대와 사뭇 다른 대만 서부의 평야 지대는 대만 지형의 또 다른 풍경을 보여주었다.

대중에서 대북臺北으로 가는 여정은 기차를 이용했다. 우리가 탄 기차의 이름은 '거광호莒光號'였다. 나는 이 이름을 보는 순간 중국 역사서에서 읽은 전국시대 제齊나라와 연燕나라 간 전쟁이 생각났다. 당시 제나라는 민왕湣王의 무도함으로 인해 연燕, 진秦, 한韓, 위魏, 초楚 다섯 나라 연합군의 공격을 받은 뒤 일패도지하여 전국 70여 성을 잃는다. 이 과정에서 제민왕은 초나라 군사에게 살해되고 거성莒城과 즉묵성卽墨城에 남은 군사들만 목숨을 걸고 제나라 수호에 나선다. 마침내 전단田單을 중심으로 뭉친 제나라 군사는 거성에서 제 양왕襄王을 옹립하고 기사회생하여 제나라 전역을 수복한다.

여기에서 유명한 고사성어 '물망재거勿忘在莒'가 나왔다. 즉 '거성莒城에서 있었던 일을 잊지 말자'는 것이다. 따라서 '거광호莒光號'라는 기차 이름에는 중국 현대사에서 공산당에게 패배하여 대만으로 건너온 장제스蔣介石의 국민당 정부가 거성에서 기사회생한 제나라처럼 다시 중국 대륙을 수복하려는 다짐이 담겨 있는 셈이다.

거광호에 담겨 있는 의미를 읽어내는 순간 나의 뇌리에는 고산 휴게소에서 만난 대만 원주민들이 떠올랐다. 국민당 정부의 대륙 수복 의지가 대만 원주민들에게 무슨 의미가 있는 것일까? 대만 원주민의 입장에서는 오히려 국민당 정부가 자신들의 고유한 터전과 삶을 짓밟은 이방인이 아닌가?

그렇다면 국민당 정부보다 수백 년 앞서 중국에서 대만으로 건너온 이른바 본성인本省人의 입장은 어떨까? 그들도 국민당 정부 중심의 이른바 외성인外省人과는 또 다른 입장을 갖고 있지 않을까? 거광호를 타고 대북으로 가는 열차에서 떠오른 이 같은 단상은 해답을 찾지 못하고 계속 나의 학문 한 편 밑바닥에 잠복해 있었다.

그러다가 2018년 프로페셔널 독자를 표방하는 대만의 유명 작가 탕누어唐諾의 『역사, 눈앞의 현실眼前』을 번역하면서 대만인臺灣人의 자의식을 깊이 체감하게 되었다. 그것은 대만인 탕누어가 '13경十三經'의 하나인 『좌전左傳』을 읽으면서 대만인으로서의 '눈앞眼前' 현실을 『좌전』의 눈앞 현실에 비춰본 독서 역정이었다.

특히 그중에서 탕누어는 『춘추春秋』의 편찬자 노魯나라 공자의 고뇌, 『춘추』를 보충하고 해석한 『좌전』 작자의 고뇌, 공자가 『춘추』에서 가장 많이 거론한 정鄭나라 자산子産의 현실적 고뇌에 공감하면서 그것이 현재 대만 지식인들의 고뇌와 겹친다는 사실을 암시했다. 그것은 춘추시대 노나라와 정나라가 모두 제齊, 진晉, 초楚 등 강국에 둘러싸여 항상 나라의 생존이 위협받는 형편이었고, 현재의 대만도 중국, 미국, 일본 등의 강국 사이에서 생존을 이어가야 하는 현실에 바탕한 인식이었다. 이는 대만인이 자신들의 현실을 객관적으로 판단하면서 이를 기초로 자신들의 정체성과 생존 전략을 모색하려는 시도로 느껴졌다.

탕누어의 『역사, 눈앞의 현실』이 이처럼 나에게 대만 본성인의 자의식과 정체성에 대한 모색과 고뇌를 인식하게 해주었다면 이 책 『요괴 나라 대만』 시리즈는 대만의 신화와 전설에 잠재된 기층문화의 특징과 생동감을 느끼게 해주었다. 이는 대만 문화에 대한 정체성 탐색일 뿐만 아니라 독자성 선언이라고 할 만했다. 이와 관련하여 이 책을 번역하는 동안 나의 뇌리에는 우리나라 고려 왕조 몽골 간섭기에 보각국사普覺國師 일연一然이 편찬한 『삼국유사三國遺事』가 계속 떠올랐다. 정치, 경제, 문화, 의식 등모든 부문에서 몽골의 영향이 장기적으로 스며들던 시대에 일연은 우리민간에 면면히 전해오던 단군신화를 처음으로 기록하고, 당시까지 우리나라 곳곳에 전해오던 다양한 전설을 풍부하게 수집하여 우리 상상력과무의식의 뿌리를 보여주었다. 이런 점에서 허징야오何敬堯의 『요괴 나라 대만』은 일연의 『삼국유사』와 공통의 문제의식을 갖고 있는 듯했다. 따라서 이 책을 통해 나는 대만인들의 이 같은 모색에 깃든 기층 의식을 실감할 수 있었다.

이러한 의식을 기반으로 이 책의 저자 허징야오는 대만 자체의 요괴학을 세우기 위해 방대한 역사 자료를 검색하여 『요괴 나라 대만』 시리즈를 출간했다고 밝혔다. 그에 따르면 『요괴 나라 대만』 시리즈는 '대만 요괴 백과사전'의 검색 기능을 갖는 데이터베이스라고 하면서 이를 바탕으로 문학, 영화, 만화, 애니메이션 등의 장르에서 대만 특색의 요괴 콘텐츠가 다양하게 생산되기를 바란다고 했다.

궁극적으로 그는 『요괴 나라 대만』 시리즈가 독일 구스타프 슈바

브Gustav Schwab의 『고전 시대의 가장 아름다운 이야기Die Schönsten Sagen des Klassischen Altertums』나 일본의 야나기타 구니오柳田國男의 『도노 모노가타리遠野物語』와 고이즈미 야쿠모小泉八雲의 『괴담怪談』과 같은 요괴학의 자료보고가 되기를 희망하고 있는 셈이다.

또 한 가지 흥미로운 점은 이 『요괴 나라 대만』 시리즈에 포함된 다양한 요괴 전설이 대만섬의 고립된 이야기가 아니라 동북아와 동남아를 비롯한 전 세계 설화와 유사한 패턴을 포함하고 있다는 사실이다. 예컨대 대만 전설에도 자주 등장하는 홍수 신화나 인어 이야기는 세계 곳곳에서 비슷한 유형이 발견되고 있으며, 좀 더 범위를 좁히면 대만의 '호고파虎姑婆 이야기'는 우리나라의 '해님 달님 설화'와 유사할 뿐만 아니라, '우렁이田螺 각시 이야기'는 '우렁이 각시 설화'와 거의 동일한 패턴을 보여주고 있다. 따라서 『요괴 나라 대만』 시리즈는 우리나라 신화 전설이나 세계의 신화 전설의 보편적 의미를 연구하는 학자들에게도 유용한 아카이브로 기능할 것으로 믿는다.

이 책의 저자 허징야오 선생에게 깊이 감사한다. 나는 책을 번역하는 과정에서 허 선생과 페이스북 친구가 되었다. 번역 상의 난제에 봉착할 때마다 페이스북 메신저를 통해 직접 허 선생에게 질문했고, 그때마다 허 선생은 내게 친절한 해답을 제시해주었다. 대만 요괴학을 세우려는 그의 노력이 대만 문화의 독자적 기반과 콘텐츠를 더욱 풍요롭게 살찌울 것으로 기대한다. 이 책의 번역을 의뢰해준 글항아리의 강성민 대표에게도 감사의 마음을 전한다. 그동안 글항아리에서 『동주열국지』 『정관정요』 등과 같은 나의 중요한 번역서를 출간했고, 앞으로도 『정사 삼국지 배송지주裴松之注』 『손자병법 십일가주十一家注』 등과 같은 의미 있는 번역서를 출간할

예정이다. 아울러 이 책의 교열, 교정, 디자인, 장정 등 모든 출간 과정에서 애써주신 분들께도 고마운 마음을 드린다.

2025년 1월
청청재에서
옮긴이 김영문